RAD AB!

Peter Smolka

RAD AB!

71.000 km mit dem Fahrrad
um die Welt

von Peter Smolka

IMPRESSUM

Peter Smolka

71.000 km
mit dem Fahrrad um die Welt –

RAD AB!

erschienen im
Reise Know-How Verlag

ISBN: 978-3-89662-383-6

3. Auflage **2008**

– Printed in Germany –

Untere Mühle, D-71706 Markgröningen
rkhHermann@aol.com
Websites von Reise Know-How:
www.reisebuch.de · www.reise-know-how.de

Umschlagkonzept: Carsten C. Blind, Asperg
Fotos: Peter Smolka
petersmolka@web.de · www.lemlem.de
Lektorat: Dr. Eva Maria Smolka, Helmut Hermann
Karten: Helmut Hermann
Titelfoto: Klaus Max Smolka
Zeichnung: Felix Gackstatter
Buchgestaltung: Carsten C. Blind, Asperg
Druck u. Bindung: Pustet, Regensburg

Dieses Buch ist erhältlich in jeder Buchhandlung in Deutschland, Österreich, Schweiz, Niederlande und Belgien
Bitte informieren Sie Ihren Buchhändler über folgende Bezugsadressen:
D: PROLIT GmbH, Postfach 9, 35461 Fernwald (sowie alle Barsortimente)
CH: AVA-buch 2000, Postfach 27, 8910 Affoltern
A: Mohr Morawa Buchvertrieb GmbH, Postfach 260, 1011 Wien
Niederlande, Belgien: Willems Adventure, Postbus 403, NL-3140 AK Maassluis
Wer im Buchhandel trotzdem kein Glück hat, bekommt
unsere Bücher auch über unsere Büchershops im Internet (s.o.)

Für meine Eltern
Und im Andenken an Helmut Fuchs

PROLOG

Es ist immer ein einzelner Schritt, mit dem eine Reise beginnt – und sei diese Reise noch so lang. Das wird mir gleich am zweiten Tag bewußt, als ich in der Nähe von Ulm ein Hand in Hand gehendes Pärchen nach dem Weg frage. Bevor wir uns verabschieden, möchten die beiden gern wissen, wohin ich denn fahre.

„Nach Kapstadt", sage ich nur, weil mir „einmal um die Erde" hier irgendwie unpassend vorkommt. Doch im gleichen Moment wird mir klar, daß auch das ein bißchen verrückt wirken muß. Einen Deutschen, der durch Afrika radelt, trifft man üblicherweise in Kairo, in Kenia, in Namibia. Aber doch nicht in Deutschland. Und so, wie ich dastehe, unterscheide ich mich eigentlich auch nicht von einem, der nur nach Spanien radelt.

„Wie lange sind Sie denn schon unterwegs?" fragt er.

„Einen Tag." – Wir müssen alle lachen.

Aber so ist es nun einmal: Auch die längste Tour beginnt mit einem einzelnen Schritt. Noch viele, viele Schritte werden folgen, und immer wird der jeweils nächste weitaus länger erscheinen als die, die in der Ferne noch bevorstehen. Die Ferne – das ist ja etwas Diffuses, was seine Größe erst offenbart, wenn man nähergekommen ist.

Als ich vor zwei Monaten in Kassel eine Einweisung in das 14-Gang-Getriebe erhielt, das die Firma Rohloff für diese Weltumradlung zur Verfügung gestellt hat, fragte mich ein junger Angestellter nach meiner Reiseroute. Ich beschrieb auch dort nur die ungefähre Startetappe bis nach Südafrika: über den Balkan in die Türkei, weiter durch den Nahen Osten nach Jemen, hinüber nach Afrika und durch den Osten des Kontinents zu den Victoria-Fällen, zum Schlußspurt durch Namibia nach Kapstadt. Er zögerte kurz und meinte dann: „Aber in die Türkei fliegst du doch erst mal?" Das war schon lustig: Bis nach Südafrika sind es auf dieser Route rund 20.000 Kilometer; ob es da sinnvoll wäre, die ersten 3000 Kilometer zu fliegen?

Doch ähnliche Fragen wurden mir vor dem Aufbruch oft gestellt: Wann geht denn der Flug? Und wohin?

Nein, kein Flug! Ich starte die Tour hier in Erlangen, vor der Haustür der Löhestraße 30. Und genau dort soll sie eines Tages auch zu Ende gehen.

Viele Leute fragten, warum ich überhaupt zu dieser Reise aufbrechen wolle. Natürlich stellte die Antwort „Warum denn nicht?" kaum jemanden zufrieden. Also mußte ich nachdenken: Warum? Was war der Grund? Die Hektik der modernen Welt? Unsere von der Natur entrückte Lebensweise? Zunehmender Materialismus? - Ja, irgendwo da lag man auf der Suche nach meinen Motiven wohl richtig. Aber das „Warum" war letztlich egal.

„Den 40sten verbringst du on the road", stand jedenfalls eines Tages fest. Damit war die Sache zugleich mit einem Datum verknüpft, nicht mehr aufschiebbar oder flüchtig wie ein Traum, der immer genau dann entschwindet, wenn man nach ihm greifen will.

Von Beginn an war klar, daß ich die Weltreise mit dem Fahrrad machen würde. Mit dem Radl ist man langsam genug, um Land und Leute intensiv zu erleben, aber auch schnell genug, um weniger interessante Streckenabschnitte zügig hinter sich zu bringen. Nicht zu vergessen das stolze Gefühl, das aufkommt, wenn man einen Ort wie Rio de Janeiro radelnd erobert.

Raus aus dem Büro, rauf aufs Rad, eine Zeitlang so etwas wie Freiheit genießen – das ist die Maxime. Wie lange ich fort sein werde, bleibt offen. Zwei, drei, vielleicht auch vier Jahre. Festgelegte Etappen gibt es nicht, nur grobe Richtungen. Fernziel: einmal um den Erdball. Nahziel: südliches Afrika. Hauptziel: unterwegs sein.

INHALT

Prolog 7

Halt durch, Siemens! 12
Geisterdörfer 13
Ein alter Traum 17

Asien 22
Fliegende Teppiche 22
Rauchende Jogger 25
Die Botschafts-Rallye 28
Ramadan 32
Die letzte syrische Einladung 36
Odyssee durch Ägypten 40
Das Visum 47
Auf der „Non-Moslems Road" 51
Kein Mokka in Al Mukha 56
Bab al-Mandab 60

Afrika 62
Der Fluß in der Wüste 62
Land der Legenden 67
Heiße Tage in Addis 71
Kenias rauher Norden 76
Durch die Massai-Steppe 80
Hatari! 85
Verwelkter Traum 87
Buschland und Baobabs 92
Der Wasserfall 94
Angst 99
Kalahari 103
Eisbein und Sauerkraut 108
Jenseits von Afrika 114
Die Insel 119

Südamerika 124
Neue Welt 124
4500 Kilometer durch Brasilien 128
Denn arm bist du nur unter Reichen 134
275 Wasserfälle 138
Ausgewandert 142
Festgefahren 147
Zu Gast im Knast 151
Lago Titicaca 156
Die Ruinen 159
Panamericana 164
Zurück in die Anden 170
„Pedro Negro" in Peru 173
Ganz in Weiß 177
In Seenot auf dem Salar 183
Aufgegeben 186
Atacama 191
One Way 194

Neuseeland und Australien 198
Mauis großer Fang 198
Toms Hütte 204
Die letzte Reise der „America Star" 208
Listen to the Earth - oder: Die Botschaft der Aborigines 212
Sydney underground 217
Nachts 223
Durch die Timorsee 232

Asien 237
Inseln und Vulkane 237
Hello Mister! 242
Südostasien im Zeichen von SARS 248
Das Axiom 253
Im Land der Khmer 259
In den Gassen von Saigon 264
Gummipreise 269
Schlangenlinien 274
Hornissen und Hühnerfüße 281
Bremsfedern und Dämonen 285
Die Reisegruppe 289
Die Grenze 296
Leben und Sterben am Ganges 303
Nach Westen, zum Khyberpaß! 309
Kabul ist eine Insel 314
Hindukusch 323
Das Schlupfloch 328
Zeitfahren 337
Verschleiert 342

Rumgekommen 347

Danksagung 354

Start u. Ziel der
Weltumradlung
in Erlangen
Schweiz
Italien
Nördlicher
Wendekreis
Äquator
Brasilien
Recife
Insel
St. Helena
Peru
Lima
Bolivien
La Paz
Paraguay
Rio de Janeiro
Südlicher
Wendekreis
Chile
Argen-
tinien
Flug n. Neuseeland
Santiago de Chile

China
Turkmenistan
Teheran
Kabul
Islamabad
Afghanistan
Iran
Pakistan
Neu Delhi
Dhaka
Indien
Saudi-
Arabien
Jemen
Äthiopien
Kenia
Nairobi
Bangladesh
Myanmar
Mdy.
Yangon
Laos
Thailand
Bk.
Vietnam
Saigon
Kam-
bodscha
Malaysia
Singapur
Äquator
Sumatra
Indonesien
Java
Bali
Darwin
Nördlicher
Wendekreis
Südlicher
Wendekreis
Australien
Sydney
Melbourne
Flug von Santiago
nach Auckland
Auckland
Neuseeland

HALT DURCH, SIEMENS!

Die Vorbereitungen nehmen wesentlich mehr Zeit in Anspruch, als ich erwartet hatte. Enormer Streß stellt sich in den letzten Wochen vor dem Aufbruch ein: Ich muß zahllose Behördengänge erledigen, mich gegen allerlei Krankheiten impfen lassen, mit den Sponsoren verhandeln, die das Fahrrad um die 14-Gang-Nabe herum vervollständigen und mich mit weiterem Zubehör ausrüsten wollen. Ich verfasse ein Testament, ein formloses, das ich nach dem großen Abschiedsfest meinem Bruder Max übergeben werde. Mit der „Nürnberger Zeitung" sind inhaltliche und technische Details meiner regelmäßigen Berichterstattung zu besprechen – die Leser in der Region sollen die Reise im Zweiwochenrhythmus mitverfolgen können.

Besonders bei den finanz- und versicherungstechnischen Dingen stelle ich fest, wie schwierig es ist, sich von Deutschland abzunabeln. Lang zieht sich auch die Wohnungsauflösung hin, so lang, daß schließlich gar mein Plan gefährdet ist, am 40. Geburtstag bereits auf der Straße zu sein. Am Ende geht es um Stunden, aber ich schaffe es gerade noch rechtzeitig: Nachts um halb vier Uhr des 25. August 2000 steht das Stahlroß gesattelt im leeren, hallenden Wohnzimmer. Hab und Gut sind in den fünf Packtaschen verstaut, alles zusammen wiegt einen guten Zentner: 17 Kilo das robuste Rad, 35 Kilo bringt das Gepäck auf die Waage.

Nur drei Stunden später trudeln die ersten Gäste zum Sekt- Frühstück ein. Ein letztes Mal Abschied feiern. Wie oft habe ich mich in den letzten Wochen nicht schon hier verabschiedet und dort verabschiedet – bei den Siemens-Kollegen, bei Verwandten, bei Freunden, bei den Nachbarn. Jetzt steht noch einmal ein Grüppchen von 20 Freunden auf der Straße und winkt.

200 Meter, dann kommt die Ecke zu der Straße nach Süden. Ein letztes Mal schaue ich mich um, winke und biege ab. Das alles ist unwirklich. Noch immer hat mein Kopf nicht in aller Konsequenz verarbeitet, daß das ein Abschied für Jahre ist.

Über Ulm geht es Richtung Liechtenstein. Das Allgäu grüßt mit saftig grünen, sanft geschwungenen Hügeln. Es duftet intensiv nach frisch gemähtem Gras. Und noch ein Duft steigt auf: der Geruch von Freiheit. Langsam begreife ich auch in den hinteren Hirnwindungen, was los ist. Das hier ist keine gewöhnliche Tour durch Süddeutschland. Die große Reise hat begonnen. In den nächsten Jahren kann ich meinen Lenker drehen, wohin ich will.

Ein wenig plagt mich allerdings das Gewissen – einfach so abzuhauen. Als ich zuletzt, vor acht Jahren, Deutschland für längere Zeit verließ, war wenig später mein Arbeitgeber – Philips in Nürnberg – am Ende. 600 Mann hatten sie nach meinem Ausscheiden noch eingestellt, aber das half nichts. Philips Nürnberg halbierte im Laufe des folgenden Jahres die Mitarbeiterzahl und mußte schließlich verkauft werden.

Aber nicht nur Philips ward gebeutelt. Über ganz Deutschland zog damals eine Rezession. Bei meiner Rückkehr ein Jahr später sah alles ziemlich düster aus. Und jetzt, wo die Wirtschaft endlich wieder auf die Beine kommt, lasse ich euch abermals im Stich. Eigentlich unverantwortlich. Was bleibt mir da zu sagen?

Halt durch, Siemens! Viel Glück Deutschland!

GEISTERDÖRFER

An einem Spätsommersonntag rollt das Rad durch eine Senke nahe Sigmarszell auf österreichischen Asphalt. Der kleine Grenzposten sieht aus, als sei er auch vor der europäischen Umarmung schon verschlafen gewesen. Inzwischen ist er natürlich verwaist.

Ade Deutschland! Wann werde ich dich wiedersehen? Wird es Heimweh sein, das mich eines Tages zurückträgt? Oder die seltsame Idee, jenseits der Lebensmitte doch noch eine Familie zu gründen? Werde ich überhaupt zurückkehren, oder nicht vielleicht an irgendeinem fernen Flecken des Erdballs hängenbleiben?

Nach einem Ruhetag bei meinem Onkel im Fürstentum Liechtenstein schlage ich südöstlichen Kurs ein. Die Alpentäler leuchten Ende August in warmen Farben, der Rhein fließt durch sattgrüne Auen. Jenseits des mondänen Davos wuchte ich meinen Haushalt zum Flüelapaß hinauf. Die 35 Kilo Gepäck machen sich bemerkbar, aber es steht besser um die Kondition, als nach sechs Jahren Büroarbeit zu befürchten war.

Über Italien und Slowenien erreiche ich in Kroatien die Adria. Die bergige Küstenstraße bietet so großartige Panoramen, daß die Kroaten hier eigentlich Maut verlangen könnten. Grandiose Ausblicke über die Buchten und die vorgelagerten Inseln, die sich parallel zum Festland hinziehen: Krk, Cres, Rab, Pag, und wie sie alle noch heißen. Von Osten betrachtet sehen sie aus wie Mondberge: faltig, ausgetrocknet, beige und braun, ohne jeden Bewuchs. Kaum zu glauben, daß es auf der anderen Seite Leben gibt.

Geisterstimmung im Hinterland von Zadar

Je weiter ich nach Süden vordringe, desto geringer wird der Anteil deutscher Urlauber. Die meisten Besucher sind Tschechen, Ungarn und Polen. „Vor dem Krieg waren so viele Deutsche hier, aber schon seit Jahren kommt kaum noch jemand von ihnen", klagen Campingplatz-Betreiber, Hoteliers und die Vermieter privater Zimmer. „Dabei ist der Krieg doch schon so lange vorbei!"

Vorbei ist er, aber noch längst nicht überwunden! Islam Grčki, Kašić und Smilčić – nahe der Hafenstadt Zadar – sind an der Straße ausgeschildert, wie Rijeka, Split oder Dubrovnik. Die Dörfer sind auch auf der Karte eingezeichnet, aber sie existieren nicht mehr. Sie sind tot – es sind heute nur noch Geisterdörfer. Sämtliche Häuser im Krieg Anfang der 90er Jahre zerschossen und zerbombt, teils dem Erdboden gleichgemacht. Zwei- und dreistöckige Häuser zu einem Sandwich zusammengepreßt. Die Szenerie ist unheimlich. Es sieht aus, als sei das nur eine Filmkulisse.

Auf dem Schild am Ortsende von Kašić die fünf Buchstaben mit blutroter Farbe beschmiert. Wie viel Blut ist hier wohl vergossen worden? Niemand in diesen Geisterorten, den man fragen könnte, was genau hier passierte und wann es war. Aber zwischen den Ortschaften erzählt eine Gedenkstätte etwas: Sie erinnert an 35 Soldaten und Kämpfer; der älteste war 36, als er starb, der jüngste 19.

Als der Krieg damals losging, sagte die Welt: alles logisch. Nach Titos Tod war die alles zusammenhaltende Macht nicht mehr da. Überraschend, daß Jugoslawien überhaupt noch einige Zeit funktioniert hat. Aber irgendwann mußte es dann ja knallen, logisch.

Normal ist es inzwischen auch, daß Kamerateams dabei sind, wenn mit Kanonen auf die Gegenseite geballert wird. Krieg live. Und alles logisch. Wenn man dann aber noch näher herangeht – wenn man den Einzelnen sieht: Saša Dragutin Hlebec, geboren 1973, gestorben 1993 in Kašić –, dann ist nichts mehr logisch. Dann ist alles wieder nur Irrsinn.

Auch jetzt, im September des Jahres 2000, herrschen noch Spannungen auf dem Balkan. Jugoslawien besteht nur mehr aus den beiden Teilrepubliken Montenegro und Serbien („Restjugoslawien"), und inzwischen spielt auch Montenegro mit separatistischen Gedanken. Als Währung hat die Deutsche Mark hier bereits den inflationsgebeutelten Dinar abgelöst. Im fernen Belgrad regiert ein Mann namens Milosevic.

Übermorgen wählt Jugoslawien einen neuen Präsidenten. Was nach der wahrscheinlichen Abwahl Milosevics passieren wird, mag keiner vorhersagen. Aber viele rechnen mit einem erneuten Bürgerkrieg. Jedenfalls stehen dem Land unruhige Tage bevor. Ich will unbedingt noch vor dem Wahltermin nach Albanien ausreisen.

Allerdings ist mir auch Albanien nicht ganz geheuer. Nur Schlechtes hört man überall, Warnungen der Art: Dort herrscht die Anarchie! Sie werden dir alles klauen! Du kannst froh sein, wenn du mit dem Leben davonkommst! Die deutsche Botschaft in Tirana riet mir von einer Radreise durch Albanien ebenfalls ausdrücklich ab.

Etwa zehn Kilometer vor Tuzi, nahe der Grenze, verirre ich mich in einem Geflecht schmaler Asphaltwege. Im nächsten Dorf frage ich eine Männergruppe, die im Freien an einem Tisch sitzt, welches Sträßchen denn nach Albanien führt. Safet steht auf und begrüßt mich auf Deutsch. Er hat zehn Jahre in Dortmund gearbeitet und ist vor wenigen Monaten in seine Heimat zurückgekehrt.

Er lädt mich zu einer Cola ein, erklärt mir den Weg und trägt die Namen der beiden letzten Orte vor der Grenze in meine Landkarte ein. Zum Thema Sicherheit meint er: „Mach' dir keine Sorgen. Die Albaner sind okay. Schlechte Leute gibt es überall, auch in Deutschland. Die Albaner sind arm, aber sie haben ein reiches Herz." Dabei faßt er sich an die Brust.

Die anderen am Tisch machen allem Anschein nach eher abfällige Bemerkungen zu Albanien. Ein Alter kommt vorbei. „Albania" ruft er – und schießt mit einem imaginären Gewehr knapp vor meine Füße. Dabei lacht er verächtlich.

Safet winkt ab: „Das ist mein Onkel. Der hat keine Ahnung. Er hat sein Leben lang nur Kühe in diesem Dorf umhergetrieben. Mach' dir keine Sorgen, du wirst durch Albanien gut durchkommen."

„Das glaube ich eigentlich auch. Schön, daß mal jemand was Positives über Albanien sagt."

„Da drüben herrscht die Mafia", warnt einer am Tisch. Ich erzähle ihm, daß in Rijeka genau das gleiche über Montenegro erzählt wird. Safet wiegelt wieder ab: „Mach dir keine Sorgen."

Wirklich ermutigend. Der erste, der nicht von der Reise durch Albanien abrät.

Ein herber Dämpfer allerdings beim Abschied, als Safet meint. „Aber wenn doch etwas geschicht – gib alles her!"

EIN ALTER TRAUM

Vor vielen Jahren, im Sommer 1984, radelte ich schon einmal durch diese Gegend. Eines Morgens hing ein Visum für Albanien an meinem Zelteingang. Daneben lehnte ein kleines Fläschchen Ouzo. Die Zeltnachbarn, ein Pärchen aus England, waren in aller Frühe abgereist und ganz offenbar für diese Aufmerksamkeit verantwortlich.

Mein Zelt stand am Ostufer des Ohridsees, damals jugoslawisches, heute mazedonisches Territorium. Vis-a-vis lag Albanien. Wenn abends drüben die Lichter angingen, stand ich am See und starrte hinüber in das völlig verschlossene Land, das mich so brennend neugierig machte.

Die Flasche Ouzo an meinem Zelteingang war echt. Das Visum natürlich nicht. Als Individualreisender hatte man damals nicht die geringste Chance, Albanien zu besuchen. In jenem Jahr fuhr ich mit dem Fahrrad südlich um Albanien herum und setzte nach Korfu über. Im Norden der Insel noch einmal eine ähnliche Situation wie am Ohridsee: Dort ist man von Albanien nur durch ein paar Mittelmeer-Kilometer getrennt. Viele Albaner haben in der Zeit der hermetischen Abschottung versucht, schwimmend zu der griechischen Insel zu fliehen. Etliche Fluchtversuche wurden vereitelt – wie an der innerdeutschen Grenze durch Todesschüsse.

Die weitere Entwicklung nahm ich nur am Rande wahr: die vorsichtige Öffnung Albaniens Ende der 80er Jahre; Wahlen 1991 (die die KP gewann); albanische Massenflucht auf Schiffen nach Italien; Wahlsieg der Demokratischen Partei 1992; bürgerkriegsähnliche Zustände und Anarchie 1997, nachdem ein betrügerisches Pyramidensystem zusammengebrochen war.

Mit diesem vagen Wissen fahre ich nun der albanischen Grenze entgegen. Die Phase der Anarchie hat sich gelegt. Für die Einreise genüge inzwischen der Reisepaß, teilt das Auswärtige Amt mit, ein Visum brauche man nicht mehr.

Das einsame Sträßlein führt um einen Zipfel des Shkodra-Sees herum, durch den die Grenze verläuft. Hinter einer Kurve endlich ein Schlagbaum. Der Ausweis wird kurz kontrolliert, dann hebt sich die Schranke. Bin ich noch in Montenegro? Oder schon in Albanien?

Eine zweite Schranke folgt einen Kilometer weiter. Ein Soldat öffnet sie wortlos und ohne Paßkontrolle. Ist das jetzt endlich Albanien?

Erst nach ein paar weiteren Kilometern taucht der eigentliche Grenzübergang auf. Während mein Paß für längere Zeit im Gebäude verschwindet, fragt einer der Beamten wiederholt nach den Papieren für das Fahrrad. Immer wieder schlage ich auf meine Oberschenkel: „Das hier ist die Maschine. Keine Papiere." Nach einer Weile gibt er Ruhe.

Der Ausweis läßt lange auf sich warten. 150 Meter vor mir weht bei der nächsten Schranke die albanische Flagge mit dem schwarzen Doppeladler auf tiefrotem Grund. Und die da drüben lassen einen jetzt einfach so rein? Ohne Visum? Ohrid 1984 kommt mir immer wieder in den Sinn – das verschlossene Land, da hinten am anderen Ufer. So nah wie heute war ich diesem Albanien noch nie.

Der Paß kommt zurück, man wünscht mir alles Gute. Im Niemandsland setze ich die letzten Münzen aus Montenegro bei albanischen Bierschiebern in zwei Dosen Niksičko-Pivo um. Ihr Kombi-Benz ist fast bis zum Achsbruch mit Bierpaletten vollgestopft.

An einem winzigen Schalter nimmt dann ein Beamter meinen Reisepaß entgegen. Ein Entry- und ein Exit-Kärtchen kommen zurück. Als die beiden Formulare ausgefüllt sind, folgt ein schwerer Anschlag auf meine Reisekasse: Der Einreisestempel kostet satte 37 Dollar! Das Geld ist schnell eingestrichen (es gibt sogar eine offizielle Quittung mit Datum und Unterschrift), der Stempel ist sogleich im Paß.

Wenig später rollt das Fahrrad die ersten Meter über albanischen Boden. Ein einzelner Blitz zuckt vorn rechts über den Bergen zur Begrüßung. 16 Jahre später – der alte Traum wird doch noch wahr.

Mein anfängliches Mißtrauen, bedingt durch die vielen Warnungen, baue ich aufgrund der Freundlichkeit und Hilfsbereitschaft so vieler Albaner in den kommenden Tagen schnell ab. Einer dieser gastfreundlichen Menschen ist Beni, ein gut Deutsch sprechender, vierzigjähriger Albaner, den ich in Tirana kennenlerne. Ab dem Moment unseres Zusammentreffens fühlt er sich für mich gewissermaßen verantwortlich.

Beni hat unter dem kommunistischen Regime besonders gelitten. Sein einziger Bruder wurde 1984 bei dem Versuch, von Südalbanien schwimmend nach Korfu zu fliehen, erschossen. Fischer, so erzählt Beni, hätten den Leichnam in ihren Netzen gefunden. Das war in genau dem Jahr, in dem ich am Strand von Korfu stand und so sehr davon träumte, in Albanien sein zu dürfen.

Rund 40 Jahre lang beherrschte der Diktator Enver Hoxha Albanien, er war auch für seine Isolation verantwortlich. Hoxha brach nacheinander mit Jugoslawien, der Sowjetunion und schließlich – nach Maos Tod – auch mit China. Sein Ziel war ein Kommunismus in Reinkultur.

1976 verbot Hoxha per Verfassung gar die Religionsausübung und war damit restriktiver als sein Vorbild Lenin. Hoxha erklärte Albanien zum ersten atheistischen Staat. Kirchen und Moscheen wurden geschlossen und umgewandelt: zu Jugendzentren, Museen und sogar zu Sporthallen.

Erst nach dem Tode Hoxhas 1985 begann sich Albanien zu öffnen. Inzwischen träumen die Albaner bereits von der Aufnahme in die EU. Immer wieder sieht man neben der albanischen Flagge die blaue europäische mit dem gelben Sternenkranz.

Ein bedrückender Nachlaß des Diktators sind die unzähligen Einmann-Bunker, die er überall tief in den Erdboden eingraben ließ. Hoxha fühlte sich von Feinden regelrecht umringt und übersäte das ganze Land mit diesen Bunkern. Sichtbar sind nur die betongrauen Kuppeln mit den Beobachtungs- und Schießscharten. Wie überdimensionale Quallen liegen sie aneinandergereiht in den Feldern, an Bergpässen, an den langen Stränden. Jetzt sind sie eine Plage, behindern die Arbeit auf fruchtbarem Ackerland oder verkleinern die Nutzfläche häuslicher Gärten.

Südlich von Vlora wird die bergige Küstenstraße immer schmaler und einsamer. Die Dörfer sind verschlafen und erinnern in ihrer Art bereits an Griechenland. Wie auch die karstigen Berge, die trockenen Pinienwälder, Olivenhaine und die alten Männer, die mit Weißbrot, Schafskäse, Oliven und Ouzo im Schatten vor den Dorfkneipen sitzen. Viele von ihnen sprechen auch Griechisch.

An der Grenze bei Kakavia fühlt man sich wie auf der unangenehmeren Seite einer Gefängnismauer. Meterhohe Zäune, gekrönt von Stacheldrahtrollen, sollen die Albaner daran hindern, unkontrolliert nach Griechenland einzureisen. Die illegale Einwanderung findet jedoch weiter im Südwesten durch die unwegsamen Bergwälder statt.

Irgendwie gelingt es mir, mich am Zoll vorbeizumogeln. Als nur noch eine letzte Paßkontrolle vor mir liegt, kommt ein aufgeregter griechischer Zöllner von hinten herbeigerannt. „Albanien ist nicht Europa", ruft er belehrend und will damit wohl ausdrücken, daß dies eine EU-Außengrenze ist, durch die man sich nicht einfach so durchschlängeln kann.

Er verlangt, daß ich die Packtaschen ausräume.

„Alles?“ – „Ja, alles.“

Ich öffne die hintere rechte Tasche, der Mann schaut hinein und gibt sich mit einem kurzen Blick zufrieden. Bei der linken Tasche dasselbe. Dann fragt er, ob ich Urlaub in Albanien gemacht hätte. „Ja.“ Darauf rümpft er die Nase, als hätte ich mich während dieser letzten Wochen nicht gewaschen. Und läßt mich ziehen. Durch Griechenland radele ich zügig weiter Richtung Bosporus. Der Winter rückt näher, auf einem 1700-Meter-Paß im Pindos-Gebirge ist es bereits so kalt, daß ich Handschuhe gebrauchen könnte.

Roussanou – eines der Meteoraklöster im Norden Griechenlands

In Istanbul steht neben den Besichtigungstouren in der Altstadt auch Organisatorisches auf dem Programm. Ich brauche ein Visum für Syrien, und außerdem ist immer noch die Frage offen, ob mich Saudi-Arabien einlassen wird. Da es für dieses Land ein normales Touristenvisum gar nicht gibt, bemüht sich die deutsche Botschaft in Riad schon seit Monaten um eine Sondergenehmigung für mich. Per Fax frage ich nach dem Stand der Dinge. Die enttäuschenden Antworten: „Das saudische Außenministerium hat bisher nicht reagiert.“ – „Wir werden nochmals nachfragen.“ – „Melden Sie sich in einem Monat wieder bei uns.“

FLIEGENDE TEPPICHE

Seit Tagen habe ich Asien nun schon greifbar vor Augen. An der schmalsten Stelle des Bosporus nähern sich die beiden Kontinente einander bis auf 600 Meter. 1973 wurden der europäische und der asiatische Teil Istanbuls durch eine erste Brücke verbunden, inzwischen gibt es ein paar Kilometer nördlich noch eine weitere.

Auf meiner Nahosttour 1985 stoppte mich die Polizei direkt an der Auffahrt zur älteren Brücke und kutschierte mich dann in einem Abschleppwagen hinüber nach Asien. Das Problem lag offensichtlich nicht darin, daß ich mich dort auf einer Autobahn befand – sonst hätten sie mich ja auf der anderen Seite nicht gleich wieder weiterradeln lassen. Möglicherweise befürchteten sie, daß Windböen einen Radler auf der langen Brücke unkontrolliert hin und her schleudern könnten.

Dieses Mal mische ich mich in den Strom der morgendlichen Stoßzeit. Der Verkehr ist so dicht und träge, daß ich gut mitschwimmen kann. Direkt vor der Brücke steht ein Wachmann, der gelangweilt geradeaus auf die andere Straßenseite starrt. Gut so. Beweg' dich jetzt nicht! Ich beschleunige und überhole die langsam dahinzuckelnden Autos. Der Wachmann sieht mich nicht. Sekunden später bin ich an ihm vorbeigehuscht. Und wieder nur Sekunden später höre ich die Pfiffe einer Trillerpfeife hinter mir. Aufgeregte Pfiffe, die aber schon bald wieder schwächer werden.

Ein berauschendes Gefühl, so zwischen den zwei Erdteilen zu radeln! Ist das nicht verrückt? Auf keinem Kontinent der Welt, aber trotzdem festen Boden unter den Rädern! Und die Brücke hängt hoch. Sie bietet einen überwältigenden Blick auf die Meerenge und die Stadt – als würde man in einem Ballon darüber hinwegschweben.

In der Mitte der Brücke stoppt mich ein Uniformierter. Die eine Hand hält sein Gewehr, die andere macht diese typische fragende Geste des Nahen Ostens: das Handgelenk nach oben gedreht, die Finger gestreckt und wie zu einer Blüte geöffnet. „Was soll das? Warum machst du das? Wohin willst du?" fragt diese Hand. Die gleiche Geste sieht man als Radler auch häufig bei entgegenkommenden Lastwagenfahrern.

„Asien“, antworte ich auf diese wortlose Frage.

„You tourist?“

„Yes.“

Er lächelt milde und läßt mich weiterfahren. Auch einige der überholenden Autofahrer lächeln amüsiert. Kurz vor dem Brückenende dann das Schild: „Welcome to Asia“. 4000 Kilometer nach dem Start in Deutschland. Ein prickelnder Schauer fährt durch meinen Körper. Gänsehaut auf den Armen. Hallo Asien – schön, Dich zu sehen!

Vom europäischen Ufer aus blickt das Denkmal des Staatsgründers Kemal Atatürk über den Bosporus

Im Anatolischen Hochland ist es im November schon recht kalt. Zwischen Kütahya und Burdur bewegt man sich in 1000 Metern Höhe, ein paar Berge im Westen haben bereits Schneekappen. Die Temperaturen liegen zum Sonnenaufgang um den Gefrierpunkt, Autofahrer kratzen in der Frühe ihre Scheiben frei. Bei mir setzt sich der morgendliche Nebel als feiner weißer Überzug auf Hose, Jacke und den neu erworbenen Handschuhen ab.

Doch an der Südküste bei Antalya herrscht plötzlich wieder Sommer. Von dem angenehmen Wetter zu dieser späten Jahreszeit weiß man freilich auch in Europa, und dementsprechend vielbesucht ist die Südküste von Franzosen, Engländern und besonders von Deutschen. Man spricht Deutsch in Antalya.

An jeder Ecke in der Innenstadt die übliche Anmache: sollst Lederjacken kaufen, Ledertaschen, alberne Kopfbedeckungen, mit denen du im Zirkus auftreten könntest, billigen Schmuck und – klassisch – handgeknüpfte Teppiche. Am Anfang steht immer der Versuch des Händlers, dich in ein Gespräch zu verwickeln: „Entschuldigen Sie bitte! Eine Frage ..." Oder etwas abgekürzt: „Woher kommen Sie?" Oder mit Detailkenntnis: „Sind Sie Deutscher oder Bayer?"

Gehst du drauf ein, bist du selbst schuld. Dann bist du bald genötigt zu begründen, warum du den Teppich nicht willst. „Zu schwer" ist kein Argument, denn man wird demonstrieren, wie klein so ein Teppich zusammengefaltet werden kann. Daß Größe und Gewicht unterschiedliche Dimensionen sind, ist schwer zu vermitteln. Akzeptiert der Händler jedoch den Einwand, wird er kontern: „Ich habe auch fliegende Teppiche." Was heißen soll: „Ich schicke dir das Ding auch per Luftfracht nach Deutschland."

Antalya wurde zwar dem Tourismus geopfert, aber immerhin ist zu erkennen, daß es einmal türkisch war. Alanya dagegen ist aus Beton gegossen. Die Altstadt, der Hafen und der Hügel mit der alten Festung unterbrechen die schier endlose Aneinanderreihung von Hotels wie störende Fremdkörper. Bereits 30 Kilometer vor Alanya fangen die Betonbunker an. Die meisten Hotels liegen links der vielbefahrenen Straße, rechts wartet ein Strand mit dem Flair einer Autobahn-Raststätte. Die besseren Herbergen haben eine eigene Betonröhre, durch die man unter der Straße hindurch ans Wasser gelangt.

Hinter Alanya geht das Ganze noch rund 20 Kilometer so weiter. Auch die Schnellstraße, mit der das Urlauberzentrum an den Flughafen von Antalya angebunden ist, reicht bis hierhin. Dann ist urplötzlich der Touri-Highway zu Ende. Es bleibt eine schmale Straße, auf der nur ganz gelegentlich ein Pkw oder ein knatterndes Jawa-Motorrad entgegenkommt. Viele Fahrer winken mir fröhlich zu.

Hier beginnt der attraktive, streckenweise atemberaubende Abschnitt der Küstenstraße, der sich über Anamur bis nach Mersin zieht. Die Straße schlängelt sich bergauf durch frische, harzig duftende Nadelwälder mit Aussichten auf das Mittelmeer aus 500 Metern Höhe, fällt dann wieder ab auf Meeresniveau, quert einen Flußlauf, um gleich dahinter wieder anzusteigen. Was auf der Landkarte wie eine bequem zu radelnde Flachetappe aussieht, entpuppt sich als kräftezehrende Achterbahn. Aber die Naturszenerie entschädigt für die Strapazen.

RAUCHENDE JOGGER

„Don't stop here!" mahnen Schilder an der Grenzlinie zu Syrien. Kilometerlang führt die Straße auf türkischer Seite direkt an einem hohen Stacheldrahtzaun entlang. Links der türkische Ort Rehanli, rechts, hinter dem Stacheldraht, leeres, ödes Land.

Von hochbeinigen Wachttürmen aus blicken türkische Späher über Straße und Zaun hinweg in die jenseitige Leere; am Boden haben sich Soldaten hinter Sandsäcken verschanzt und das Gewehr gen Syrien gerichtet. Dumpfe Stimmung. Front-Atmosphäre. Es sieht aus, als hätte der arabische Nachbar den Einmarsch angekündigt.

Beim türkischen Grenzposten sind die Formalitäten schnell erledigt. Man füllt ein Ausreisekärtchen aus, bekommt einen Stempel in den Paß, fertig. Die Syrer sind wesentlich umständlicher. Mein Nachbar am Schalter hat Schwierigkeiten, sein Herkunftsland klarzumachen. „Chile!" wiederholt er immer wieder. Der Beamte spitzt das Ohr, denn er muß das Gehörte in arabischen Schriftzeichen in seine dicke Kladde eintragen. „China?" kommt immer wieder als Frage zurück. Was passiert wohl, wenn hier einer aus dem Fürstentum Liechtenstein vorbeikommt?

Letztlich können sie aber niederschreiben, was sie wollen. Sie befriedigen nur eine postsozialistische Datensammelwut des Staates, die darin gipfelt, daß der Vorname des Vaters und der Vorname der Mutter festgehalten werden müssen. Du kannst behaupten, deine Mutter sei die „Heilige Maria" – sie würden dich bitten, es noch einmal langsam zu wiederholen, damit sie auch das ins

Arabische umsetzen können. Wenn das Buch irgendwann einmal voll ist, legen sie es auf einen großen Haufen und fangen mit dem nächsten an. Wahrscheinlich wird es vor der Vernichtung nie wieder angefaßt.

Aleppo, ganz im Norden Syriens, ist eine alte arabische, quirlige Stadt und seit römischen Zeiten ein wichtiges Handelszentrum zwischen Asien und Europa. Von oben betrachtet – etwa von der Zitadelle oder vom Minarett der Großen Moschee – ein Meer von Würfelhäusern im Einheitsgrau. Von unten betrachtet voll pulsierenden Lebens. In den engen Basarstraßen wird produziert, transportiert, angepriesen, gefeilscht und verkauft. Mit Säcken beladene Esel traben durch die Gassen, hochbepackte Fahrräder klingeln sich den Weg frei. Das Angebot in den Basaren ist praktisch unbegrenzt. Einfallsreich ist so mancher Markenname: Es gibt odidos- und apipas-Schuhe, adibass-Hosen, abidas-Hemden. Kackfrech werden mehrere Windows-CDs mit gleicher Seriennummer nebeneinander zum Verkauf ausgestellt. Daß es Raubkopien sind, erkennt man schon an dem billigen Ausdruck des Covers.

Ruhiger Gegenpol zu dem hektischen Treiben im Basar sind die Caféhäuser. Schön sind sie nicht: große Hallen, kahl, hoch, mit billigen Stühlen und Tischen aus Metall oder Plastik. Der vor fünf Monaten verstorbene Hafiz al Assad lächelt noch immer gönnerhaft von der Wand in den Saal hinein. Daneben das Portrait seines eher schüchtern dreinblickenden Sohnes und Nachfolgers Bashir. Wärme bekommen diese nüchternen Hallen erst durch die freundlichen und liebenswerten Menschen, die sich hier einfinden, Tawla und Dame spielen, gemütlich ihren Tee oder Kaffee schlürfen und an der Wasserpfeife saugen.

Aus Aleppo frage ich wieder bei der deutschen Botschaft in Riad an, ob meine Einreise nach Saudi-Arabien inzwischen bewilligt ist. Die Antwort der Botschaft kommt ein paar Tage später per Fax nach Hama:

„... Leider war es bisher noch nicht möglich, die erforderliche Einreisegenehmigung zu erhalten. Bitte teilen Sie uns mit, wo und wann Sie unter welcher Fax-Nr. zu erreichen sind. Beste Grüße ..."

Nur noch eine Woche, bis Ramadan beginnt, der moslemische

Fastenmonat. Wenn die Einwilligung bis dahin nicht vorliegt, waren all die Bemühungen und der ganze Papierkram im Vorfeld vergebens (O-Ton der deutschen Botschaft: „Während des Ramadan arbeiten die Ministerien noch langsamer als sonst").

Radeln in Syrien ist eine zähe Angelegenheit. Man kommt einfach nicht so recht vorwärts. Der Grund ist allerdings ein angenehmer: Die Einheimischen fangen dich geradezu von der Straße weg, weil sie unbedingt bei ein paar Gläschen Tee mit dir schwatzen wollen. Nur mit Händen und Füßen laufen diese Unterhaltungen manchmal ab, ein andermal in passablem Englisch, meistens ist es eine Mischung irgendwo dazwischen. Die Fragen sind immer die gleichen: Woher? Wohin? Warum? Wie alt bist du? Was bist du von Beruf? Bist du denn nicht verheiratet?

Daß einer mit 40 noch ledig ist, irritiert dabei die meisten. Was für ein komischer Europäer! Hat das Geld zum Reisen, aber nicht genug, um eine Frau zu finden. Wenn ich keine Lust zu langen Erklärungen habe, schaffe ich mir kurzerhand eine Familie an: Frau blond und dreißig Jahre jung, Sohn Michael sechs Jahre, Tochter Alexandra vier Jahre. Das paßt einigermaßen ins Bild.

Syrien ist ein karges Land. Fruchtbar ist der schmale Streifen westlich der Achse Aleppo – Homs – Damaskus. Im Osten geht die Steppe bald über in Sand- und Geröllwüste, die bis über den Euphrat hinweg zur syrisch-irakischen Grenze reicht.

Während die Olivenernte gerade auf Hochtouren läuft – überall dreschen Männer mit Stöcken auf die kleinen Bäumchen ein –, sind die Felder

Auch Ahmad Khalid Katib hat mich nicht einfach vorbeifahren lassen

schon abgeerntet. Jetzt hängen nur noch schwarze und weiße Plastiktüten in den Stoppeln fest, vom starken Ostwind auf Kürbisgröße aufgeblasen. Das Umweltbewußtsein ist in Syrien noch nicht besonders ausgeprägt. All der Verpackungsmüll, aber auch ausgediente Haushaltsgeräte, werden einfach am Straßenrand entsorgt.

Ihre Autos allerdings legen die Syrer nicht so leichtfertig ab. Was da auf den Straßen zwischen Aleppo und Damaskus nicht alles herumfährt! Der 1959er Mercedes ist als Taxi sehr verbreitet, liebevoll verziert mit bunten Glitzerketten und blinkenden Lichtern vor dem Kühler, kleinen Teppichen oder sogar Kunstrasen auf dem Armaturenbrett und Girlanden über der Windschutzscheibe. „Kitsch" würde man bei uns sagen – hier paßt es einfach hin. Auch den Opel Kapitän aus den 60er-Jahren sieht man häufig, ebenso betagte Chrysler, Chevrolets, Oldsmobile und ein über 50 Jahre altes Pontiac-Modell.

Verrückterweise werden diese alten Schlitten auch noch steuerlich begünstigt. Für zehnjährige und jüngere Fahrzeuge zahlt der Halter 200 Dollar im Jahr, die alten Dieselstinker sind jedoch steuerfrei. Dementsprechend lange hält man sie instand, und dementsprechend verschmutzt ist die Luft in Aleppo und besonders in der Hauptstadt Damaskus.

Besorgt wegen der hohen Abgaskonzentration fragte jemand auf einer Reiseseite im Internet, was denn vom Joggen in Damaskus zu halten sei. Einhelliger Tenor in den Antworten: Verzichte lieber darauf. Einer riet: Wenn du aber unbedingt joggen willst, dann tu' deiner Gesundheit einen Gefallen und rauche dabei.

DIE BOTSCHAFTS-RALLYE

Montagmorgen im Backpacker-Hotel „Al-Rable" in Damaskus. Um kurz vor acht ist ein Fax von der deutschen Botschaft aus Riad eingetroffen:

„... wir haben bei den zuständigen Behörden noch einmal nachdrücklich um Erteilung der Einreiseerlaubnis für Sie gebeten. Leider

In der Altstadt von Damaskus

ist immer noch keine Entscheidung gefallen. Nach unserer Erfahrung ist in der nächsten Zukunft auch keine Reaktion zu erwarten. Wir empfehlen, nunmehr direkt bei der Botschaft von Saudi-Arabien in Damaskus einen Visum-Antrag zu stellen, und hoffen auf einen positiven Ausgang. Mit besten Grüßen ..."

Nachdem ein halbes Jahr lang nichts passiert ist, hat die deutsche Vertretung in Riad die Hoffnung auf eine Antwort jetzt endgültig aufgegeben.

Ramadan hat heute begonnen. Für die Moslems bedeutet das im wesentlichen: einen Monat lang zwischen Sonnenauf- und Sonnenuntergang nicht essen und nicht trinken. In den Ministerien in Saudi-Arabien scheinen nun alle Räder stillzustehen.

In Damaskus habe ich bereits am Samstag mit meinen eigenen Bemühungen begonnen, gleich nach der Ankunft. Bei der saudischen Botschaft sagte man mir, daß für das Visum ein Empfehlungsschreiben der deutschen Botschaft erforderlich sei. In den Nahost-Ländern ist das durchaus so üblich. Die deutsche Vertretung ist an diesem Tag allerdings geschlossen, weil der moslemische Feiertag – der Freitag – mit dem Samstag zum Wochenende ausgedehnt wird. Ich solle am Sonntag wiederkommen, sagte der syrische Wächter am Eingangstor.

Auch den Herrschaften bei der irakischen „Interessenvertretung" stattete ich einen Besuch ab. Eine Botschaft oder ein Konsulat durften sie seit dem zweiten Golfkrieg noch nicht wieder eröffnen. Durch den Irak, so hoffte ich, ließe sich vielleicht eine Alternativroute organisieren.

Man führte mich aus dem Hauptraum hinaus in das angrenzende Nebenzimmer. So offiziell das erste Zimmer mit dem schweren Schreibtisch, so intim dieser Nebenraum: Es war ein Schlafzimmer mit zwei breiten Betten! Der Herr im feinen Anzug bat mich, auf dem vorderen Bett Platz zu nehmen, und setzte sich dann ebenfalls. Er schlug meinen Reisepaß auf.

„Sie sind Ausländer", sagte er bedächtig. „Ohne eine Einladung können wir Ihnen kein Visum geben."

„Wie soll ich an eine Einladung kommen? Ich kenne niemanden im Irak."

Er zog die Visitenkarte eines Reiseunternehmens in Bagdad hervor. „Möglicherweise kann diese Agentur Ihnen eine Einladung ausstellen."

„Und wieviel würde das Visum kosten, wenn ich die Einladung bekomme?"

Er stand auf, begab sich kurz in den Hauptraum und verkündete zurückkehrend die Zahl „4500". „4500 Syrische Pfund?" stöhnte ich. „Das sind ja über 100 Dollar!"

„Nein, nicht 4500 Pfund. 4500 Dollar."

Mein Gesicht muß sich in diesem Moment derart verzogen haben, daß er freiwillig noch einmal hinausging und bei seinem Chef nachfragte.

Mit der frohen Kunde „nur 450 Dollar" kam er zurück.

Vielleicht zahlen Fernseh-Teams oder irgendwelche Organisationen solche Preise. „Ich habe keine zahlenden Sponsoren", sagte ich dem Herrn und verabschiedete mich. Die Visitenkarte des Reiseunternehmens landete im Hotel im Papierkorb.

Am Sonntag führte dann mein erster Weg wieder zur deutschen Botschaft. Das Empfehlungsschreiben war nach einer halben Stunde fertig und hier in Damaskus sogar kostenlos (in anderen Hauptstädten bezahlt man inzwischen bis zu 25 Euro für diesen Standardbrief). Zurück mit diesem Papier zu den Saudis, die mir erst jetzt erklärten, daß ihre Botschaft nur Visa für Pilgerreisen bearbeite. Ich müsse mich an das saudische Konsulat im Stadtteil Mezzeh wenden. Bis ich das Konsulat gefunden hatte, war natürlich die kurze Zeitspanne für Visumanträge von 9 bis 11 Uhr schon wieder verstrichen.

Ein Schalter an der Außenmauer des Gebäudes war jedoch noch offen. „Wann kann ich wiederkommen? An wen muß ich mich wenden?"

Die Männer hinter dem Schalter konnten oder wollten kein Englisch sprechen. Ziemlich hilflos hing ich an dem Gitter des kleinen Fensterchens. Sehr geschickt konstruiert, die ganze Anlage. Du stehst draußen einen halben Meter tiefer als die da drinnen, blinzelst von der sonnenhellen Straße in den dunklen Raum hinein, wo du mühsam einen arroganten Herrn mit den Händen in den Hosentaschen erkennen kannst. Der plaudert mit seinen Kollegen, schaut in alle möglichen Richtungen, bleibt aber nie an deinen Augen hängen. Man steht da wie ein Bettler.

An einem zweiten Fensterchen bekam ich dann aber doch noch heraus, daß ich mich am nächsten Tag zwischen 8 und 10 Uhr an Schalter 3 begeben solle.

Während des Ramadan gelten ab dem heutigen Tag aber andere Öffnungszeiten, was doch bestimmt auch zuvor schon bekannt war: offizielle Öffnung für den Publikumsverkehr nun ab 9.30 Uhr. Tatsächlich aber erst um kurz vor elf.

150 bis 200 Leute drängeln sich am Eingangstor. Zum Teil Araber, die sich in eigener Sache um ein Visum für die kleine Pilgerfahrt bemühen, zum Teil Vertreter von Reiseunternehmen, die Busfahrten zu den Pilgerstätten anbieten. Sie bringen in großen Koffern täglich Hunderte von Pässen ihrer Kunden mit.

Gegen zwölf Uhr stehe ich am Schalter Nr. 3 endlich dem Konsul gegenüber, einem Mann mit sehr schmalem, faltigem Gesicht. Um den Kopf das arabische Tuch gewickelt. Er macht einen ausgesprochen würdigen Eindruck. Wahrscheinlich ist er erst um die vierzig. Man würde aber auch seiner Behauptung glauben, daß er bereits vor 55 Jahren als Beduinenjunge Kamele in der Arabischen Wüste eingefangen hat.

Das Englisch des Konsuls ist gut. So gut, daß er mir mit wenigen Sätzen erklärt, daß ich nur mit einer Einladung aus Saudi-Arabien ein Visum bekommen kann. Ohne einen saudischen „Sponsor" gebe es keine Chance. Eine Diskussion läßt er nicht zu. Kein Visum – basta!

Um eben solch einen Sponsor hat sich ja schon die deutsche Botschaft in Riad monatelang vergeblich bemüht. Die Rennerei, das Empfehlungsschreiben, die Warterei – alles wieder umsonst.

Wie erfrischend die Freundlichkeit und Flexibilität dann bei den Jemeniten! Das Jemen-Visum hat eigentlich nur eine Gültigkeit von einem Monat. Meinem Wunsch, sie wegen der langen Anreise mit dem Fahrrad auf drei Monate auszudehnen, wird innerhalb weniger Minuten entsprochen. Sogar auf das Empfehlungsschreiben verzichten sie; es reicht ein kurzes Seufzen: „Oh je, die deutsche Botschaft ist zwei Tage lang geschlossen." Um elf Uhr gebe ich den Paß und die ausgefüllten Anträge ab. Schon in zwei Stunden wollen sie die Papiere fertighaben.

Das wäre dann allerdings zu schön gewesen. Als ich um ein Uhr den Paß abholen will, fordern sie meinen „alten Paß". Ich hatte ihnen meinen zweiten gegeben, da im ersten unterdessen die Aufenthaltsgenehmigung für Syrien verlängert wird. Der Zweitpaß ist ganz neu, blitzblank ohne einen einzigen Stempel drin. Da ist ihnen wohl der Verdacht gekommen, daß der andere Paß den Hinweis auf eine Israel-Reise enthält. Der Jemen gehört zu jenen arabischen Staaten, die dann gegebenenfalls die Einreise verweigern.

Da ich den anderen Ausweis nicht vorlegen kann, soll ich am nächsten Tag wiederkommen. „Bringen Sie morgen den alten Paß mit. Um elf Uhr können Sie das Visum abholen", sagt die freundliche Dame – und schickt dann aber doch wieder diese blöde Floskel hinterher, diesen kurzen Satz, der jede Verabredung in Frage stellt, der das Planen in dieser Region unmöglich macht, den Weichmacher eines jeden Termins: „Insh'allah – wenn Gott es will ..."

RAMADAN

Doch tatsächlich ist das Jemen-Visum am nächsten Morgen im Paß. Auch in Sachen Saudi-Arabien gibt es inzwischen wieder neue Hoffnung. Im Hotel logiert ein Franzose, der in Riad arbeitet. Er hat seinen Chef telefonisch gebeten, eine Einladung für mich auszuschreiben. Der Chef hat eingewilligt. Eine solche Einladung wäre praktisch die Garantie für eine Visa-Erteilung.

Alles andere habe ich in Damaskus inzwischen erledigt. Auf einem für arabische Länder typisch umständlichen Behördenweg konnte ich ein Nachschubpaket aus Deutschland aus dem Zoll auslösen. Hier einen Stempel abholen und einen Dollar zahlen, dort eine Unterschrift leisten und zwei Dollar fünfzig berappen, dort zwei Dollar, im nächsten Büro wieder einen. Am Ende sind es zwölf Dollar, und ein halber Tag ist vergangen.

Mit dem kulturellen Pflichtprogramm in Damaskus, der vermutlich ältesten ununterbrochen bewohnten Stadt der Erde, bin ich auch durch: Besuche in diversen Museen, in der Altstadt, im Großen Basar, Besichtigung der Omayyaden-Moschee. Letztere ist heute eines der bedeutendsten Heiligtümer des Islams. Bevor die Moslems kamen, stand hier ein römischer Tempel.

Fehlt also nur noch die Einladung aus Saudi-Arabien. Tage vergehen, ohne daß das erwartete Fax kommt. Eine Woche verstreicht. Dann erfahre ich, daß bereits diese Einladung von mehreren Behörden in Saudi-Arabien genehmigt werden muß. Warten, warten, warten. Frustrierendes Warten.

Die Omayyaden-Moschee ist eines der Haupttheiligtümer des Islam

Zweimal träume ich in diesen Tagen, auf einen Kurzurlaub nach Hause geflogen zu sein. Morgens sehne ich mich manchmal nach dem Büro, dem Computer, Programm-Listings und den Siemens-Kollegen zurück.

In Damaskus bin ich mittlerweile bekannt. Der Wirt in der Felaffel-Bude grüßt mich schon seit langem mit Handschlag. Er ruft dem Jungen, der die Kichererbsenbälle mit dem Salat in das Fladenbrot einwickelt, dann immer zu: „Einmal Felaffel Spezial" – eine besonders große Portion für gerade mal 70 Pfennig.

Auf dem Weg von der Bude zurück zum Hotel flüstern mir die Zuhälter nur noch lächelnd ihr leises „Madame?" zu. Sie wissen inzwischen, daß ich nicht auf ihre Prostituierten aus bin. Und auch die Schuhputzer fragen nicht mehr, ob sie die Textilriemen meiner Sandalen wienern dürfen.

Im Al-Rabie-Hotel habe ich mich unterdessen mit einer Clique von Irakern angefreundet. Einige von ihnen sind zu Besuch in Damaskus, andere sind hier gestrandet. Die hübsche Fatya ist in Syrien zurückgeblieben, als ihre Eltern von Bagdad nach Europa flohen. Als die Familie auf der deutschen Botschaft in Ankara um Asyl bat, schickte man die damals 17jährige zurück, sie solle einen Paß herbeibringen. Die Formalitäten zogen sich hin, bis sie 18 war. Als Volljährige darf sie nun ihrer Familie nicht nach Deutschland folgen.

Mohamed hat vor zweieinhalb Jahren in Deutschland zwar Asyl gefunden, aber keine Arbeit. Deswegen durfte seine Familie nicht nachkommen. Seine Frau und die Tochter leben jetzt in Jordanien, während er nach Schweden weitergezogen ist. Dort bekam er einen Job. Nach zweieinhalb Jahren sieht er Frau und Tochter nun zum ersten Mal in Damaskus wieder. Wenn alles gut geht, wird die Familie in vier Monaten in Schweden wiedervereint sein.

Saad ist nach Damaskus gekommen, weil er Sehnsucht nach arabischer Umgebung hatte. Er ist kurz nach dem zweiten Golfkrieg, den er als Soldat erleben mußte, nach Dänemark geflohen. Dort schlägt er sich mit Malerei und Gelegenheitsarbeit durch. Seine Eltern in Bagdad hat er seit zehn Jahren nicht mehr gesehen. Die Rückkehr in den Irak würde er aber mit dem Leben bezahlen, weil Saddams Schergen ihn sofort aufspüren würden.

Obligatorisch für Mustafa nach dem Abendessen: die Wasserpfeife

Um halb fünf abends, wenn der Muezzin bei Sonnenuntergang zum Abendgebet ruft, nehmen wir im Innenhof des Hotels zusammen das Abendessen ein. Es wird im Laufe des Nachmittags von der ganzen Gemeinschaft zubereitet, jeder steuert etwas dazu bei. Wegen des Ramadan wird tagsüber gefastet. Der Ramadan bestimmt den Rhythmus: Man startet später in den Tag, und nachmittags gegen vier Uhr macht sich allgemeine Unruhe breit.

Im Souk, dem Basar, herrscht kurz vor vier Uhr Hektik. Die Händler stopfen hastig ihre Auslagen in die Ladennischen, blicken nervös auf die Uhr, lassen dann scheppernd die schweren Rolläden fallen, um rechtzeitig zu Hause mit der Familie das Essen einnehmen zu können. Um Viertel nach vier ist der Basar gespenstisch leer. Zwei Stunden später wird das Leben wieder zurückkehren.

In den moderneren Stadtvierteln bleiben einige Geschäfte offen, aber Kunden kommen in dieser Zeit nicht vorbei. Alles stellt sich jetzt auf das Essen ein. Ein Friseur sitzt in seinem leeren Salon vor dem Frisiertisch, auf dem in einer flachen Schale die Mahlzeit bereitsteht. In einem Laden, in dem Nüsse verkauft werden, sitzen drei Männer zwischen den Regalen um einen niedrigen Tisch, auf dem eine Schüssel mit gestampften Bohnen dampft. Überall gespannte Ruhe. Zu anderen Tageszeiten wird mehr geredet.

Die sechsspurige Choukri al Quatli-Straße, die sonst für Fußgänger fast unüberwindbar ist, kann man während der nächsten halben Stunde blind überqueren. Das Bild ist so ungewöhnlich wie das einer verwaisten deutschen Autobahn.

An der Straßenkreuzung hocken die Polizisten im Kreis um ein Bündel mit ihrem Abendessen. Vor der Imbißbude stehen Männer mit Felaffelbroten in der Hand. Im Innenraum sitzt ein Soldat auf einem Plastikstuhl, die Ellenbogen auf die Knie gestützt, die flachen Hände an den Ohren, die Augen geschlossen. Vor ihm auf einem Plastikschemel eine Tüte, in der ein Sandwich auf ihn wartet. Wie all die anderen hat er den ganzen Tag nichts gegessen und getrunken.

Eine Böllerrakete wird gezündet. Ein paar Sekunden zu früh. Um 16.33 Uhr dann aber endlich die Erlösung. Der Ruf. Der erlösende Ruf des Muezzins. In diesem Moment beißt ganz Damaskus zu.

DIE LETZTE SYRISCHE EINLADUNG

Nach zwei Wochen geht per Fax das Einladungsschreiben des Geschäftsmannes aus Riad ein – gleichzeitig an mich und an das saudische Konsulat in Damaskus. Jetzt kann es nur noch eine Sache weniger Tage sein, bis ich das Visum endlich habe.

Am nächsten Morgen der Knockout. Auf dem Konsulat eröffnet man mir, daß während des Ramadan nur Pilgervisa bearbeitet werden. Ausnahmslos! Aber warum sagen sie das erst jetzt? Das haben sie vor zwei Wochen doch auch schon gewußt! Die Bearbeitungszeit des Visums nach dem Ramadan, sagen sie, betrage drei bis vier Tage. Kurze Kalkulation: Ramadan ist in zwei Wochen zu Ende, dann schließen sich noch einige Feiertage an. „Drei, vier Tage Bearbeitungszeit" ist die arabische Umschreibung für „ein bis zwei Wochen". Das Entscheidende aber: Gut möglich, daß es in zwei Wochen heißt, sie könnten Visa nur an Menschen mit kurzen Nasen ausgeben. Ich werde hier nicht auf die nächste Überraschung warten! Nach über drei Wochen in Damaskus reise ich gleich am nächsten Tag ab. Wenigstens ist das Visum für den Jemen schon im Paß. Fragt sich nur, wie ich dort hinkommen soll. Vielleicht findet sich in Ägypten ein Schiff über das Rote Meer.

Die vielen Einladungen, die auf dem Weg von Aleppo nach Damaskus mein Tempo gebremst haben, bleiben jetzt wegen der Ramadanzeit aus. Jemanden von der Straße herbeizuwinken, bedeutet ja, zumindest ein Glas Tee mit ihm zusammen zu trinken, vielleicht auch eine Mahlzeit anzubieten. Das ist während der Fastenzeit tagsüber natürlich nicht möglich.

Auch meine Imbißpausen fallen jetzt aus, obwohl ich als Reisender, als Sportler und als schwer Arbeitender eigentlich gleich dreifach vom Fastengebot befreit bin. Aber die Teestuben und Garküchen in der Provinz öffnen erst kurz vor Sonnenuntergang, und es wäre ohnehin nicht angebracht, sich im Blickfeld der fastenden Einheimischen den Bauch vollzuschlagen.

Eine Einladung gibt es an diesem letzten Tag in Syrien allerdings doch noch. Und ich bin gezwungen, sie anzunehmen.

Kurz vor dem Ort Assanamein halte ich am Straßenrand, um die schneebedeckten Berge nördlich der Golanhöhen zu fotografieren. Fünfhundert Meter weiter stoppt mich im Ort ein Soldat. Erst jetzt erkenne ich, daß dies ein Garnisons-Städtchen ist. Du liebe Güte!

Nur zwei Minuten später sehe ich die Kasernenmauern von innen. Um mich herum stehen zehn Uniformierte, von denen der dickste der Vorgesetzte zu sein scheint. Gestikulierend fragt er, was ich fotografiert habe. Ich deute auf die Berge, aber er glaubt mir nicht. Immer wieder greift er in den folgenden Minuten zu einem Telefon, das im Freien herumsteht, und spricht laut und wichtig.

Eine lange Viertelstunde vergeht ereignislos. Inzwischen hat mir einer der Soldaten einen Stuhl in die wärmende Sonne gestellt. Was haben sie wohl vor? Wenn sie den Film entwickeln lassen, dann wird er bestimmt als Negativfilm behandelt. Dias sind hier praktisch unbekannt. Die werden mir meine Bilder kaputtmachen! Außerdem wird das eine Weile dauern, weil sie den Film nach Damaskus tragen müssen. Die werden mich doch nicht tagelang hier festsetzen!?

Nach einer halben Stunde fährt ein Auto vor. Mit Paß und Kamera in der Hand nehme ich auf der Rückbank Platz, während das von zehn Soldaten bewachte Fahrrad hier zurückbleibt. Dann dringen wir tief in das Innere der Kaserne ein. Vor einer Baracke stoppt der Wagen.

Der Mann, der mich in einem ofenwarmen Zimmer begrüßt, hat drei Sterne auf der Schulterklappe. Er lächelt und ist sehr freundlich. Ein lustiger Kerl, vielleicht 45 Jahre alt, dunkelblond, französischer Typ mit Lachfalten um die Augen. Leider spricht auch er kein Englisch.

Als wäre mein Besuch schon lange erwartet worden, steht eine dampfende Tasse Kaffee auf dem Tisch. Der „Franzose" bedeutet mir, ich solle mich bedienen. „Ramadan ...", werfe ich zögernd ein. Er lächelt und macht eine ausschlagende Handbewegung. Als ich dennoch nicht sofort davon trinke, baut er sich stramm neben dem Tisch auf, nimmt ostentativ einen kleinen Schluck aus der Tasse und stellt sie wieder vor mir ab. „Nicht vergiftet", soll das wohl heißen. Er ist wirklich ein Clown.

Aber das ist gut so. Auch ohne eine englische Sprachbrücke verstehen wir uns bestens. Als ich den Kaffee ausgetrunken habe, ordert er bei seinem Untergebenen zwei Tassen Tee. Immer wieder macht er für die Umstehenden Späße, die ich leider nicht verstehe.

Ich skizziere ihm unterdessen auf einem Blatt Papier, wie das mit dem Fotografieren war. Hier die Kaserne, da die Berge. Ganz andere Richtung! Die Kaserne interessiert mich nicht. Aber er hat inzwischen sowieso längst verstanden, daß ich ein harmloser Radler bin. Als wir den Tee ausgetrunken haben, verabschiedet er mich mit kräftigem Händedruck und einem „Sorry!".

Auch den Soldaten, die den Stein ins Rollen gebracht haben, kann ich nicht so recht böse sein. Wieder zurück am Fahrrad, verabschieden auch wir uns mit Handschlag. Sie sind mit Mißtrauen groß geworden. Und der Erzfeind Israel ist ja nur ein paar Kilometer von hier entfernt.

Am Abend fahre ich – aus reiner Neugierde – noch so nah wie möglich an die Golanhöhen heran. Die Fahrt endet an einer Straßensperre, die man nur mit einer Sondererlaubnis passieren kann. Wenige Kilometer weiter gäbe es selbst mit dieser Genehmigung kein Weiterkommen mehr – Grenzübergänge zwischen Syrien und Israel existieren nicht.

Einer der freundlichen Soldaten bietet an, er könne seinen Chef anrufen und um einen Passierschein für mich bitten. Ich lehne höflich ab. Es ist und bleibt ja eine Sackgasse. Es war wirklich nur die Neugierde, die mich bis hierher trieb. Ein Erinnerungsfoto mit Soldaten und Fahrrad hätte ich zwar gern noch gemacht, doch nach der Erfahrung des Vormittags wage ich nicht einmal zu fragen. *Eine* Einladung zu Kaffee und Tee genügt.

TUNESIEN
Tripolis
Alexandria
ISRAEL
Totes Meer
Amman
IRAK
IRAN
JORDANIEN
Kairo
Suez
Petra
Nu-
weiba
Aqaba
KUWEIT
Persischer Golf
ÄGYPTEN
Sharm el Sheik
Hurghada
SAUDI-ARABIEN
LIBYEN
Port
Safaga
BAHRAIN
Riad
QATAR
Assuan
Medina
Wendekreis des
Krebses
Rotes Meer
Jeddah
Wadi Halfa
Mekka
Nubische
Wüste
At Taif
Al Baha
NIGER
Port Sudan
TSCHAD
Ad Darb
SUDAN
ERITREA
Khartoum
Asmara
San'a
JEMEN
Hudaydah
Manakha
Al Mukha
Aden
Golf von Aden
Djibouti
NIGERIA
N'Djaména
DJIBOUTI
Addis-Abeba
Hargeisa
ZENTRAL-
AFRIKANISCHE REPUBLIK
Lake Langano
ÄTHIOPIEN
KAMERUN
Bangui
SOMALIA
Yaoundé
UGANDA
Moyale
Mogadischu
Kisangani
Kampala
KENIA
Libreville
Isiolo
ÄQUATOR
KONGO
DEMOKRATISCHE
REPUBLIK KONGO
GABUN
Kigali
Nairobi
RUANDA
Bujumbura
Arusha
BURUNDI
Brazzaville
Mombasa
Kinshasa
TANZANIA
Dodoma
Zanzibar
Dar-es-Salam
Luanda
Mbeya
Iringa
Livingstonia
Lubumbashi
ANGOLA
MA-
LAWI
Salima
ZAMBIA
Chipata
Rufunsa
Lusaka
Lilongwe
Nampula
MOZAMBIQUE
Kazungula
Harare
Victoria Falls
Pandamatenga
ZIMBABWE
Beira
NAMIBIA
Maun
Antananarivo
Gweta
Nata
Bulawayo
Windhoek
Ghanzi
Gobabis
MADAGASKAR
Wendekreis des
Steinbocks
BOTSWANA
Mariental
Gaborone
Pretoria
Maputo
Johannesburg
Keetmanshoop
Mbabane
SWAZILAND
Atlantik
Fish River Canyon
Noordoewer
Indischer
Ozean
Springbok
Maseru
Durban
LESOTHO
Insel St. Helena /
Recife (Brasilien)
SÜDAFRIKA
0 km
300
600
900 km
Citrusdal
Kapstadt
15°
30°
45°
0°

ODYSSEE DURCH ÄGYPTEN

In der jordanischen Hauptstadt Amman bekomme ich innerhalb einer knappen Stunde, quasi im Vorübergehen, ein Visum für den Sudan. Das ist eine kleine Sensation, denn in Kairo beispielsweise wartet man auf die sudanesische Einreiseerlaubnis wochenlang, mitunter auch vergebens. Erfolg oder Mißerfolg sind dort abhängig von den Launen der wenigen Entscheidungsträger, die man ohnehin nur sehr selten zu sehen bekommt. Hier begrüßt mich dagegen der Konsul persönlich, um zu erzählen, daß sein Bruder in Deutschland Informatik studiert hat. Mit diesem Visum ist nun wenigstens der Weg von Ägypten nach Süden offen. Allerdings möchte ich nicht die Route über Wadi Halfa und durch die Nubische Wüste nehmen, denn dann würde diese Reise zu einer Wiederholung meiner Kapstadt-Tour vor acht Jahren werden. Statt dessen will ich versuchen, entlang der Westküste des Roten Meeres nach Port Sudan zu radeln, um von dort mit einem Schiff nach Jemen überzusetzen.

Amman liegt rund 1000 Meter über dem Meer. Die Straße nach Westen führt zunächst sanft, dann steiler bergab. Nach vierzig Kilometern markiert ein Schild am Straßenrand den Nullpunkt. Meereshöhe. Von hier geht es weitere 403 Höhenmeter in Serpentinen hinab zum Toten Meer, zum tiefsten Punkt der Erde. Morgens habe ich in Amman noch vor Kälte gebibbert, nun treibe ich bei 25 Grad wie ein Stück Balsaholz in der warmen Salzlake.

Das blaue Wasser wirkt fremd in dieser Wüstenlandschaft, wie ein Stausee auf dem Mond. Nur nördlich des Toten Meeres kann an den Ufern des Jordan-Flusses Landwirtschaft betrieben werden. Das wenige Wasser, das übrigbleibt, mündet in den salzigen See, ohne aber wieder abzufließen. Wohin sollte es auch – 400 Meter unter dem Meer? Das Wasser verdunstet einfach.

Der Weg zur Ruinenstätte Petra führt zurück in die Kälte des ebenfalls kargen Hochlandes, hinauf bis auf 1600 Meter. Das passende Klima für das erste Weihnachtsfest auf dieser Reise. Am Heiligen Abend schneit es sogar ein wenig. Ich quartiere mich in einem der vielen Hostels von Wadi Musa ein, dem Ausgangspunkt für die Erkundung Petras.

Am Ende einer langen Felsklamm taucht unvermittelt das Schatzhaus von Petra auf.

„Rosa Stadt" wird die 2000 Jahre alte Nabatäersiedlung oft genannt. Man versteht sofort, wenn man nach dem Marsch durch den *siq* unvermittelt das „Schatzhaus" erblickt. Der *siq* ist eine enge, sich windende Felsenschlucht zwischen 100 Meter hoch aufragenden Wänden, mitunter nur zwei Meter breit und über einen Kilometer lang. Im reflektierenden Licht der umgebenden Felsen leuchtet das Schatzhaus am Ende des *siq* in zarten Tönen von gelb-beige bis violett.

Das Schatzhaus wurde, wie auch die anderen Bauwerke und Grabkammern Petras, aus Felswänden herausmodelliert. Fein gearbeitete Fassaden, teilweise griechischen und römischen Tempeln nachempfunden. Die eigentlichen Räume, die sich dahinter öffnen, sind hingegen sehr schlicht.

Viele dieser Höhlen wurden bis in die jüngste Vergangenheit noch von Beduinen bewohnt. Die Regierung hat sie – nicht zuletzt wegen der Touristen – in den letzten Jahren aus dem Tal zwischen den Felsen verbannt und ihnen ein paar Kilometer weiter Betonwohnungen errichtet. Ganz erfolgreich scheint dieser Umsiedlungsversuch allerdings nicht zu sein, denn einige der Höhlen dienen bereits wieder Mensch und Tier als Unterkunft.

Mein Aufbruch aus Petra fällt mit dem Ende des Ramadan zusammen. Lange war unklar gewesen, ob die Fastenzeit bis zum 27. oder bis zum 28. Dezember dauern würde, wann genau der neue Mondmonat beginnt. In der Nacht zum 27. hat man von Mekka aus dann einen ersten Lichtschimmer am Neumond erkennen können und somit an diesem Tag den Ramadan für beendet erklärt.

Überall Fröhlichkeit und Erleichterung nach den 29 Tagen der Askese, überall wird gefeiert und gegessen. Die Menschen sind ausgelassen und laden mich beinahe in jedem Ort ein. Kinder drücken mir unter der Fahrt Bonbons in die Hand. Nach über vier Wochen ist es ein seltsames Bild, tagsüber essende und trinkende Menschen zu sehen.

Unterwegs im Wadi Rum

Die letzten Kilometer vor Aqaba schlängelt sich der „Desert Highway" gemächlich vom Hochland hinab zum Roten Meer. Kurz vor der Küste hat man einen Blick in alle vier Anrainerstaaten des Golfs von Aqaba: im Südosten Saudi-Arabien, das Land, auf dessen Einreiseerlaubnis ich so lange vergeblich gewartet habe; im Südwesten Ägypten, durch das ich nun am Roten Meer entlang in den Sudan reisen will. Hier Jordanien mit 22 Kilometern Küste, westlich angrenzend Israel mit gerade einmal sieben Kilometern Meereszugang.

In Damaskus hatte mich eine ältere Dame aus Irland, die in Syrien für ein Buch recherchierte, gefragt, warum ich denn nicht einfach ohne Visum an die saudische Grenze führe. „Die wissen doch genau, daß ich ein Visum brauche", antwortete ich ihr.

„Vielleicht nicht", stellte sie dagegen.

Das kann nicht funktionieren! Das wäre wirklich zu einfach. Als wäre in den 80er-Jahren jemand von Osten kommend am Checkpoint Charlie aufgetaucht mit den Worten: „Ich will nach West-Berlin" – und die Grenzer öffnen die Tore, weil sie nichts von Bestimmungen wissen, die die Ausreise aus der DDR verbieten.

Da ich auf dem Campingplatz bei Aqaba aber nur zehn Kilometer von Saudi-Arabien entfernt bin, werde ich trotzdem mal ausprobieren, was passiert. Die Flasche Rotwein, die vom Silvesterabend noch übriggeblieben ist, verstecke ich kurz vor der Grenze am Straßenrand im Sand. Mit Alkohol im Gepäck sollte man bei den Saudis nun wirklich nicht auftauchen.

Dann der Grenzposten der Jordanier. Die Uniformierten ziehen sich mit meinem Paß in ein kleines Gebäude zurück. Als sie nach langen Minuten wieder herauskommen, erklären sie mir, daß sie mich ohne das Saudi-Visum nicht durchlassen können.

„Saudi-Visum?" tue ich entsetzt. „Das kriege ich doch drüben an der Grenze!"

„Nein, das müssen Sie in Amman beantragen."

„Wie weit ist es denn bis zum Saudi-Posten?"

„Zwei Kilometer."

„Dann lasse ich das Fahrrad hier und laufe zu Fuß rüber und hole mir das Visum."

„Nein, wenn Sie hinter diese Linie treten, sind Sie aus Jordanien ausgereist."

Was soll's? Es würde eh ein erfolgloser Versuch bleiben. Wenn doch schon die Jordanier wissen, daß ich das Visum brauche. Jeder braucht es. Auch Syrer, Ägypter, Libyer und die Bewohner der anderen arabischen Bruderländer. Egal ob Moslem oder nicht.

So mache ich also wieder kehrt. Und was bleibt als Trost? Das Fläschchen Rotwein. Es wird nun nicht im Wüstensand zwischen Aqaba und der Saudi-Grenze versauern müssen.

An der Ostküste der Sinai-Halbinsel radele ich hinunter zum ägyptischen Sharm el Sheikh und setze über nach Hurghada. Die Zeit drängt ein wenig, denn in vier Wochen erwartet mich mein Bruder im Jemen. Wenn er per Flieger in San'a einschwebt, möchte ich in Port Sudan zumindest schon ein Schiff gefunden haben, das mich zur jemenitischen Küste bringt. Doch durch diese Rechnung macht bereits die Polizei in Hurghada einen dicken Strich. Als ich um die Genehmigung für die Küstenroute nach Sudan bitte, weisen sie mich schroff ab. Die Nachfrage allein reicht schon fast zur Verhaftung. Militärgebiet! Seit Jahrzehnten gesperrt.

Es war also doch ein Gerücht, daß diese Route seit kurzem geöffnet ist. Ausdrücklich verbieten sie mir auf der Polizeistation, mit dem Fahrrad weiterzufahren. Ich soll den Bus nach Assuan nehmen und von dort über den Nasser-Stausee ausreisen, sagen sie. Das bringt mich aber nicht weiter. Ich will mit dem Schiff nach Jemen; ich muß am Roten Meer bleiben!

Anruf oben im Norden, in Suez: Wann gehen Fähren nach Jemen? Antwort: Es gibt keine Fähren nach Jemen, auch nicht mehr nach Port Sudan. Schiffsverbindungen gibt es nur noch nach – Saudi-Arabien!

Von Hurghada radele ich die 60 Kilometer südlich nach Port Safaga, um mich im Hafen nach einer privaten Yacht umzuschauen. Doch keine einzige ist zu sehen. Auf dem Weg zurück nach Hurghada stoppen mich die Polizisten an einem Checkpoint. Aufgeregte Stimmen tönen aus ihrer Funkanlage: „Almani? Mister Peter?" – Unglaublich. Ich bin hier inzwischen berühmt.

„Ist das Hurghada?" frage ich.

„Ja, Hurghada."

Die in der Zentrale glauben, daß ich gegen ihre Weisung in das Militärgebiet eindringen will. Aber ich weiß doch selbst, daß ich wegen der vielen Checkpoints keine Chance habe. Bleibt ruhig, Leute, ich fahre doch schon wieder nordwärts! Nach turbulentem Funkgespräch scheinen sie das auch kapiert zu haben.

Am Abend schreibe ich eine Mail an meinen Bruder nach Frankfurt: „Max, das Treffen im Jemen können wir vergessen."

Ich pedale nach Norden, nach Suez. Gegen einen Wind, der nur zehn Kilometer in der Stunde zuläßt. An endlosen Pipelines entlang und vorbei an Ölfördersiedlungen, die nachts in der kalten Wüste leuchten wie der Christkindlesmarkt. Gespenstisch wirken vor der

Dunkelheit der Wüste die Feuersäulen, die das überschüssige Gas abfackeln, unentwegt grummelnd. Unglaublich nah und hell ist in diesen klaren Nächten der volle Mond, der hinter den Bergen des Sinai aufgeht.

In Suez treffe ich mich mit Mohamed Moseilhy, der einen guten Draht zum Yacht-Club hat und über die Pläne der Crews informiert ist. Derzeit ankert jedoch kein Boot, das Richtung Süden weiterfahren will. Mohamed wird mich benachrichtigen, sobald er neue Informationen erhält.

Auf dem Rückweg entdecke ich im Hafengelände ein kleines saudisches Konsulat. Plötzlich kommt mir eine Idee: Ich könnte doch mit dem regulären Fährschiff nach Jeddah fahren, wenn ich für die Weiterfahrt bis zur Jemen-Grenze ein Transit-Visum bekäme. Freilich müßten sie mir für die knapp 1000 Kilometer etwas mehr als die üblichen drei Transit-Tage zugestehen.

Im Amtszimmer sitzt ein Mann im weißen Gewand und mit einem roten Tuch auf dem Kopf hinter seinem massiven Schreibtisch. Darauf drei Überwachungsmonitore, Telefon und Handy. Hinter ihm an der Wand eine Kuckucksuhr aus Plastik. Zusammen mit meinem Paß reiche ich ihm einen Zeitungsartikel, der in Syrien in arabischer Sprache über meine Fahrradreisen veröffentlicht wurde. Der Mann ist vollauf begeistert. Plötzlich sieht alles ganz einfach aus. Warum ich denn nicht auch Qatar, die Emirate und Oman besuchen wolle?

Der ist ja lustig. „Na, dazu brauche ich doch zuerst einmal das Visum für Saudi-Arabien."

„Das ist doch kein Problem! Mit diesem Zeitungsartikel!" Ich solle mich an Prinz Sultan bin Fahd wenden; der könne mir bei den Formalitäten weiterhelfen und mich mit Geld ausstatten.

Er tut so, als zählte Saudi-Arabien nicht zu den verschlossensten Ländern der Welt. Ich muß mich beherrschen, um diplomatisch zu bleiben. Mein Kopf sagt: „Also – her mit dem Visum!" Aus meinem Mund säuseln freundliche Worte: „Wie viele Paßbilder brauche ich denn für den Antrag?"

„Oh – hier geht das nicht. Das Visum müssen Sie auf der Botschaft in Kairo beantragen."

Das Visum, der Prinz – schöne Bilder, die in diesem Konsulat gemalt werden. Aber so kurzlebig wie Seifenblasen.

Dann fahre ich eben noch die 140 Kilometer bis nach Kairo. Das ist jetzt auch egal. Die Wartezeit auf eine Yacht kann man dort eh unterhaltsamer verbringen als im verschlafenen Suez. Wenn Mohamed unterdessen ein Boot findet, das mich nach Jemen mitnimmt, kann ich innerhalb eines Tages zurückkehren.

Am Sonntag radele ich zur Hauptstadt am Nil. Am Montag gibt es dann auf der Botschaft zunächst wieder eine Abfuhr: „Mit dem Fahrrad durch Saudi-Arabien? Das geht nicht!" – „Ich bitte darum, mit dem Konsul sprechen zu dürfen." Man gestattet.

Auch der Konsul ist zunächst ablehnend, doch der Zeitungsartikel aus Damaskus fordert ihn ganz offenbar heraus. Unter der Überschrift steht als Zitat von mir: „Das syrische Volk ist sehr gastfreundlich." Und da will er als Saudi nun wohl nicht weniger gastfreundlich dastehen.

Zu einer Visumsausstellung ist er allerdings nicht autorisiert. Doch er veranlaßt, daß ein Antrag nach Riad gefaxt wird. Mit detaillierter Routen- und Zeitplanung, Kopie des Passes, des syrischen Zeitungsartikels und des Jemen-Visums. Ich beantrage zwölf Tage Transit von Jeddah nach Jemen. Wenn sie mir fünf Tage geben, kann ich es schaffen.

„Kommen Sie in einer Woche wieder. Wenn der Antrag genehmigt wird, bekommen Sie das Visum einen Tag später."

„Okay. Bis nächsten Montag also."

Eine Woche. Was ist schon eine Woche? In Damaskus habe ich fast einen Monat vergeblich gewartet.

DAS VISUM

„DEATH for Drug Traffickers" steht rot und groß und in fetten Lettern auf dem Einreiseformular, das mir ein Besatzungsmitglied der „Pride of Salam" in die Hand gedrückt hat. Darunter kleiner die nähere Erläuterung: Todesstrafe für Drogenschmuggel und Drogenhandel. – Begrüßung auf Saudi-Arabisch. Da bleibt nur zu hoffen, daß einem niemand unbemerkt was ins Gepäck steckt.

Ich bin auf der Fähre nach Jeddah. Die Botschaft in Kairo hat mir tatsächlich ein Transitvisum ausgestellt. Wie gewünscht für zwölf Tage Aufenthalt und mit der Genehmigung, radelnd durch das Land zu reisen.

Nachdem aus Riad das „Okay" des saudischen Außenministeriums gekommen war, war die Botschaft in Kairo ermächtigt, mir das Visum zu erteilen. Aus dem einen Tag, den die Ausstellung ursprünglich dauern sollte, wurden dann aber doch wieder fünf. Zunächst mußte ich das Fährticket Suez–Jeddah kaufen und eine Fotokopie davon auf der Botschaft abgeben. Außerdem noch einmal eine genaue Zeit- und Routenplanung. Ich schrieb alles exakt so nieder wie eine Woche zuvor. Die ganze Sache erschien mir noch immer einsturzgefährdet wie ein Kartenhaus. Bloß keinen Fehler machen. Als am Ende sogar noch nach meiner Route jenseits Saudi-Arabiens gefragt wurde, sagte ich nur: „Jemen, Djibouti, Äthiopien, Kenia und Tanzania. Von dort mit dem Flugzeug nach Hause." Nur kein Land erwähnen, mit dem Saudi-Arabien eventuell ein Problem hat.

Samstag, der 27. Januar, war ein Tag zum Jubeln. Keine böse Überraschung mehr, keine weitere Verzögerung – auf Seite 13 im

Paß klebte das „Transit Visa by Land“ mit der Nummer 613572. Vom Fahrrad und den zwölf Tagen Gültigkeit stand allerdings nichts drin.

Auf meine Nachfrage am Schalter sagte der Beamte, das sei so in Ordnung. Aber ich müsse auf jeden Fall mit dem Schiff am 2. Februar in Jeddah ankommen. „There will wait somebody from the Ministry of ...“ Das Ende des Satzes ging wieder in seinem Genuschel unter. Doch ich fragte nicht nach, weil er vorher wegen seiner undeutlichen Aussprache schon so viel hatte wiederholen müssen.

Am 30. radelte ich zurück nach Suez. Am Abend kauten meine Zähne wieder die Ful-Fladenbrote in Ahmads Imbißbude am Hafen. Er hatte vor zweieinhalb Wochen gesagt: „Laß Dein Fahrrad hier und nimm den Bus nach Kairo. Das Visum kriegst du in ein paar Stunden.“

Das lang ersehnte Visum für Saudi-Arabien

Abschied von Afrika dann am nächsten Tag, nach einmonatiger Odyssee durch Ägypten. Durch ein Land, das ursprünglich gar nicht auf meiner Reiseroute lag. Spät nachmittags verließen wir den Hafen, und gegen Mitternacht glitten am ägyptischen Ufer die hell erleuchteten Ölfördersiedlungen Ras Gharib und El Shukheir vorbei, die ich Wochen zuvor auf dem Weg von Hurghada nach Suez mit dem Fahrrad ebenfalls nachts passiert hatte. Wieder diese unheimlichen Gasfackeln vor der schwarzen Wüste.

Auf dem Schiff bin ich der einzige Nicht-Araber. Die meisten anderen Passagiere sind ägyptische Pendler, die gutes Geld in Saudi-Arabien verdienen, das sie an ihre Familien in Ägypten überweisen. Ein paar Pilger sind auch an Bord, auf der Reise nach Mekka, das nur 70 Kilometer östlich von Jeddah liegt. Die Hauptpilgerzeit *hajj* im letzten Monat des moslemischen Kalenders hat aber noch nicht begonnen.

Von Stunde zu Stunde wird es auf dem Weg nach Süden wärmer. Die schwüle Luft zieht auch unter das Deck, wo sich die Ägypter mit Kartenspielen, Fernsehen und Teetrinken die Zeit vertreiben. Hinter der Tee-Theke hängt in einem Bilderrahmen verlockende Werbung für Guinness-Bier. Natürlich gibt es das hier nicht – wir sind schließlich auf dem Weg nach Saudi-Arabien. Das Bild stammt aus der Zeit, als dieses Schiff noch in schottischen Gewässern kreuzte.

Nach 40stündiger Fahrt laufen wir im „Jeddah Islamic Seaport" ein. Als Fremder genieße ich beim Verlassen der Fähre den Vortritt. Die Einreise-Formalitäten werden zügig abgewickelt, doch am Ende schockt mich der Mann bei der Paßkontrolle mit den Worten: „Sie haben drei Tage Transit." Das würde Busfahrt bis zur Jemen-Grenze bedeuten!

„In Kairo hat man mir auf der Botschaft zwölf Tage versprochen", erwidere ich. „Das wurde im Faxverkehr zwischen Kairo und Riad so vereinbart."

„Haben Sie eine Kopie von diesem Fax?"

„Nein. Das wollte man mir nicht aushändigen, weil es als intern eingestuft wurde."

Nun wirft der Beamte noch einmal einen Blick auf den Monitor seines Computers und sagt: „Ah, hier steht es. Sie dürfen bis zum 23.11.1421 bleiben – das sind 15 Tage." Zur Sicherheit schreibt er mir das Ganze auch noch in unserer Zeitrechnung auf: bis zum 17.2.2001.

Nun sogar 15 Tage! Da kann ich mir auch noch in Ruhe Jeddah anschauen. Die Zollkontrolle bleibt ebenfalls harmlos. Zwar wird jede Tasche geöffnet, aber der Zöllner kratzt überall nur ein bißchen an der Oberfläche herum. Dann bin ich durch.

Noch immer kann ich es nicht recht glauben: Ich habe saudischen Boden unter den Füßen! Ob ich wohl der einzige Tourist in diesem riesengroßen Saudi-Arabien bin? Man hört davon, daß es inzwischen geführte Gruppenreisen gibt und sich das Land dem Tourismus vorsichtig öffnen wolle.

Vielleicht wimmelt es in zehn Jahren hier ja nur so von Besuchern; Tauchtourismus an 2000 Kilometern unverbrauchter Rotmeer-Küste etwa wäre denkbar. Jemen ist auch so ein Land, das jahrzehntelang verschlossen war und nach einer Kehrtwendung dann urplötzlich den Tourismus förderte. Soweit sind die Saudis jedoch noch lange nicht. Ich werde mich in den kommenden zwei Wochen wahrscheinlich ein bißchen allein fühlen.

Vor dem Hafengebäude schiebe ich das Fahrrad über einen belebten Platz in Richtung Hauptstraße. Schon jetzt befällt mich ein leichtes Gefühl von Einsamkeit. Anders als in Syrien, Jordanien und Ägypten erweckt der hochbepackte Drahtesel hier kein erkennbares Interesse. Ich bin ein einsamer Radler unter Millionen von Fremden.

Da löst sich ein 40jähriger Mann in Jeans und T-Shirt aus der Menge. Er schreitet direkt auf mich zu und fragt: „Are you Mister Peter Smolka?" – Ich zucke zusammen. Wer kann meinen Namen hier kennen? Mister Abdullah streckt mir seine Hand zum Gruß entgegen: „Das Ministerium für Wohlfahrt hat mich geschickt."

Natürlich – der Botschaftsbeamte in Kairo hatte doch angekündigt, daß in Jeddah jemand auf mich warten wird. Mister Abdullah führt mich auf der Autobahn hinaus zur Jugendherberge der Stadt, ein gutes Stück vom Zentrum entfernt. Zwölf Kilometer fahre ich hinter seinem zerbeulten roten Mercedes her, bis wir vor einem großzügigen Gebäudekomplex anhalten, der von seinem Äußeren her auch das Jeddah-Sheraton sein könnte. Tolle Aussichten. Denn wie mir Abdullah erklärt, sind auch alle anderen Jugendherbergen, die auf dem Weg nach Jemen liegen, vom Wohlfahrtsministerium angewiesen, mir einen angenehmen Aufenthalt zu bieten. Der Visum-Antrag in Kairo hat offensichtlich Aktivitäten auf hohen Ebenen ausgelöst.

Soziale Einrichtungen wie diese Herbergen mit angeschlossenen Sportstätten wurden in ihrer Üppigkeit geplant, als das Öl und damit das Geld noch wie aus einem Füllhorn sprudelten. Langsam erkennt man jedoch, daß es nicht endlos so weitergehen wird. Als vor einigen Jahren der Ölpreis einen schweren Einbruch hatte, war Saudi-Arabien sogar eine Zeitlang zahlungsunfähig.

Anfang des 20. Jahrhunderts dämmerte Jeddah als bescheidene Hafenstadt von nur einem Quadratkilometer Ausdehnung in der schwülen Hitze vor sich hin. Innerhalb der alten Stadtmauern sieht man noch heute viele Häuser, die nicht aus Stein, sondern aus den Korallen des Roten Meeres gebaut sind. Vor dem alten Haus der Händlerfamilie Naseef steht der Baum, der 1920 der einzige in der ganzen Stadt war.

Mit dem Ölboom explodierte die Stadt. Sie ist nun eines der wichtigsten Handelszentren der arabischen Welt und fast tausendmal so groß wie vor hundert Jahren. Palmen säumen die langen Boulevards, jede einzelne importiert und künstlich bewässert.

Jetzt, im Frühjahr, mag das Klima in dieser Region wohl noch am erträglichsten sein, angenehm ist es deswegen trotzdem nicht. Zwar herrschen nur um die 30 Grad, aber die Luftfeuchtigkeit liegt bei fast 100 Prozent. Jede etwas zu schnelle Bewegung läßt sofort den Schweiß ausbrechen. „We have a summer and a super summer", kommentiert der Manager der Jugendherberge. Im Supersommer möchte ich hier wirklich nicht gegart werden.

AUF DER „NON-MOSLEMS ROAD"

„Don't you know the rules in this country?" Der gestrenge Blick des Internet-Café-Besitzers im Zentrum von Jeddah trifft mich kurz nach 18 Uhr. Ich lade gerade eine Riesendatei mit Bildern aus dem Netz. Ein Freund in Erlangen hat meine Dias eingescannt und mir auf diesem Wege die Ergebnisse zugeschickt. Die Übertragung läuft jetzt schon eine Viertelstunde, und ich will nicht, was der Besitzer will: abbrechen.

The rules in this country? Einige kenne ich: Hand ab bei wiederholtem Diebstahl, Todesstrafe für Drogenschmuggel und -handel. Tod auch bei Ehebruch – Männer werden geköpft, Frauen gesteinigt. Frauen dürfen nicht Auto fahren, und auch die Jugendherbergen stehen ihnen nicht offen. Alkohol ist hier natürlich generell verboten.

Daß man Internet-Cafés um sechs Uhr verlassen muß, ist mir allerdings neu. Aber es handelt sich nicht um eine Schikane des Besitzers – er muß, wie alle Geschäfte und Restaurants in Saudi-Arabien auch, zu den Gebetszeiten eine halbe Stunde lang schließen. Die Verbindung zum Internet wird gekappt, mein Dateitransfer ist im Eimer, durch die Eingangstür schieben sie mich hinaus auf die Straße.

Die saudischen Herrscher machen sich – oder zumindest ihrem Volk – das Leben reichlich schwer. Die Auslegung des Korans fällt im Königreich äußerst streng aus. Einige Saudis sagen, es sei ein Fluch, daß das größte Heiligtum des Islam ausgerechnet in ihrem Land stehen muß: die Kaaba in der Großen Moschee von Mekka, nur eine Autostunde von Jeddah entfernt. Würde Saudi-Arabien weniger im Zentrum der islamischen Welt liegen, ginge es hier wahrscheinlich etwas gelassener zu.

Jeder Gläubige, der gesundheitlich und finanziell dazu in der Lage ist, soll sich nach dem Koran mindestens einmal im Leben auf eine Pilgerreise nach Mekka begeben. Für Nicht-Moslems hingegen ist die ganze Stadt verbotenes Territorium. Auf dem „Mekka Highway", der von Jeddah über die heilige Stadt hinaus nach At Taif führt, hängen 20 Kilometer vor Mekka riesige Schilder über der Fahrbahn. Wie bei uns auf der Autobahn „Frankfurt geradeaus, Kassel rechts ab" ausgeschildert ist, trennt man hier die Religionen.

„Wir müssen leider draußen bleiben" –
kurz vor Mekka biegen Nicht-Moslems rechts ab

Geradeaus: „Moslems Only". Die fahren direkt in einen Kontrollpunkt, der aussieht wie eine Mautstelle. „Non-Moslems" müssen rechts abbiegen und Mekka im Halbkreis umfahren.

Nach einigen Kilometern auf der „Non-Moslems Road" stoppt mich ein Polizist, der meine Papiere sehen will. Ich reiche ihm den Paß und ein Schreiben des deutschen Konsulats aus Jeddah, das in arabischer Sprache meinen Aufenthalt hier erklärt. Der Polizist liest das Papier aufmerksam durch und diskutiert dann über das Funkgerät seines Jeeps mit irgend jemandem in der Zentrale. Danach folgt er mir mal in größerem, mal in kleinerem Abstand, überholt mich und fährt einige Kilometer voraus, läßt sich dann überholen und folgt mir wieder. Er gestikuliert, daß er auf mich aufpassen soll. Was ich zu diesem Zeitpunkt noch nicht weiß: Es ist der Beginn einer Polizeieskorte, die mich rund 1000 Kilometer weit bis zur Jemen-Grenze begleiten wird!

Am Ende der Non-Moslems Road, nach 65 Kilometern bei der Einmündung in die Straße von Mekka nach At Taif, übernimmt ein Kollege den Geleitschutz. Er folgt mir bis zum nächsten Checkpoint am Fuße einer mächtigen Gebirgskette. An diesem Checkpoint übernachte ich. Am folgenden Morgen geht es in langen Serpentinen hinauf nach At Taif, das fast 2000 Meter über dem Meeresspiegel liegt. Beharrlich zuckelt wieder ein Polizeiwagen im Schrittempo hinter mir her. Weil diese Bergstraße vierspurig ist, behindert er nicht den Verkehr.

Das ändert sich ein paar Tage später in der bergigen Region um Al Baha. Auf den engen, kurvigen Straßen bremst der schleichende Polizeiwagen die Autos hinter uns aus. Für mich mag der Rammschutz gegen die wilden saudischen Autofahrer ja ein Vorteil sein, insgesamt aber wird die Gefahr eines Unfalls erhöht. Die ausgebremsten Fahrer lassen sich immer wieder zu riskanten Überholmanövern verleiten, manche strecken mir wütend ihre Faust aus. Sympathiekundgebungen sind das nicht.

Und noch 300 solche Bergkilometer bis nach Abha? Jungs, so geht das nicht weiter. Wir müssen meinen vorgeschriebenen Kurs ändern. Wir müssen wieder zurück ins Tiefland. Am nächsten Tag rolle ich über zahllose Serpentinen hinunter zur Küste.

Wenn ich nur wüßte, wer diese Eskorte befohlen hat. Ist es wirklich nur eine Kettenreaktion, die auf der „Non-Moslems Road" eher zufällig begann? Alle 30 bis 40 Kilometer lösen sich die Polizeiwagen ab, oft im fliegenden Wechsel. Mitunter werden meine Bewacher hinter mir ausgetauscht, ohne daß ich es merke; dann schaue ich unvermittelt in ein neues Gesicht, wenn ich mich umdrehe. Einige der Polizisten finden es spaßig, mich begleiten zu dürfen – einmal springen noch zwei fröhliche Kollegen zusätzlich in den Wagen –, anderen ist die Zuckelei langweilig. Will ich an einem Ort länger verweilen, fragen meine Begleiter, an welchem Tag und um wieviel Uhr ich weiterfahren möchte. Spätestens zehn Minuten vor der Abfahrt wartet dann ein weißblauer Wagen mit kreisendem Blaulicht vor der Unterkunft.

Oder ist das Ministry of Welfare für meine Eskortierung verantwortlich? Eine Antwort auf diese Frage gibt es nicht. Die Polizisten sprechen nicht ein Wort Englisch, und die Offiziellen in den Jugendherbergen sind anscheinend selbst von der Polizeipräsenz überrascht. Der nette Abdul Aziz, der mir die Umgebung von Al Baha zeigt, macht aber keinen Hehl daraus, daß die ständigen Anrufe auf seinem Handy von der „Security" kommen: „You don't see him, he follows us in a normal car." Aber „er" muß wohl noch ein bißchen üben. Seine Anrufe sind immer von der Art: „Sie waren eben am Aussichtspunkt über der Talstraße, jetzt sind Sie im Restaurant. Wo waren Sie zwischendurch?"

Die ständige Begleitung dient offenbar beidem: einerseits der Überwachung, andererseits meinem Schutz vor den hemmungslosen saudi-arabischen Autofahrern. Wobei die Sorge um mein Leben nicht ganz unbegründet ist. Es gibt hier einfach keine Radfahrer auf den Überlandstraßen, und selbst in den Städten sieht man nur gelegentlich einen der Gastarbeiter aus Ostasien auf einem Drahtesel. Was man dagegen häufig sieht, sind zusammengedrückte Autowracks am Straßenrand, die nur wenig Raum für Überleben ließen. Die Zeitungen versuchen, mit mehrseitigen Beilagen voll abschreckender Unfallfotos gegen dieses wahnsinnige Rasen vorzugehen.

In diesen Tagen erfahren die Zeitungsleser außerdem mehrmals, daß ein Deutscher mit seinem Fahrrad auf dem Weg durch ihr Land ist. Die Reporter fingen den Radler auf der Straße ab und machten das Interview, während im Hintergrund der Motor eines Polizeiwagens lief.

Gut behütet durch Saudi-Arabien

Auch während der Pausen an den kleinen Shops bei den Überland-Tankstellen lassen die Polizisten den Motor laufen. Die meisten von ihnen sind zwar freundlich, doch sie drücken aufs Tempo, weil sie nicht verstehen, daß ich ein Reisender bin, der nicht unablässig radeln will. So sehr ich mich bemühe, den brummenden Motor während der Fahrt hinter mir mental auszuschalten – immer gelingt es nicht. An dem Tag, an dem wir zusammen Al Baha verlassen, treiben sie den Kilometerzähler bis zum Abend auf „208". Um diese Jahreszeit ist das ziemlich viel, da es am Tag nur knapp elf Stunden hell ist.

Der letzte Polizist verabschiedet sich drei Kilometer vor der jemenitischen Grenze von mir. Direkt davor überholt mich noch einmal ein Auto der Zeitung OKAZ. Ein letztes Interview auf saudischem Boden. Dann ist die Zeit der „Fürsorge" zu Ende. Dabei würde ich mich gerade jetzt über einen Leibwächter freuen – wegen der vielen Entführungen im Jemen.

KEIN MOKKA IN AL MUKHA

Selten habe ich einen so harten Kontrast zwischen zwei aneinandergrenzenden Ländern gesehen wie zwischen Saudi-Arabien und dem Jemen. Hinter mir fließen Strom und Wasser bis in jeden kleinen Dorfhaushalt, hier ist Elektrizität Luxus, und Wasser wird in Kanistern vom Brunnen geholt. Kein Pickup fährt leer ohne Passagiere auf der Ladefläche, Motorräder sind mit drei oder vier Mann besetzt. Die Kleidung vieler Menschen ist zerlumpt, man sieht Bettler, Kranke und Krüppel auf den Straßen.

Morgens in Manakha, einer alten Stadt im jemenitischen Hochland

Typisch für das Tihama, die nördliche jemenitische Küstenregion, sind die Hüttenansammlungen, die westafrikanischen Krals verblüffend ähnlich sehen. Die Hütten sind sauber mit Lehm verputzt, ebenso die Mauern, die die Behausungen miteinander verbinden oder sie umschließen. Die spitz zulaufenden Kegeldächer sind mit Gras bedeckt, das so weit nach unten hinabreicht, daß man unwillkürlich an einen erforderlichen „Haarschnitt" denken muß.

Völlig anders die Architektur im jemenitischen Hochland, hundert Kilometer landeinwärts, 2000 Meter über dem Meer. Hier wohnt man in Hochhäusern aus grobgehauenen Steinen oder aus Lehmziegeln, die in den zerklüfteten Regionen mitunter riskant an Abgründe gebaut werden. Im Erdgeschoß sind Vieh und Güter untergebracht, in den mittleren Stockwerken finden sich Badezimmer, Küchen und Wohnräume. Ganz oben gelangt man in das *mafraj.* In diesem repräsentativen Raum empfängt das Familienoberhaupt seine Gäste, hier trifft man sich auch zum Qat-Kauen. Die sanfte Volksdroge Qat gehört genauso zum Jemen wie die *jambiya,* das gebogene Messer, das jeder traditionsbewußte Jemenit in einer ziselierten Silberscheide am Gürtel vor seinem Bauch spazierenträgt. Qat bestimmt den Lebensrhythmus, euphorisiert das Land in den Mittagsstunden und lähmt das öffentliche Leben bis zum späten Nachmittag.

Qat ist ein widerstandsfähiger Strauch, der wenig Pflege, allerdings ausreichend Wasser braucht. Er wächst in den gleichen Regionen wie die Kaffeepflanze, hat sie vielerorts aber schon verdrängt, weil sein Anbau einen höheren Gewinn verspricht. Es gibt Erhebungen, nach denen der Durchschnitts-Jemenit ein bis zwei Viertel des Einkommens für seine tägliche Qat-Ration ausgibt. Die Blätter werden gekaut, aber nicht heruntergeschluckt. Sie werden auch nicht ausgespuckt, sondern nach dem Zerkauen in der Backentasche deponiert. Die Wirkstoffe sind zunächst belebend, später ermattend. Da ständig nachgeschoben wird, beginnen die Wangen der jemenitischen Männer ab dem Mittag beulenartig anzuwachsen. In den Läden, in denen ich einkaufe, bedienen mich Männer mit dicken Backen; wenn ich eine Teepause mache, sitzen mir Männer mit dicken Backen gegenüber; auch der Arzt, der den schmerzhaften Abszeß an meinem linken Knie untersucht und ihn dann rabiat ausdrückt, scheint einen Golfball im Mund zu haben.

Die Jemeniten sind überaus freundlich. Von allen Seiten wird der Fremde auf der Straße fröhlich begrüßt. Selbst die Entführungen, die in den letzten Jahren viele Reisende von einem Besuch dieses Landes abgehalten haben, laufen in der Regel äußerst gastfreundlich ab. Der Unterschied zu einer Einladung liegt im wesentlichen darin, daß man den Zeitpunkt des Abschieds nicht selbst wählen darf.

Waffen gehören im Jemen zum ganzen Mann – die Kleinen üben schon

Die Forderungen der Entführer zielen üblicherweise auf eine Verbesserung der Infrastruktur in ihrem Lebensgebiet; so verlangen sie beispielsweise eine Asphaltstraße zu ihrem Dorf oder die Förderung eines Entwicklungsprojektes. Vor der Freilassung kommen die Geiseln manchmal noch in den Genuß eines rauschenden Festes; es soll auch schon Fälle gegeben haben, in denen die Entführten erst merkten, daß sie nicht Gäste waren, als ein Regierungshubschrauber einflog, um sie abzuholen.

Bei Ta'izz verabschiede ich mich wieder vom Hochland und steuere Al Mukha an der Küste des Roten Meeres an. Dem Vernehmen nach legen dort mehrmals wöchentlich Schiffe nach Djibouti ab. Kürzer ist die Strecke nach Assab in Eritrea, doch die

Grenzübergänge zwischen Eritrea und Äthiopien sind nach dem jüngsten Krieg noch nicht wieder offen. Auf beiden Seiten der Grenze stehen UN-Truppen, die über die Einhaltung des Waffenstillstandes wachen.

50 Kilometer vor der Küste wird der Südwind heftiger. Mit der Annäherung ans Meer steigert er sich zu einem handfesten Sandsturm. Zum Schluß kann ich mich seitlich gegen den Wind lehnen wie gegen eine Hauswand. Und alles ist mit Sand überzogen: die Kleidung, die bloßen Arme, das Gesicht, das Fahrrad und die Packtaschen. Sand auch in den Ohren, in der Nase, im Mund.

Al Mukha sieht aus, als hätte es nie einen Tag ohne Sandsturm erlebt. Kleine Dünen reichen über die Straße, und große Dünen greifen nach den Häusern. Die etwas zurückgesetzten verfallenen Villen sind von Sand regelrecht durchspült. Sie stammen zum Teil noch aus der Blütezeit im frühen 17. Jahrhundert, als Al Mukha das Kaffee-Handelsmonopol für die ganze Welt besaß. Das Wort „Mokka" leitet sich von diesem vergessenen Ort an der Südwestecke des Jemen ab.

Der März ist kein guter Monat für die Überfahrt nach Djibouti – es toben „Winter"-Stürme. Tagelang läuft kein Schiff aus und auch keine Sambuq, wie die kleinen Segler hier heißen, mit denen Waren nach Afrika transportiert werden. Ich sitze im einzigen, muffigen Hotel in Al Mukha fest und warte. Unerklärlicherweise riechen in diesem Hotel alle Zimmer nach faulender Papaya-Frucht. Süßer Moder umwabert meine Nase, während ich die Ereignisse der letzten Tage zu Papier bringe. Doch wenn ich schreibe, brauche ich Kaffee. Und mein Kaffee geht zur Neige. Durch den Sandsturm hindurch mache ich mich auf den Weg zum Souk. Die Palmen biegen sich im Wind gen Norden. Die Luft ist beige vom Sand. Die Moschee mit ihrem schlanken Minarett zeichnet sich nur noch schemenhaft durch den Sandnebel ab. Mit zusammengekniffenen Augen flüchte ich in die Krämerläden und frage nach Kaffee.

„Bune fi?" – Haben Sie Kaffee? – „Mafi." – Nein, haben wir nicht.

Keinen Laden lasse ich aus. Es gibt viele kleine Läden hier. Doch es gibt keinen Kaffee. Al Mukha. Mokka. Aber keine einzige Kaffeebohne mehr da.

BAB AL-MANDAB

Am späten Nachmittag meines dritten Tages in Al Mukha – als ich mich bereits auf einen längeren Aufenthalt eingestellt habe – kommt ein Mann vom Hafen vorbei: In einer Stunde soll ich am Pier sein, eine Sambuq lege noch heute abend ab.

In aller Eile packe ich meine Sachen zusammen, die sich in den letzten Tagen über das ganze Zimmer verstreut haben. Im Ort besorge ich ein paar Fladenbrote sowie Käseecken aus ägyptischer Produktion. Ein bißchen Verpflegung für die zwölf Stunden, die die Überfahrt dauern soll. Dann geht es gegen einen etwas nachlassenden Sandsturm eineinhalb Kilometer zum Hafen.

Die Sambuq, der ich mich anvertraue, ist etwa 25 Meter lang. Ein Holzboot ähnlich wie eine Dhau, allerdings nicht vom Wind angetrieben, sondern von einem Dieselmotor. Diese Sambuqs dienen in der Hauptsache dem Güterkleinverkehr zwischen dem Jemen und Ostafrika. Unser Boot hat Gasflaschen und Getränkedosen geladen. Außer mir fahren noch zwei Passagiere aus Djibouti mit, Radwan und Mohamed.

Als unser Gepäck an Bord ist, ist eigentlich alles bereit zur Abfahrt. Denke ich jedenfalls. Doch zunächst wird ein Abendessen gereicht, das in einer winzigen Bordkombüse zubereitet wurde: Bohnenmus mit Fladenbrot. Die Sonne ist untergegangen, als ein Besatzungsmitglied kleine Gläschen mit sehr aromatischem Tee verteilt. Die 30 Dollar, die ich für die Überfahrt ausgehandelt habe (der Kapitän startete mit dem doppelten Preis), sind also inklusive Kost. Das Logis ist allerdings nicht mehr als eine Decke, die für jeden Passagier auf einem kleinen Deck achtern ausgebreitet wurde.

Nach dem Tee legt sich alles zur Ruhe. Es heißt, wir führen in der Nacht los.

Nach zwölf Stunden sind wir immer noch im Hafen. Weil der Wind nicht nachgelassen habe, erklärt Radwan. Im ersten Morgengrauen legt das Schiff dann aber endlich ab. Wir haben den schützenden Hafen gerade erst verlassen, da verstehe ich, warum sich in diesen Tagen praktisch niemand aufs Meer wagt. Das Boot tanzt auf den Wellen, als würde es ausschließlich von den Naturgewalten manövriert. Aber der Steuermann trägt noch Gelassenheit auf seinem Gesicht.

Radwan hat inzwischen damit begonnen, das Abendessen wieder herzugeben. Er kroch zur Reling und beugte sich dann schnell vornüber. Jetzt hängt er da und kotzt und kotzt. Mir geht es noch erstaunlich gut. Das Frühstück – wieder Bohnenmus mit Fladenbrot – lasse ich nach den ersten zwei Bissen allerdings wieder zurückgehen. Diese beiden Bissen hüpfen bereits im Magen.

Hätte ich den alten Kapitän gestern am Hafen nicht stehen sehen, müßte ich glauben, er sei gelähmt. Er sitzt die ganze Zeit während der Fahrt achtern steuerbord auf einem Deckenlager und gibt von hier aus sämtliche Anweisungen.

Er steht auch nicht auf, als Radwan um des Kapitäns Pinkelflasche bittet. Radwan seinerseits kann nicht aufstehen, da er immer noch über der Reling hängt und würgt. Der Captain rollt die Mineralwasserflasche mit dem gekappten Hals zu Radwan rüber, der sich in einer Verschnaufpause erleichtert. Nachdem er die Flasche mit dem Wind ins Meer entleert hat, rollt er sie dem Captain wieder zurück.

Irgendwann schließe ich mich Radwan an der Reling solidarisch an. Nicht nur die zwei Bissen des Frühstücks erlangen ihre Freiheit zurück, sondern auch das gestrige Abendessen. Vielleicht auch noch unidentifizierbare Reste vorangegangener Mahlzeiten. Jedenfalls wundere ich mich über das Speichervolumen meines Magens.

Nach neun Stunden haben wir erst ein Drittel der Strecke geschafft. Direkt vor dem Bab al Mandab, dem „Tor der Tränen“, gehen wir vor Anker. Diese Meerenge, die den Ausgang des Roten Meeres in den Indischen Ozean bildet, wird von Seefahrern wegen der gefährlichen Strömungen gefürchtet.

Einige Besatzungsmitglieder behaupten, wir würden hier übernachten, andere sagen, der Kapitän warte auf das Abflauen des Windes. Der Kapitän selbst hüllt sich in Schweigen. Er gibt jedoch Anweisung, die Ladung umzuschichten. Das Boot hat sich in den letzten Stunden verdammt stark nach backbord geneigt. Jetzt, da es in der Bucht ruhig liegt, geht es Radwan und mir wieder blendend. Optimistisch nehmen wir das verspätete Mittagessen ein, diesmal nicht Bohnenmus mit Fladenbrot, sondern Reis mit gekochtem Fleisch und scharfer Soße.

Nach einer Stunde Pause bläst der Kapitän urplötzlich wieder zum Aufbruch. Hat er vielleicht ein Nachlassen des Windes wahrgenommen? Auf geht's, durchs Bab al Mandab!

Die Gewalt des Windes übertrifft nun alles, was wir bisher erlebt haben. Das Boot tanzt auf dem Wasser wie die sprichwörtliche Nußschale. Ich klammere mich an der Brüstung fest um nicht über Bord zu gehen und versuche wieder, im Gesicht des Steuermannes den Ernst der Lage abzulesen. Der hat gerade seinen Ersatzmann zu sich nach hinten gerufen, um sich mit ihm zu beraten. Sie wirken beide angespannt. Jedesmal wenn das Boot bedenklich nach vorn oder zur Seite kippt, brummelt die Besatzung im Chor, als wolle sie sagen: „Diese Welle hättet ihr aber auch besser nehmen können."

Radwans Optimismus bei der Einnahme unseres Nachmittagessens war berechtigt, meiner nicht. Schade um das schöne Reisfleisch. Es sieht noch sehr gut aus.

Hinter dem Bab al Mandab wird die See bedeutend ruhiger. Endlich scheint es überstanden zu sein. Im Osten geht der Vollmond auf, und auch die Mienen der Besatzung erhellen sich. Bald schlafe ich ein.

Als mich Radwan nach elf Stunden weckt, dämmert es bereits. Er deutet auf Schiffe und auf Hafenanlagen. „Djibouti!" ruft er und lächelt froh: „Welcome to Africa!"

DER FLUSS IN DER WÜSTE

„Da vorn geht es nicht weiter", ruft der Afar-Nomade, der mit zwei Kamelen vor meinem Fahrrad die steinige Piste kreuzt. „Der Weg ist versperrt." Er deutet mit den Händen über die kahlen Kuppen vor uns.

Irgendwas muß dran sein an seinem Hinweis, denn seit gestern Nachmittag ist mir kein einziges Fahrzeug mehr entgegengekommen. Aber ein Hindernis für Motorisierte muß noch lange kein

Hindernis für Radfahrer sein. Vielleicht liegt ein umgekippter Lkw an einer ungünstigen Stelle quer über der Straße. Irgendwie wird man das Fahrrad schon daran vorbeitragen können.

Kurz darauf erreiche ich das Ende einer langen Schlange stehender Lastwagen. Während ich die Trucks passiere, führt die Piste eine leichte Anhöhe hinauf, von der aus ich weit vorne wogendes Wasser zu sehen glaube. Als würde dort ein wilder Fluß strömen. Das kann natürlich nicht sein. Ein Fluß wäre so fremd hier in der Wüste wie ein Nashorn auf dem Frankfurter Autobahnkreuz.

Gestern früh bin ich in Djibouti-Stadt aufgebrochen. Nicht bei bester Gesundheit. Starker Durchfall plagt mich, und wenn ich aufstoße, kommt ein äußerst unangenehmer Geschmack mit hoch, der in einem Reiseführer so treffend mit dem fauler Eier verglichen wird. Den Reiseführer habe ich leider nicht mehr bei mir. Ärgerlich – denn dort war auch erklärt, worauf diese „faulen Eier" hinweisen. Waren es Amöben? Oder eine bestimmte Art von Würmern?

Hinter Dikhil hörte die passable Asphaltstraße dann urplötzlich auf. Schlagartig ging sie in eine grobe, staubige Piste über, auf der auch die Lastwagen nur mit 20 Kilometern in der Stunde dahinkriechen können. Noch vor ein paar Jahren war dieser Abschnitt bis zur äthiopischen Grenze asphaltiert, aber die vielen Trucks haben alles zerbröselt. Seit dem Krieg mit Eritrea muß Äthiopien vom Hafen in Assab auf den in Djibouti ausweichen.

Die Lkw-Schlange ist gut zwei Kilometer lang. Und der vorderste Lastwagen steht tatsächlich am Ufer eines Flusses! Eines reißenden Flusses von etwa 60 Metern Breite! Ich brauche eine Weile, um das zu begreifen. Drüben am anderen Ufer haben sich die Lastwagen ebenfalls kilometerlang gestaut.

Langsam wird mir bewußt, daß auch ich überhaupt keine Chance hätte, die andere Seite lebend zu erreichen. Die Wassermassen schießen von links herbei, tobend, wild schäumend, braun von der Erde, die sie mitgerissen haben. Über der Furt, die der Fluß vor uns überspült, sieht er verhältnismäßig harmlos aus, aber die Gewalt des Wassers wird gleich in der Walze hinter der Furt wieder deutlich – wer da hineingerät, ist verloren. Wenn er darin nicht ertrinkt, so zerschellt er an den Felsen flußabwärts.

Die Lkw-Fahrer erzählen, daß das Flußbett das ganze Jahr über so trocken ist wie die Wüste um uns herum. Nur alle ein oder zwei Jahre, nach heftigen Regenfällen Hunderte Kilometer südwestlich in den Bergen Äthiopiens, fülle es sich. Einige Fahrer warten jetzt schon länger als einen Tag. Inzwischen sinkt der Pegel aber wieder.

Kurz vor Sonnenuntergang ziehe ich mich für die Nacht in ein kleines Basthütten-Restaurant vier Kilometer von hier zurück. Am nächsten Morgen ist die Lastwagenschlange am Fluß verschwunden. Gespenstische Ruhe nach dem Trubel von gestern. Noch gespenstischer der verlassene Lkw, der samt Anhänger umgeworfen im Wasser neben der Furt liegt. Wahrscheinlich war er der erste, der es in der Nacht versucht hat.

Das Wasser reicht auch jetzt noch bis zu den Knien, aber der Fluß hat seine Kraft verloren. Auf der anderen Seite schwinge ich mich fröhlich auf den Sattel. Nach nur sechs Kilometern erreiche ich wieder das Ende einer Lastwagenschlange. Dieselben Fahrzeuge wie gestern, dieselben Fahrer grüßen mich wieder. Und sie warten vor demselben Fluß. In einem weiten Bogen ist er von rechts zurückgekehrt. An dieser Stelle hat er eine kleine Brücke zum Einsturz gebracht. Für die Lastwagen erneut ein unüberwindbares Hindernis.

Ich versuche, den Fluß etwas oberhalb der Brücke zu durchwaten. In der Flußmitte geht mir das Wasser bis über den Bauchnabel; gut, daß die Packtaschen wasserdicht sind. Die Strömung ist aber so stark, daß sich das Rad längs stellt. Mit Mühe kann ich es verhindern, abgetrieben zu werden. Ausrutschen sollte ich jetzt nicht.

Am anderen Ufer angekommen, atme ich erleichtert auf. Einfacher wäre es gewesen, Rad und Packtaschen in mehreren Etappen durch die Fluten zu tragen. Aber man kann das Gepäck hier nicht allein lassen – zu viele finstere Gestalten befinden sich unter den Schaulustigen.

Von der Grenze bei Galafi bis nach Addis Abeba sind es rund 750 Kilometer. Lange Kilometer durch trockenes Afar-Land im Nordosten Äthiopiens. Logistisch für einen Radler kein Problem, weil die Straße größtenteils asphaltiert ist und es mindestens alle 100 Kilometer eine Ortschaft gibt. Aber nicht immer einfach für den Kopf, dem so manche Gerade endlos erscheint.

In der Grand Barra Depression (Djibouti)

Im November 1974 wurde in dieser unwirtlichen Gegend das Skelett eines menschenähnlichen Wesens gefunden, dessen Alter auf mindestens 3,2 Millionen Jahre geschätzt wird. Im Camp der Archäologen liefen zur Zeit der Entdeckung Beatles-Songs vom Kassettenrecorder, auch „Lucy in the Sky with Diamonds", und so erhielt der Fund den Namen „Lucy". Lucy war zu Lebzeiten etwas über einen Meter groß und rund 30 Kilogramm schwer. Sie ging aufrecht, hatte aber noch ein sehr kleines Gehirn. Mit diesem Fund wurden frühere Theorien widerlegt, nach denen in der Evolution erst das Gehirn wuchs und dann der aufrechte Gang kam.

Als ich in Addis Abeba auf dem Hof der Stiftung „Menschen für Menschen" eintreffe, zeigt der Fahrrad-Computer 10.172 geradelte Kilometer. Vor dem Start zur Weltumrundung habe ich auf meiner Internetseite www.lemlem.de um Spenden zugunsten dieser Stiftung gebeten. Die Arbeit von „Menschen für Menschen", die sich ausschließlich auf Äthiopien bezieht, verfolge ich seit 1992. Die meisten Projekte habe ich in den vergangenen Jahren auch selbst besuchen können. Besonders die Bodenständigkeit und die Effizienz, mit der die Organisation arbeitet, sind beeindruckend.

Jeder Spender war aufgefordert, einen Pfennig für jeden Kilometer zwischen Erlangen und Addis Abeba zu geben. Gut 5000 DM sind durch die Aktion zusammengekommen – das deckt etwa die Kosten für den Bau von zwei Dorfbrunnen.

STIFTUNG „MENSCHEN FÜR MENSCHEN“

Am 16. Mai 1981 wettete Karlheinz Böhm in der Fernsehshow „Wetten, daß ...“, nicht einmal ein Drittel der vor dem Bildschirm sitzenden Zuschauer sei bereit, eine Mark für die Linderung der Not in der Sahelzone zu spenden. Sollte er verlieren – sollten mehr als sechs Millionen Mark zusammenkommen –, werde er persönlich vor Ort für die sinnvolle Verwendung der Spenden sorgen.

In den folgenden Wochen liefen 1,7 Millionen Mark auf den angegebenen Konten ein – Böhm hatte also seine Wette „gewonnen“. Dennoch ging er mit der Verantwortung für diese Spenden nach der Gründung der Stiftung „Menschen für Menschen“ (MfM) im Januar 1982 nach Äthiopien. Im Erer-Tal, nahe der somalischen Grenze, siedelte er 2100 Menschen aus Flüchtlingslagern in Ostäthiopien um eine brachliegende Staatsfarm in vier Dörfern an.

Die anhaltende Unterstützung aus dem deutschsprachigen Raum ermöglichte es MfM in den folgenden Jahren, die Arbeit in Äthiopien zu intensivieren. Durch den Bau von Handpumpen und Quelleinfassungen verhilft man den rückständigsten Regionen zu einwandfreiem Trinkwasser. Gesundheitseinrichtungen, Jugend- und Waisenheime werden aufgebaut bzw. unterstützt, Musterfarmen bewirtschaftet, bei denen sich Bauern aus der Umgebung Anregungen für den eigenen Anbau holen können. Ein besonderes Augenmerk gilt der Bekämpfung der Bodenerosion, die in Äthiopien Jahr für Jahr zum Verlust von Millionen Tonnen fruchtbarer Erde führt. Gegenmaßnahmen sind Terrassierung, Aufforstung und das Anlegen von Erosionsschutzdämmen. Oberstes Ziel bei allen Projekten ist die Hilfe zur Selbsthilfe, die keine Abhängigkeit schafft. Zum Know-how-Transfer trägt auch die Tatsache bei, daß MfM in Äthiopien fast ausschließlich einheimische Mitarbeiter beschäftigt – von den etwas über 550 Angestellten sind nur neun Europäer. Niedrig ist bei MfM auch der Verwaltungskostenanteil: weniger als zehn Prozent.

Weitere Informationen unter: www.mfm-online.org

LAND DER LEGENDEN

Sieben Monate nach meinem Aufbruch in Deutschland bekomme ich in Addis Abeba Besuch. Muttern hat ihren Urlaub heuer nicht auf Norderney gemacht, sondern sich in den Flieger nach Afrika gesetzt. Ihre Freunde zu Hause sagen, das sei ganz schön mutig für eine 70jährige Frau (die – umschwärmt von Malaria-Mücken – in Äthiopien dann ihren 71. Geburtstag feiern sollte).

Zusammen reisen wir durch den Norden des Landes. Zur Abwechslung bleibt der Drahtesel stehen, denn Muttern hat zum letzten Mal vor über zehn Jahren im Sattel gesessen. Wir steigen ins Flugzeug. Unser erstes Ziel sind die monolithischen Felsenkirchen von Lalibela. Ein vergessenes Juwel in den unwegsamen Lasta-Bergen. Das achte Weltwunder eigentlich, aber kaum jemand kennt es.

Die Landebahn von Lalibela ist erst seit wenigen Jahren asphaltiert. Früher gab es hier nur eine Landepiste, die in der Regenzeit aufgeweicht und nicht zu benutzen war. Weil für Autos auch die Erdstraße nur in der Trockenzeit passierbar ist, war Lalibela vor der Renovierung des Flugplatzes in der Regenzeit für Wochen oder gar Monate von der Außenwelt abgeschnitten.

Vor etwa 800 Jahren haben die Äthiopier in dieser abgelegenen Ecke mit einem unglaublichen Aufwand ihre Felsenkirchen aus dem Stein gehauen. König Lalibela, der in der damals noch Roha genannten Stadt regierte, hatte den Auftrag gegeben, und vermutlich erhielt er Unterstützung durch Baumeister aus Alexandria und Jerusalem. 25 Jahre lang, so schätzt man heute, trieben Äthiopier und die Gastarbeiter aus dem Norden ihre Meißel in das Felsgestein um Roha. Dabei machten sie es sich nicht so leicht, nur einfach Höhlen in irgendwelche Felswände zu schlagen. Statt dessen arbeiteten sie sich – wie kommt man nur auf solch eine Idee? – senkrecht voran und schälten massive Gebäude aus der Tiefe des felsigen Bodens heraus. Das steinerne Plateau, auf dem sie anfangs standen, war nach vollbrachter Arbeit zum Dach ihres Werkes geworden. Die größte der elf Kirchen, die ursprünglich wohl auch weltlichen Zwecken dienten, ist 32 Meter lang und 23 Meter breit.

Am schönsten gelungen ist unumstritten Bet Giorgis, das „Haus des heiligen Georg". Zunächst wurde ein zwölf Meter tiefer, rechteckiger Graben in den Felsboden geschlagen, der in der Mitte einen monolithischen Block stehenließ. Diesen Block bearbeiteten die Steinmetze dann mit ihren einfachen Werkzeugen, bis eine Kirche von kreuzförmigem Grundriß mit Stufen, Türen, Fenstern und Friesen übrigblieb. Ja – sie blieb übrig. Ein reiner Monolith! Nirgendwo wurde etwas hinzugefügt, das Bauwerk entstand außen und auch innen allein durch Wegnehmen!

Marschiert man auf diese Kirche zu, erkennt man zunächst nur ihr Dach mit den drei ineinandergelegten Kreuzen. Erst mit der weiteren Annäherung wird der Blick frei auf die Fassade, die sich unter einem darbietet. Zehn der elf Kirchen liegen in zwei Gruppen beieinander, sie sind durch Gänge und Tunnel miteinander verbunden. Nur Bet Giorgis steht einzeln und ein paar hundert Meter abseits. Der Legende nach wurde sie als letzte erschaffen. Als der heilige Georg vorbeigeritten kam und feststellte, daß keines der Bauwerke ihm gewidmet war, beschwerte er sich bei König Lalibela. Der versprach daraufhin, für seinen Besucher die schönste Kirche zu erbauen. So entstand Bet Giorgis – in nur 24 Stunden, denn nachts arbeiteten die Engel weiter. Als der Heilige Georg am nächsten Tag das Kunstwerk erblickte, war er so verzückt, daß er im Überschwang mit dem Pferd in den tiefen Graben sprang. Die Priester zeigen den Besuchern noch heute die Hufabdrücke im Fels.

Die Kirchen von Lalibela sind keine toten Denkmäler; nach wie vor werden sie von den strenggläubigen orthodoxen Christen als Gotteshäuser genutzt. Immer wieder sieht man Passanten, die kurz innehalten, sich zur Kirche hin verneigen und bekreuzigen. Zum Anlaß verschiedener Kirchenfeste kommt aus dem Allerheiligsten jeder Kirche ein *tabot* zum Vorschein, eine Kopie der Bundeslade mit den Gesetzestafeln des Moses. Da der Blick auf die hölzerne Bundeslade den gemeinen Gläubigen jedoch verwehrt ist, werden die *tabots* verhüllt, bevor sie auf den Köpfen der Priester schwebend die Kirchen verlassen. Die farbenprächtigen, brokatenen Tücher, in die sie gewickelt sind, und die bunten Gewänder der Geistlichen machen diese Prozessionen zu einem Fest auch für das Auge.

Die monolithische Felsenkirche Bet Giorgis in Lalibela

Die originalen Gesetzestafeln – so verkündet das äthiopische Heldenlied „Kebra Negast“ (Herrlichkeit der Könige) – wurden einst von Menelik I. aus Jerusalem gestohlen. Menelik war aus einer Affäre des Königs Salomon mit der Königin von Saba hervorgegangen. Glaubt man den Äthiopiern, wird die historische Beute in der Marienkirche von Axum aufbewahrt. Natürlich ist auch diese originale Bundeslade den Blicken eines Normalsterblichen entzogen – nur die von Gott auserwählten Hüter können ihren Anblick ertragen.

In Gonder und auf den Inseln des Tanasees schauen wir uns das mittelalterliche Äthiopien und einige Kirchen neueren Datums an. Die farbenfrohen Bildergeschichten, die die Innenwände der Kirchen schmücken, geben teils biblische Begebenheiten wieder, erzählen aber auch äthiopische Geschichten und Legenden, wie z.B. die eines unersättlichen Menschenfressers. Belai verschlang alles Menschliche, das ihm über den Weg kam, doch einmal in seinem Leben zeigte er sich gnädig, als er einem leprakranken Bettler, der im Namen der Jungfrau Maria um Wasser bat, das

Trinkgefäß füllte. Irgendwann war dann auch Belais Zeit abgelaufen. Während der Teufel schon die Hände nach ihm ausstreckte, hielt der heilige Michael Gericht ab. In der einen Waagschale lagen die über 70 gefressenen Menschen, in der anderen war das Wasser, das Belai dem Leprakranken gegeben hatte. Während St. Michael die Waage balancierte, kam die Heilige Jungfrau vorbei und warf ihren schweren Schatten auf die Waagschale mit dem Wasser – und Belais Seele war gerettet.

Mehrmals werden wir in kleinen Hütten am Wegesrand zur traditionellen Kaffeezeremonie eingeladen. Nichts für Leute mit wenig Zeit. Es geht damit los, daß erst einmal die Holzkohle angezündet wird. In die Glut geben die Gastgeber Weihrauch, dessen Duft schnell den ganzen Raum erfüllt. Den Fußboden haben sie zuvor mit Gras ausgelegt.

Wenn die Glut heiß genug ist, werden die rohen Kaffeebohnen in einer Pfanne über der Holzkohle geröstet. Dann geht die Zeremonienmeisterin mit den rauchenden Bohnen durch die Runde und fächelt jedem Gast das Aroma zu. Man nickt freundlich und sagt, es sei herrlich. Und das ist keine Lüge. In Äthiopien wächst ausgezeichneter Kaffee. Der Kaffeestrauch wurde einst hier entdeckt.

Die gerösteten Bohnen werden in einem Mörser zerstoßen. Schließlich gibt die Meisterin das Pulver in ein bauchiges Tongefäß mit Wasser, das zuvor auf der Holzkohle zum Kochen gebracht wurde. Sie reicht den Kaffee in kleinen chinesischen Schälchen – er schmeckt hervorragend. Dann beginnt die zweite Runde. Drei Runden sind es insgesamt.

Ganz besonders angetan ist Muttern übrigens von der Zuvorkommenheit, mit der die Äthiopier älteren Menschen begegnen. „In Deutschland", sagte sie, „bist Du mit 65 Jahren nichts mehr." Hier werden die Alten verehrt, und die Jüngeren wollen von ihrer Erfahrung lernen.

Allerdings nimmt dieser Respekt nun auch in Afrika ab. Die Welt ist so schnellebig geworden, daß das Wissen der Älteren nicht mehr so viel zählt. Und auch der Zusammenhalt der Familie ist nicht mehr so fest wie früher, als noch drei oder mehr Generationen unter einem Dach zusammenlebten. Globale Medien befördern das Bild vom bequemen Leben in den Großstädten dieser Welt auch in die afrikanischen Dörfer. Viele der Jungen wandern ab in die Metropolen. Sie träumen vom großen Geld und vom großen Glück. Doch die meisten landen in rostigen Wellblechhütten oder auf der Straße, während die Dörfer überaltern.

HEISSE TAGE IN ADDIS

Endlich bin ich aus Addis Abeba aufgebrochen. Ich mag diese Stadt, aber ich war zu lange dort. Außerdem ist die Luft in Addis heiß geworden – stein- und bleihaltig. Vor einigen Tagen sind Studentenunruhen ausgebrochen, in deren Verlauf auch schwer randaliert und geplündert wurde. Polizei und Militär griffen hart durch. Während europäische Medien von 40 Toten sprachen, war in Äthiopien von sieben Opfern die Rede.

Es gab Tage, an denen man das Haus besser nicht verließ. Wenn eine demonstrierende Gruppe die Straße entlang kam, verrammelten die Ladenbesitzer umgehend Türen und Fenster. Autofahrer flüchteten auf allen Fahrspuren in die entgegengesetzte Richtung und versteckten sich in Seitenstraßen.

Drei Wochen zuvor ist es nach einem Fußballspiel der afrikanischen Junioren-Meisterschaften in Addis zu ähnlichen Ausschreitungen gekommen. Durch einen spielerischen Nichtangriffspakt in der Begegnung zwischen Ägypten und Kamerun war Äthiopien aus dem Turnier gefallen. Wütende Fans zogen daraufhin zur Kamerun-Botschaft und warfen sämtliche Fensterscheiben ein. Ich traf – ohne von dem Fußballspiel überhaupt zu wissen – auf diese Gruppe, als sie gerade das Botschaftsschild aus dem Boden riß und dann mit dieser Trophäe zurück in Richtung Stadtmitte zog.

Am Masqal Square hatten sich unterdessen weitere gewaltbereite Gruppen gebildet, und ich fuhr direkt in sie hinein. Die Stimmung war aufgeheizt. Einige freundlich Gesinnte warnten mich mit einem leisen „Danger!" Überall um mich herum aggressive Augen. Ich mußte umkehren, allerdings ohne daß es hastig wirkte. Jede zu schnelle Bewegung hätte in dieser Situation eine Gewaltlawine auslösen können. Nach außen hin gelassen, tatsächlich aber angsterfüllt, zog ich mich unter dem höhnischen Gelächter der Passanten zurück. Jeder, der nicht Äthiopier war, schien nach diesem Fußballspiel vogelfrei zu sein.

Einige Minuten später fielen Schüsse auf dem Masqal Square. Offenbar hatte die Polizei mit Waffeneinsatz die Menge auflösen wollen. Den Angriff auf die Kamerun-Botschaft hatten einzelne Polizisten vorher noch hilf- und reaktionslos verfolgt.

Über einen Umweg versuchte ich in meine Unterkunft zu gelangen. Aber auch auf der Asmara-Road hatten sich schon Horden aufgebrachter Fans gebildet. Die Luft war elektrisiert. Vom Straßenrand kam wieder der gutgemeinte Rat: „Fahr lieber nicht weiter!"

In der Nebenstraße, in die ich mich flüchtete, hielt mich ein Mann am Arm fest. Er sagte nichts, sondern blickte mich nur zornig an. Verdammt! Was hatte ich denn getan? Ich riß mich von ihm los und schob das Rad weiter über den groben Schotter. Da plötzlich flog ein Stein, größer als eine Faust, knapp an meinem Kopf vorbei und landete vor mir auf dem Boden. Fassungslos schaute ich mich um. Ich weiß nicht, wie groß ein Stein sein muß, um zu töten. Hätte mich dieser am Kopf getroffen, wäre ich aber auf jeden Fall zu Boden gegangen. Feindselige Gesichter hinter mir und ein paar gemäßigte Äthiopier, die mit Handzeichen empfahlen, schnell weiterzugehen. Wenn sich jetzt fünf dieser Haßerfüllten zusammentun würden, könnten sie mich lynchen. Ich wünschte mir in diesem Moment eine Handfeuerwaffe. Doch ich hatte nur das Fahrrad in der Hand, das ich natürlich auch retten wollte.

In der nächsten größeren Straße war wieder kein Durchkommen. Doch dort fand sich eine kleine, schummerige Bar. Ich verzog mich in den dunklen Innenraum und setzte mich an ein kleines Fenster mit Blick auf die Straße. Nach zwei Stunden (und fünf oder sechs Gläsern Bier) wagte ich mich wieder hinaus. Es war ruhiger geworden. Eine Viertelstunde später fiel die Tür meines Hotelzimmers hinter mir ins Schloß. Die äthiopische Hauptstadt ist für afrikanische Verhältnisse immer sehr sicher gewesen. Der Vandalismus ist ein neues Phänomen. Hoffentlich kommt er nun nicht in Mode.

Aus Addis geht es rund 1000 Höhenmeter bergab ins Rift Valley, in den Ostafrikanischen Grabenbruch. Er zieht sich von Eritrea durch Äthiopien, Kenia, Uganda und Tanzania bis hinunter nach Malawi und Mozambique. Wie Perlen auf einer Schnur ziehen sich am Boden des Grabenbruchs Seen entlang. Allein neun sind es in Äthiopien.

Eine Besonderheit bietet der Lake Langano mit seinem bilharziosefreien Wasser. Die anderen Seen sind, wie überhaupt fast alle stehenden und langsam fließenden Gewässer Afrikas, mit Bilharziose-Würmern verseucht. Diese mikroskopisch kleinen Erreger können sich schon bei einem kurzen Aufenthalt im Wasser durch die Haut bohren und in der Folge die inneren Organe befallen.

Nach zwei Badetagen am Langano-See verlasse ich die Hauptstraße und tauche ab in den äthiopischen Busch. Ich will nahe des Lake Stefanie über die grüne Grenze nach Kenia wechseln, um der Konvoipflicht weiter im Osten auszuweichen. Dort darf man wegen der schlechten Sicherheitslage nur in Polizeibegleitung fahren.

Bis zum Dorf Konso ist die Piste gut. Durch die starken Regenfälle während der letzten Wochen ist zwar der Lake Chamo so stark angestiegen, daß die Erdstraße streckenweise unter Wasser steht, aber der Untergrund ist noch fest.

Ein Weißer mit einem Fahrrad – das ist schon ziemlich lustig

Im Ort kostet das beste Hotel drei Dollar pro Nacht. Ausländern nehmen sie normalerweise vier Dollar fünfzig ab, aber nach zähen Verhandlungen geben sie mir das Zimmer zum normalen Preis. Dafür bekomme ich einen kahlen Raum mit einem fast frisch bezogenen Bett, einem grob gezimmerten Seitenschränkchen, einem Stuhl und sogar einem eigenen, wenn auch spartanischen, Bad. Angeblich gibt es gelegentlich Warmwasser. Unter dem Bett liegt ein gebrauchtes Kondom, aber sonst ist der Raum sauber. Frische Kondome liegen in der Schublade des Schränkchens. Strom fließt – wie versprochen – von Sonnenuntergang bis 23 Uhr.

In das Gästebuch trage ich meine Personalien ein: den Namen, die Nationalität, Wohnort, Paßnummer. Neben der Paßnummer wird eine weitere Nummer erfragt: die der Waffe! Als einziger Gast auf dieser Buchseite muß ich diese Spalte freilassen.

Praktisch jeder trägt eine Kalaschnikov hier im Südwesten Äthiopiens, mancher statt dessen auch einen Speer. Wie im Jemen ist die Waffe mehr Schmuck und Statussymbol denn Tötungsapparat. Gelegentlich wird sie jedoch im Kampf eingesetzt, wenn nämlich Leute vom Nachbarstamm Vieh stehlen oder gar Frauen.

Das Leben in dieser Region ist noch sehr ursprünglich. Bis vor wenigen Jahrzehnten, als der Südwesten noch nicht durch Pisten erschlossen war, waren sich die Menschen hier ihrer Nationalität überhaupt nicht bewußt. Sie kannten ihre Nachbarstämme, zum Beispiel die Borana, Konso, Hamer, Bodi, Mursi – aber nicht das Staatsgebilde, das sie alle zu Äthiopiern macht.

Südlich von Konso wird die Piste abenteuerlich. Sie verläuft kilometerlang durch ein Flußbett mit grobem Kies, Geröll und Sand. Nur kurze Passagen lassen sich radeln, die meiste Zeit muß ich schieben. Was für ein Glück, daß der Regen eine dreitägige Pause eingelegt hat und der Fluß daher kaum Wasser führt. Nach ergiebigen Regenfällen ist dieser Teil der „Piste" nämlich unpassierbar. Ein Fluß eben. Am Lake Langano hat mich ein deutschsprechender Reiseunternehmer gewarnt: „Auf diesem Abschnitt sind schon viele Menschen ums Leben gekommen. Auch wenn es dort gar nicht regnet, sondern ganz woanders – der Fluß ist urplötzlich da, das Wasser kommt wie eine Wand!"

Brindaye – das einzige Dorf zwischen Konso und Teltele

So dramatisch kann ich mir das zwar nicht vorstellen, aber trotzdem schaue ich mich ab und zu spontan um, als ich das Rad über die handballgroßen Steine schiebe.

Südlich des Flusses muß ich des öfteren den Kompaß herausholen. Die Erdpiste ist hier so schlammig und zerfahren, daß die Fahrspuren auf verschiedenen Wegen durch die Buschlandschaft führen. Ich fürchte, versehentlich auf eine Nebenstrecke zu geraten. An der Sonne kann man sich in den Mittagsstunden nicht orientieren, da sie nahezu durch den Zenit wandert.

Nur ein einziges Fahrzeug begegnet mir auf den 75 Kilometern zwischen Konso und Teltele. In Südäthiopien hat die Natur noch viel Raum und Ruhe. Eine zwei Meter lange Schlange, die aussieht wie ein transparenter Gartenschlauch, sonnt sich auf der Piste und entschwindet erst, als ich auf fünf Meter herangefahren bin. In den Pfützen tummeln sich Glanzstare, die in grünen und blauen Farben schimmern. Grillen zirpen mitunter ohrenbetäubend.

Ein großer Pavian-Clan hat einen Sandhügel zwischen den Schirmakazien okkupiert. Einige der Kleinen versuchen gerade, den Gipfel zu erklimmen. Sie rutschen jedoch kurz vor dem Ziel immer wieder ab und kugeln hinunter in den weichen Sand am Fuß des Hügels. Es scheint ihnen Spaß zu machen. Die Alten sitzen oben und schauen wie von einer Theaterloge hinter mir her, wie ich mich den Berg nach Teltele hochkämpfe.

In Teltele ist die Reise auf der vorgesehenen Route zu Ende. Die Straßen nach Süden sind während der Regenzeit nicht existent. Auch die Hilfsorganisation CARE hat die regelmäßigen Getreidelieferungen in das Dorf Marmaro – 50 Kilometer südlich von Teltele – einstellen müssen. Es gibt in der Regenzeit kein Durchkommen. Die CARE-Mitarbeiter sagen aber, Marmaro sei auf diese vorübergehende Isolation vorbereitet.

Nun werde ich also doch auf die Allwetterpiste weiter im Osten ausweichen müssen. Das bedeutet Konvoifahrt auf der Ladefläche eines Lastwagens, denn dem Vernehmen nach läßt die Polizei in Kenia zwischen Moyale und Isiolo niemanden allein fahren. Kaum eine Woche vergehe dort ohne Schießereien, sagen die Leute.

KENIAS RAUHER NORDEN

Drei Tage nach der Umkehr in Teltele radele ich in Moyale ein. Als ich am nächsten Morgen geschwind über die Grenze will, hält mich ein kleiner Uniformierter an der Schranke auf: Ob ich schon alles erledigt hätte?

„Was ist denn zu erledigen?"

„Ausreisestempel und Zoll." – „Wo?"

Er zeigt auf das Gebäude gegenüber. „Es ist aber noch niemand dort. Sie kommen um neun, in zehn Minuten."

Um halb zehn taucht der Zöllner auf. Er schaut sich gründlich in den Packtaschen um, ist aber sehr freundlich. Auf den Beamten von der Immigration warte ich dann vergeblich.

Nach einer halben Stunde kommt Yared vorbei, ein netter junger Äthiopier, den ich gestern schon kennengelernt habe. Auch er ist auf dem Weg nach Nairobi. Er schlägt vor, daß wir ins 50 Meter entfernte „Tourist-Hotel" zurückgehen, um die Wartezeit dort zu verbringen. Von der Terrasse hat man über die Erdstraße hinweg freien Blick auf die Immigration.

Kurz vor Mittag öffnet ein Mann die Tür zu dem Amt. Doch er hat leider nicht den Schlüssel zu der Schublade, in der der wichtige Ausreisestempel liegt. Nur sein Kollege dürfe an diese Schublade, sagt er. „Aber er ist krank."

Inzwischen hat sich in Moyale herumgesprochen, daß ein *Ferenchi* (Weißer) auf die Ausreise wartet. Man munkelt auch, daß der Mann mit dem Stempel noch vom Vorabend betrunken ist und verkatert im Bett liegt. Aber ich brauche den Stempel heute, denn am morgigen Sonntag ist dieser einzige offizielle Grenzposten zwischen Äthiopien und Kenia geschlossen. Nun begebe ich mich alle halbe Stunde zu der Schranke, an der sie mich nur mit korrekten Papieren rauslassen wollen. Mit der monotonen Frage nach dem wichtigen Mann von der Immigration versuche ich, sie zu nerven. Jedesmal sagen sie: „Noch eine halbe Stunde."

„Morgen", sage ich bestimmt, „gehe ich rüber nach Kenia! Egal ob ich euren Stempel habe oder nicht." – Sie lächeln verlegen.

Ich kehre wieder zurück und setze mich auf die Hotel-Terrasse mit Aussicht auf die Immigration. Irgendwann muß der Mann mit dem Stempel doch nüchtern werden! Ob man wohl nachts an der Schranke vorbeischleichen kann? Yared winkt ab: „Nachts bewachen sie den Grenzzaun mit durchgeladenen Gewehren."

Nachmittags um vier Uhr ist es dann soweit: Der Herrscher über den Ausreisestempel taucht endlich auf, die Formalitäten werden abgeschlossen. Für die Weiterfahrt ist es nun aber zu spät. Ich übernachte noch einmal in Äthiopien. Die Zollkontrolle liegt einen Tag zurück, wenn ich morgen das Land verlasse. Aber niemand wird mich noch einmal kontrollieren. Eine zur Farce gewordene Zollkontrolle, ein blödsinniger Ausreisestempel – das ist Afrika.

Am nächsten Morgen bewahrheitet sich auf der anderen Seite der Grenze, daß man wegen der Überfälle auf der ganzen, 500 km langen Strecke zwischen Moyale und Isiolo nur im Konvoi fahren darf. Den *shifta* (Banditen) gehe es um Geld, aber auch um Lebensmittel. „Sie haben Hunger!" höre ich immer wieder.

Zwei, drei Überfälle in der Woche sind nicht ungewöhnlich. Deshalb sitzen auf jedem Fahrzeug unseres kleinen Konvois – nur vier Lastwagen und ein Polizei-Jeep – zwei gewehrbewaffnete Soldaten.

Immer wieder gibt es bei den Gefechten Tote. Wenn die Soldaten die Toten einsammeln, entdecken sie auf Seiten der *shifta* nicht selten Kollegen.

Am ersten Abend schafft unser Konvoi gerade eben die 250 Kilometer bis zu dem kleinen Städtchen Marsabit. Die letzte Stunde sind wir in der Dunkelheit gefahren. In einer kleinen Herberge teile ich mir mit Yared und einem weiteren Äthiopier ein Zimmer. Als wir im Ort ein Restaurant suchen, laufen wir unserem Lkw-Fahrer über den Weg. Der weist uns zurecht, daß wir im Dunkeln gefälligst nicht unsere Unterkunft verlassen sollen. Überall drohe Raub und Totschlag!

„Aber doch nicht in Marsabit! Der Ort ist doch voller Soldaten und Polizisten."

„Ja, eben! Sie werden am Ende sagen, es seien *shifta* gewesen."

Er ist nicht er einzige, der davon überzeugt ist, daß die unterbezahlten Uniformierten auch häufig in die Überfälle um Marsabit verwickelt sind. In der Bar, in der wir nach dem Essen noch ein Bier trinken, erzählt uns eine Turkana-Frau, daß die Lage im Westen weitaus entspannter sei. „Dort gibt es nur wenige Soldaten."

Der rauhe Trans-East-African Highway setzt uns auch am nächsten Tag wieder kräftig zu. Wir sitzen auf dem Lkw unter einer dicken Plane auf Erdnußsäcken, werden durchgeschüttelt und mit einer dichten Staubschicht überzogen. Jedesmal wenn der Truck in ein Schlagloch fährt, hebt uns der Stoß zusammen mit der Ladung kurz an. Die niederknallenden Erdnußsäcke setzen dann eine Staubwolke frei, die uns in ernste Atemnot bringt.

Ein junger Mann vom Stamm der Pokot mit seiner lautlosen Waffe

Am Nachmittag platzt ein Reifen mit einem scharfen Knall, den alle Mitfahrer im ersten Moment für einen Gewehrschuß halten. Allgemeines Aufatmen, als wir hinten rechts den platten Reifen sehen. Ohne weitere Zwischenfälle kommen wir ein paar Stunden später in Isiolo an, wo ich mich herzlich von der Truck-Besatzung und von Yared verabschiede.

Im Dorf Timau lese ich am nächsten Tag die Schlagzeile einer Zeitung: „Ein Toter bei Überfall auf Konvoi im Norden." Die Lkw waren etwas weiter im Osten zwischen Wajir und Isiolo unterwegs.

Aus der trockenheißen Steppe steigt die Straße schier endlos an bis auf 2500 Meter am Fuße des Mount Kenya. Die Temperatur ist hier sehr angenehm, die Landschaft erinnert mit ihren saftigen Wiesen eher an das Voralpenland als an Afrika. Der Gipfel des Berges hängt leider ständig in Wolken, die Regenzeit ist noch nicht vorüber.

Trockener wird es gleich westlich von Nanyuki, wo man sich wieder vom Mount Kenya entfernt. Endloses Farm- und Weideland mit wenigen Ortschaften auf dem Weg. Die meisten Farmen werden von weißen Siedlern geführt, deren Eltern oder Großeltern aus Europa kamen. Die Nachkommen haben nun kenianische Staatsangehörigkeit.

60 Kilometer nördlich von Rumuruti kampiere ich auf der Mugie-Ranch. Claus, der Besitzer, ist dänischer Abstammung. Er züchtet Rinder, Schafe und auch ein paar Kamele. Auf die Fotos von betäubten Löwen in seinem Office angesprochen, erzählt er, daß die Raubtiere ihm das Farmerdasein ziemlich schwer machen.

„Einige Löwen fallen die Rinder an. Wir müssen sie bestrafen, damit sie damit aufhören."

„Verstehen sie denn, wofür sie bestraft werden?"

„Ja, 80 Prozent verstehen es."

Erstaunlich, daß die Löwen keine Menschen anfallen. Tun sie das eigentlich wirklich nicht?

Bevor mir diese Frage in den Sinn kommt, bin ich bereits auf der Piste nach Loruk. Kurz vor Loruk stößt man wieder auf guten Asphalt. Vorher gab es nur steinige Pisten, und die Menschen in den Dörfern klagten über die miserable Infrastruktur. „In und um Nairobi baut sich die Regierung eine schöne Welt auf. Aber uns hier im Norden lassen sie versauern."

Um so erstaunlicher jetzt plötzlich dieser glatte Asphalt. Es ist eine der besten Straßen in ganz Kenia, was in dieser abgelegenen Gegend wirklich verwundert. Allerdings nur, solange man nicht weiß, daß das Heimatdorf von Präsident Daniel arap Moi mit dieser Straße an die Zivilisation angeschlossen wurde.

Das Ganze erinnert mich an Bahir Dar am Tanasee in Äthiopien. Während es im Umkreis von Hunderten von Kilometern nur rauhe Schotterstraßen gibt, haben sie dort ein paar Wege im Zentrum asphaltiert, insbesondere die vierspurige Hauptstraße. Nicht daß hier viele Autos unterwegs wären. Am stärksten befahren ist dieser Boulevard bei dem Radrennen, dessen Kurs auf den vier Spuren hinauf und hinunter führt. Die Teilnehmer dieses Rennens mühen sich auf ihren schweren, schwarzlackierten chinesischen Eingang-Fahrrädern ab, die sie im Alltag für den Warentransport nutzen.

Ebenfalls asphaltiert sind dort die 13 Kilometer zum Flughafen und die Straße zum Schloß, das Haile Selassie sieben Kilometer außerhalb auf einem Hügel mit Blick auf den Blauen Nil hatte bauen lassen. Wenn der greise Kaiser mit dem Flugzeug zu Besuch nach Bahir Dar kam, wurde er also immer nur auf sanftem Asphalt herumgefahren. Vielleicht hat er wirklich geglaubt, in seinem Land sei alles in Ordnung.

DURCH DIE MASSAI-STEPPE

Mein Bruder hat's gut. Er hat zwei Monate Urlaub am Stück. Er hat den Job gewechselt und das Ganze so organisiert, daß er jetzt Zeit für eine längere Reise hat. Nachdem unser Treffen im Jemen geplatzt war, wird Max nun – mit dem Fahrrad im Fluggepäck – nach Nairobi kommen. Er wird mich auf der Etappe nach Lusaka in Zambia begleiten, rund 3200 Kilometer, falls wir auch den Umweg durch Malawi machen. Vor der Abfahrt von Nairobi will Max sich noch ein wenig akklimatisieren.

Die kenianische Hauptstadt wäre kein Ort zum Verweilen, ließe sich dort nicht alles so gut organisieren. Zwischen Kairo und

Johannesburg ist dies die einzige Wirtschaftsmetropole von internationaler Bedeutung. Doch Nairobi ist eine Stadt der Kontraste. Es gibt hier Superreich und Bettelarm.

Auf den Straßen lungern Kinder herum, die tagsüber Klebstoff schnüffeln und nachts auf den Bürgersteigen schlafen. Die meisten sind von viel zu jungen Müttern ausgesetzt worden, nachdem sie sprechen und laufen konnten.

Der Kontrast zwischen Arm und Reich macht Nairobi zu einer der kriminellsten Städte des Kontinents. Überfälle auf Fußgänger, Geschäfte und Banken mit Toten und Verletzten sind an der Tagesordnung. Auch Car-Jacking ist verbreitet. Die Geschäfte im Zentrum schließen um halb sechs, und eine Stunde später, wenn es dunkel geworden ist, bewegt sich kaum noch jemand auf der Straße. Wer nachts unterwegs ist, fährt mit dem Taxi. Kenias Hauptstadt hat schon seit langem ihren Spitznamen weg: Nairobbery. An dem Tag, an dem Max und ich Nairobi in Richtung Tanzania verlassen, wird dem kenianischen Energieminister das Fahrzeug geraubt.

Hinter der Grenze führt die Straße nach Arusha schnurgerade durch Trockensavanne. Im Osten ragt der Kilimanjaro auf fast 6000 Meter empor. Leider bekommen wir nicht mehr als die untere Hälfte zu sehen. Seine Schneekappe bleibt den ganzen Tag von Wolken verhüllt. Dafür läßt sich der nashornartige Gipfel des Mount Meru, auf den wir direkt zufahren, ab und zu blicken. Mit knapp 4600 Metern ist der Meru der zweithöchste Berg Tanzanias.

Wir haben uns entschieden, von Arusha aus nicht der Asphaltstraße durch den Osten des Landes zu folgen, sondern die Piste durch Zentral-Tanzania nach Dodoma zu nehmen. So meiden wir die Touristenpfade, und damit auch die unangenehmen Begleiterscheinungen, die der Tourismus mit sich bringt: bettelnde Kinder und Restaurant- und Ladenbetreiber, die dich beim Abkassieren übers Ohr hauen wollen.

Die kleinen Betrügereien haben in Afrika in den letzten zehn Jahren stark zugenommen. Selbst im wenig besuchten Äthiopien greifen sie schon um sich. Und in Kenia sind erhöhte Preise für Weiße fast allerorten selbstverständlich. Als ich in Nakuru in einer kleinen Bar die Rechnung verlangte, sollte ich für mein Bier 70

Shilling bezahlen. In dieser schmuddeligen Bar, in der ich der einzige Ausländer war, konnte das nicht sein.

Zum Unglück des Kellners hing auch hier eine Preistafel an der Wand. Ich stellte mich demonstrativ auf und studierte die Preise. Da stand es ganz klar: Tusker Export, 55 Shilling. Ich setzte mich wieder an den Tisch und schob dem Kellner die Rechnung zurück. Es bedurfte nicht eines einzigen Wortes, ich mußte mich nicht lautstark empören, mußte nicht diskutieren, sondern nur einfach die Rechnung zurückgeben. Er nahm sie wortlos und brachte ohne Ausflüchte oder den Versuch einer Erklärung eine neue, diesmal korrekte. Die 15 Shilling, um die er mich betrügen wollte, hätten kein großes Loch in meine Reisekasse gerissen. Aber es ging ums Prinzip. Und auch ein bißchen um die Ehre. Er hielt mich für einen dieser blöden Touris, die mit prallen Portemonnaies einfliegen und beliebig festgesetzte Preise zahlen, weil sie keine Ahnung haben, wo sie eigentlich gerade sind und was die Dinge kosten.

Auch Tanzania ist schon ziemlich verdorben. Um die „Safari-Hauptstadt" Arusha herum eine auffallend hohe Zahl von kleinen Gelegenheitsbettlern – Kinder und Jugendliche, die fordernd am Straßenrand stehen: „Give me a pen! Give me your T-shirt! Give me money!" oder einfach „Sawadi!", das Swahili-Wort für „Geschenk". Ein Träumer, wer glaubt, mit einer Spende hier Gutes zu tun.

Wundern muß man sich über diese Entwicklung aber nicht, denn die Einheimischen kriegen ja mit, daß die westlichen Besucher für drei Tage Safari so viel bezahlen wie ein Tanzanier in einem halben Jahr verdient.

110 Kilometer hinter Arusha endet die gute Asphaltstraße urplötzlich und geht über in eine grobe Schotterpiste. Wie eine Autobahn, die sich unmittelbar in einen Feldweg verwandelt. Wir holpern mit zehn Kilometern in der Stunde über die Steine. Manchmal finden wir, etwas abseits der Hauptpiste, im Busch „Fuß- und Radwege", auf denen die Dorfbewohner zwischen den Ortschaften pendeln. Diese Erdwege sind festgetreten und wesentlich schonender für unsere Räder als die Steinpiste. Dies ist der zentrale Abschnitt der Great North-South-Road, die sich einst von Kairo nach Kapstadt ziehen sollte. Sie wurde unter den Engländern angelegt,

die ihre Kolonien in Afrika miteinander verbinden wollten, nachdem sie das Gebiet „Deutsch-Ostafrika" am Ende des Ersten Weltkriegs als Mandatsverwalter übernommen hatten.

Seit der Unabhängigkeit Tanzanias 1961 ist die Piste offenbar nur noch halbherzig gewartet worden. Nun gibt es jedoch Pläne, die Strecke Arusha – Dodoma – Iringa in den nächsten Jahren zu asphaltieren. Bauarbeiten sind auch im Sudan im Gange, wo sich der Asphalt von Khartoum aus langsam an Ägypten heranarbeitet. Möglicherweise kann man in zehn Jahren durchgehend auf befestigten Straßen von Kairo nach Kapstadt fahren.

Auf Buschpfaden durch das zentrale Hochland Tanzanias

Die Landschaft zwischen Arusha und Dodoma ist abwechslungsreich. Zunächst geht es durch die 1000 Meter hoch gelegene trockene Massai-Steppe. Zwischen Dornbüschen und Schirmakazien sieht man hin und wieder Krale mit Rundhütten aus Lehm und die in traditionell rote Tücher gewickelten Massai, die ihre großen Viehherden durch die Savanne treiben.

Dann steigt die Piste an in regenreicheres Gebiet und führt durch kultiviertes Land – Bananen und Mais werden am Ufer des Babati-Sees angebaut. In Serpentinen geht es weiter hinauf auf fast 2000 Meter, wo die Piste auf einem Bergrücken verläuft. Auch hier

Kulturland mit Maisfeldern. Und immer wieder gewaltige Affenbrotbäume, die mit ihren kahlen Ästen aussehen, als steckten sie verkehrt herum in der roten afrikanischen Erde. Bis nach Dodoma fällt die Piste schließlich wieder auf 1000 Meter ab.

Dodoma ist für Tanzania, was Bonn lange Zeit für Deutschland war: die offizielle, jedoch provinzielle Hauptstadt. Bonn allerdings kannte die Welt, mit Tanzania verbinden selbst Journalisten meist Dar-es-Salam, das bis 1973 der Regierungssitz war. Nur sehr gemächlich vollzieht sich der Umzug der Ministerien aus der Wirtschaftsmetropole am Indischen Ozean in das zentral gelegene und klimatisch günstigere Dodoma. Noch immer bevorzugen die hohen Herren des Landes das moderne Leben einer Großstadt am Meer.

In Dodoma herrscht alles andere als Hektik. Wir sitzen mittags vor der Kantine der Regierungspartei CCM, essen Pommes frites und kauen auf zähem Fleisch. Wir trinken, was fast alle anderen hier auch trinken: Bier. Max hat sich ein *Kilimanjaro* bestellt, ich nippe an einem *Safari Lager special*.

Ständig kommen Straßenhändler vorbei und präsentieren zwischen den Tischen ihr Angebot. Sie haben Scheren, Sonnenbrillen, Kämme, Seife, Zahnpasta, Schirmmützen, Radiogeräte, Batterien, Gürtel, Wäscheklammern, Handy-Schutztaschen – man könnte meinen, sie ersetzen ein ganzes Kaufhaus. Das ist wirklich sehr praktisch: Du sitzt gemütlich im Schatten bei ein paar Bier, betrachtest das träge fließende Leben um dich herum und kannst nebenbei auch noch all deine Einkäufe erledigen.

Ein Händler hat sich spezialisiert auf fein gearbeitete Massai-Messer jeder Größenordnung. Er kommt wie gerufen, denn ich brauche eine Waffe für den Mikumi-Nationalpark. Durch diesen wildreichen Park führt in den nächsten Tagen unser Weg in den Süden.

Das größte Messer kaufe ich dem Händler ab. Er fordert zunächst 20 Dollar, nach heftigem Feilschen einigen wir uns auf 7 Dollar 50. Das Messer hat eine 35 Zentimeter lange Klinge, Scheide und Griff sind aus hartem, dunklen Holz und kunstvoll verziert.

Max meint, das Messer sei nicht geeignet, einen Löwen zu töten. Der Löwe sei schneller und viel zu stark. Ich glaube das eigentlich auch. Aber es ist ein schönes Messer.

HATARI!

„Hatari!" schreit ein riesiges Schild in die Buschlandschaft hinaus. Hatari! – Danger! – Gefahr!

Schilder sind in Schwarzafrika eigentlich selten. Dörfer bleiben meist anonym, solange man nicht einen der Einheimischen nach dem Namen des Ortes fragt. Verkehrszeichen sind ebenfalls nicht gerade verbreitet. Aber hier, am Eingang zum Mikumi-Nationalpark, haben sie Schilder hingestellt, so groß wie an einer deutschen Autobahn. Links in Swahili, rechts in Englisch: Wilde Tiere auf den nächsten 50 Kilometern. Hatari!

Max hat es vorgezogen, den Park auf einem Lastwagen zu durchqueren. Das ist mir ganz recht. So kann meine Mutter wenigstens nicht ihre beiden Söhne auf einmal verlieren. Doch jetzt – in der Mittagszeit – gibt es gute Chancen zu überleben. Wildtiere sind besonders am Morgen und in der Abenddämmerung aktiv; in den Mittagsstunden liegen sie träge im Schatten der Büsche und Bäume.

So richtig beruhigen kann mich dieses Wissen allerdings nicht. Es ist immer wieder dasselbe: Tags zuvor – beim gemütlichen Bier – witzelst du noch; aber wenn es dann ernst wird, machst du dir fast in die Hose. Und man kann noch so oft lesen, daß der „Mensch nicht ins Beuteschema des Löwen paßt" – am Ort der Gefahr fallen einem immer wieder die Ausnahmen ein: Meldungen von „man eaters", die etwa wegen Krankheit oder Altersschwäche sich schließlich doch auf den leicht zu jagenden Menschen spezialisiert haben.

Dummerweise hat auch noch der Wind gedreht. Vormittags schob er kräftig, jetzt kommt er von vorn links. Erstens hemmt mich das im Vorwärtskommen, zweitens muß ich mit Angriffen von hinten rechnen, wenn sich die Löwen wirklich gegen den Wind anschleichen. Tatsächlich drehe ich mich auf den ersten Kilometern im Park immer mal wieder um.

Aber es tut sich nicht viel. Gerade mal ein einsamer Pavian sitzt faul auf dem Asphalt herum. Der ausgewachsene Kerl macht überhaupt keine Anstalten, vor mir zu fliehen. Und gerade eben querte eine Schlange die Fahrbahn ein paar Meter vor dem Vorderrad.

Das ist eigenartig: Schlangen kreuzen die Straßen immer auf dem kürzesten Weg, immer im 90-Grad-Winkel. Woher haben sie diese Übersicht?

An einigen Stellen wüten gewaltige Buschfeuer. In rasender Geschwindigkeit fressen sie sich durch das vertrocknete Gras, so schnell, daß sie Büsche und Bäume nicht in Mitleidenschaft ziehen. Diese niedergebrannten Abschnitte haben den Vorteil, daß ich weiter in den Busch hineinschauen und Tiere früher erkennen kann. Von daher ist es bedauerlich, daß das Feuer nur die ersten Kilometer gelichtet hat.

In der Mitte des Parks herrscht etwas mehr Leben: Einige hundert Meter von der Straße entfernt stolzieren Giraffen durch die Savanne. Sie bleiben stehen, knabbern ein bißchen an den Schirmakazien und ziehen langen Schrittes weiter. Ein Waran läßt sich kurz blicken. Sonst tut sich weiterhin nichts.

Da plötzlich raschelt es im hohen Gras direkt neben der Straße. Ein großes Tier – dem Geräusch nach! Ich beschleunige, höre dann aber, daß auch das Tier flieht. Als ich anhalte, sehe ich einen Elefanten davonrennen. Er scheint sich nicht weniger erschrocken zu haben.

Ein paar hundert Meter weiter noch einmal drei Elefanten, eine Familie mit einem Jungen. Ich stoppe wieder und mache ein paar Fotos. Während sich der Vater laut trompetend zurückzieht, marschiert die Mutter mit ihrem Kleinen auf die Straße zu. Ich stopfe die Kamera in die Packtasche und fahre zügig weiter. Elefantenmütter können schnell nervös und aggressiv werden.

Sieht aus, als wäre das Warnschild selbst gerade mit einem Elefanten zusammengestoßen

Der Mikumi-Nationalpark ist eines

der wenigen Reservate Ostafrikas, die man mit dem Fahrrad oder Motorrad durchqueren darf. Streng genommen befindet man sich auf der Straße auch außerhalb der Parkgrenzen; der Asphalt ist gewissermaßen exterritoriales Gebiet. Die offiziellen Eingangstore gehen nach rechts und nach links von der Straße ab.

Jenseits der Parkmitte tritt wieder Ruhe ein. Das Tierleben scheint sich auf einen schmalen Streifen entlang eines Wasserlaufs zu konzentrieren. Um vier Uhr verlasse ich schließlich den Park und treffe Max im angrenzenden Ort Mikumi wieder.

In Iringa wollen wir ein paar organisatorische Dinge erledigen, insbesondere auf der Bank Reiseschecks einlösen. Überraschend sind jedoch alle Banken geschlossen. Dieser Freitag wurde kurzfristig zum Nationalfeiertag erklärt, nachdem der tanzanische Vizepräsident gestern an Herzversagen gestorben ist. Auch am Samstag bleiben die Banken außerplanmäßig zu. Flaggen hängen auf Halbmast, das Fernsehen sendet Trauergesänge.

Doch die Trauer scheint nicht ganz aufrichtig zu sein. Den Vizepräsidenten stellt traditionsgemäß die Insel Zanzibar, die seit einigen Jahren versucht, sich vom tanzanischen Rumpfstaat abzuspalten. Hier auf dem Festland sparen die Zuschauer nicht mit spöttischen Bemerkungen, während sie die Trauersendungen verfolgen. Der Konflikt ist noch nicht ausgestanden. Es bleibt abzuwarten, wie lange Zanzibar noch Teil Tanzanias ist.

VERWELKTER TRAUM

Der Schwule war nicht Schuld daran. Er hat uns zwar durchaus kalt erwischt, als wir gerade erst ein paar Kilometer nach Malawi eingereist waren. Da schlich sich der 20jährige mit seiner ausgebeulten Rastafari-Mütze auf einem alten Drahtesel an uns heran und kroch Max – als er auf gleicher Höhe mit ihm war – regelrecht ins Ohr.

„Fuckin' hell! No!“ war Max' Reaktion.

„Was hat er denn gesagt?“ fragte ich.

„I want you in my bed!“

So, wie er sich angeschlichen hatte, verschwand er auch wieder: keine Umwege, keine Umschweife, kein überflüssiges Wort. Er nahm die Niederlage gefaßt hin.

Dieses Ereignis hakten wir unter „Muß-man-auch-mal-erlebt-haben“ ab. Der Schwule trug nicht die Schuld an unserer Enttäuschung von diesem Land Malawi. Schuld war meine Erinnerung.

Wenn man mich nach meiner Afrika-Tour 1993 fragte, wo es mir denn besonders gut gefallen habe, war meine Antwort stets: Die nettesten Menschen waren die im Norden des Sudan, die Malawier und die Zimbabwer. In Malawi waren die Leute überaus freundlich, dabei angenehm zurückhaltend und ausgesprochen friedfertig.

Es gab keine Bettelei. An Raub oder Überfälle, die schon damals in vielen anderen Ländern südlich des Äquators eine verbreitete Gefahr waren, war auch in den großen Städten Malawis nicht zu denken. Malawi war so etwas wie ein unschuldiges Land.

In nur acht Jahren hat sich das grundlegend geändert. Wie in den kenianischen und tanzanischen Touristenzentren stehen nun auch hier die Kinder am Straßenrand Spalier und fordern aggressiv im Chor Geld, Kugelschreiber und T-Shirts. Manche schreien einfach nur „Give me!“ und halten die Hand auf.

Auch in Malawi hat es in den letzten Jahren offenbar Reisende gegeben, die sich gut fühlten, wenn sie die Kleinen mit Bonbons, Kugelschreibern, Luftballons und dergleichen überschütten konnten. Damit haben sie jedoch nur für weiteres Verlangen gesorgt, und nicht etwa echte Bedürfnisse befriedigt. Vor allem aber haben sie damit den Fehler gemacht, der den ersten Entwicklungshelfern vor vielen Jahrzehnten in Afrika unterlief.

Längst ist ein wichtiger Grundsatz unumstritten: Gib niemals etwas ohne Gegenleistung. Man tut den Menschen in Afrika damit keinen Gefallen, weil sie nur träge und abhängig werden. Letztlich verlieren sie auch ihre Würde. Sie werden zu Almosenempfängern. Inzwischen erwarten die Kinder in Malawi von jedem Weißen, der vorbeikommt, ein Geschenk. Give me! Give me! Give me! – Mehr als hundert Mal am Tag dringt es in die Ohren, hallt es im Schädel.

Einige der Kinder, die Kleinsten, verstehen allerdings gar nicht, was sie da rufen. Sie plappern einfach nur nach, was sie bei den

Größeren hören. Und sie plappern auch nach, was ihnen generv-te Traveller als Antwort zurückgegeben haben. Wie sonst ist zu erklären, daß manche Kids fröhlich winkend am Straßenrand ste-hen und mit heller Stimme grüßen: „Fuck you!"?

Besonders entmutigend sind die Beleidigungen, die uns Halb-wüchsige in den Dörfern an den Kopf werfen. Was die Wörter genau bedeuten, verstehen wir nicht; daß es abfällige Kommentare sind, ist jedoch an dem häßlichen Gelächter der Umstehenden zu erkennen. Manchmal grüßen die jungen Männer vorher schein-heilig. Wir grüßen freundlich zurück und bekommen dann als Ant-wort nur wieder dieses häßlich verächtliche Gelächter. Eine Zeitlang haben wir uns das gefallen lassen. Schließlich legten wir uns aber Scheuklappen an. Kein Gruß mehr zurück. Schade um die Mala-wier, die aufrichtig freundlich sind.

Wirklich eine Enttäuschung, dieses Malawi zu Beginn des neuen Jahrtausends. Wir bewegen uns – wie die Einheimischen – mit dem Fahrrad fort. Wir frühstücken – wie sie – in einfachen Mini-Restaurants Tee mit trocken Brot. Aber sie behandeln uns, als sei-en wir weiße Clowns. Das Fazit ist ein trauriges: Wenn du als Weißer in diesem Land respektiert werden willst, dann kommst du am besten mit einem dicken Auto und trittst möglichst arrogant auf.

Auch das Gewaltverbrechen wurde inzwischen nach Malawi importiert. Man hat sich das offenbar in den Nachbarländern abge-schaut. Kenia kennt Raub und Totschlag schon lange. Tanzania übt, seit das sozialistische System der allgemeinen Privatisierung weicht – der Existenzkampf wird härter, die Kluft zwischen Arm und Reich größer. In Malawi scheint nun das Wort „Demokratie" mißverstanden zu werden. Nachdem das Land 1994 den Diktator Dr. Banda abgewählt und das Mehrparteiensystem eingeführt hat, meinen viele, sie dürften sich ihre Rechte selbst definieren. In Städten wie Blantyre und Lilongwe ist man nachts nicht mehr sicher. Manch einsame Straße ist sogar tagsüber überfallgefährdet.

Malawi hat seine Unschuld verloren.

David Livingstone, der große Forschungsreisende und Missionar, hat dieser Region bereits Mitte des 19. Jahrhunderts seine Besuche abgestattet. Den Malawi-See erreichte er 1859, nachdem er das südliche Afrika erkundet hatte. In seinen letzten Jahren machte er sich auf die Suche nach der Quelle des Nil. Eine wichtige Aufgabe sah Livingstone darin, dem Sklavenhandel ein Ende zu bereiten. Bis heute wird der Schotte in Afrika verehrt. Livingstone starb, geschwächt von tropischen Krankheiten, 1873 in Zambia, ohne die Nilquelle je gesehen zu haben. Zwei seiner afrikanischen Freunde begruben sein Herz unter einem Baum, balsamierten den Körper ein und trugen ihn dann über tausend Kilometer zur tanzanischen Küste. Von Zanzibar wurde der Leichnam nach England überführt, wo man ihn in der Westminster Abbey beisetzte.

1875 kamen auf Livingstones Spuren weitere schottische Missionare hier an. Ihre Missionsversuche starteten sie am Südende des Malawi-Sees, beim Cape Maclear. Sie blieben jedoch erfolglos, und zudem setzte den Europäern die Malaria schwer zu.

Auch am zweiten Ort, in Bandawe, stellte sich kein Erfolg ein. Sie zogen abermals weiter und fanden im Norden des Landes ein Plateau hoch über dem Malawi-See. Der Ostafrikanische Grabenbruch ist hier besonders stark ausgeprägt – mit dem See am Boden des Grabens und über 1000 Meter hoch aufsteigenden Bergen im Westen und im Osten. 900 Meter oberhalb des Sees ließen sich die Missionare endgültig nieder. Im Andenken an ihr großes Vorbild nannten sie ihre Siedlung Livingstonia.

Aufstieg nach Livingstonia

Von Chitimba führt eine Piste hinauf nach Livingstonia. Sie soll sehr rauh sein. Einige Reisende, die wir getroffen haben, sagten uns, es sei unmöglich, diese Piste mit dem Fahrrad zu bewältigen. Zu steil und zu steinig. Und außerdem nach den letzten Regenfällen wieder stark ausgewaschen. Mit dem Fahrrad? Unmöglich!

In der Tat ist der Aufstieg kein einfaches Unterfangen. Besonders am Fuß des Berges müssen wir wegen der kürbisgroßen Steine einige Kilometer schieben. Max bockt ein bißchen, weil er uns schon den ganzen Tag lang schieben sieht. Doch als die steilsten Abschnitte überwunden sind, wird die Piste wieder befahrbar.

Bei Kurve 15 kommt uns ein holländischer Wanderer entgegen, der früh am Morgen oben in Livingstonia aufgebrochen ist. Zwei Malawier begleiten ihn zu seinem Schutz, einer von ihnen trägt ein halbautomatisches Gewehr. Selbst in diesem so friedlich erscheinenden Winkel Malawis gibt es gelegentlich Raubüberfälle.

Die Piste windet sich in 20 numerierten und zahllosen nichtnumerierten Kurven weiter den Berg hinauf. Lange Abschnitte verlaufen durch schattenspendenden Wald. Zwischen den Bäumen und Büschen öffnen sich mitunter dramatische Ausblicke hinunter zum See, der tiefblau und ruhig daliegt. Auf elf Kilometern bewältigen wir, über die steinige Piste holpernd, fast 1000 Höhenmeter. Strapaziös für Material und Muskeln. Aber es geht. Einmal mehr ein Beispiel dafür, daß oft auch die „unmöglichen" Dinge möglich sind. Man muß es nur einfach selbst versuchen.

Oben in Livingstonia glaubt man sich ins schottische Hochland versetzt. Die alten Missionarshäuser aus Backsteinen, die heute von Einheimischen bewohnt werden, sind in Reih und Glied ausgerichtet. Ebenfalls in Backsteinbauweise der „Clock Tower" und das „Stone House" des Dr. Laws, der die Missionare vor gut 100 Jahren anführte. Heute ist es ein Gästehaus mit original schottischem Mobiliar aus dem Anfang des 20. Jahrhunderts.

Am nächsten Tag radeln wir über Mzuzu wieder zum See hinunter. Vier Tage ausspannen in Nkhata Bay. Max hat Verdauungsprobleme und von Zeit zu Zeit leichtes Fieber. An Malaria denken wir noch nicht. Erstens ist das Fieber zu niedrig, und zweitens nimmt er vorsorglich Tabletten dagegen ein.

Als wir weiterfahren, fühlt er sich immer noch schwach. An der Kreuzung bei Salima steigt das Fieber über Nacht plötzlich auf 39,5 Grad. Höchster Alarm! Wir fahren zum District Hospital von Salima, um einen Malaria-Test zu machen. Im Labor gibt Max zwei Tropfen Blut ab für die Untersuchung.

Dann sitzen wir draußen im kahlen Flur und warten auf das Ergebnis. Das wäre schon verrückt: Ich bleibe ohne Prophylaxe verschont, aber Max erwischt es trotz seines Lariam-Schutzes.

BUSCHLAND UND BAOBABS

„Wollen Sie die Behandlung hier im Krankenhaus haben?" fragt der Arzt nach einer Viertelstunde, die uns ewig vorkam.

Behandlung im Krankenhaus? „Ist es also tatsächlich Malaria?"

„Nein. Malaria ist es nicht. Aber irgendeine Ursache muß das Fieber ja haben."

Keine Malaria. Wir atmen erleichtert auf. Das ist eigentlich alles, was wir hören wollten: keine Malaria!

Max sehnt sich natürlich auch nicht gerade nach einem afrikanischen Krankenhausbett. Er wird das Fieber statt dessen in dem kleinen Guest House auskurieren, in dem wir auch die letzte Nacht verbracht haben. Zwei Tage später ist er wieder einigermaßen auf den Beinen.

Über die Hauptstadt Lilongwe radeln wir nach Westen, wo Malawi an Zambia grenzt. Dort treffen wir auf einen sehr freundlichen Zöllner. Er fragt nach dem üblichen „woher, wohin, warum und wie lange" und stellt uns am Ende halboffiziell einen jungen Geldwechsler vor. Das überrascht uns besonders. Denn die verrückten Devisenbestimmungen Malawis legen fest, daß man nur 20 *Kwacha* (sprich: Quatscha) mit außer Landes nehmen darf, weniger als einen halben Dollar. Und Fremdwährung darf nur im Gegenwert von 200 Kwacha ausgeführt werden – das heißt, man müßte praktisch all seine Devisen in Malawi verbrauchen und dann mit leeren Taschen nach Zambia ausreisen. Mit dem Segen des

Zöllners holen wir nun die 2000 Kwacha hervor, die wir kurz vor der Grenze tief in den Packtaschen vergraben haben. Sie sind durch eine Fehlkalkulation übriggeblieben. Mit dem Geldwechsler werden wir – etwas abseits des Grenzgebäudes – schnell handelseinig und tauschen zu einem fairen Kurs.

Nach zehn Kilometern Niemandsland taucht der Zambia-Grenzposten auf. Auch dort gibt es keine Schwierigkeiten. Malawi liegt hinter uns. Kein „Give me"-Geschrei hier in Zambia. Die unablässige Bettelei der vergangenen Wochen hat ein Ende. Als hätten wir hinter uns eine Tür zugeschlagen.

Die Straße von Chipata nach Lusaka zieht sich endlos, der Raum ist leer. Das Land ist mit zwölf Einwohnern pro Quadratkilometer nicht gerade dicht bevölkert. In den Dörfern leben viele Menschen von Subsistenzwirtschaft, bauen Mais an, haben ein paar Ziegen und Hühner, hin und wieder auch Schweine. Wer Mais über den eigenen Bedarf hinaus erntet, verkauft den 50-kg-Sack für sieben Dollar. Es gab schon schlechtere Jahre, in denen man nur vier Dollar dafür bekam.

Zwischen zwei Ortschaften erstrecken sich mitunter 100 Kilometer. Viel Buschlandschaft sehen wir in diesen Tagen. Trockene Sträucher und Bäume, soweit der Blick reicht. Gelegentlich springen Paviane über die Straße. Und ab und zu sorgen Baobabs, die markanten Affenbrotbäume, für Abwechslung.

Baobabs sehen immer eigenartig zerzaust und vertrocknet aus. Selten sieht man Blätter an den Enden ihrer plumpen dicken Zweige; die Blüten haben nur eine Lebensdauer von 24 Stunden. Die Baobabs selbst überleben dagegen Jahrtausende. In den ersten dreihundert Jahren wachsen sie schnell. Ein Stamm mit einem Umfang von 20 Metern Umfang läßt auf ein Alter von zwei- bis dreitausend Jahre schließen. Das Holz ist sehr fasrig und kann Unmengen von Wasser aufnehmen. Große Baobabs können bis zu 20 Kubikmeter Wasser speichern.

Die Afrikaner erklären das merkwürdige Aussehen des Baobabs mit unterschiedlichen Legenden. Einer dieser Überlieferungen zufolge war der Baum, als Gott die Welt erschuf, sehr eitel. Er wollte unbedingt alle anderen Bäume in seiner Schönheit übertreffen. Immer wieder beklagte er sich bei seinem Schöpfer, daß er nicht schön genug sei. Der gab dem Baobab zu verstehen, er solle sich im Zaume halten. Als der Baum dennoch auch weiterhin herumnörgelte, riß Gott wütend den Stamm heraus und steckte ihn kopfüber wieder in den Boden. Seitdem ragen seine Wurzeln gen Himmel.

Mitte August radeln wir in Lusaka ein. Zielpunkt für Max, der 3200 Kilometer zwischen Kenia und Zambia im Sattel saß. Von hier geht sein Flug zurück nach Deutschland.

Mit einigen Tricks kann Max am Flughafen das Gesamtgewicht von Fahrrad und Gepäck fast bis auf die erlaubten 23 Kilo hinunterdrücken. Die schweren Stücke – Werkzeug, Ersatzteile, Fotoapparat und Bücher – hat er ins Handgepäck und in die Taschen von Hose und Radtrikot gestopft. Um die Ladung zu verbergen, marschiert er trotz afrikanischer Temperaturen im Wollpullover und in zwei Hosen durch die Kontrolle. Er sieht ein bißchen aus wie das aufgeblasene Michelin-Reifenmännchen.

Ich warte derweil auf der anderen Seite der gläsernen Trennwand, um Übergepäck zurück in die Stadt zu nehmen, falls das Ganze auffliegt. Aber Max kommt durch. Getrennt durch die Glaswand verabschieden wir uns. Unten in Fußhöhe ist ein kleines Stück aus der Scheibe herausgebrochen. Wir sitzen auf dem Steinboden und reichen uns durch das Loch im Glas noch einmal die Hand. „War 'ne geile Tour, Alter!" sagt Max zum Abschied. Ein paar Stunden nur, und er ist wieder zurück in der anderen Wirklichkeit.

DER WASSERFALL

Wenige hundert Kilometer weiter bekomme ich in Zimbabwe schon wieder Besuch. Libby, eine Lehrerin aus Seattle, die in Äthiopien arbeitet, hat einen innerafrikanischen Ausflug zu den Victoria-Fällen im Vierländereck Zambia-Zimbabwe-Namibia-Botswana unternommen. Wir hatten uns im südäthiopischen Städtchen Boditi kennengelernt.

Dem größten Wasserfall Afrikas, dem Sturz des großen Zambezi-Flusses, nähern wir uns langsam, indem wir zunächst oberhalb der Abbruchkante durch das Niedrigwasser waten, um auf kleine Inseln zu gelangen. Das Wasser fließt hier noch recht ruhig. Doch Sekunden später stürzt der Zambezi auf einer Breite von fast zwei Kilometern in einen 100 Meter tiefen Spalt im Basalt.

Auf der anderen Seite dieses mächtigen Bruchs stehen in Rufweite Menschen, die sich die Victoria-Fälle von der richtigen Seite anschauen. Sie sehen ungeheure Wassermassen hinunterdonnern, sie sehen doppelte Regenbogen auf den aus der Tiefe aufsteigenden Wassernebeln schillern – und sie sind naß, denn der Wind treibt diese unablässig entstehenden Wassertropfenwolken direkt in die Zuschauermenge.

Nach dem tosenden Sturz sammeln sich die Wassermassen des Zambezi an einem schmalen Austritt und zwängen sich in eine schmale Schlucht, die aus dem Querspalt austritt. Es folgt eine ganze Serie von Katarakten, die den Zambezi unterhalb der Fälle zu einem weltweit beliebten Rafting-Kurs machen.

Auch wir können nicht widerstehen. Mit Schwimmwesten, Helmen und Paddeln bewaffnet reiten wir in einem Schlauchboot durch die Stromschnellen, die so vielsagende Namen haben wie „Stairway to Heaven", „Devils Toilet Bowl", „White Faced Monster" und „The Terminator". Der Katarakt „Commercial Suicide" ist so wild, daß man ihn umlaufen muß; die Boote werden leer durch die Strömung geschickt.

Während wir zwischendurch immer wieder in ruhigen Wassern gleiten, sehen wir am Ufer einige Krokodile. Sie haben jedoch alle nur Handtaschenformat. Mit Krokodilattacken müsse man als Gekenterter hier nicht rechnen, sagt der Veranstalter dieser Rafting-Tour – jedenfalls habe es noch nie einen Zwischenfall gegeben. Allerdings ertrinken jedes Jahr mehrere Menschen in den sogenannten „Siphons". Das sind kreisrunde, metertiefe Löcher, durch die das Wasser mit solch einer Gewalt strudelt, daß man verloren ist, wenn man dort hineingerät. Wegen dieser Gefahr muß man vor dem Start unterschreiben, daß man alles auf eigene Gefahr unternimmt und der Veranstalter nicht haftbar gemacht wird.

Wer kentert, kann sich aussuchen, ob er ans linke Ufer nach Zambia schwimmt oder rechts in Zimbabwe bleibt. Der Zambezi bildet die Grenze zwischen diesen beiden Ländern. Der viertgrößte Strom Afrikas entspringt im Norden Zambias, macht einen kurzen Abstecher durch den Osten Angolas, um dann wieder in sein Ursprungsland zurückzukehren. Danach trennt er Zambia zunächst von Namibia und weiter östlich von Zimbabwe. Auf den letzten 800 Kilometern fließt der breiter werdende Strom durch Mozambique – dort zum riesigen Stausee und Hydrowerk Cabora Bassa aufgestaut – dem Indischen Ozean entgegen.

„Amanza Thunquayo – Rauchendes Wasser" hießen die Victoria-Fälle beim Volk der Ndebele. Die später eintreffenden Makalolo gaben ihnen den Namen „Mosi-oa-Tunya – Rauch, der donnert". Und dann kam im November 1855 der Missionar und Forschungsreisende David Livingstone, der nach alter Sitte auch diese „Entdeckung" auf dem Schwarzen Kontinent einer Persönlichkeit seines Heimatlandes widmete: Er entschied sich für die englische Königin.

Die Victoria-Fälle von Zambia aus gesehen

Während Zimbabwe nach der Unabhängigkeit 1980 viele Namen aus der englischen Zeit abschüttelte – aus Rhodesien wurde Zimbabwe, aus Salisbury Harare –, wagte man nicht, den bekannten Namen „Victoria Falls" aufzugeben. Man befürchtete Verluste im Tourismusgeschäft. In den letzten Jahren blieben die Touristen jedoch nicht wegen irgendwelcher Namensproblematik aus, sondern wegen der Übergriffe auf weiße Farmer in Zimbabwe. Im Verlauf der Farmbesetzungen, die im Februar 2000 begannen, wurden zahlreiche Menschen ermordet.

Präsident Robert Mugabe, einst Lichtgestalt des sich befreienden Afrika, schaut dem Niedergang seines Landes tatenlos zu – wahrscheinlich fördert er die Gewalt mit Hilfe seiner Gefolgsleute sogar. Nachdem er seinen Rückhalt unter der schwarzen Bevölkerung schwinden sah, wollte Mugabe die lange versprochene Enteignung der Großfarmer – in der Mehrzahl Weiße – endlich vorantreiben. Das enteignete Land sollte Kleinbauern und ehemaligen Unabhängigkeitskämpfern zur Verfügung gestellt werden. Bisher scheinen aber eher Personen aus Mugabes Umfeld profitiert zu haben.

Schon bei den Verhandlungen in England kurz vor der Unabhängigkeit war von der Auflösung der Großfarmen die Rede gewesen. Doch man einigte sich damals darauf, daß die Besitzer für die auf den Farmen errichtete Infrastruktur angemessen entschädigt werden müßten. Diesen Teil der Abmachung hat Mugabe inzwischen offensichtlich vergessen. Sein Hauptproblem ist, daß der Staat gar nicht über entsprechende Finanzmittel verfügt.

Zimbabwes Wirtschaft liegt am Boden. Die offizielle Umtauschrate des US- zum Zimbabwe-Dollar wurde Mitte 2001 bei 1:55 festgenagelt. Das ist der Kurs, den die Banken geben. Doch die privaten Wechselbüros tauschten am Tag meiner Ankunft im Städtchen Victoria Falls schwarz 1:280. Zwei Wochen später tauschen sie bereits 1:330.

Die Waren aus dem Ausland werden für die Zimbabwer täglich teurer. Für die meisten sind sie schon lange unerschwinglich. Auch Benzin kann sich kaum noch jemand leisten. Mitunter ist Treibstoff aber überhaupt nicht verfügbar. Der elektrische Strom, der hauptsächlich aus Südafrika kommt, wird ebenfalls ab und zu gekappt.

John, der Sohn eines bisher unbehelligten weißen Farmers im Osten des Landes, sieht düstere Zeiten auf Zimbabwe zukommen. Die besetzten Farmen – etwa ein Drittel – konnten in diesem Jahr nicht produzieren. „Wir haben noch Lebensmittel für ein paar Wochen", sagt John. „Der Regen kommt erst in sechs oder sieben Wochen. Bis wir ernten können, ist es zu spät. Wir werden auf Lebensmittelhilfe von außen angewiesen sein."

Am Tag vor Libbys Heimreise machen wir mit einem Mietwagen noch einen Ausflug in den Chobe-Nationalpark im benachbarten Botswana. Wie zuvor schon im Hwange-Park in Zimbabwe begegnen uns unzählige Elefanten. Diese grauen Riesen sind hier eine regelrechte Plage. Hwange hat doppelt so viele Tiere, wie die Vegetation eigentlich verkraftet. Chobe ist gar vierfach überbevölkert. Jedes Tier verdrückt pro Tag rund 250 Kilogramm Grünfutter, und auf den langen Tagesmärschen werden zahllose Bäume geknickt. In einigen Teilen des Chobe-Parks sieht es aus wie nach einem Wirbelsturm.

Die Elefanten dringen auch in die Dörfer vor und verwüsten die Felder der Bauern. In der schweren Dürrezeit Anfang der neunziger Jahre sind sie sogar in den Städten aufgetaucht und haben aus den Swimmingpools getrunken! Das muß merkwürdig sein: Du schaust morgens aus dem großen Fenster hinaus zur Terrasse, und der Tag ist grau und runzlig.

Derzeit hilft man sich durch „kontrollierten Abschuß", das sogenannte „Culling". Diskutiert wird aber auch die Umsiedlung von Elefanten an Orte in Afrika, wo sie fehlen. Derartige Aktionen übersteigen jedoch das Budget der Nationalparks.

Im Chobe-Park bekommen wir die Löwen zu sehen, die wir in Hwange nicht fanden. Drei ausgewachsene Tiere sitzen im Schatten unter einem Baum, hecheln und machen einen erschöpften Eindruck. Sie haben sich offenbar gerade sattgefressen. 20 Meter von ihrem Baum entfernt liegt der Kadaver eines Kaffernbüffels im Gras. Geier nagen ab, was die Löwen übriggelassen haben.

Die Löwen schauen dem Treiben der Geier eine Zeitlang zu. Dann plötzlich setzt sich eine Löwin in Bewegung und gelangt mit wenigen Sprüngen zu dem Büffel. Sofort steigen die Vögel auf, lan-

So ungefähr könnte die Umsiedlung von Elefanten aussehen

den einige Meter abseits, um den Kadaver nicht aus den Augen zu verlieren. Die Löwin begutachtet den Büffel, frißt aber nicht mehr. Als sie sich wieder zurückzieht, schleichen sich die buckeligen Geier mit vorsichtigen Schritten wieder an. Gehabe und Bewegungen sind wie in einem Comic-Film. Sie scheinen sogar zu grinsen.

Dann beginnt das Spiel von neuem. Die Löwen beobachten die Vögel eine Weile, schließlich wird die gleiche Löwin wieder aufspringen und die Geier verscheuchen. Trotz dieser Einzelaktionen der Löwin ist eine gewisse Trägheit bei den Tieren zu erkennen. Wenn Löwen satt sind, jagen sie nicht. Anders als Krokodile. Krokodile töten aus Lust am Töten. Haben sie keinen Hunger, legen sie ihre Beute in einer Unterwasserhöhle auf Vorrat.

Aber diese Löwen machen mit ihren satten Bäuchen einen müden Eindruck. Schön zu sehen – angesichts der Tatsache, daß ich auf dem Weg nach Maun in Richtung Süden demnächst wieder durch Löwengebiet radeln muß.

ANGST

Nimm einmal an, du machst eine Radtour von Nürnberg nach Hamburg, ungefähr 600 Kilometer lang. Zur Erleichterung werden die Rhön und die Kasseler Berge glattgezogen. Das ist allerdings auch schon alles, was die ganze Sache einfacher macht.

Glaub nicht, daß du an kühlen Flüssen entlangfährst oder daß es überhaupt angenehm temperiert ist. Buschland und Grasland erwarten dich – trockenes, heißes Land. Nimm genug zu essen und zu trinken mit, denn einkaufen kannst du auf dem Weg nur in Würzburg, Göttingen und Hildesheim. Göttingen wird der größte

Ort sein: mit zwei Tankstellen, zwei Lebensmittelgeschäften, zwei Imbißbuden und etwa 80 Häusern und Hütten. Ein Postamt gibt es dort auch. Würzburg und Hildesheim sind eher klein – je ein Shop, eine Tankstelle und ein paar Häuser und Hütten.

Hunde und Hauskatzen werden dir nicht vors Fahrrad laufen, dafür aber Giraffen, Impalas, Zebras und Elefanten. Und wenn du Pech hast, auch Löwen. Zwischen Würzburg und Göttingen fährst du nämlich durch das Eßzimmer einer großen Löwenpopulation.

Also: weites, einsames, flaches Buschland, kaum Ortschaften, wenige Menschen, viele wilde Tiere. Hast du das Bild vor dir? Okay, dann sind wir jetzt gleich ... in Botswana.

Nürnberg ist Kazungula im Nordosten Botswanas, Hamburg ist Maun südöstlich des Okavango-Binnendeltas. Zwischen diesen beiden Orten liegen Pandamatenga, Nata und Gweta. Die Anreise nach Nürnberg erfolgt von Victoria Falls – oder sagen wir lieber: von Ansbach.

Morgens um sieben bin ich dort gestartet. Eigentlich hatte ich den direkten Weg nach Würzburg nehmen wollen, zum Teil Asphalt, zum Teil Piste. Da aber der Pistenabschnitt durch einen sehr wildreichen Nationalpark verläuft, verbot mir die Wildlife Authority in Ansbach, diese Route zu nehmen.

Der Umweg über Nürnberg verläuft ebenfalls durch einen Nationalpark. Bei der Wildlife Authority sagten sie jedoch, die Tiere hielten sich von der Straße fern. Das stimmt nicht ganz. Gleich am frühen Morgen sehe ich direkt neben der Straße eine Giraffe, die an einer Akazie zupft. Dann entdecke ich im Gebüsch eine zweite, dann eine weitere – insgesamt sind es sechs. Sie schauen mich aus dunklen Augen unter langen Wimpern an, scheinen mich zu taxieren und entschließen sich am Ende doch zur Flucht. Grazil und wie in Zeitlupe entschwinden sie in den Busch.

Auf dem weiteren Weg begegnen mir Zebras, Gnus und Impalas. Und ein aufgeregtes Warzenschwein, das durchs Gebüsch schießt und dann über den Asphalt galoppiert. Der dünne Schwanz mit der Quaste am Ende ragt wie eine Antenne in die Höhe.

Danach muß ich anhalten, weil hundert Meter vor mir eine Elefantenfamilie die Straße kreuzt. Eines der großen Tiere bleibt ste-

Endlich hat sich der Dicke entschlossen, die Straße zu überqueren; kurz darauf wird er aggressiv – ich muß um mein Leben radeln!

hen und schaut mich eine Weile an. Wir grüßen uns stumm. Schließlich setzt der Riese unbeirrt mit den anderen seinen Weg fort. Das ist gut. Wenn das die übliche Etikette ist, bin ich damit sehr einverstanden.

Ein paar Kilometer vor Nürnberg passiert das gleiche noch einmal. Die Tiere überqueren die Straße und tauchen dann in den Busch ab. Noch sieht es so aus, als würden die Elefanten keine Probleme bereiten.

Mittags ist es ruhig, aber in den Nachmittagsstunden häufen sich wieder die Begegnungen mit Elefanten. Eine erste Gruppe steht ein paar Meter abseits im Gebüsch. Kein Problem. Dann eine Herde von zehn Tieren, die auf beiden Seiten grasen. Zwei Bullen ganz nah am Straßenrand beobachten mich mit strengem Blick. Aber sie rühren sich nicht von der Stelle.

Kurz darauf muß ich stoppen. Rechts wartet ein einzelner Bulle und macht Anstalten, die Straße zu kreuzen. Er tut es aber nicht. Er steht da, dreht gelangweilt den Rüssel nach links, dreht ihn nach rechts – und steht da. Ich wage nicht, an ihm vorbeizufahren, denn mit dem nächsten Schritt wäre er auf dem Asphalt.

Endlich setzt er sich in Bewegung. Seelenruhig marschiert er über die Straße und fängt dann im Busch an zu grasen. Er steht zwar dicht an der Straße, hat mir aber seinen großen Hintern zugewandt. Keine Gefahr also. Denke ich und fahre weiter.

Gerade als ich dem Dicken am nächsten bin, dreht er sich um und stellt die Ohren auf. Ich fahre schneller und möchte am liebsten gar nicht zurückschauen; aber ich muß sehen, was er tut. Er hebt den Rüssel und trompetet laut. Und dann hebt er die Vorderbeine wie ein Pferd, das zum Sprung ansetzt. Er nimmt die Verfolgung auf!

Meine Güte! In Sekunden hat sich dieser träge Felsen in eine muskelprotzende Kampfmaschine verwandelt. Diese unbändige Kraft! Er wird mich tottrampeln! Sofort ist mir klar, daß Elefanten wirklich 40 km/h schnell sein können. Ich trete in die Pedale, so fest ich kann: 23 km/h ... 25 ... 27 ... 30 ... Aber 40 sind mit dem vielen Gepäck und den 10 Litern Wasser nie und nimmer möglich. Wie lange wird es dauern, bis er mich eingeholt hat? Wer wird das bessere Stehvermögen haben?

Um keine Sekunde zu verschenken, drehe ich mich jetzt nicht mehr um. Ist im Rückspiegel etwas zu erkennen? Ja. Oh! – Ein beruhigendes Bild. Der Bulle läuft zwar immer noch, aber er hat die Richtung geändert und kehrt wieder in den Wald zurück. Wenn er mich zu Tode erschrecken wollte, dann hat er sein Ziel ja auch erreicht. Ich glaube, ich rieche inzwischen schon nach Angst. Langsam bin ich auch froh, daß man mir die Abkürzung durch den „wildreicheren" Park verboten hat.

Während ich noch durchatme, wendet vor mir das olivgrüne Auto, das mich kurz vor der Elefanten-Attacke überholt hat. Ein Wagen der Military Police. Der Beifahrer steigt aus, begrüßt mich freundlich und zeigt dann nach vorn rechts ins Gebüsch: „Sehen Sie dort: eine große Herde Büffel. Wir werden Sie eskortieren."

Es ist eine riesige Herde von vielleicht 200 Tieren. So viele Büffel habe ich noch nie auf einem Haufen gesehen. Die Sorge der netten Uniformierten ist nicht unbegründet. Kaffernbüffel sind für die meisten tödlichen Unfälle in Afrika verantwortlich. Sie sind grundsätzlich aggressiv. Und mit ihren 900 kg Lebendgewicht machen sie aus deinen 75 kg mit ein paar gezielten Huftritten schnell Totgewicht.

Die Polizisten eskortieren mich drei Kilometer bis zum Waldrand. Nun beginnt offenes Land, zum Teil sogar kultiviert. Baumwolle und Sonnenblumen werden hier angepflanzt. Wir sind im Einzugsbereich des Dörfchens Würzburg. Dort versprechen mir die Einheimischen, daß ich auf keine weiteren Elefanten mehr treffen würde. Elefanten gebe es nur in dem hinter mir liegenden Waldgebiet. Der Weg nach Göttingen führe nun durch den Lebensraum von Löwen.

Wie es so oft ist: Man bekommt die unterschiedlichsten Warnungen, aber auch beruhigende Auskünfte – und am Ende ist man orientierungslos. Die Beurteilung der Gefahr reicht hier von „Ich habe auf diesem Abschnitt noch kein einziges Mal einen Löwen gesehen“ bis „Dies ist *das* Jagdgebiet der Löwen! Eine große offene Ebene. Und das sind hier die großen Löwen, die Männchen haben diese schwarzen Mähnen!“

Ein 20jähriger meint, daß man tagsüber wohl keine Furcht haben müsse. Aber ich solle mir vielleicht eine Glocke mitnehmen; die Löwen liebten die lauten Geräusche nicht. Wie es sich wohl radelt, wenn man nebenher noch 200 Kilometer lang eine Glocke schlagen muß?

So starte ich am nächsten Morgen also wieder mit Angst. Doch sie hält nur ein paar Stunden lang an. Weil einfach nichts passiert – keine Löwen, keine Elefanten, nicht einmal Warzenschweine oder die grazilen Impalas. In einem Polizeicamp, 60 Kilometer vor Göttingen, übernachte ich. „Haben Sie schon mal einen Löwen hier gesehen?“ – „Nein“, sagt der Mann am Holztor, „wir hören sie nur ab und zu nachts.“

Am nächsten Tag schaffe ich es bis nach Hildesheim; tags darauf schiebt mich Rückenwind mehr als 200 Kilometer nach Hamburg. Wilde Tiere sind nun kein Problem mehr. Aber die Hitze nimmt mit jedem Meter zu, den die Kalahari näherrückt.

KALAHARI

Das erste Opfer der großen Hitze in Botswana ist meine Schlafmatte. Während des Aufenthaltes in Maun klettert die Temperatur in meinem Zelt – obwohl es nur morgens und abends von der Sonne beschienen wird – auf 60 Grad! An diesen Tagen sticht mir manchmal ein penetranter Geruch in die Nase, wenn ich mich in den Zelteingang beuge. Es riecht dort intensiv nach Bahnhofsklo.

Zunächst fällt mein Verdacht auf die Katze, die auf dem Campingplatz des Sedia-Hotels herumstrolcht. Vielleicht hat sie heimlich an die Zeltwand gepinkelt. Doch dann entdecke ich, daß eine zähe Flüssigkeit am Ende meiner Schlafmatte austritt. Dieser klebrige Stoff ist es, der so stechend riecht: wie eine Mischung aus Urin und kaltem Zigarettenrauch.

Bis zum nächsten Morgen entsteht nahe dieser Austrittsstelle in der flachen Matratze eine kleine Blase, die größer und größer wird, bis sie gewissermaßen ein Kissen am Kopfende bildet. Das sieht in diesem Stadium durchaus praktisch aus – aber natürlich wird die Selbstzerstörung weitergehen. Offenbar ist der Klebstoff, der die Matte in Form hält, dieser Hitze nicht gewachsen. Es ist nur noch eine Frage der Zeit, bis die Schlafmatte zu einer Schlafwurst mutiert sein wird.

Auch der Klettverschluß der kleinen Packtasche unter meinem Sattel hat der Hitze nicht standgehalten. Die Klettschlaufen lösen sich von dem tragenden Riemen. Das ist jedoch kein großes Problem. Wieder zurück in kühleren Regionen, wird sich das kleben lassen.

Der Sonnencreme geht's auch nicht gut. Sie sieht jetzt aus wie lang abgestandene Buttermilch – eine dünne Flüssigkeit, in der weiße Bröckelchen herumschwimmen.

Und schließlich greift die Hitze nach mir. In den letzten Tagen sind die Temperaturen steil gestiegen. Auch die Einheimischen stöhnen. Als ich am späten Mittag von Maun starte, bewegt sich kaum ein Mensch auf der Straße. Es ist einfach zu heiß. Auf den 80 Kilometern nach Toteng schwitze ich in ein paar Stunden soviel Mineralien aus wie nie zuvor an einem ganzen Tag. Die Hose ist weiß von Salz. Bei bestimmten Bewegungen neigt die Rumpfmuskulatur zu Krämpfen. Aber die Beine fühlen sich noch gut an.

An dem großen Wassertank in Toteng fülle ich einen zweiten Wassersack auf, so daß ich nun wieder gut zehn Liter bei mir habe. Auch wenn das Gewicht bremst – es ist ein beruhigendes Gefühl der Unabhängigkeit, Wasser für etwa einen Tag dabeizuhaben. Auf den nächsten 200 Kilometern in Richtung namibischer Grenze gibt es wieder nur zwei kleine Orte.

Nach dem Abendessen geht es weiter, genau der untergehenden Sonne entgegen. Die Straßen in diesen dünnbesiedelten Teilen Botswanas sind so wenig befahren, daß es kein Risiko ist, im Dunkeln zu radeln. Und da der Mond gerade in der zunehmenden

Phase ist, steht er bei Sonnenuntergang bereits am Himmel. Er ist noch nicht einmal halb voll, sein Schein wirft aber in der klaren Luft schon deutliche Schatten. Es läßt sich sogar der Kilometerzähler in diesem kalten Licht ablesen.

Zwei Stunden fahre ich noch in der Dunkelheit und lege mich dann am Straßenrand unter das Vordach einer verlassenen Hütte. Ich sitze noch nicht lange auf meiner Zeltplane, als sich Krämpfe in den Beinen ankündigen. Ein kitzelndes Kribbeln zunächst, das sich anfühlt, als eilten tausend flinke Maden dicht unter der Haut hin und her. Kurz darauf ein erster Krampf im Oberschenkel. Sofort nehme ich die Beine hoch und lege sie auf die Packtaschen hinten am Fahrrad. Diese Position werde ich für die nächsten zwei Stunden nicht mehr aufgeben können.

Der Krampf im Oberschenkel ist raus, aber nun verkrampft sich die linke Fußsohle. Um die Muskeln zu dehnen, ziehe ich die Zehen an, aber schon kommt ein Krampf vorn in der Wade. Fuß wieder nach hinten ziehen – das wird bestraft mit einem Krampf in der hinteren Wade. Unablässig massiere ich mit beiden Händen die Oberschenkel.

Eine Stunde lang schüttele ich die Beine. Einmal schlafe ich kurz ein, aber schnell weckt mich wieder dieser höllische Schmerz. Ich massiere weiter. Schlafe wieder ein, wache durch einen Krampf wieder auf. Es wird kühl. Der Schlafsack ist in der vorderen Packtasche auf der anderen Seite. In Liegeposition komme ich da nicht dran. Vorsichtig nehme ich die Beine herunter. Doch nur für ein paar Sekunden, denn sofort folgt wieder die Strafe. Hoch die Beine und weiter die Oberschenkel massieren. Es dauert eine weitere Stunde, bis ich mich endlich zum Schlafen legen kann.

Ich bin schwer angeschlagen. Vollkommen ausgetrocknet, obwohl ich getrunken habe wie ein Kamel. Morgen werde ich nur bis zum Mittag radeln und dann erst am späten Nachmittag weiterfahren.

In den ersten Morgenstunden begegnen mir einige Strauße. Sie scheinen gute Augen zu haben, denn sie rennen schon weg, als ich noch mehrere Hundert Meter entfernt bin. Autofahrer lassen sie hingegen ohne Furcht passieren. Ein lustiges Bild, wenn sie davonrennen. Die Oberschenkel beschreiben fast eine Kreisbewegung. Das sieht wirklich aus wie bei dem Road Runner im Zeichentrick.

Mittags komme ich an dem Viehgatter an, das den Eingang zur Kalahari markiert. Ganz Botswana ist mit Viehzäunen durchzogen, die verhindern sollen, daß wilde Büffel und Hausrinder miteinander in Kontakt kommen und Krankheiten, wie etwa Maul- und Klauenseuche, übertragen werden. An einigen der veterinären Straßenposten muß man seine Schuhsohlen auf einem getränkten Lappen abstreifen. Und wie die Autos muß dort auch ich mit dem Fahrrad durch eine Kuhle mit Desinfektionslösung fahren.

Die viele hundert Kilometer langen Viehzäune sind allerdings sehr umstritten. Während die Farmer sie wollen, beklagen Naturschützer, daß sie die natürliche Migration der Wildtiere verhindern. In Dürrezeiten sind schon viele Tiere umgekommen, weil ein Zaun ihnen den Weg zu den letzten verbleibenden Wasserstellen versperrte.

Es wird minütlich heißer. Einige Kilometer hinter dem Gatter liegt das Dorf Kuke. Dort rette ich mich in den Schatten, den eine kleine Imbißbude bietet. Erfrischende 42 Grad. In der prallen Sonne klettert das Thermometer auf fast 60 Grad. Bis zum Mittag habe ich sieben Liter Wasser getrunken, ohne ein einziges Mal etwas davon auf dem üblichen Wege wieder hergegeben zu haben. Das Wasser verdunstet durch meine Haut wie der Okavango-Fluß in seinem Binnendelta im Norden Botswanas.

Erst um fünf Uhr nachmittags setze ich die Reise fort; zwei Stunden später geht die Sonne unter. Wieder fahre ich in Nacht hinein. Eigentlich radele ich ungern im Dunkeln, weil man nichts von der Landschaft sieht. Aber es gibt seit Tagen nichts Neues mehr zu entdecken. Das Landschaftsbild hat sich auf den letzten 1000 Kilometern in mein Gehirn eingebrannt. Ich sehe es mit geschlossenen Augen: Sand, Gras, Büsche, gelegentlich auch einen Baum.

Der Nachthimmel bietet sogar Abwechslung. Immer wieder schießen Sternschnuppen über das glitzernde Himmelszelt. Vor mir steht das Kreuz des Südens knapp über dem Horizont. Oder eigentlich liegt es, kurz bevor es untergeht. Und in Wirklichkeit ist es auch gar kein richtiges Kreuz, denn der mittlere Stern ist kaum zu erkennen. Das Kreuz des Südens sieht eher aus wie ein Drachen, den ein Kind im nächtlichen Wind steigen läßt.

Neben der Straße, ein paar hundert Meter abseits im Busch, verraten vereinzelte Lagerfeuer, daß mehr Menschen hier leben, als man denkt. Es sind die Lagerfeuer der Arbeiter, die auf den endlos großen Farmen links und rechts der Straße ihr karges Brot verdienen.

Wegen des mangelnden Regens kann auf diesen Farmen freilich nichts angebaut werden. Die Menschen leben hier ausschließlich von der Rinderzucht. Das trockene Grasland bietet dem Vieh genug Futter. Wasser für Mensch und Tier fördern Windräder aus der Tiefe zutage – die Kalahari ist durchzogen von zahlreichen unterirdischen Wasserläufen.

Schon eine Stunde nach Sonnenuntergang ist die Temperatur erträglich geworden. Als ich mich irgendwo im Busch auf den Schlafsack lege, schlafe ich schnell ein. In der Nacht wird es so kühl, daß ich in den Schlafsack kriechen muß. Und als es wieder hell wird und der Sonnenaufgang sich ankündigt, zeigt das Thermometer nur noch 7 Grad. Eigentlich ein Grund, sich umzudrehen und weiterzuschlafen. Aber ich muß sehen, daß ich Kilometer mache. In sechs Stunden werden selbst im Schatten wieder über 40 Grad herrschen.

Eine aufgegebene Wasserförderanlage in der Kalahari

EISBEIN UND SAUERKRAUT

Das Oktoberfest hat just an dem Samstag begonnen, an dem ich in Namibias Hauptstadt Windhoek ankomme. Die „Allgemeine Zeitung" hat das Ereignis ein paar Tage zuvor schon angekündigt, und ich freue mich darauf, dieses Fest mitzuerleben. Da ich am Abend meiner Ankunft aber erst einmal ausspannen möchte, verschiebe ich den Besuch auf den Sonntag. Und da muß ich dann feststellen, daß das Oktoberfest an demselben Tag zu Ende ging, an dem es eröffnet wurde. Ein eintägiges Oktoberfest.

Windhoek ist eben doch nicht München. Aber Windhoek und ganz allgemein Namibia sind so deutsch wie keine andere deutsche Exkolonie in Afrika. „Beim Wirt" in Windhoeks Hauptstraße wird Eisbein mit Sauerkraut serviert, Leberkäs mit Kartoffelsalat, Wiener Schnitzel, und das Hansa-Bier vom Faß schenkt der Wirt immerhin in Halbliterkrügen aus.

Läuft man auf der Hauptstraße etwas weiter, vorbei an der Luisen-Apotheke, kommt man zur quer verlaufenden Peter-Müller-Straße*). Links geht es zum „Bücherkeller" mit viel deutscher Literatur, rechts sieht man schon die Christuskirche, die am Ende der Straße auf einer großen Verkehrsinsel steht. Nur einen Steinwurf davon entfernt die „Alte Feste" – früher der Sitz der deutschen „Schutztruppe", heute ein Museum.

So viele deutsche Siedler und Händler wie nach „Südwest" kamen weder nach Deutsch-Ostafrika (auf dem Gebiet des heutigen Tanzania) noch nach Togo oder Kamerun. Das trockene Klima im südlichen Afrika war für Europäer auch wesentlich leichter zu ertragen als die feuchte Hitze am Äquator.

Die kolonialen Abenteuer waren für die Deutschen allerdings schnell wieder zu Ende. Während des Ersten Weltkriegs mußte Deutschland auch das Gebiet am südlichen Wendekreis abtreten. Nach dem Krieg war es der Republik Südafrika als Mandatsverwalterin überlassen, die einheimischen Stämme noch weiter von den besseren Weideflächen an den Rand der Kalahari zu verdrängen, um vorwiegend weißen Siedlern den Weg freizumachen. Anfang

---

*Heute sind fast alle deutschen Straßennamen in afrikanische umbenannt

des 20. Jahrhunderts hatte die deutsche „Schutztruppe" einen Aufstand der Nama und Herero niedergeschlagen, die sich mit ihrer gewaltsamen Vertreibung nicht abfinden wollten. 75 Prozent der Herero-Bevölkerung verloren dabei ihr Leben.

Wie der Gang durch Windhoek läßt auch der Blick auf die Landkarte mitunter vergessen, daß man in Afrika ist. Da gibt es Orte wie Mariental, Maltahöhe, Klein Aub, Uhlenhorst, Helmeringhausen, Grünau.

Weites Land: Die Ortschaften liegen in Namibia oft mehr als 100 Kilometer auseinander

Seit Malawi fahre ich nach einer Michelin-Landkarte im Maßstab 1:4 Millionen. Ein Zentimeter auf dem Papier entspricht also 40 Kilometern in der Natur. Nicht gerade die ideale Radler-Karte, könnte man meinen. Deutschlands Nord-Süd-Ausdehnung wäre bei diesem Maßstab so groß wie eine Handspanne. Eine Stadt wie Erlangen hätte kaum Platz darauf. Aber im südlichen Afrika reicht dieser Maßstab vollkommen aus. Nichts geht verloren.

Kein Ort in Namibia fehlt auf der Karte. Es ist gar Zweifel angebracht, ob wirklich ein Ort ist, was als Ort eingezeichnet ist. Da ist beispielsweise Seeheim im Süden. Sieht auf der Karte aus wie ein

Dorf. Man stellt sich darauf ein, daß man dort einkaufen kann. Aber Seeheim ist nichts als ein kleines Hotel und ein verfallenes Bahnhofsgebäude. Der nächste Krämer auf dem weiteren Weg nach Süden findet sich erst auf dem Zeltplatz am Fish River Canyon, 120 Pistenkilometer entfernt.

Oder Niedersachsen. Sieht auch aus wie ein Dorf, ist aber nur eine Farm. Der Gipfel ist Holoog. Ein Camp für die Leute, die die Pisten in der Umgebung planieren. Eine kleine Hütte mit einem Wasservorratstank davor und einem Zaun drum herum. Vor dem umzäunten Gelände steht die Planiermaschine neben der Piste. Kein Mensch da. Das ist Holoog. Eingezeichnet auf der 1:4 Mio.-Karte.

Namibia ist das leerste der leeren Länder, durch die ich in den letzten Monaten geradelt bin. Im ganzen Land leben so viele Menschen wie in Hamburg – auf einer Fläche, die zweieinhalb Mal so groß ist wie Deutschland. Auf riesigen Farmen – „Niedersachsen" etwa hat 70.000 Hektar – werden auf kargen Weiden Rinder gehalten. Im Süden, wo es immer trockener wird, züchtet man die anspruchsloseren Schafe. Zwischen den Ortschaften, die oft mehr als 100 Kilometer auseinander liegen, nur trost- und farblose trockene Landschaft.

Hier und da ist diese Kargheit so groß, daß sie grandios wird. Am Fish River Canyon zum Beispiel, der die (nur etwas) kleinere Version des Grand Canyon darstellt. Der Fish River hat sich im Süden Namibias 500 Meter tief in seine Umgebung eingegraben und mäandert dem Orange River entgegen.

Freude bereiten auch die witzigen Köcherbäume, die ihre Äste wie Arme mit vielfingrigen Händen gegen den Himmel strecken. Ihren Namen erhielten sie, weil San-Buschjäger früher die faserigen Zweige aushöhlten und sie als Köcher verwendeten. Kokerbooms, wie diese Aloen in Afrikaans heißen, wachsen selbst dort, wo sonst nichts mehr lebt. Sie krallen sich einfach an Steinen fest, wachsen mit ihren leichten Stämmen nicht selten schief in die Welt hinein. Dann wirken sie wie Clowns in der Landschaft, denen jede Norm egal ist. Ihre Bedürfnislosigkeit erweckt den Eindruck, daß sie auch auf dem einsamen Planeten von Saint-Exupérys „Kleinem Prinzen" zufrieden wären.

Köcherbäume kommen auch mit Trockenheit gut zurecht

Der breite Orange River markiert die Grenze zwischen Namibia und Südafrika. Er ist ein Fremdlingsfluß, der sich wasserreich durch eine Gegend windet, in der es eigentlich gar kein Wasser geben dürfte. Sein Ursprung liegt in den mit Regen gesegneten Bergen im Osten der Republik Südafrika nahe Lesotho. Wie der Nil in Ägypten bildet der Orange River hier eine Flußoase, die für intensive Landwirtschaft genutzt wird. Ein schmales grünes Band, das sich durch eine herbe Landschaft in beige und braun hindurchzieht.

An der Grenze fragt der Zöllner, ob ich eine Schußwaffe dabei habe. Er gibt sich mit meinem „Nein" zufrieden und kontrolliert auch nicht weiter das Gepäck. Bei der Immigration bitte ich um mehr als die üblich gewährten 30 Tage. Ich weiß nicht, wie lange es in Kapstadt dauern wird, bis ich ein Schiff nach Amerika finde. Ich weiß auch nicht, wie groß meine Ausdauer bei der Suche nach einem Schiff sein wird – wann ich gegebenenfalls kapituliere und mich doch mit einem Flug abfinde. Sie geben mir zwei Monate. Das ist bis Weihnachten.

Jenseits der Grenze steigt die Straße von 200 Metern über dem Meer wieder an auf etwa 1000 Meter. Ich radele durch das Namaqua-Land, das genauso dürstet wie das ausgetrocknete Namibia nördlich des Orange River.

Einmal im Jahr sprießt hier allerdings – sofern genügend Regen fällt – eine unglaubliche Blumenpracht. Dieses Jahr muß es phänomenal gewesen sein. Leider bin ich etwas zu spät dran. Gawie zeigt mir Fotos von dichten, bunten Blumenteppichen in knallgelb und blutrot. Fotos, die erst zwei Wochen alt sind, aber absolut irreal wirken – als hätte man plötzlich Farben auf seinem Schwarzweiß-Fernseher.

Gawie hat mich kurz hinter Steinkopf am Straßenrand gestoppt. Er bot mir einen Lift an, wollte mich und mein Fahrrad auf der Ladefläche seines Pickups mitnehmen. Ich lehnte höflich ab mit dem Hinweis, daß ich radele, wo immer ich radeln kann. Und er verstand das auch, da er selbst viel im Freien aktiv ist. Bevor er weiterfuhr, fragte er noch, wo ich denn die Nacht verbringen wolle.

„Wahrscheinlich in Springbok." – „Wenn du magst, kannst du bei uns übernachten." Er malte eine kleine Skizze mit der Lage seines Hauses, drückte sie mir in die Hand und brauste davon.

Zehn Kilometer vor Springbok kam mir ein junger Rennradfahrer entgegen. Er wendete und fuhr dann neben mir her. Es war Dawie, Gawies 14jähriger Sohn. Als wir mit meinen Packtaschen vor der Haustür standen, war Gawies erste Frage, wie lange ich denn bleiben wolle.

„Oh, morgen fahre ich gleich weiter. Kapstadt zieht mich geradezu magnetisch an. Ich möchte endlich wissen, wie es jenseits von Afrika weitergeht."

„Nach Kapstadt ist es noch weit", sagte Gawie. „Fast 600 Kilometer. Ruh' dich lieber noch einen Tag bei uns aus."

Einmal mehr wird mir diese zuvorkommende, echt-afrikanische Gastfreundschaft zuteil, die man vor allem in den arabischen Ländern im Norden des Kontinents erlebt und hier am Südzipfel.

Springbok ist ein typisches südafrikanisches Provinzstädtchen, so verschlafen wie die kleinen Städte in Namibia. Schon am späten Nachmittag bietet sich ein trostloses Bild. Entweder sind die Straßen um 18 Uhr bereits vollkommen ausgestorben, oder es lehnen noch ein paar arbeitslose Schwarze mit traurigen Mienen an Verkehrsschildern und Hausecken. Man sieht sofort, daß sie zu viel Zeit und zu wenig Geld haben.

An der Rollenverteilung zwischen Schwarz und Weiß hat sich, zumindest äußerlich, nicht viel verändert, seit 1994 die Apartheid offiziell abgeschafft wurde. Nach wie vor besitzen die Weißen die meisten Geschäfte, führen Hotels und Campingplätze, sind die Besitzer der Farmen, wohnen in schönen Häusern, wie es auch der Arzt Gawie sein eigen nennen kann. Den Schwarzen bleiben mangels Ausbildung niedrige Hilfsarbeiten oder die Arbeitslosigkeit. Einige Weiße behaupten, die Schwarzen wollten auch gar nicht arbeiten. In der Tat sieht man ab und zu Schilder am Straßenrand, auf denen Beschäftigung auf den Farmen angeboten wird. Arbeit ist also da. Bei einem Lohn von 10 Rand pro Tag (ca. ein US-Dollar) ist allerdings die Frage, ob man durch Betteln nicht reicher wird.

Kurz vor Kapstadt erklärt mir eine weiße Südafrikanerin, wie ich auf einem kleinen Umweg über Paarl sicherer ans Kap komme als auf der vielbefahrenen N7. Allerdings, sagt sie, käme ich dabei durch Schwarzensiedlungen. Ob ich Angst vor Schwarzen hätte?

Angst vor Schwarzen? Ein guter Witz am Ende der Reise durch Afrika.

Viele Südafrikaner wundern sich, daß ich überhaupt durchgekommen bin. Gab es denn keine Überfälle? Nein. Nichts Schlimmes ist passiert. Zweimal allerdings hatte ich Glück: als sie mich bei den Unruhen in Addis Abeba fast gesteinigt hätten, und bei der Elefanten-Attacke in Botswana.

Wenige Kilometer hinter Paarl erkenne ich die Silhouette des Tafelberges. Die letzte bedeutende Landmarke auf diesem Kontinent. Gut 21.000 Kilometer hat der Fahrrad-Computer seit Erlangen gezählt. Die Höhenmeter hätten mich 70 Mal über den St. Gotthard gebracht.

Kapstadt. Das erste große Etappenziel auf dieser großen Reise ist erreicht. Trotzdem ist dies am Ende ein Tag wie jeder andere. Kein Hochgefühl bei der Ankunft. Ich komme an, wie ich jeden Abend irgendwo angekommen bin. Niemand wartet, niemand feiert mit mir, niemand gratuliert in diesem Moment.

Glückwünsche kommen in den folgenden Tagen von den Freunden über das Internet aus Deutschland. Da bin ich bereits auf der Suche nach einem Schiff Richtung Südamerika. Die Aussichten,

Kapstadt – im Hintergrund die Hafenanlagen

eine Mitfahrgelegenheit zu finden, sind allerdings nicht gut. Ich renne von Agentur zu Agentur, aber die wenigen Frachtschiffe, die überhaupt nach Südamerika auslaufen, nehmen keine Passagiere mit. Auch Anrufe im Hafen von Durban bringen keinen Erfolg.

Das sind die modernen Zeiten. Wie anno dazumal auf ein Schiff gehen und sich mit Kartoffelschälen die Überfahrt verdienen – das ist heute praktisch nicht mehr möglich. Arbeitsrechtliche und versicherungstechnische Gründe sprechen in unserer durchorganisierten Welt dagegen. Schließlich gibt mir aber jemand den guten Tip, doch einfach mal beim „Royal Cape Yacht Club“ vorbeizuschauen, dem Segelyachthafen von Kapstadt.

JENSEITS VON AFRIKA

Am Schwarzen Brett des „Royal Cape Yacht Club“ hängt ein kleiner gelber Zettel:

Crew-Mitglied für Atlantiküberquerung gesucht, Kapstadt – St. Helena – Recife, Start zwischen dem 10. und 15. November. Segelyacht „Bienvenido“ (David anrufen – Telefon ...).

Das brasilianische Recife ist nicht gerade meine Wunschdestination: viel zu weit nördlich in Südamerika. Aber immerhin auf dem richtigen Kontinent. Und diese Yacht bietet endlich eine Chance, Afrika doch noch über das Meer zu verlassen. Wenn man sich ein Jahr lang Kilometer um Kilometer mit dem Fahrrad vorangearbeitet hat, dann ist ein Flug zwischen den Kontinenten desillusionierend. Mit Mühe hast du dir das Gefühl erkämpft, daß die Welt groß ist, und dann macht ein kurzer Hüpfer mit dem Flugzeug alles kaputt.

Als ich David am Abend wegen der Segelyacht anrufe, stellt sich heraus, daß er nur ein Mittelsmann ist. „Aber der Besitzer der Yacht ist inzwischen wieder eingeflogen", sagt er. „Am besten gehst du direkt zu ihm hin."

Am nächsten Morgen stehe ich vor einem Wald von Segelmasten. Hunderte von Booten liegen im Yachthafen von Kapstadt. Die „Bienvenido" fände ich auf Liegeplatz B33, sagten sie an der Rezeption des Clubs.

Ich laufe über den langen Holzsteg B. Weder sind die Liegeplätze markiert, noch haben alle Boote ihren Namen seitlich angeschrieben. Die meisten sind außerdem verlassen.

Auf einem der namenlosen Boote sitzt ein hagerer Mann mit grauem Bart in grauem Pulli und grauer Jogging-Hose. Er füllt Treibstoff aus einer Plastiktonne in den Tank seiner Segelyacht. Ich frage ihn nach der „Bienvenido". „Da bist du hier richtig. Komm nur an Bord."

Unsere Unterhaltung wechselt schnell vom Englischen ins Deutsche, denn Josef stammt aus der Ostschweiz. Er ist 54 Jahre alt, hat früh und viel geerbt und sich von dem Geld diese Yacht geleistet. Sie ist 12,50 Meter lang und etwas über vier Meter breit. Innen ist sie wohnlich ausgestattet, mit Kühlschrank, Herd und Sitzecke.

Die bevorstehende Etappe von Kapstadt nach Recife ist die letzte auf Josefs Weltumsegelung. Einige Passagen hat er allein – als Einhandsegler – absolviert, meistens war seine brasilianische Freundin Ilza mit dabei. Da er seit ein paar Monaten gesundheitlich angeschlagen ist, sucht er für diesen letzten Abschnitt noch jemanden für die schweren Arbeiten an Bord. Dafür ist die Passage kostenlos, ebenso die Verpflegung. Das ist allgemein so üblich. Manche Skipper zahlen sogar noch für die geleistete Arbeit, andere hingegen verlangen eine Beteiligung an den Proviantkosten.

„Bist du schon mal gesegelt?" fragt Josef.

„Nee!"

Das mag etwas verrückt sein: Noch nie zuvor auf einem Segelboot und dann gleich über den Atlantik wollen. Für Josef ist meine fehlende Segelerfahrung aber kein Problem. „Dann redet mir wenigstens keiner bei der Navigation dazwischen", sagt er augenzwinkernd. Was ich zu tun hätte, könne ich mit ein bißchen Menschenverstand innerhalb kurzer Zeit lernen. Den darf er ruhig erwarten. Sonst wäre ich nicht bis nach Kapstadt gekommen. Zwei Tage später, als Ilza aus Brasilien einfliegt, machen wir das Ganze fest.

Dieses vollkommen neue Abenteuer reizt mich. Doch es wird ein Sprung ins kalte Wasser. Vor allem weiß ich nicht, wie empfindlich ich gegen die Seekrankheit bin. Die zweitägige Überfahrt mit der Dhau von Jemen nach Djibouti war diesbezüglich ja eine Katastrophe. Ein Sturm wie damals ist nun zwar nicht zu erwarten, aber wenn ich auch bei gewöhnlichem Wellengang seekrank werde, wird die Reise zu einer vierwöchigen Tortur.

Josef stellt auch klar, daß er nicht extra einen Hafen anlaufen wird, um mich wieder abzusetzen. Wenn ich auf dem Boot bin, dann vier Wochen lang. Es gäbe eh nur die Möglichkeit umzukehren, denn von Kapstadt nach Recife fährt man direkt auf den offenen Atlantik hinaus, nicht etwa zunächst an der afrikanischen Küste entlang.

Der 10. November ist der Tag unseres Aufbruchs. Morgens um neun Uhr legen wir ab. Josef startet den Dieselmotor, der laufen wird, bis wir aus dem Hafen heraus auf dem Meer sind. Ilza holt die Leine vorn rechts ein. Ich löse die Leine links hinten und springe an Bord. Josef steuert die Yacht rückwärts von der Anlegestelle, wie man ein Auto nach dem Einkauf vor dem Supermarkt ausparkt. Die beiden agieren mit routinemäßiger Gelassenheit. Was sie tun, geschieht mit einer Selbstverständlichkeit, als würden wir nur zu einer kleinen Hafenrundfahrt starten. Aber wir werden 3500 Seemeilen nach Brasilien segeln, rund 6500 Kilometer!

Als wir den Hafen verlassen haben, schaffen wir Ordnung auf dem Vordeck und setzen die Segel. Das zunehmende Geschaukel bereitet mir in der ersten Stunde noch kein Problem. Doch als ich unter Deck gehe, wird mir schlagartig übel. Die Augen sehen dort nicht, was das Gleichgewichtsorgan meldet: Schwankungen. Schnell wieder raus nach oben. Aber auch dort kann ich mich nicht mehr lange beherrschen.

Josef hat mir einen Eimer hingestellt, weil ich nicht zu nahe an die Reling treten soll. Er hat Angst, daß ich über Bord gehe. Ich darf den Eimer auch nicht selbst ins Meer entleeren. Das macht Josef.

Er leert den Eimer in den ersten 24 Stunden viermal. Dann endlich kann ich die langsam eingenommenen Mahlzeiten bei mir behalten. An Lesen und Schreiben ist in den ersten Tagen nicht zu denken. Ich muß die Umgebung im Auge behalten, um die Sinnesorgane miteinander abzugleichen.

Der Tafelberg hatte sich am ersten Tag nur sehr langsam entfernt. Am Abend, etwa zehn Stunden nach unserer Abfahrt, konnten wir seine Umrisse, konnten wir Afrika immer noch im Dunst ausmachen. Ungefähr 90 Kilometer hatten wir bis zum Sonnenuntergang zurückgelegt.

Anfangs maßen wir die Zeit in Stunden. Aber bald sollte der Tag zur kleinsten Einheit werden. In der Leere Botswanas und Namibias habe ich die Zeit wenigstens an einigen wenigen Orten festmachen können. Hier gibt es nicht einmal solche seltenen Fixpunkte. Höchstens Ereignisse wie den Besuch von Walen oder Delphinen. „Josef – war das vorgestern, als die Wale neben dem Boot auftauchten? Oder ist das schon drei Tage her?"

Es hat seinen Grund, warum der Captain mich nicht zu nahe an die Reling läßt – zumindest nicht, solange ich allein auf dem Deck bin. Eine der größten Gefahren ist nämlich, daß du unbemerkt über Bord gehst. Dazu braucht es keinen Sturm. Es reicht ein unerwarteter Schubser bei mittlerem Wellengang. Findest du nicht im nächsten Augenblick noch einen Halt, dann saust du über die Reling.

Hat jemand mitbekommen, daß du über Bord bist, ist die Rettung noch schwierig genug. Eine Segelyacht kann man nicht stoppen wie ein Auto. Dein Retter muß gleichzeitig das Boot zum Stillstand bringen und dich im Auge behalten. Das ist nicht einfach, denn das Boot entfernt sich mit acht bis zehn Stundenkilometern, während du ab und zu von Wellenbergen verdeckt wirst. Ganz schnell verliert sich dein Bild in der Monochromie des Meeres.

Wird deine Abwesenheit auf dem Boot erst spät erkannt – etwa weil du während der Nachtwache über Bord gegangen bist –, dann gibt es praktisch keine Hoffnung mehr. Stunden später zurückzufahren und nach dir Ausschau zu halten in der unendlichen Weite des Meeres – das verspricht noch weniger Erfolg als die sprichwörtliche Suche im Heuhaufen.

Ilzas Vater ist so ums Leben gekommen. Er war als Seemann auf einem Frachter über die Meere gefahren. Eines Morgens war er nicht mehr an Bord. Man vermutet, daß er nachts betrunken über die Reling gekippt ist.

Abends auf dem Atlantik

Die Tage vergehen. Nach einer Woche feiern wir Halbzeit auf dem Weg zur Insel St. Helena. Andere Boote und Schiffe haben wir nur im Küstenbereich gesehen, danach kein Anzeichen menschlichen Lebens mehr. Nichts als Wasser um uns herum, in allen Richtungen bis zum Horizont.

Ab und zu kommen die verspielten Delphine vorbei, und immer wieder tauchen fliegende Fische in Schwärmen auf, schießen aus dem Wasser und gleiten dann sekundenlang dicht über den Wellen. Manche fliegen so hoch, daß wir sie auf dem Vordeck aufsammeln müssen.

Einmal fällt mir ein solcher Fisch sogar auf den Kopf. Ich halte gerade Nachtwache, und mir bleibt zunächst völlig rätselhaft, was mich getroffen hat und wer es geworfen haben könnte – Ilza und Josef schlafen ja schließlich. Bis sich dann endlich der auf der Holzbank liegende Fisch durch rhythmisches Schnarren mit seinen Flügelflossen bemerkbar macht. Er muß sich so weit aus dem Wasser katapultiert haben, daß er mir über die Verkleidung des Cockpits entgegengerutscht ist.

Am Morgen des 15. Tages kommt Land in Sicht: St. Helena. Nach mehr als 3000 Kilometern über das offene Meer fahren wir genau auf die Insel zu. Ich habe nicht daran gezweifelt, daß wir St. Helena heute sehen würden. Josef hat täglich Kontrollpunkte in die Seekarte eingezeichnet, ich habe die Route auf dem GPS-Handgerät mitverfolgt. Mit unseren technischen Mitteln konnten wir die Insel kaum verfehlen. Und trotzdem ist das Ganze für mich etwas Wundersames. Wie die sekundengenaue Voraussage einer Sonnenfinsternis.

DIE INSEL

Schlägt man das Telefonbuch der Insel St. Helena auf, findet man unter „T" 120 Einträge: 5x Thorpe, 4x Timm, 1x Thompson – die restlichen 110 Einträge lauten auf „Thomas". „T" ist keine Ausnahme. Unter den 111 Y-Einträgen sind 77 Yons, der Rest geht an Young und Yonde. Riecht alles ein bißchen nach Inzucht, oder?

Die Auswahl bei der Brautschau auf St. Helena ist wahrlich nicht groß. Insgesamt leben gerade 5000 Menschen auf dieser britischen Insel im südlichen Atlantik – auf einer Fläche, die etwas kleiner ist als das Fürstentum Liechtenstein. Während das Fürstentum aber gleich nebenan die Schweiz und Österreich hat, liegt hier das nächste Stückchen Land 1300 Kilometer entfernt. Und das ist auch wieder nur eine kleine Insel: Ascension.

Wer krank wird, geht ins Hospital der Hauptstadt Jamestown. Wem dort nicht geholfen werden kann, der muß nach Südafrika oder nach Großbritannien. Er kann nur hoffen, daß bald ein Schiff vorbeikommt, denn einen Flughafen gibt es auf St. Helena nicht.

Vier Versorgungsschiffe treffen jährlich aus Großbritannien ein, zehn pro Jahr fahren die Route Kapstadt – St. Helena – Ascension und zurück. In Ascension kann man ins Flugzeug nach Großbritannien steigen. Die Briten haben die Insel an die Amerikaner vermietet, die sie zur Militärbasis ausgebaut haben. Auch die „Luftpost" von St. Helena nimmt zunächst den Weg per Schiff nach Ascension und reist erst von dort wirklich durch die Luft. Was nicht Luftpost ist, fährt mit einem der vier jährlichen Schiffe nach Großbritannien.

In der Bucht vor Jamestown haben wir ein paar Hundert Meter vom Ufer entfernt den Anker in das klare blaue Wasser geworfen. Anlegestege haben sie hier nicht. Wenn wir an Land gehen wollen, rufen wir ein Motorboot, das quasi als Taxi arbeitet.

Die Bewohner der Insel sind überaus freundlich. Jeder grüßt – am Hafen, auf der Straße oder aus dem Auto heraus –, als lebten wir schon jahrelang hier. Sie sind neugierig auf unsere Geschichte und nicht genervt, wenn ich sie mit meinen vielen Fragen löchere.

In den folgenden Tagen füllen wir unsere Frischwasser- und Lebensmittelvorräte auf und besorgen noch 100 Liter Diesel. Josef hat meistens den Motor angeworfen, wenn unsere Reisegeschwindigkeit unter fünf Knoten absank (ca. 9 km/h).

Viel Zeit verbringen wir in „Ann's Place", dem Restaurant, das *der* Anlaufpunkt für Segler ist. Die Wände und Decken dort sind mit Flaggen, Wimpeln und Fotos aus aller Herren Länder verziert – es gibt wohl keinen Skipper, der auf dieser Insel war, aber nicht auch Ann seine Aufwartung gemacht hat.

Ihr Mann fährt uns mit seinem Taxi durch das Hinterland der Insel. „Was arbeiten die Leute hier? Wovon leben sie?" fragt Josef.

„Viele arbeiten in der Verwaltung. Und in den Läden."

Wir wagen gar nicht zu fragen, was denn eigentlich produziert oder gar exportiert wird. Damit hatte ich schon die Dame im Tourist Office ins Schleudern gebracht. Sie rief ihre Kollegin herbei und wiederholte die Frage: „Exportieren wir etwas?" Nach einigem Nachdenken kamen die beiden auf Kaffee und Fisch. Es hörte sich jedoch nicht danach an, daß die Insel von den Erlösen leben könnte.

Brian Yon, der Elektriker, der die Lichtmaschine auf der Yacht inspizierte, sagte, daß die Jungen früher die Insel verlassen hätten, um im Ausland zu arbeiten und Geld an die Familien zu schicken. „Heute verlassen die Jungen die Insel auch, aber sie schicken kein Geld mehr zurück. Wir brauchen diesen Flughafen. Sonst ist St. Helena verloren."

Das Flughafenprojekt wird heftig diskutiert. Ein Flughafen und die „St. Helena Airways". Das Tor zur Welt. Shelco, ein britisches Unternehmen, das dieses Projekt in Angriff nehmen will, zeichnet in seinem Werbeprospekt mit „44 Gründen für den Flughafen" düstere Zeiten für die Insel, sollte sich die Bevölkerung gegen das Projekt aussprechen. Sie werde weiterhin abhängig sein von den Darlehen aus Großbritannien, wohingegen mit dem Flughafen der Luxus-Tourismus käme und viele neue Arbeitsplätze entstünden.

Shelco verlangt als Gegenleistung für die Unterstützung beim Bau des Flughafens das Recht, die „St. Helena Airways" zu betreiben sowie ein „angemessen großes" Hotel hohen Standards mit angeschlossenem Golfplatz zu bauen.

Als ich Anns Meinung zu dem Projekt hören wollte, gab sie mir die Frage umgehend zurück.

„Ich bin natürlich dagegen", sagte ich. „Es ist wunderbar, die Insel so kennenzulernen, wie sie heute ist. Aber ich kann leicht gegen einen Flughafen sein. In zwei Wochen ..."

„... bist du wieder zurück in der großen Welt", ergänzte sie.

So ist es. Sich von außen belehrend in solche Angelegenheiten einzumischen, wäre wirklich anmaßend. Es gibt Afrika-Besucher, die beklagen, daß die Afrikaner ihren „traditionellen Lebensstil" aufgegeben haben. Die es bedauern, daß man jetzt auch in Afrika Fernseher und Telefon hat. Als müßten die Afrikaner dafür herhalten, daß für uns immer noch ein paar idyllische und rückständige Plätzchen auf der Erde übrigbleiben, an die wir uns für eine begrenzte Zeit zurückziehen können.

Ann weiß nicht so recht, was sie von dem Flughafenprojekt halten soll. Wie die meisten anderen ist auch sie noch unentschieden.

Als wir uns der Insel über das Wasser von Südosten her näherten, erschien sie uns trostlos und karg. Wie aus nacktem Fels. Nun, da wir durch das Landesinnere fahren, sind wir überrascht von dem üppigen Grün, das mitunter an Irland erinnert. Es geht bergauf und bergab. Der höchste Punkt dieser kleinen Insel ragt immerhin über 800 Meter empor. Viele Sisalpflanzen sehen wir neben der Straße. Bis in die 60er Jahre hinein war Sisal der Hauptexportartikel, bis synthetische Fasern das Naturprodukt verdrängten.

Wir kommen nach Longwood. Zu dem Haus, in dem Napoleon Bonaparte seine letzten Jahre verbrachte. Nach seiner Waterloo-Niederlage wurde er 1815 auf diese Insel verbannt, die auch ihm gut gefallen haben soll. Sechs Jahre später starb Napoleon. Man ließ ihn bis 1840 noch im Geranium Valley auf der Insel ruhen, dann wurden seine Gebeine nach Paris überführt.

Napoleons Haus in Longwood

Im Garten des „Plantation House“ finden wir den ältesten Bewohner St. Helenas, Jonathan. Er kam bereits 1882 auf die Insel und ist auf der aktuellen 5-Cent-Münze der St.-Helena-Währung abgebildet. Das Geld gilt nur hier und auf der Nachbarinsel Ascension, steht aber in fester Parität zum Pound Sterling. Jonathans Alter wird auf 150 Jahre geschätzt. Um das Plantation House leben noch fünf weitere Schildkröten, die jedoch deutlich jünger sind.

Die Versorgungsschiffe aus Südafrika haben auch Passagiere an Bord. Als wir in der Bucht vor Jamestown einliefen, ankerte dort gerade die „RMS St. Helena“. Die Passagiere waren für ganze vier Stunden auf Landgang, bevor sie sich auf die Weiterreise nach Ascension machten. Vier Stunden Landgang – ich könnte Wochen hier bleiben.

Leider ist auch Josef ungeduldig. Er möchte seine Weltumsegelung beenden, hat nicht mehr viel Sinn für die Freundlichkeit der Menschen, die Schönheit und Unschuld der Insel St. Helena. Er will nur weiter. Vielleicht geht es mir ja auch so, wenn ich eines Tages am Bosporus wieder kurz vor den Toren Erlangens stehe.

Nach nur vier Tagen holen wir den Anker ein und gehen auf westlichen Kurs. Der Wind schiebt kräftig. Jamestown mit seiner dicken Wehrmauer rückt in die Ferne, das Stadttor wird kleiner. Bye-bye, St. Helena …

Verdammt, warum eigentlich? War das nicht das Paradies? Hier waren wir doch richtig! Hätte ich hier nicht aussteigen sollen?

Hinter dem Stadttor, gleich rechts neben der St. James Church, haben sie ein kleines Gefängnis. Als ich vor ein paar Tagen daran vorbeiging, kam gerade eine Frau aus der Gittertür heraus.

„Wie viele Gefangene haben Sie?“ fragte ich und erwartete die Antwort: „Keine.“

„Drei“, erwiderte sie.

„Was haben sie verbrochen?“

„Einer ist ein Mörder. Wir sind hier nicht für Schwerstverbrecher eingerichtet. Er hat 18 Jahre in England abgesessen und ist erst vor kurzem zurückgekommen. In ein paar Monaten wird er wahrscheinlich freigelassen. Ein weiterer Mörder ist derzeit noch in England. Er wird auch demnächst zurückkehren. Die beiden Morde geschahen kurz nacheinander, standen aber nicht miteinander im Zusammenhang."

„Und die beiden anderen Häftlinge?"

„Sie sitzen wegen schwerer Eigentumsdelikte ein."

Also doch kein lupenreines Paradies! Aber ganz schön nah dran.

NEUE WELT

Von St. Helena nach Recife sind es abermals über 3000 Kilometer. Noch einmal werden wir zwei Wochen in dieser unfaßbaren Weite des Ozeans zubringen. Zu dritt auf ein paar Quadratmetern in einer schier endlosen Wasserwüste.

Wir erleben farbenprächtige Sonnenuntergänge, und während der Nachtwachen jagen immer wieder Sternschnuppen und Meteoriten über den schwarzen Himmel. Wir sehen Meerestiere, die zu beobachten andere Menschen teure „Watching"-Touren buchen. Aber verteilt auf insgesamt vier Wochen sind alle diese Ereignisse doch eher seltene Highlights. Man muß sich hüten, die Erinnerung zu verklären. Auf St. Helena haben wir Daniel getroffen, einen amerikanischen Einhandsegler, der wie Josef die Welt umrundet. Er drückte es sehr direkt aus: „Ozeane sind stinklangweilig. Delphine und so sind ja ganz schön, aber der 500ste Delphin reißt dich dann auch nicht mehr vom Hocker."

Glücklicherweise habe ich genug zu lesen und zu schreiben. Die Gespräche mit Josef versuche ich seit einiger Zeit kurz zu halten. Er ist so negativ eingestellt. Ständig erzählt er von schlechten Erfahrungen und schlechten Menschen. Die meisten seiner bisherigen Mitfahrer sind faul gewesen oder dumm oder Schmarotzer oder sie haben zu viel gegessen. Oder sie vereinigten gleich mehrere dieser Eigenschaften in sich. Es läuft immer auf eines dieser unangenehmen Gespräche hinaus, wo man dasitzt und eigentlich nichts beitragen kann, weil man weder die Plätze noch die Menschen der Erzählungen kennt. Man kann Vermutungen einwerfen wie „Vielleicht wollte er ja nur ..." oder „Möglicherweise nur ein Mißverständnis ...", aber nach einer Weile wird man dieser Diplomatie müde, und es bleibt nur noch der Monolog des andern übrig.

So weiche ich also diesen Monologen aus, gehe morgens zügig aufs Deck und erledige Schreibarbeiten. Beantworte eMails, die in den letzten Wochen aufgelaufen sind, und feile an den Berichten für die „Nürnberger Zeitung". Meine Serie „Mit dem Fahrrad um die Welt" läuft nun schon rund ein Jahr; die Honorare finanzieren zu einem guten Teil diese Reise. Arbeit habe ich also genug und mit Langeweile selten zu kämpfen. Ilza schläft die meiste Zeit, weil sie ein Mittel gegen die Seekrankheit nimmt, das offenbar nach dem Prinzip funktioniert: Wer schläft, kotzt nicht.

Zu spät erkenne ich, daß Josef sich allmählich einsam fühlt.

Er ist jetzt zunehmend gereizt, hat öfter Streit mit Ilza und kommentiert bald die alltäglichsten Handgriffe von mir. Ich muß mich rechtfertigen, warum ich die linke statt der rechten Herdplatte benutze, warum ich es mit dem Gasanzünder versuche, statt die Streichhölzer zu verwenden, muß begründen, warum ich die Eier ohne Fett brate.

Eines Morgens zeigt er mir auf der Seekarte den Bogen, den wir in den letzten Tagen gefahren sind. Nichts Ungewöhnliches bei den jetzt öfter wechselnden Winden. Außerdem keine neue Erkenntnis; eben eine Entwicklung mehrerer Tage, an der wir alle beteiligt sind, da wir ja abwechselnd im Vierstundenrhythmus das Boot steuern. Doch Josef macht mich verantwortlich dafür und verbietet mir an diesem Morgen, weiterhin das Schiff zu lenken. Auch Nachtwachen darf ich nicht mehr halten, nicht einmal mehr auf die Seekarte schauen. Er degradiert mich vom „Crew-Mitglied" zum „Passagier". Wie so viele meiner Vorgänger bin also auch ich ein Fehlgriff – dumm und ein Schmarotzer.

Da auch Ilzas Navigationskünste Josefs Ansprüchen bald nicht mehr genügen, versucht er vom darauffolgenden Tag an, das Boot allein nach Amerika zu fahren. Aber nach 24 Stunden ist er fertig. Mit hochrotem Gesicht brüllt er uns abends plötzlich an: „Ihr könnt Wache machen, oder ihr laßt es bleiben! Ich lege mich jetzt jedenfalls hin! Ich habe einen Tag lang nicht geschlafen!" Schließlich schleudert er uns noch ein: „Faules Pack!" an den Kopf.

Jetzt ist er offenbar vollkommen durchgeknallt. Er ist so sehr in Rage, daß ich fürchte, er könnte hier plötzlich – 700 Kilometer von der Küste entfernt – noch irgendwelche Dummheiten machen. Aus der kleinen Schiffsbibliothek hole ich das Wörterbuch und kritzele für Ilza ein paar Zeilen auf Papier: „Ist Josef gefährlich? Wird er vielleicht das Schiff versenken? Müssen wir das große Messer verstecken?"

Ilza schiebt den Finger unter den Wörtern entlang, als müßte sie bei jedem Buchstaben nachdenken. Ist sie etwa Analphabetin? Nein, kann nicht sein. Sie hat sich in den Illustrierten nicht nur die Bilder angeschaut. Nach einer Weile meint sie leise, daß so etwas nicht zu befürchten sei. „Josef ist nur mit dem Mund aggressiv."

Den Großteil dieser Nacht wache ich, da ich nach meinem zweitägigen Arbeitsverbot am besten ausgeruht bin. Vier Stunden der Nachtwache übernimmt Ilza. Bei Sonnenaufgang taucht ein entspannter Josef an Deck auf. Zum ersten Mal seit Tagen grüßt er wieder. Er bringt ein paar versöhnliche Worte vor und meint, wir müßten uns zusammenreißen, um den Rest der Etappe geordnet über die Runden zu bringen.

Als mich drei Nächte später Ilza zu meiner letzten Wache ruft, ist bereits ein heller Lichtschein im Westen zu sehen: die Lichter von Recife. Im Morgengrauen laufen wir im Hafen ein – in diesem Moment hat Josef seine Weltumsegelung vollendet.

Nachdem wir alle Formalitäten bei Immigration und Zoll erledigt haben, bringen wir das Schiff auf Vordermann. Ilza lädt abends noch einmal zu ihrer vorzüglichen Pizza ein, und wir stoßen auf Josefs geglückte Weltumrundung an.

Recife – was für ein klangvoller Name! Als das „Venedig Südamerikas" wird die Millionenstadt auch gern bezeichnet. Das scheint mir allerdings eine Beleidigung für die italienische Stadt zu sein. Recife stinkt nämlich. Wo sich die Flüsse durch die Innenstadt ziehen, stinkt es nach Kloake, wo die Gassen eng sind, stinkt es nach Urin. Venedig habe ich zum letzten Mal vor 18 Jahren gerochen und weiß nicht, was es der Nase heute bietet. Aber so heruntergekommen kann es kaum sein.

Vielleicht kann man sich eingewöhnen. Wahrscheinlich gibt es auch hier ein paar schöne Fleckchen. Doch mir reicht es schon von dem Moment an, da ich den Fuß vor das Tor des Yachthafens setze. Es sind die ersten Schritte auf diesem Kontinent nach vier Wochen in der Leere und Stille des Atlantiks. Und nun plötzlich dieser unglaublich dichte, hektische, lärmende Straßenverkehr.

Einen halben Tag renne ich in der Innenstadt umher, bis ich endlich brasilianisches Geld in den Taschen habe. Mir fehlt noch das Gefühl dafür, was in einer südamerikanischen Großstadt wo zu finden ist. Danach mache ich mich auf die Suche nach einer Brasilien-Landkarte, einem Reiseführer und einem Portugiesisch-Wörterbuch. Aber nirgendwo gibt es eine vernünftige Buchhandlung. In Recife scheint es kaum etwas anderes zu geben als Lotteriebuden, Bars und Apotheken. Vor allem die Vielzahl an Apotheken – zum Teil rund um die Uhr geöffnet – fällt auf. Sind die denn hier alle so pillengläubig?

Wenn man dann doch irgendwo die schmale Fassade einer *Livraria* entdeckt, so verbergen sich dahinter entweder nur Schreibwaren und Spielsachen, oder das Geschäft ist vollgepackt mit Bibeln, Kreuzen, Kerzen, kitschigen Marienstatuen und Jesus-T-Shirts. Nach einem Vormittag vergeblicher Suche im Stadtzentrum schickt mich jemand zum internationalen Flughafen. Dort gibt es schließlich tatsächlich etwas, was man auch bei uns als Buchhandlung bezeichnen würde.

Auf der Landkarte erkenne ich nun genauer, was für ein großer Kontinent sich da vor mir ausbreitet. Das riesige Land Brasilien macht sowohl flächenmäßig als auch nach der Zahl der Einwohner fast die Hälfte Südamerikas aus. Chile und Ecuador sind die einzigen Staaten, die nicht an Brasilien grenzen. 7400 Kilometer ist die brasilianische Küstenlinie lang.

Recife liegt weit „oben rechts“ in Südamerika. Um in die Andenländer zu kommen, muß ich einige tausend Kilometer nach Süden radeln und dann westlich nach Paraguay und Bolivien einschwenken. Nach drei Tagen des Orientierens und Organisierens geht es los: zunächst an der Küste entlang Richtung Süden.

4.500 KILOMETER DURCH BRASILIEN

Es kann auch ein Trost sein, wenn dir nach und nach die Ausrüstung zerbröselt. Wenn der Fotoapparat schlappmacht, das Diktiergerät durchdreht, das Sichtfenster des Kilometerzählers durch die Sonnenstrahlung rissig wird, wenn Kleidung und Schlafsack in den Packtaschen schimmeln, obwohl sie eigentlich nie naß geworden sind.

Ein Trost deswegen, weil es zeigt, daß die Umstände tatsächlich außergewöhnlich sind. Vielleicht bist du doch noch gesund, obwohl dir manchmal beim Radeln schwarz vor den Augen wird oder du an den Steigungen Würgereiz verspürst. Wahrscheinlich ist das Klima hier wirklich nicht optimal für Radreisen.

Ende Dezember herrscht hier eine Affenhitze. Allerdings eine ganz andere Art von Hitze als vor ein paar Monaten in Botswana. Die Temperaturen stiegen dort bis auf 42 Grad, aber die Luft war trocken. Hier sind die Zahlen gar nicht so beeindruckend: 32 Grad, manchmal 34; mehr als 36 Grad habe ich im Schatten nie gemessen. Was einen aber fertigmacht, ist die Luftfeuchtigkeit.

Wollte man in den unangenehmsten Stunden des Tages nicht radeln, so würde die Pause von acht Uhr morgens bis fünf Uhr nachmittags reichen. Das heißt aber nicht, daß es davor oder danach angenehm wäre. Schon morgens um sieben bricht mir der Schweiß aus, wenn ich die Luft in den Reifen nachpumpe. Wenn ich dann losfahre, kann man die Schweißdrüsen auf dem Handrücken zählen, denn aus jeder Pore quillt ein Tröpfchen, bis dann alle diese Tröpfchen so groß geworden sind, daß sie zusammenfließen und einen glänzenden Film bilden.

Die Schaumstoffgriffe an den Lenkern sind ständig naß. Tagsüber saugen sie den Schweiß auf, der an den Armen hinunterströmt, nachts ziehen sie das Wasser aus der Luft. So haben sich offenbar auch die Sachen, die jetzt im Gepäck schimmeln, ihre Feuchtigkeit geholt.

Neben der schwülen Hitze verleidet einem auch der gefährliche Straßenverkehr das Radfahren in Brasilien. Vor allem Busse und Lastwagen dulden keine Hindernisse. Sie überholen rücksichtslos und drängen Radfahrer vom Asphalt. Die einheimischen Radler

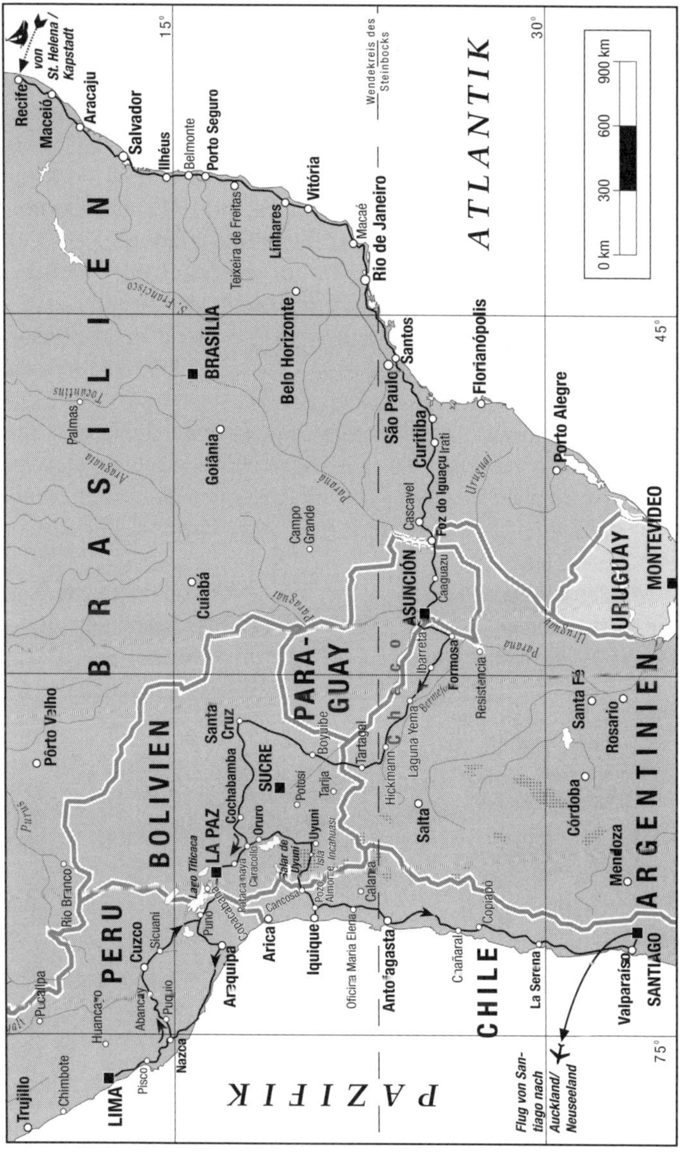
BRASILIEN
BOLIVIEN
PARA-GUAY
URUGUAY
PERU
CHILE
ARGENTINIEN
ATLANTIK
PAZIFIK
Recife
Maceió
Aracaju
Salvador
Ilhéus
Belmonte
Porto Seguro
Teixeira de Freitas
Linhares
Vitória
Macaé
Rio de Janeiro
São Paulo
Santos
Florianópolis
Porto Alegre
Curitiba
Irati
Foz do Iguaçu
Cascavel
Caaguazu
ASUNCIÓN
MONTEVIDEO
BRASÍLIA
Goiânia
Belo Horizonte
Campo Grande
Cuiabá
Palmas
Pôrto Velho
Rio Branco
LIMA
Trujillo
Chimbote
Pisco
Nazca
Cuzco
Sicuani
Puno
Arequipa
LA PAZ
SUCRE
Cochabamba
Santa Cruz
Oruro
Uyuni
Potosí
Tarija
Boyuibe
Tartagal
Hickmann
Laguna Yema
Ibarreta
Formosa
Resistencia
Arica
Iquique
Oficina Maria Elena
Antofagasta
Calama
Salta
Córdoba
Mendoza
Santa Fé
Rosario
Chañaral
Copiapó
La Serena
Valparaíso
SANTIAGO
Lago Titicaca
Salar de Uyuni
Wendekreis des Steinbocks
von St. Helena / Kapstadt
Flug von Santiago nach Auckland/Neuseeland
0 km
300
600
900 km
15°
30°
45°
75°

hüpfen meist freiwillig von der Straße, wenn sie ein schweres Fahrzeug nahen hören.

Wo immer es geht, weiche ich auf Nebenstraßen und auf Pisten in Strandnähe aus. Die breiten Flüsse lassen sich meist in kleinen Booten überqueren. Südlich von Canavieiras stoße ich allerdings auf das verzweigte Flußsystem des Rio Pardo, wo die küstennahe Straße unterbrochen ist. Eine eineinhalbstündige Fahrt im Motorboot bringt mich nach Belmonte. Diese Tour führt nicht etwa an der Ozeanküste entlang, sondern auf verschlungenen Wasserpfaden durch das Delta. Als Ortsfremder wäre man hier schnell verloren. Sandro steuert sein Boot keinesfalls immer durch die breitesten Kanäle; manchmal biegt er in winzige Nebenarme ein, die wie schmale Sackgassen aussehen.

Der Küstenurwald ist in diesem unwegsamen Gebiet bis zum Meer erhalten geblieben. Von allen Seiten kommen Vogelrufe; einmal fliegt eine Wolke aus 70 grünen Papageien über uns hinweg. Am Ufer sieht man Krebse laufen, und überall sitzen Grillen, die ihr eintöniges Lied zirpen.

Mit Bahia verlasse ich einen jener brasilianischen Bundesstaaten, die größer sind als alle unsere deutschen Länder zusammen. Bahia allein hat die eineinhalbfache Fläche Deutschlands.

Erdpiste als Alternative zur dicht befahrenen Überlandstraße

Ein paar Tage später radle ich auf vielspurigen Straßen in eine riesige Stadt hinein, fahre zwischen Hochhäusern hindurch auf einen hohen Berg zu, auf dem eine gewaltige Christus-Statue steht. Links, hinter dem Yachthafen, erscheint ein weiteres weltberühmtes Wahrzeichen, ein Berg, der wirklich aussieht wie ein Zuckerhut. Willkommen in einer der schönsten Städte der Welt, in Rio de Janeiro!

Zusammen mit Christian, einem 50jährigen Münchner, den ich hier kennengelernt habe, fahre ich in der Zahnradbahn hinauf zu der Christus-Statue auf dem Corcovado-Gipfel, der rund 700 Meter über der Stadt liegt. Ganz Rio ist umgeben und zum Teil auch durchzogen von steil aufragenden, kegelartigen Granitbergen, *morros,* unter denen der berühmteste der Zuckerhut ist. Vom Corcovado hat man einen Blick auf die Stadt, die Strände und die Buchten wie bei einem Landeanflug.

Als ich Christian zum ersten Mal traf, lief ihm Blut über das Gesicht. Er war nur ein paar Minuten zuvor überfallen worden. Das Ganze geschah in dem eher als sicher geltenden Stadtteil Catete. In der Rua Silveira Martins waren vor und hinter ihm Passanten unterwegs, und die Straße ist im allgemeinen auch gut beleuchtet. Aber an einer Stelle war die Birne einer Straßenlaterne durchgebrannt. Zwei junge Männer näherten sich Christian von hinten auf Fahrrädern, einer riß von der linken Seite her den Tagesrucksack ab, der andere schlug ihm von der rechten Seite irgend etwas über die Stirn. Und schon waren die beiden wieder fort.

Materiell hat Christian nicht viel verloren. In dem Rucksack befanden sich ein ausgeliehener Reiseführer und ein einfacher Fotoapparat. Dafür haben die Diebe aber auch seine gute Laune mitgenommen. „Noch sechs Tage soll ich jetzt in Rio rumhängen", meinte er deprimiert. Er war gerade erst vor vier Stunden angekommen.

Rio de Janeiro hat den Ruf, einer der gefährlichsten Orte der Welt zu sein. Es ist das typische Problem einer Großstadt: Die sozialen Unterschiede treten auf solch engem Raum deutlicher zutage als in den dünner besiedelten ländlichen Gebieten. Und die sozialen Unterschiede sind kraß in Brasilien. 30% der Bevölkerung führt ein modernes Erste-Welt-Leben, während über die Hälfte mit dem Existenzminimum oder auch weniger auskommen muß.

Am Rande der Metropolen stranden viele Menschen vom Lande, die in der trügerischen Hoffnung kommen, Arbeit und ein besseres Leben zu finden. Ein Drittel der sieben Millionen Einwohner Rio de Janeiros lebt in Favelas, den Armensiedlungen, die sich an den Berghängen hinaufziehen. Sie stehen im herben Kontrast zu den Villen der Reichen, die hinter Mauern mit Elektrozäunen leben, bewacht von gut organisierten Sicherheitsfirmen.

Der Ausbreitung Rio de Janeiros sind durch die Berge Grenzen gesetzt, die bald hinter den Stadtstränden aufsteigen. Der Bezirk Copacabana beispielsweise stößt bereits nach vier Häuserblocks an solch ein natürliches Hindernis. Der nationale Flughafen liegt auf einer aufgeschütteten Insel direkt am Stadtzentrum, die Flugzeuge fliegen unterhalb des Zuckerhutgipfels an. Manchmal sieht es aus, als flögen sie zwischen den Hochhäusern hindurch. Diese tief einschwebenden Flugzeuge erinnern fatal an die Horrorbilder, die die Fernsehstationen im Herbst 2001 den Menschen rund um den Globus in das Gedächtnis implantiert haben.

Am Sonntag wollen wir uns ein Fußballspiel im Maracanã-Stadion anschauen. Es ist eines der ganz großen Stadien der Welt, vielleicht sogar das größte. Die riesige Schüssel faßt weit über 100.000 Zuschauer. Bei Pelés Abschiedsspiel haben sich fast 200.000 Zuschauer dort hineingequetscht, doch nach der Serie von Stadionunfällen in Europa haben neue Sicherheitseinrichtungen die Zahl der Zuschauerplätze reduziert. Das Stadion liegt im berüchtigten Norden Rio de Janeiros. Laut Reiseführer nimmt man besser einen speziellen Touristenbus, der pro Person 30 US$ kostet und die Klienten von der Hoteltür bis direkt vor das Stadiontor bringt. Man wird dann sogar bis zum Sitzplatz eskortiert!

Wir sind eingeschüchtert durch diese Warnung zwischen den Zeilen, entschließen uns aber dennoch, den normalen Stadtbus zu nehmen. Nachdem wir eingestiegen sind, unterhalten wir uns nicht mehr, um nicht als Touristen erkannt zu werden. Allein an unserem Aussehen wird uns niemand als Besucher in diesem Land entlarven. Das ist der große Vorteil hier: In Brasilien lebt ein derartiges Völkergemisch, daß eigentlich jeder, den man auf der Straße sieht,

Brasilianer sein könnte. Mehrmals haben mich Einheimische schon nach dem Weg gefragt. Ganz anders als in Afrika, wo man als Weißer strahlt wie ein Leuchtturm.

Auch vor dem Stadion tuscheln wir nur verhalten, wenn es etwas Wichtiges abzusprechen gibt. Doch nach kurzer Zeit spüren wir, daß unsere Vorsicht übertrieben ist. Auch ist die Polizeipräsenz recht groß. Schon bald unterhalten wir uns wieder ganz normal. „Mensch", sagt Christian, „wäre ich nicht selbst überfallen worden, würde ich behaupten: In Rio passiert dir nichts."

Die Meisterschaftsrunde hat leider gerade Sommerpause. Diese Pause wird von einem mehrwöchigen Turnier zwischen den vielen erstklassigen Mannschaften São Paulos und Rio de Janeiros ausgefüllt. Heute stehen sich die Teams zweier Stadtteile Rios gegenüber, Flamengo und Botafogo. Für Flamengo spielen Größen wie Julio Cesar, Ersatztorwart im Nationalteam, und Leonardo, der bis vor ein paar Jahren gleichfalls für sein Land spielte.

Da keine Sitzplatzübersicht an den Kassenhäuschen hängt, kaufen wir unsere Eintrittskarten auf gut Glück. Wir nehmen die gelben. Nicht die billigsten, aber auch nicht die teuren. Jeder zahlt 6 US$, und wir finden uns dann im Stadion auf bequemen Sitzen mit guter Sicht auf die Breitseite des Spielfeldes wieder. Das Stadion wirkt fast leer, aber es sind doch immerhin 20.000 Zuschauer da.

Kurz vor Spielbeginn drängt sich eine Musikkapelle in den rotschwarzen Trikots von Flamengo an uns vorbei und stellt sich einige Sitzplätze neben uns in die Reihe. Wir erwarten Sambarhythmen, doch mit ihrem Repertoire könnten sie gut auch auf dem Oktoberfest auftreten. Sie musizieren, was die Instrumente hergeben. Sie treiben ihre Mannschaft an, die schon bald mit 2:0 in Führung liegt. Das Spiel ist schnell, es gibt wenig Mittelfeldgeplänkel, die Spieler fallen selten um. Brasilianischer Ballzauber.

In der zweiten Halbzeit lassen die Musiker neben uns dann aber immer öfter ihre Instrumente sinken. Jedesmal, wenn ein Tor für Botafogo fällt, stellen sie ihre Unterstützung für ein paar Minuten ein, bis sie wieder Hoffnung schöpfen und ihr Team erneut antreiben. Doch es nutzt nichts. Botafogo schlägt viermal zu, während Flamengo kein einziges Tor mehr gelingt.

Im überfüllten Stadtbus fahren wir zurück in den Süden Rios. Weil der Bus so voll ist, ziehen wir auch jetzt wieder das Schweigen vor. Meine Gedanken wandern ins Stadion zurück: die Telefonzellen, diese komischen Telefonzellen ... ja, die Telefonzellen hinter den beiden Toren bleiben tatsächlich etwas rätselhaft. Da das Spielfeld durch einen Graben von den Zuschauern getrennt ist, hätten wirklich nur die Akteure sie benutzen können. Doch weder telefonierten die Torwarte miteinander, noch taten es die Linienrichter. Das lag aber wahrscheinlich nur daran, daß das gesamte Match eben sehr rasant war und niemandem eine Atempause gönnte.

DENN ARM BIST DU NUR UNTER REICHEN

Rio de Janeiro verläßt man mit dem Fahrrad am besten entlang der breiten Stadtstrände. Für die sport- und gesundheitsbewußten *Cariocoas* gibt es dort nämlich etwas, was man sonst in Brasilien praktisch nirgendwo findet: Radwege. Hier hecheln Mountainbiker auf und ab, Jogger rennen hin und her, und auch die Skater fehlen nicht. Der Strand ist schon am Morgen gut besucht. Die Mädchen führen ihre superknappen Bikinis vor, die mit Sicherheit nicht nach Gewicht verkauft werden; Beach-Volleyballer genießen während des frühen Trainings die bewundernden Blicke der Schönen. Sehen und gesehen werden, lautet die Devise. Rios Strände sind Open-air-Laufstege. Einsamkeit und Stille sind nicht gefragt. Der Brasilianer sucht den abgelegenen Strand genauso wenig wie er sich ein Fußballspiel in einem leeren Stadion anschauen will.

Südwestlich der Stadt beginnt eine der schönsten Küstenlandschaften Brasiliens, die Costa Verde. Die Straße windet sich die Hänge hinauf, fällt wieder ab, steigt wieder an. Mitunter fühle ich mich an die Südküste der Türkei zurückversetzt. Es ist so bergig, daß der Boden landwirtschaftlich nicht genutzt wird und daher der atlantische Regenwald stellenweise noch nicht gerodet wurde. Der steilen Küste sind bewaldete Inseln vorgelagert, zwischendurch gibt es immer wieder traumhafte Badebuchten.

Hinter Santos, dem größten Hafen Südamerikas, biegt die Küstenstraße ins Landesinnere ab. Nach dreieinhalbtausend Kilometern, die ich meistens in Strandnähe geradelt bin, nehme ich Abschied vom Atlantik.

Die Straße schwenkt bald in die Autobahn Richtung Curitiba ein, vor der mich so viele Brasilianer gewarnt haben: Sie sei sehr stark befahren, und es passierten dort immer wieder schwere Unfälle. Vielleicht leben Autofahrer hier tatsächlich gefährlich. Für mich aber ist dies eine der sichersten Straßen auf dem ganzen Weg durch Brasilien, denn hier gibt es einen breiten Seitenstreifen, auf dem mich die Busse und Lastwagenfahrer in Ruhe lassen, die mich im Norden so oft vom Asphalt gedrängt haben.

Der Highway hat im übrigen ein ganz anderes Flair als eine sterile Autobahn in Europa. Immer wieder führt er direkt an Ortschaften vorbei, wo dann schmale Wege abgehen und einmünden. Daher sind auch viele Einheimische auf meiner Standspur mit dem Fahrrad unterwegs, außerdem Fußgänger, Pferdewagen und sogar Reiter. Am Straßenrand bieten zahllose Verkäufer in grob gezimmerten Verkaufsständen Bananen an, Kokosnüsse, die Caju-Frucht, Ananas, frischen Zuckerrohrsaft, Mangos, Papayas und all die anderen Früchte, die in Brasilien wachsen.

Unter den Fußgängern auf dieser Strecke sind auch viele Landstreicher. Ausnahmslos trägt jeder einen großen Kunstfasersack bei sich, in dem er die Getränkedosen sammelt, die Autofahrer aus dem Fenster geworfen haben. Jede Dose bringt etwa drei US-Cent beim Altmetallhändler. Einen besser situierten Landstreicher treffe ich bei der Stadt Registro – er ist mit dem Fahrrad unterwegs. Auf seinem Gepäckträger hat José den obligatorischen Sack für die Aludosen, des weiteren eine Zweiliter-Wasserflasche und ein bißchen Kleidung. Viel mehr scheint er nicht zu besitzen.

José zeigt mir seinen Arbeitspaß. Den Eintragungen zufolge hat er vor einem Jahr noch in fester Anstellung gearbeitet. Dann zückt er seinen Ausweis – und ich erschrecke leicht, als mein Blick auf sein Geburtsdatum fällt: Ich habe ihn auf Anfang 50 geschätzt, aber er ist erst 39! Sein lückenhaftes Gebiß und das gegerbte Gesicht machen ihn nicht unbedingt jünger.

Ein Obststand am Wegesrand. In der silbrigen Maschine wird unter einem Mordsgetöse Zuckerrohr zu Saft gepreßt.

Die Straße führt durch endlose Bananenplantagen, wo man sich bedienen kann, ohne die Besitzer ernsthaft zu schädigen. In dieser Gegend wird das ganze Bananenbündel für gerade mal einen Real verkauft, einen halben Dollar etwa. Hunger leiden müssen die Landstreicher wohl nicht – aber sie sehen ständig den Reichtum an sich vorbeifahren. Es geht ihnen also ähnlich wie den Armen in den brasilianischen Städten. Auch sie sind Arme unter vielen Reichen. Ein wesentlicher Unterschied zu Schwarzafrika, wo der Reiche die Ausnahme ist. Armut ist ja im wesentlichen eine relative Erscheinung: Sie ist leichter zu ertragen, wenn die anderen um einen herum auch alle arm sind.

In den Städten sieht man neben den Bettlern viele Leute, die Dienste leisten, die eigentlich keiner so richtig braucht. Zum Beispiel Einweiser in Parklücken oder Windschutzscheibenputzer an Ampelkreuzungen. Manche Autobesitzer lassen diese Vertreter der Schattenwirtschaft gewähren und drücken ihnen für die aufgedrängte Leistung ein paar Münzen in die Hand. Skurril war der Alte mit seiner Kapitänsmütze in der Rua Barbosa in Salvador. Bewaffnet mit einer Holzlatte und einer Trillerpfeife „patrouillierte“ er in dieser Straße. Allein aufgrund seines Alters hätte er gegen niemanden tatsächlich etwas ausrichten können. Aber dies ist sein Job. Er steht von morgens bis abends auf dieser Straße und paßt auf. Ab und zu lädt ihn jemand zu einem Imbiß oder einem Bier ein.

Einer der wohlhabenden Brasilianer ist Rogério Luiz Kuhn. Er vertreibt Marmor, züchtet Schweine und hat im Städtchen Irati drei Textilwarenläden. Seinen Erfolg führt er aber nicht allein auf harte Arbeit zurück, sondern auch auf Glück. Das macht ihn um so sympathischer. Vor acht Jahren war er noch bei einem Bauern als Landarbeiter angestellt. In Brasilien, sagt er, könne es für den einzelnen sehr plötzlich bergauf gehen, aber auch schnell bergab. Es gebe hier ja schließlich keine soziale Absicherung wie in Deutschland.

Rogério hat mich am Straßenrand aufgelesen, als ich wieder einmal von schweren Krämpfen in den Beinen gepeinigt wurde. Ich war nicht einmal mehr in der Lage zu gehen. Es ist der erste Tag nach dem Aufbruch aus Curitiba. An diesen verflixten ersten Tagen nach einer längeren Pause kommen die Krämpfe am zuverlässigsten. Eine zufriedenstellende Erklärung für dieses Phänomen hat mir noch niemand geben können.

Am Abend lädt mich Rogério zu hervorragendem brasilianischen Rindersteak ein, das er über dem offenen Feuer im Küchenkamin brät. Das Fleisch zergeht auf der Zunge; wegen BSE oder anderer Seuchen braucht man sich hier keine Gedanken zu machen. Wir unterhalten uns in einer Mischung aus Englisch und Deutsch. Rogério hat deutsche Vorfahren, sein Ururgroßvater war im 19. Jahrhundert nach Brasilien ausgewandert.

Der weitere Weg Richtung Paraguay führt durch hügelige Weite, die an das Hohenloher Land erinnert. Nadelwälder und Felder wechseln sich ab. Das Klima ist wesentlich milder als an der Küste, da man sich bis kurz vor der Paraguay-Grenze in 1000 Metern Höhe bewegt. Die Luft ist nicht so feucht, die Temperaturen liegen bei 30 Grad.

In der Stadt Foz do Iguaçu, am Dreiländereck Brasilien-Argentinien-Paraguay, mache ich für ein paar Tage Station, um mir die großen Iguaçu-Wasserfälle anzuschauen. Das erste aber, was ich gleich nach der Ankunft unternehme, ist ein kurzer Marsch hinunter zum Paraná-Fluß. Auf seiner anderen Seite liegt die Stadt Ciudad del Este – das ist bereits Paraguay! Eine ganze Weile stehe ich am verschilften Ufer und schaue einfach nur hinüber. Nach drei Monaten endlich mal wieder ein anderes Land.

275 WASSERFÄLLE

Die ganz großen Wasserfälle dieser Erde scheinen eine Vorliebe für Ländergrenzen zu haben. Die Victoria Falls haben sich die Grenze zwischen Zambia und Zimbabwe ausgesucht, die Niagarafälle wollten sich weder für Kanada noch für die USA allein entscheiden, und der Iguaçu-Fluß präsentiert sein Schauspiel an der brasilianisch-argentinischen Grenze.

Während die Victoriafälle einen fast schnurgeraden Wasservorhang von zwei Kilometern Breite bilden, geht es in Südamerika etwas weiter, aber auch ungeordneter zu. Das Wasser stürzt an einer sehr launenhaft verlaufenden Abbruchkante auf der rechten Flußseite früher, auf der linken Flußseite später hinab, an manchen Stellen in einem Rutsch, an anderen in Stufen. 60 bis 80 Meter tief fällt das Wasser. Irgend jemand hat die vielen einzelnen Fälle gezählt und kam dabei auf sage und schreibe 275.

Nach einer Legende der Guarani-Indianer hat ein eifersüchtiger Waldgott das Flußbett einbrechen lassen, als er einen Krieger mit einem jungen Mädchen im Einbaum davonschwimmen sah. Das Mädchen fiel hinab und wurde zu einem Stein, der Krieger verwandelte sich in einen Baum, der oben an der Abbruchkante steht.

35 Kilometer nördlich der Iguaçu-Fälle wird der Paraná, in den der Iguaçu-Fluß mündet, durch den gewaltigen Itaipu-Damm zu einem riesigen, 1350 Quadratkilometer großen See gestaut. Itaipu ist derzeit das weltweit größte im Betrieb befindliche hydroelektrische Kraftwerk (in China arbeiten sie allerdings gerade daran, einen neuen Rekord zu setzen). Die Energie, die Itaipu erzeugt, etwa 90 Mio. Megawattstunden jährlich, teilen sich Paraguay und Brasilien

je zur Hälfte. Da Paraguays Anteil den Landesbedarf aber gleich neunfach decken würde, kauft Brasilien den Überschuß auf. Itaipu liefert 25% des gesamten Strombedarfs des riesigen Brasiliens.

Freilich gibt es bei derartig tiefgreifenden Eingriffen in die Natur ökologische Rückwirkungen. Durch den Stausee haben sich etwa die Anophelesmücken stark vermehrt, wodurch Malaria nun wieder ein Problem ist, nachdem dieses Gebiet schon fast malariafrei war. Auch Denguefieber hat sich inzwischen ausgebreitet. Weitere Auswirkungen werden sich wohl erst im Laufe der Zeit offenbaren.

Die Iguaçu-Wasserfälle

Ein paar Tage bevor ich mich endgültig aus Brasilien verabschiede, marschiere ich über die große Brücke, die sich über den Paraná spannt, nach Paraguay hinüber. In Ciudad del Este will ich vor allem schon einmal paraguayisches Geld abheben, um bei der Weiterfahrt dann mit dem bepackten Fahrrad zügig durch diesen berüchtigten Ort hindurchfahren zu können.

Foz do Iguaçu und Ciudad del Este sind durch die „Freundschaftsbrücke“ direkt miteinander verbunden. Weil beide Orte bis ans Flußufer reichen, macht es den Eindruck, als sei dies eine einzige

Stadt. Es gibt zwar Grenzposten, aber die Uniformierten kontrollieren den Paß nicht, wenn man sagt, daß man am selben Tag wieder zurückkehrt. Ein ganz neuartiges Gefühl von Freiheit, wenn ich da an einige Grenzen in Afrika und besonders im Nahen Osten zurückdenke.

Ebenso unglaublich, was dann am Geldautomaten passiert: Der elektronische Angestellte fragt mich, ob ich paraguayische Guarani oder US-Dollar haben will. Aus reiner Neugier bitte ich um 50 Dollar, und der Automat spuckt tatsächlich eine grüne Banknote aus. Auch das wäre in vielen Ländern Afrikas völlig undenkbar. Wo die Währungen schwach und nicht konvertierbar sind, kommt man überhaupt nicht an harte Devisen heran, in anderen Ländern muß man nachweisen, daß man ins Ausland reist. Dann bekommt man, abhängig von der Reisedauer, einen limitierten Betrag. Ein sehr eigenartiges Lehrbeispiel dazu war Äthiopien: In Addis Abeba wollte ich die 700 Dollar, die meine Mutter mitgebracht hatte, in Reiseschecks umtauschen. Denn wegen der häufigen Überfälle im Norden Kenias war es nicht unbedingt angeraten, dort mit einem derart hohen Barbetrag aufzutauchen. Mit ein bis zwei Prozent Gebühren beim Kauf der Schecks hatte ich gerechnet, aber nicht damit, daß das Geld zunächst in äthiopische Birr gewechselt werden mußte. Für die Birr, so sagte die Dame am Bankschalter, könne ich dann Dollar-Reiseschecks kaufen – natürlich zum ungünstigeren Rückwechselkurs. Allerdings bräuchte ich dafür ein Flugticket, um nachzuweisen, daß ich eine Auslandsreise mache. Daß ich die Dollars bereits in der Hand hielt, spielte dabei überhaupt keine Rolle.

„Ich fliege aber nicht", sagte ich zu der Dame, „sondern reise überland."

„Wohin denn?"

„Nach Kenia."

„Überland nach Kenia? Nach Kenia fliegt man doch!"

„Äthiopien und Kenia haben einen offiziellen Grenzposten bei Moyale."

„Ich darf Ihnen aber nur Dollars verkaufen, wenn Sie mir ein Flugticket vorlegen."

Zufälligerweise war am gleichen Tag ein Bericht über meine Reise in einer äthiopischen Zeitung erschienen. Nach einigen längeren Telefongesprächen akzeptierte die Angestellte diesen Artikel als Nachweis dafür, daß ich nach Kenia ausreise. Um den unsinnigen Umtausch Dollar – Birr – Dollar kam ich aber nicht herum. Das bedeutete einen Verlust von immerhin 50 Dollar.

Ein Tukan im angeregten Gespräch mit einem Besucher des Vogelparks bei Iguaçu

Ciudad del Este hieß bis 1989 „Puerto Presidente Stroessner“. Nach dem Sturz Alfredo Stroessners, der das Land 35 Jahre lang diktatorisch regierte, beeilte man sich, die Stadt umzubenennen. Stroessner war ins Exil nach Brasilien geflohen, wo er inzwischen alt und gebrechlich geworden ist.

In Ciudad del Este herrscht ein quirliges Gewimmel in engen Gassen, in denen sich ein Elektronikgeschäft an das andere reiht. Der Ort erinnert an Bilder fernöstlicher Städte. Das „Wall Street Journal“ spricht von 15.000 Geschäften in 20 Häuserblöcken, der Umsatz wird auf 55 Milliarden US$ jährlich geschätzt. Hunderte Brasilianer reisen täglich mit Bussen und Taxis zum Shopping ein. Über die Freundschaftsbrücke bewegt sich eine nicht abreißende Kolonne von Männern, die mit großen Kartons auf dem gebeugten Rücken zwischen Paraguay und Brasilien pendeln. „Contrabando hormiga“ wird das Ganze treffend genannt – Ameisenschmuggel. Die Zöllner unterbinden ihn offenbar deswegen nicht, weil für sie immer ein paar Scheine abfallen.

Auf Drängen der Vereinigten Staaten werden in den Häuservierteln dieser Stadt auch immer wieder Fälscherwerkstätten ausgehoben, die beispielsweise massenweise Raubkopien von CDs herstellen. Viele dieser „Unternehmen" seien in arabischer Hand, heißt es. Die USA sind sich sicher, daß es einen massiven Geldfluß aus Ciudad del Este zu orientalischen Terrorgruppen gibt.

Zwei Tage nach der Stippvisite sage ich „até logo, Brasil". Paraguay wartet. Ein Land, bei dem man auch in der Zeit nach der Stroessner-Herrschaft an „Korruption" und „Bananenrepublik" denkt. War Ciudad del Este nur der Vorgeschmack?

AUSGEWANDERT

Einige Kilometer hinter der Grenze steht am Straßenrand das Schild „Christels Deli – Deutsche Wurst". Deli scheint für Delikatessen zu stehen. Neugierig gehe ich in den kleinen Laden, und der Herr hinter der Theke spricht tatsächlich Deutsch.

Rolf stammt aus Österreich, Christel aus der Nähe von Frankfurt. Die beiden sind seit acht Jahren in Paraguay. Nach längeren Reisen durch die Welt seien für sie nur die Philippinen oder Paraguay zum Auswandern in Frage gekommen, sagt Rolf. „Paraguay hat den Vorteil, daß es hier überhaupt nichts Besonderes gibt", meint er. „Und wenn eine Revolution kommt, dann trotzdem nicht ohne Wissen der USA. So eine Revolution wird dann nicht so schlimm ausfallen."

Die beiden laden mich zum Mittagessen zu sich nach Hause ein. Es gibt eine deftige Kartoffelsuppe und zum Nachtisch Apfelstrudel. Ebenfalls zu Gast ist Hanna, die mit ihrem Mann Wolfgang 30 Kilometer weiter westlich wohnt. Sie lädt mich ein, bei ihnen zu übernachten. Das wird ein kurzer Radeltag: gerade mal 50 Kilometer. Aber ich genieße die nette Gesellschaft.

Wolfgang und Hanna sind 1985 nach Paraguay ausgewandert. Sie haben damals in Memmingen ihre Sachen zusammengepackt und dann ein Schiff nach Südamerika bestiegen. Fliegen wollten sie nicht. „Auswandern sollte man mit dem Schiff", sagt Wolfgang.

Seit sie in Paraguay leben, sind sie nicht ein einziges Mal wieder in Deutschland gewesen. Vor allem Wolfgang trauert seinem

Heimatland keine Träne nach. Er hatte eine schwere Kindheit, in der er als Kriegswaise bei seinen Verwandten herumgereicht wurde, bis jeweils der Hausbau-Steuervorteil ausgeschöpft war, den er ihnen einbrachte. Nach vielen Jahren in Bundeswehruniform schied er im Unfrieden aus. Die Beteiligung an einem Beerdigungsunternehmen endete mit einer Bauchlandung, weil sein Partner eine Bestattung verschlief und die Leiche nicht rechtzeitig zur Trauerfeier ablieferte. Dann arbeitete Wolfgang als Reisebusfahrer, aber ein Bandscheibenschaden machte ihn berufsunfähig. Nach zwei Jahren warf ihn die Versicherung raus, weil er sich einer riskanten Rückenoperation nicht unterziehen wollte. „Diese Bürokratie ...! Da hatte ich die Schnauze einfach voll."

In Paraguay besaßen Hanna und Wolfgang viele Jahre lang eine Farm, doch nach einem schweren Raubüberfall, bei dem ihnen fast alles genommen wurde, was fortzutragen war, entschlossen sie sich, in die „Kolonie Iguazu" zu ziehen. Diese Siedlung wurde 1960 von Japanern gegründet. Hier leben sie in einer bescheidenen Holzhütte ein einfaches Leben. Hanna trägt mit ihrer kleinen Massagepraxis den Großteil zum Unterhalt bei.

Raub, Mord, Betrug, Diebstahl und insbesondere Korruption – das alles ist an der Tagesordnung in Paraguay. Wirft man einen Blick in die Zeitung, fällt der verharmlosende bis zynische Ton auf. Mörder werden als „Bösewichte" oder „Übeltäter" bezeichnet. Über korrupte Politiker wird berichtet wie über harmlose Parksünder. Fatalismus schwebt über allen Berichten. Die Aussagen eines angeblich überfallenen Bankdirektors werden sämtlich im Konjunktiv vorgebracht; der Bericht schließt mit dem Hinweis auf das „Pittoreske", daß die teetrinkenden Wachbeamten vor der Tür von dem Überfall nichts bemerkt haben wollen.

In einer Anzeige wird gefragt: „Haben Sie Probleme mit regelmäßigem Viehdiebstahl? Wir helfen Ihnen weiter." Es ist eine rhetorische Frage, denn Probleme mit Viehdiebstahl hat praktisch jeder Farmer. Der Südafrikaner John wird mir am nächsten Tag sein Leid diesbezüglich klagen. Nach elf Jahren in Paraguay ist er nahe daran, in seine Heimat zurückzukehren. „Manchmal schlachten die Diebe die Rinder gleich auf der Wiese und nehmen nur das Fleisch mit", erzählt er. „Und auch die Korruption kann einen hier mürbe machen. Das ganze Land wird von fünf Familien kontrolliert."

Bezeichnenderweise handelt auch die Kurzgeschichte in der Zeitung von einem Überfall: Während zwei Maskierte das Haus einer alten Dame ausräumen, die sie mit dem Revolver in Schach halten, klingelt das Telefon. Aus Furcht, der Anrufer könnte persönlich aufkreuzen, erlauben sie der Oma unter strengen Auflagen, das Gespräch anzunehmen. Doch Oma gelingt es, codiert die Situation zu schildern, und so wird es der Polizei im Happy End möglich, die Verbrecher zu überwältigen.

Hier gibt es Ham-, Cheese- und Coburger

Morgens um kurz nach sechs Uhr weckt mich deutsche Volksmusik. Die Bananenstauden und Papayabäume vor dem Fenster sind aber echt. Wolfgang holt sich Deutschland über den Weltempfänger nach Paraguay. Ein bißchen Heimweh also vielleicht doch? – Der Abschied fällt sehr herzlich aus. Wolfgang hat mehrfach wiederholt: „So etwas wie du hätte ich auch gern mal gemacht."

40 Kilometer weiter leuchtet in der warmen Morgensonne die Imbißstube „Frankonia", die gerade in diesen Minuten öffnet. Reinhold Emmert aus Coburg wohnt auch schon über 20 Jahre in

Paraguay. Neulich ist er zum ersten Mal seit 16 Jahren wieder in Deutschland gewesen.

„Und – wie war's?"

„Naja, die Leute haben sich doch sehr verändert."

„Inwiefern?"

„Sie sind so ernst geworden. Viele scheinen Existenzangst zu haben. Aber gleichzeitig unterwerfen sie sich dem Konsumterror. Zeit haben sie auch nicht. Eine Stunde freuen sie sich über deine Anwesenheit, doch dann beginnen sie, nervös auf die Uhr zu schauen."

Die provinziell wirkende Hauptstadt Asunción liegt am Ostufer des Paraguay-Flusses. 600.000 Menschen leben hier auf weiter Fläche. Ganz Paraguay zählt nur gut fünf Millionen Einwohner, obwohl das Land größer ist als die Bundesrepublik.

Westlich des Flusses breitet sich der Grand Chaco aus, eine weite, steppenartige Landschaft, die sich von Nordargentinien über den Nordwesten Paraguays bis nach Bolivien und Brasilien zieht. Die Lebensbedingungen sind im Chaco nicht leicht, weil Regen sehr unregelmäßig fällt. Ursprünglich wollte ich durch den paraguayischen Teil dieser Steppe, in der viele Mennoniten den schweren Bedingungen trotzen, direkt nach Bolivien weiterfahren. Aber die letzten 400 Kilometer auf dieser Route sind nach den Schilderungen, die ich bisher aufschnappte, tiefe Sandpiste, auf der das Fahrrad einsinken würde. So werde ich also einen Umweg durch Argentinien machen, da die Straße dort durchasphaltiert ist.

Die große Brücke von Asunción über den Paraguay-Fluß direkt nach Argentinien, die auf meiner Landkarte so logisch aussieht, existiert nicht. Die Kartographen haben eine breite, fette Hauptstraße eingezeichnet, wo tatsächlich nur Ufergestrüpp ist. 20 Kilometer nördlich gibt es wirklich eine Brücke – die einzige weit und breit. Auf der anderen Seite fährt man dann wieder 20 Kilometer nach Süden zur argentinischen Grenze.

Der Grenzübertritt ist hier so problemlos wie der zwischen Brasilien und Paraguay. Ich brauche kaum vom Fahrrad abzusteigen, denn man reicht den Paß direkt von der Straße zunächst bei den Paraguayern und dann bei den Argentiniern durch ein Schalterfenster. Langsam lege ich die Angst vor Landesgrenzen ab, die mir Afrika anerzogen hat.

Hinter dem Grenzort Clorinda weist eine in den argentinischen Nationalfarben Blau-Weiß gehaltene Tafel darauf hin, daß „Las Malvinas" – die Falkland-Inseln – zu Argentinien gehören. Ich werd's mir merken.

Dann geht es hundert Kilometer ohne ein einziges Dorf schnurgerade nach Formosa. 37 Grad heißer Nordostwind schiebt mich in weniger als vier Stunden dorthin.

Mit dem Wechsel über die große Brücke auf die Westseite des Paraguay-Flusses hat sich das Landschaftsbild völlig verändert. Vorher war es hügelig, es gab viele Wälder, das Land war fruchtbar. Nun ist die Umgebung so eben wie der Boden einer nagelneuen Bratpfanne, der Horizont ist weit, und obwohl es Bachläufe und sumpfige Stellen gibt, machen die vielen Palmen hier einen durstigen Eindruck. Die Blätter in den Kronen sind hellgrün, am Halskragen sind sie vertrocknet.

Bei Formosa biege ich rechts ab auf die 700 Kilometer lange Gerade durch den argentinischen Teil des Chaco. Parallel zu der Route durch Paraguay. „Durchasphaltiert", hatte bisher jeder gesagt, den ich zum Straßenzustand befragt hatte. Deshalb ja dieser Umweg.

Am ersten Polizeiposten sagt man mir jedoch, daß der Asphalt nach rund 200 Kilometern endet. Danach folgten 200 Kilometer Erdstraße, die zum Teil auch sehr sandig sei. Gerade den Sand wollte ich doch meiden. Andere Leute sprechen von 300 Kilometern. Ich frage nun bei jeder Gelegenheit. Die Längenangabe schwankt zwischen 130 und 400 Kilometern.

An dem Morgen, an dem ich die Piste erreiche, ziehen Wolken auf. Der Wind hat auf Südost gedreht und bringt kühlere Luft. Das Thermometer hört bei 32 Grad auf zu klettern. Die Wolken halte ich an diesem Tag für einen Segen. An Regen glaube ich einfach nicht, denn auf dem Weg nach Westen wurde das Land immer trockener. Kakteen und andere Sukkulenten wachsen hier in kleinen Wäldern. Wenn es regnet, dann sind es bestimmt nur kurze Schauer. Überhaupt keine Gedanken mache ich mir darüber, was heftiger Regen aus dieser Piste machen kann.

FESTGEFAHREN

Der große Regen kam am Spätnachmittag. Die dunklen Wolken hatten sich zusammengeschoben und eine schwarze Decke über der Steppe gebildet. Es dämmerte zwei Stunden vor der Zeit. Dann prasselten fette Regentropfen auf die bis dahin betonharte Lehmpiste, drangen in sie ein und weichten sie auf, bis sich der Beton in Pudding verwandelt hatte.

Kurz vor diesem Wolkenbruch bin ich in dem Dörfchen Laguna Yema angekommen und habe dort Unterkunft in der einzigen Herberge gefunden. Sie ist namenlos, kein Schild macht darauf aufmerksam, daß hier kleine Zimmerchen vermietet werden. Man fragt die Einheimischen, und die weisen den Weg.

Als ich mich nach dem Regen auf der Puddingpiste in das 500 Meter entfernte Restaurant bewege, ist es mehr ein Schlittern als ein Gehen. Mehrmals sitze ich schon fast mit dem Hosenboden im Schlamm, kann mich aber jedesmal im letzten Moment noch fangen. Der Boden ist seifenglatt.

In der Nacht regnet es wieder lange und heftig, doch der Morgen gibt sich freundlich. Zwei Stunden nach Sonnenaufgang sieht es so aus, als sei die Piste so weit abgetrocknet, daß sie wieder befahrbar ist.

Das Fahrrad bringt mich an diesem Tag genau 460 Meter weit. Am Ortsausgang gerate ich im Schatten eines Baumes auf einen feuchten Abschnitt, dessen klebriger Lehm die Räder von einem Meter auf den nächsten blockiert. Die Piste ist an dieser Stelle wieder so schmierig, daß man kaum stehen kann; bei jedem Versuch, einen Schritt zu machen, wachse ich durch den Lehm, der sich unter den Sohlen aufbaut, um einen Zentimeter.

Es dauert fünf Minuten, bis das blockierte Fahrrad von der Piste gebracht ist – fünfundfünfzig Kilo, so mobil wie ein Steinquader, den man mit Rollschuhen an den Füßen forttragen soll. Nach einer halbstündigen Reinigung drehen sich die Räder wieder. Weiterzufahren hat überhaupt keinen Zweck, denn weite Teile der schnurgeraden Piste liegen noch im Schatten der Büsche und Bäume. Frustriert schiebe ich das Fahrrad zum „Hotel" zurück.

Gegen Mittag rollen wieder einige Autos durch den Ort. Jetzt noch aufzubrechen, ist mir jedoch zu riskant, da von Südosten schon wieder dunkle Wolken aufziehen. Zwischen den Ortschaften liegen im Chaco manchmal 60 Kilometer; wenn mich heftiger Regen auf offener Strecke mattsetzt, bin ich dazu verdammt, tagelang im Busch zu campieren, ohne Hoffnung, daß ein einziges Fahrzeug vorbeikommt.

Die Entscheidung, nicht weiterzufahren, war gut. Am Nachmittag öffnet der Himmel erneut seine Schleusen. Die Piste im Dorf verwandelt sich in eine noch tiefere Schlammbahn als am Vortag. Am Ortseingang rutscht der Anhänger eines Lasters von der Fahrbahn. Auch der Fahrer kann jetzt nichts anderes tun, als auf bessere Zeiten zu warten.

Es regnet die ganze Nacht hindurch und auch noch am Morgen. Einen weiteren Tag sitze ich in Laguna Yema fest. Kein Auto fährt mehr, kein Lastwagen.

Aber da sind doch die Eisenbahngleise, die parallel zur Piste verlaufen! Zwar hat mich noch kein einziger Zug überholt, aber wenn er wöchentlich fährt, müßte er bald vorbeikommen.

Beim Tankwart, mit dem ich mich gestern schon eine Weile unterhalten habe, frage ich nach dem Zug. „Er kommt heute nacht", sagt er, „so gegen neun Uhr." – „Wie lange hält er hier? Ist genügend Zeit, die Sachen aus dem Hotel zu holen, oder muß ich am Bahnsteig warten?" – „Der Zug hält nur kurz in Laguna Yema. Vielleicht fünf Minuten." Also werde ich im Dunkeln am Bahnsteig ausharren müssen.

Auf dem Weg über die Gleise zum Bahnhofsgebäude wundere ich mich, daß überhaupt noch Züge fahren. Die Gleise sind streckenweise überwuchert, der Backsteinbau sieht ziemlich heruntergekommen aus. Sämtliche Türen und Fenster sind verschlossen. Ein Mann, der in einer kleinen Hütte neben dem Bahnhof wohnt, behauptet denn auch, seit Jahren hier keinen Zug mehr gesehen zu haben.

Aussage gegen Aussage. Die nun folgende Volksbefragung in Laguna Yema ergibt eindeutig, daß die Bahnstrecke seit vielen Jahren stillgelegt ist. Der Tankwart hat mit grandioser Glaubwürdigkeit phantasiert. Das kann jedoch kaum an den Coca-Blättern liegen, die er gekaut hat. Coca-Blätter machen widerstandsfähig und apathisch, aber nicht zum erfinderischen Märchenerzähler.

Die Eisenbahn hätte die einzige Möglichkeit geboten, bei anhaltendem Regen hier auszubrechen. Kein Zug – kein Entkommen. Ich muß warten. Warten darauf, daß die Piste abtrocknet. Und wenn es in der Nacht wieder regnet, bedeutet das einen weiteren Tag des Wartens. Die Nacht bleibt trocken. Die geschlossene Wolkendecke am Morgen scheint dünn zu sein. Zögernd breche ich auf. Die Angst, im Busch vom Regen überrascht zu werden, sitzt mir jedoch im Nacken.

Nach zwei Tagen Zwangsaufenthalt endlich wieder auf der Piste

Obwohl es auf lange Distanzen keine Ortschaften gibt und auch keine Estancias am Wegrand zu sehen sind, wandern viele Haustiere auf der Piste herum: Rinder, Esel, Pferde, Schweine, Schafe und Ziegen. Man muß sich fragen, wo wohl ihre Heimat ist und wie sie zurückfinden. Witzig anzusehen sind die *palos borrachos,* dickbäuchige Bäume, die hier und dort neben der Piste stehen und auch in den Dörfern oft die Straßen säumen. Sie sehen aus, als hätten sie ihre letzte Mahlzeit noch nicht ganz hinuntergeschluckt und erinnern ein wenig an die Baobabs und Flaschenbäume in

Afrika. Gemeinsam ist allen die Fähigkeit, große Mengen Wasser zu speichern, um die langen Trockenzeiten zu überstehen.

Die wenigen Orte im Chaco sind allesamt verschlafen. Die Hauptstraße ist meist ausgebaut zu einer vierspurigen Chaussee, auf der sich allerdings nur selten mal ein Auto blicken läßt. In der glühendheißen Mittagszeit sind diese Dörfer vollkommen ausgestorben, es laufen höchstens ein paar Schweine schnüffelnd über die Straße.

Von der schweren Wirtschaftskrise, in die Argentinien Weihnachten 2001 schlitterte, ist in dieser abgelegenen Gegend wenig zu spüren. Natürlich klagen die Leute auch hier darüber, daß sie nur noch beschränkten Zugriff auf ihre Konten haben. Jahrelang war der Peso künstlich in Parität zum US-Dollar gehalten worden, bis dann zum Jahresende die Illusion von der starken Währung zerplatzte. In nur drei Monaten sank der Wert des Pesos gegenüber dem Dollar auf ein Drittel. Dollar-Konten wurden unmittelbar nach dem Zusammenbruch bis auf weiteres gesperrt, Pesos darf man nur noch limitiert abheben.

Wer jedoch – wie die Bevölkerung im Chaco – wenig mit Importen zu tun hat und nur in Pesos rechnet, den trifft der Wertverfall gegenüber den ausländischen Währungen nicht so sehr. Ganz anders ist es im kosmopolitischen Buenos Aires, wo es im Zusammenhang mit der Wirtschaftskrise zu schweren Ausschreitungen und Plünderungen kam.

Nach zwei Tagen erreiche ich wieder die Asphaltstraße, ohne daß es noch einmal geregnet hat. Bald darauf werden in der Ferne die Ausläufer der Anden sichtbar. Rund tausend Kilometer führte der Weg durch eine heiße, endlos flache Tiefebene, und nun steigen dort im Westen diese mächtigen Berge mit Schneegipfeln über 6000 Meter auf.

Da die Regenzeit in Bolivien noch etwa einen Monat lang andauert, entscheide ich mich nach den Erfahrungen der letzten Tage für den weiten Umweg am Fuße der Anden entlang nach Santa Cruz, anstatt La Paz auf der Piste über Potosi anzusteuern. Bis auf einen Abschnitt von 120 Kilometern ist die Route über Santa Cruz asphaltiert. Der unbefestigte Abschnitt hat es allerdings noch einmal in sich: Er ist so stark versandet, daß die Tagesleistung auf 70 Kilometer absinkt. Am zweiten Tag muß ich das Fahrrad 20 Kilometer durch den Sand schieben.

Bei Santa Cruz dann der Abschied aus dem glühenden Tiefland. In den letzten Monaten habe ich die Sonne gehaßt. Es waren nur die Regentage, an denen sie mich nicht quälte. Jetzt geht es hinauf in die kalten Andenregionen. Schon in wenigen Tagen wird die Sonne wieder eine gern gesehene Freundin sein.

ZU GAST IM KNAST

Westlich von Cochabamba, das, 2600 Meter über dem Meer gelegen, sich eines gemäßigten Andenklimas erfreut, beginnt der zweite Abschnitt auf dem Weg hinauf in die Kordilleren. Zunächst steigt die Straße in langgezogenen Kurven recht sanft an. Bei 3200 Metern Höhe führt sie durch ein Dorf mit ein paar Steinhütten und einer kleinen Schule. Hier und dort stehen Bäume, auch sonst ist es noch erstaunlich grün für diese Höhe.

Der Anstieg wird nun steiler. Die Luft ist unterdessen merklich dünner geworden, so daß ich gelegentlich zum Verschnaufen anhalten muß. Bei 3700 Metern lockt ein einsames Restaurant am Straßenrand zu einer ausgiebigeren Pause. Nach dem Absteigen merke ich, daß der Körper leicht schwankt. Während ich eine Suppe mit eigenartigen schwarzen, kastanienkleinen, harten Kartoffeln löffele, macht sich auch die allgemeine Kälte bemerkbar. Es wird Zeit, die lange Trainingshose wieder aus den Packtaschen zu ziehen.

Und weiter geht es aufwärts. Ich hatte erwartet, daß sich der Aufstieg zum Altiplano, der 3500–4000 Meter hoch gelegenen Andenebene, über eine längere Strecke und damit über mehrere Tage hinzieht. Nun bereitet mir der plötzliche Höhenunterschied im wahren Sinne Kopfschmerzen. Das Pochen im Kopf wird immer stärker, mir ist etwas schwindlig, es stellen sich sogar leichte Bewußtseinsstörungen ein.

Auf 4100 Metern taucht in einer kleinen Ebene ein Dorf mit dem afrikanisch klingenden Namen Pongo auf. Nur wenige Menschen sind auf der Straße zu sehen. Ein freundlicher Bolivianer, eingepackt in einen dicken Anorak und mit einer langgezogenen bunten Ohrenklappenmütze auf dem Kopf, winkt mich zu sich heran. Er hat meine Gedanken gelesen. Eine sichere Unterkunft, sagt er, gebe es in der großen Kirche am Ortseingang – beim „Padre“.

Der Padre ist ein Italiener, ein attraktiver Mittdreißiger, der seit fünf Jahren in Pongo lebt. Er sieht so verdammt gut aus, daß sich die Frage aufdrängt, was ihn hierher verschlagen hat. Ob er wohl – wie einst Luther – in schwerer Gefahr ein Gelübde abgelegt hat und es nun in diesem abgelegenen Winkel der Erde erfüllt?

Der Padre weist mir ein Bett in einem kleinen Schlafsaal zu. Statt einer Heizung gibt es dort nur Unmengen von Wolldecken. Auch im Restaurant am jenseitigen Ende des Ortes heizen sie nicht. Die zwei anderen Gäste sitzen dick eingemummelt vor ihren Suppen. Die grob gezimmerte Eingangstür steht die ganze Zeit offen.

Am Morgen ist es in meinem Schlafraum gerade noch acht Grad warm. Draußen herrschte in der Nacht Frost. Die ersten Menschen, die mir an diesem Tag begegnen, sind zwei Frauen, die ein paar Schafe vor sich hertreiben. Sie tragen aus alten Autoreifen gefertigte Sandalen, wie sie auch in Afrika verbreitet sind. Strümpfe haben die beiden trotz der Kälte nicht an.

Vor der Weiterfahrt habe ich dem Padre 20 Bolivianos in einem Umschlag mit der Aufschrift „Für die Kirche“ unter der Tür hindurchgeschoben. Jetzt frage ich mich, ob er es wohl richtig verstehen wird oder ob nicht besser gewesen wäre: „Für die Projekte der Kirche“. Das Kirchengebäude ist nämlich schon gigantisch genug.

Auch dieser Tag wird eisenhart. Hinter Pongo verschenkt die Straße gewonnene Höhe wieder; nach der steilen Abfahrt geht es erneut weit bergauf, dann wieder etwas abwärts und abermals bergauf. Ständiges Auf und Ab. 100 Höhenmeter in dieser dünnen Luft nehmen mehr Atem als 400 in den Alpen. Der höchste Paß an diesem Tag liegt 4500 Meter über dem Meer. Dahinter geht es in weiten Kurven hinunter ins Altiplano.

Die Regenzeit ist noch nicht ganz vorüber. Es tröpfelt zwar nur selten, aber die meiste Zeit ist der Himmel verhangen. Weite Teile der steinigen Hochebene sind mit Grasbüscheln bewachsen, an denen sich Schafe und Lamas gütlich tun. Voluminöse Frauen mit weiten Röcken, Wollpullovern und Melonenhüten über zwei langen schwarzen Zöpfen scheuchen die Tiere von hier nach dort und von dort nach hier. In der Hand schwingen sie Steinschleudern, die ihnen auch als Peitschen dienen.

Weiter im Westen, auf dem Weg nach La Paz, mehren sich Kartoffelfelder. Die Anden sind die Heimat der kultivierten Kartoffel. Es ist gerade Erntezeit, Männer und Frauen erledigen die Arbeit per Hand. Wo immer ich vorüberfahre, winkt man freundlich von den Feldern zurück, wenn ich als erster die Hand zum Gruß erhebe.

Verschiedene Erzählungen – mündliche und schriftliche – hatten in mir die Vorstellung erweckt, daß praktisch jeder Hochlandbewohner ständig Cocablätter in der Backe stecken hat. So wie im Jemen tatsächlich fast jeder Mann ab den Mittagsstunden Qat kaut. Den Qat- wie den Cocablättern wird nachgesagt, daß sie das Hungergefühl dämpfen und schwere, monotone Arbeit erträglicher machen. Cocablätter sollen auch der Höhenkrankheit vorbeugen. Doch Coca-kauende Menschen begegnen mir nur selten.

La Paz ist recht sonderbar gelegen. Während man sich der Millionenstadt auf dem Altiplano nähert, sieht man lange Zeit nichts als die schmuddeligen Häuser der Vorstadt El Alto. Man fährt weiter, die Straßen von El Alto werden breiter, die Gebäude aber nicht schöner, und dann plötzlich tut sich ein tiefes Loch auf. Und darin liegt La Paz. In einem vierhundert Meter tiefen Talkessel, der von der Sohle bis hinauf zum Rand ausgekleidet ist mit dicht aneinandergesetzten Flachdach-Häusern.

Im Zentrum von La Paz gibt es etwas äußerst Kurioses: das San Pedro-Gefängnis, das fremden Besuchern offensteht wie ein Museum oder eine Kunstausstellung. Dieses Gefängnis hat die Größe eines Häuserblockes. Außen ist es natürlich umgeben von hohen Mauern und zudem bewacht von zahllosen Polizisten. Innen ist es ein kleines Dorf in der Stadt. Und nicht ein einziger Aufseher läßt sich dort drinnen blicken.

Die Führung durch das Gefängnis übernimmt einer der Gefangenen. In meinem Fall ist es William, der seit acht Jahren wegen Drogenschmuggels einsitzt. In sechs Monaten soll er entlassen werden, danach will er in seine Heimatstadt Santa Cruz zurückkehren. Zu unserem Schutz – es gibt hier neben den vielen Drogenstraftätern auch eine ganze Reihe von Mördern – folgt ein paar Schritte hinter uns ein Leibwächter, ebenfalls ein Gefangener. William meint jedoch, daß in San Pedro noch nie einem Besucher etwas passiert sei.

Zunächst kommen wir an einer kleinen Kirche vorbei. Dann führt mich William in das erste von sieben „Vierteln". Es ist quasi der Innenhof eines kleinen Häuserkarrees mit einem Mini-Restaurant, in dem man auch alkoholische Getränke bestellen kann. Um den Hof herum reihen sich in zwei Stockwerken die Zimmer der Gefangenen. Neulingen in diesem Gefängnis wird nicht etwa eine Zelle zugewiesen; sie kaufen sich statt dessen eines dieser Zimmer und verkaufen es dann wieder, wenn sie entlassen werden. In diesem nobelsten der sieben Viertel kostet ein Zimmer mehrere Tausend Dollar. Die Insassen leben wie in Studentenbuden und besitzen meist Fernseher und Computer.

Geld verdienen die Gefangenen auf unterschiedliche Weise. William partizipiert ja am offenbar lukrativen Geschäft mit den

Führungen. Andere stellen beispielsweise Spielzeug her, das Freunde außerhalb der Mauern auf dem Markt verkaufen. Dann gibt es die Restaurantbesitzer, Krämerläden und sogar einen Schreiner. Wer mittellos in San Pedro landet, kommt in einem Schlafsaal unter und wird auch kostenlos verpflegt. Als Gegenleistung muß er aber die Drecksarbeit machen: Toilettenreinigung und Müllentsorgung.

Wir marschieren durch alle Viertel, wobei das Niveau mehr und mehr absinkt. In einem Block haben sie statt des Hofes einen Fußballplatz von den Ausmaßen eines Handballfeldes. Es findet gerade ein Match zwischen zwei Knastmannschaften statt. „Oft genug empfangen wir aber auch Teams von draußen", erklärt William.

Bevor wir in das Viertel mit den ganz billigen Zimmern kommen, schließt sich uns ein zweiter Leibwächter mit Bud-Spencer-Figur an. Von den langen Fluchten führen rechts und links schmale Türen in kleine Zimmer, die wirklich nicht mehr sind als Zellen. Mit 150 Dollar Einkaufspreis ist dies der erste Schritt aus dem Gemeinschaftsraum für die Mittellosen. Einer der Zellenbewohner stellt wie am Fließband kleine Papageien aus leuchtendgrünem Kunststoff her.

Kurz darauf führen mich die drei zu einem kleinen abgelegenen Raum, wo ich das vereinbarte Eintrittsgeld bezahlen soll. Bud Spencer bleibt draußen; William und der dünnere Leibwächter schließen sich mit mir ein. Für ein paar Sekunden wird mir ein bißchen mulmig. Dann überreiche ich, wie ausgemacht, die stolze Summe von zehn Dollar. William betont, daß das nicht etwa alles an ihn gehe. Das glaube ich gern. Einen Teil werden sich die Leibwächter nehmen und den größten Anteil vermutlich die Polizisten draußen. Sie haben mich am Eingang nicht einmal durchsucht. So ist es wohl auch nicht allzu überraschend, daß es hier neben Alkohol auch harte Rauschmittel gibt. In einem der Gänge boten mir zwei Gefangene sogar Kokain an.

Nach einer Stunde ist unsere Tour zu Ende. Ich verlasse das Gefängnis wieder durch das große Haupttor. Wenn William nichts mehr anbrennen läßt, wird er in sechs Monaten den gleichen Weg gehen können.

LAGO TITICACA

Das Meerschweinchen sah aus, als sei es erst vor einer Viertelstunde von einem Auto überfahren worden: eine plattgedrückte Kreatur mit abgespreizten Ärmchen und Beinchen und vorn mit einem unversehrten dreidimensionalen Kopf. Und nach dem Unfall hatte man es auf den Grill geworfen. Genau so sah es aus.

Nun war es auf einem weißen Porzellanteller serviert worden. Während Manfred mit Messer, Gabel und Händen versuchte, das wenige Fleisch von den vielen kleinen Knochen zu zupfen, schaute der Meerschweinchenkopf mit den nadeldünnen Vorderzähnchen hinüber zu Hans. Man konnte sich leicht einbilden, daß der Blick vorwurfsvoll war. Als hätte *er* das Tier auf dem Gewissen. Ausgerechnet Hans, der mit einem panierten Fischfilet etwas bestellt hatte, was noch am wenigsten daran erinnerte, daß auch darin einmal Leben steckte. Roswitha und ich hatten Lama-Steaks auf dem Teller. Die sahen ebenfalls eher abstrakt aus. *Cuy,* Meerschweinchen, ist eine Spezialität im peruanischen Hochland. Die Tiere werden hier in jahrtausendealter Tradition gehalten wie bei uns Stallhasen. Im Geschmack ähnelt es Hähnchenfleisch.

Meine Freunde aus Erlangen sind wieder zu Besuch: Hans und seine Frau Roswitha und unser gemeinsamer Freund Manfred. Vor einem Jahr hatten wir uns bereits in Kenia getroffen. Diesmal sind die drei nach Lima geflogen und haben sich dann mit dem Bus nach Puno am Titicacasee vorgearbeitet, während ich in La Paz zur letzten Etappe dorthin startete.

Schaut man auf eine Übersichtskarte von Südamerika, kann man den Titicacasee kaum ausmachen – er verschwindet beinahe in der gewaltigen Landmasse des Kontinentes. Mit 8100 Quadratkilometern ist dieser See dennoch 14 mal so groß wie der Bodensee. 3800 Meter hoch gelegen, ist er einer der höchsten Seen der Erde, auf denen Schiffe verkehren.

Statt den direkten Weg von La Paz nach Puno zu nehmen, habe ich einen kleinen Umweg über zwei Halbinseln gewählt, die sich im Südosten des Sees gegenüberliegen. An der Engstelle zwischen diesen Halbinseln fahren eigenartige Wasserfahrzeuge hin und her, halb Floß, halb Boot, angetrieben von einfachen Außenbordmotoren. Diese Pontons transportieren sogar Lastwagen und Busse. Die Passagiere der Busse müssen allerdings für die Überfahrt in kleine Motorboote umsteigen. Warum, läßt sich nicht herausfinden. Sind die schwimmenden Plattformen vielleicht doch nicht ganz sicher? Ich darf jedenfalls bei meinem Fahrrad bleiben.

Zwei Radelstunden entfernt liegt am Westufer des Sees Copacabana, ein kleiner, aber bedeutender Wallfahrtsort, der dem weltberühmten Strand in Rio de Janeiro seinen Namen gab. In der wuchtigen Kathedrale ist die „Schwarze Madonna" zu Hause, eine von einem indigenen Künstler geschaffene und vom Vatikan 1925 gesegnete Figur.

Das Städtchen Copacabana ist auch der Ausgangspunkt für Bootstouren zur Isla del Sol, der Sonneninsel im Titicacasee. Der Legende nach ist sie die Geburtsstätte sowohl des Schöpfergottes Wiracocha als auch des ersten Inka, Manco Capac. Unter den Sehenswürdigkeiten gibt es neben einigen Inkaruinen den heiligen Felsen, dem Manco Capac entstammt. Die Bewohner der Insel führen ein einfaches, traditionelles Leben und nutzen zum Teil noch heute Anlagen der Inkas wie eingefaßte Quellen, Terrassen, angelegte Steinwege und Treppen.

Terrassen auf der Isla del Sol, im Hintergrunde die Isla de la Luna

Wenige Kilometer hinter Copacabana beginnt Peru. Im Dorf Yunguyo ist die Paßbehörde Boliviens so unscheinbar in einer Senke neben der Straße versteckt, daß ich an ihr glatt vorbeiradle. Der Weg führt durch ein altes Steintor hindurch. Daß man an dieser Stelle Bolivien verläßt, merke ich erst, als ich an einer Hauswand lese: „Bienvenidos a Perú – Willkommen in Peru!"

Da die Immigration der Peruaner noch geschlossen ist, fahre ich zurück, um die Dokumente doch noch mit einem bolivianischen Ausreisestempel in Ordnung zu bringen. Den Peruanern lege ich dann aber meinen neueren, zweiten Paß vor, weil der alte nur noch zweieinhalb Monate gültig ist. Generell werden in Südamerika sechs bis zwölf Monate Paßgültigkeit ab der Einreise verlangt. Die Beamten bestehen jedoch darauf, ihre Einträge in den Paß mit dem Bolivienstempel zu setzen. Entsprechend hatten es auch schon die Offiziellen am Übergang von Argentinien nach Bolivien gehalten. Aber bald läuft dieser Paß aus – irgendwann demnächst *muß* der Paßwechsel vollzogen werden!

Als ich das Grenzgebäude verlasse und zum Fahrrad zurückkehre, fragt mich ein zwölfjähriger Junge, der mit Bürsten und einem Lappen bewaffnet ist: „Darf ich Ihre Schuhe putzen?" Er fragt es tatsächlich auf Deutsch!

Der erste größere Ort in Peru ist Puno. Mit Roswitha, Hans und Manfred unternehme ich von hier aus noch eine Bootstour über den Titicacasee, die uns auch an den schwimmenden Inseln der Uros vorbeiführt. Das Volk der Uros denkt ganz und gar in Schilf. Die Menschen leben auf Schilfinseln, wohnen in Schilfhütten, fahren auf Schilfbooten, ernähren sich sogar von Schilf, genaugenommen vom Mark der Schilfpflanzen, das angeblich auch ihre Rheumaleiden lindert.

Um anderen Völkern aus dem Weg zu gehen, sind die Uros vor mehreren hundert Jahren auf den Titicacasee hinausgezogen. Sie bauen schwimmende Inseln, indem sie Schilf in vielen Lagen aufeinanderschichten. Trotz einer Dicke von bis zu zwei Metern gibt der Boden unter den Füßen merklich nach, man geht federnd wie auf einer Weichbodenmatte in der Turnhalle. Da das Schilf auf der Unterseite mit der Zeit wegmodert, muß oben ständig nachgelegt werden, in der Regenzeit bis zu dreimal im Monat. Auch die typischen Titicacasee-Schilfboote, für deren Bau zwei Mann sechs Wochen benötigen, halten nur eine begrenzte Zeit. Auf den Inseln leben rund 300 Uros dieses arbeitsreiche Leben in freiwilliger Abgeschiedenheit. Strom fließt seit kurzer Zeit aus privaten Solarzellen. Auf der Hauptinsel gibt es eine Schule, ein Gemeindehaus und ein Postamt.

Am Tag nach der Bootsfahrt reisen wir mit dem Bus nach Cuzco, zur alten Hauptstadt des Inkareiches. Von dort werden wir den klassischen Inka-Trail gehen.

Eine Frau vom Volk der Uros mit einem Schilfboot unterwegs zwischen zwei Schilfinseln

DIE RUINEN

Als ich Mitte der 80er Jahre als Werkstudent meine ersten Gehversuche bei Siemens unternahm, wurde es Hans aufgetragen, mich unter seine Fittiche zu nehmen. Besser hätte es gar nicht kommen können. Hans war nachsichtig, konnte motivieren und technische Sachverhalte gut vermitteln. Zudem war er immer bestens gelaunt. Und da auch er in seiner Freizeit viel im Freien unternahm, verbanden uns neben der Arbeit bald auch gemeinsame Outdoor-

Aktivitäten. Häufig verabredeten wir uns für die Wochenenden zu Bergwanderungen, Skilanglauf, Kajak- oder Fahrradtouren.

Während wir eines Tages im Büro in einer Computerzeitschrift blätterten, stießen wir auf eine Werbung, die ganzseitig das Bild von steinernen Ruinen auf einem grünen Hügel zeigte, der überragt war von einem markant kegelförmigen Berg. Ich hatte keinen Schimmer, was das wohl sein mochte, aber Hans sagte sofort: „Machu Picchu – in den peruanischen Anden." Daß wir auch dort einmal eine gemeinsame Trekking-Tour unternehmen würden, ahnten wir damals nicht.

17 Jahre später wandern wir nun zusammen mit Roswitha und Manfred auf den alten Pfaden der Inkas Machu Picchu entgegen. Vier Tage Trekking auf dem Weg, der diesen mystischen Ort mit der einstigen Inkahauptstadt Cuzco verbunden hat.

Der erste Tag ist eine recht gemütliche Etappe zum Einlaufen mit wenigen Steigungen in einer Höhe von etwa 3000 Metern. Die meiste Zeit führt der Pfad an kleinen Flüssen entlang, mitunter im Schatten von Büschen und Bäumen. Den Abend verbringen wir im Dörfchen Huayllabamba, das ganz auf die Wanderer eingestellt ist. Hier bekommen wir sogar noch einmal das gute Cusqueña-Bier in den unförmigen 1,1-Liter-Monsterflaschen.

Die Zahl der Wanderer scheint die der Dorfbewohner in dieser Nacht zu übersteigen. Es campieren drei Gruppen hier, etwa 45 Gäste. Leider darf man seit dem Juli 2001 den Inka-Trail nicht mehr selbstorganisiert unter die Füße nehmen, sondern muß die Tour mit Führern und Trägern über eine Agentur buchen. Offiziell heißt es, daß der Touristenstrom dadurch in Grenzen gehalten werden soll, da die vielen Wanderer der Natur in den letzten Jahren immer mehr Schaden zugefügt hätten. Behörden und Tour-Unternehmen freuen sich aber auch über die Mehreinnahmen – unter 160 US$ ist der viertägige Trek kaum zu kriegen.

So gemütlich der erste Tag war, so mühevoll wird der zweite. Direkt vom Camp weg geht es bergan zum 4200 Meter hoch gelegenen Warmiwanusca-Paß. Der Rio Llullucha bleibt tief unter uns zurück. Die Vegetation reduziert sich auf kleine Sträucher, schließlich auf spärliche Grasbüschel.

Nach Hause telefonieren ...

Vietnamesischer Heutransporter

MENSCHEN

Eine Frau vom Stamm der Hamer (Südäthiopien)

In Afrika ist man selten allein

Rechts: Muhamed, der Jemenit, hat mit dem Qatkauen gerade erst begonnen

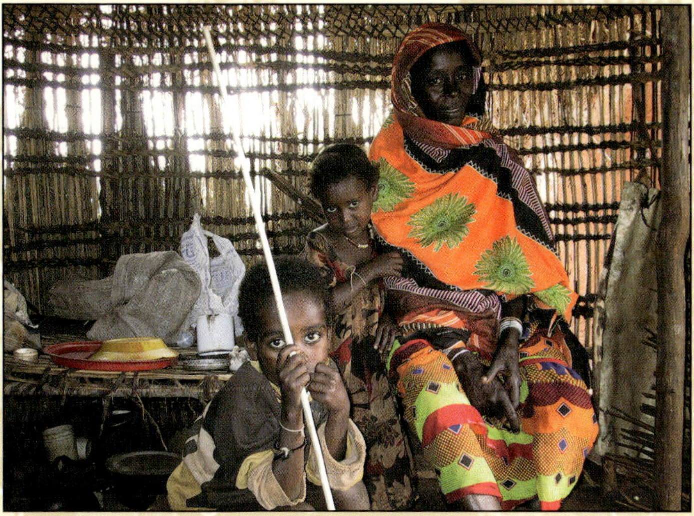

African Eyes

Mönch in Lalibela
(Äthiopien)

Kairo am frühen Morgen

Petra (Jordanien)

Mein Bruder Max begleitet mich durch Ostafrika

Max in Tanzania

Am Äquator in Kenia

Südafrika

Syrien

Peru

Namibia

Salzgewinnung auf dem Salar de Uyuni (Bolivien)

Tempelanlage auf Bali (Indonesien)

Auf dem Lake Chamo (Äthiopien)

Im jemenitischen Hochland

RECYCLING

Leere Getränkedosen finden beim Hausbau noch Verwendung (Botswana)

Aus abgefahrenen Autoreifen werden Sandalen (weltweit)

Deoroller zu Salzstreuern (Äthiopien)

Lastwagenfelgen zu
Kirchenglocken (Tanzania)

Geschoßhülsen zu
Wasserspendern (Äthiopien)

... und ein Blumentopf in Laos

MENSCHEN

Kambodscha

China

Afghanistan

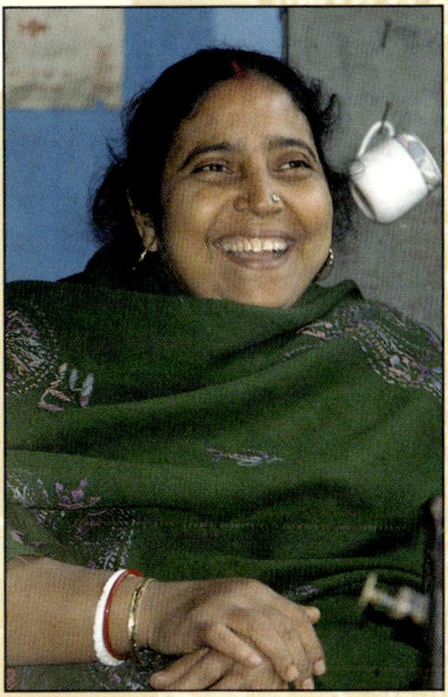

Indien

Afghanistan

STÄDTE

Singapur

San'a (Jemen)

Yazd (Iran)

Cuzco (Peru)

Durchs bolivianische Hochland

Am Malawisee

Die Luft wird spürbar dünner, auf den letzten 400 Höhenmetern kommt ein Atemzug auf zwei kurze Schritte. Unsere 14köpfige Gruppe zieht sich an diesem Tag weit auseinander. Am Abend blicken viele junge Mitwanderer respektvoll zu Hans und Roswitha hinüber, die als Gruppenälteste ganz vorne mitmarschierten.

Nach einer kalten Nacht auf 3700 Metern Höhe kommen wir am nächsten Tag wieder an einigen Ruinen aus der Inkazeit vorbei. Unterbeschäftigung kann es damals kaum gegeben haben, denn der Aufwand, mit dem man baute, war enorm. Kein Stein in einer Mauer gleicht dem anderen. Bei genauer Betrachtung entdeckt man hier und dort einen unregelmäßigen Steinblock mit zahllosen Kanten und unterschiedlichen Neigungswinkeln, der aber an allen Seiten flächig mit den Nachbarbausteinen abschließt. Das Ganze wirkt wie ein Puzzle. Der einfachste Weg wurde jedenfalls nicht gesucht. Und trotzdem bilden die Mauern in ihrer Gesamtheit glatte Flächen mit engsten Fugen zwischen den Steinen. Charakteristisch sind die leicht zur Innenseite geneigten Wände sowie trapezförmige Aussparungen in den Mauern, die zum Teil Fenster, zum Teil Nischen bilden.

Der Nachmittag führt uns durch Regenwald, der von den Wolken genährt wird, die aus den Flußtälern emporziehen. Links liegt das schluchtartige Tal des Rio Aobamba, abends erkennen wir, nachdem sich die Wolken verzogen haben, tief unter uns zwischen faltigen, grün überzogenen Bergen den Urubamba-Fluß.

Nach dem Abendessen an diesem vorletzten gemeinsamen Tag tritt unsere Reiseführerin vor die Gruppe, um uns auf die schwierige Situation der Träger hinzuweisen. Sie bekämen nur 15 Dollar Lohn für die vier Tage, und davon müßten sie sogar noch die Rückfahrt in ihr Dorf bezahlen. Sie bittet uns, ein großzügiges Trinkgeld zu sammeln. Amando, ein in Deutschland lebender Peruaner, der in unserer Gruppe mitwandert, bestätigt, daß die Träger skrupellos ausgebeutet werden. Es habe auch schon Streiks gegeben, aber die Tourenveranstalter müßten nur in andere Dörfer in der Umgebung gehen, um für ebenso wenig Geld neue Männer anzuheuern. Eine Gewerkschaft der Träger gibt es nicht, es herrscht das ungezügelte Gesetz von Angebot und Nachfrage.

Machu Picchu

Bei uns mischen sich Mitleid mit den Trägern und Wut auf die Veranstalter, die trotz der stolzen Summe, die sie für die Tour verlangen, das Personal hemmungslos unterbezahlen. Ein paar Tage später erklärt uns ein älterer Bergführer der ersten Stunde in Cuzco, die Agenturen müßten sich ihre Kontingente mit hohen Schmiergeldern bei den Behörden erkaufen.

Um zwei Uhr morgens stehen wir auf, da wir beim Sonnentor Inti Punku sein wollen, wenn Machu Picchu vom ersten Morgenlicht überflutet wird. Stundenlang geht es im Dunkeln Hunderte unebener Stufen hinab, ein nicht ganz ungefährliches Unternehmen, das aber schließlich mit dem unvergeßlichen ersten Blick auf die weit unten liegenden Ruinen belohnt wird. Die Stadt wirkt zu dieser frühen Stunde, als sei sie seit Jahrhunderten nicht betreten worden.

Wozu Machu Picchu einmal diente, warum es erbaut wurde, ist bis heute nicht geklärt. War es eine Hochschule für adelige Kinder? Oder ein Observatorium? Der Amerikaner Hiram Bingham hielt Machu Picchu für den Zufluchtsort der „Jungfrauen der Sonne". Sicher ist, daß die Stadt im 15. Jahrhundert entstand. Erst 1911 wurde sie von Bingham für die Weltöffentlichkeit wiederentdeckt.

Bis dahin wußten nur die Einheimischen aus der Umgebung von der Existenz der Ruinen, die vollkommen überwuchert waren. Die Feinheit, mit der die Mauern und Gebäude gearbeitet sind, weist jedenfalls darauf hin, daß dieser Ort eine sehr hohe Bedeutung für die Inkas hatte. Die spanischen Eroberer fanden ihn nie.

Nach der ausgiebigen Besichtigung der Gesamtanlage steigen wir die letzten 700 Höhenmeter hinab zum Ort Aguas Calientes, von wo uns am späten Nachmittag der Zug zurück nach Cuzco bringen soll. Die Bahnfahrt geht zunächst recht flott voran. Doch dann wird der Zug immer langsamer, offenbar, weil das Gleisbett nicht sonderlich stabil ist. Mal schaukelt der Waggon wie eine Kinderwiege, mal hoppelt er wie ein Rodeopferd. Besonders das schwere Schaukeln wird bisweilen besorgniserregend.

Längst ist es dunkel geworden, als der Zug in Poroy hält. Das Personal weist uns darauf hin, daß man hier in Taxis umsteigen könne, die nur 20 bis 30 Minuten nach Cuzco bräuchten. Fahrpreis pro Nase: zwei Dollar. Mit dem Zug seien es noch ein- bis eineinhalb Stunden. Wir entscheiden uns, auf der Schiene weiterzufahren, weil uns das ständige Zahlen und Nachzahlen langsam ärgert.

Bald hinter Poroy windet sich der Zug mit weiterhin schaukelnden Waggons in langen Kurven einen Berg hinauf. Plötzlich ein lautes, kreischendes Geräusch. Die Lok stoppt. Es hörte sich an, als habe sich ein Bremsbelag bei unserem Waggon festgefressen. Das Personal macht ein paar Hammerschläge am Chassis, danach geht die Fahrt weiter. Nun hört es sich nur noch so an, als schleiften die Bremsbeläge.

Endlich erreichen wir den Paß vor Cuzco und sehen unter uns das Lichtermeer der großen Stadt. Ein Anblick, den wir lange genießen dürfen, weil sich unsere Bummelbahn jetzt sehr behutsam wieder ins Tal hinunterarbeiten muß. Der Berg ist auf dieser Seite so steil, daß die Gleise nicht in Kurven nach unten geführt sind, sondern im Zickzack! Der Zug fährt in ganzer Länge vorwärts über eine Weiche hinweg, dann rückwärts auf dem anderen Gleis hinab bis zur nächsten Weiche, von wo es wieder vorwärts auf das nächste Gleis weitergeht. Bis wir im Bahnhof aussteigen können, vergeht noch einmal eine Stunde.

Ein paar Tage später verabschieden sich Manfred, Roswitha und Hans von mir. Über Santiago de Chile werden sie zurück nach Deutschland fliegen. Wieder stellt sich bei mir diese Katerstimmung ein – wie schon die anderen Male, wenn die Besuchszeit lieber Verwandter oder Freunde zu Ende ging. Ganz plötzlich kommt Einsamkeit hoch.

Es erscheint paradox: Würde ich nie Besuch haben auf dieser langen Reise, so würde ich mich auch nie allein fühlen. Einsamkeit verspüre ich nur, wenn die Freunde wieder gehen.

PANAMERICANA

„Peru – das ist doch nicht nur Inka und Machu Picchu!" Captain Carlos Alberto Saavedra del Carpio tut ein bißchen gekünstelt entsetzt. Er verliert auch nicht sein Lächeln, als er das sagt. Saavedra weiß ja genau, daß jeder Tourist in Peru weiß, daß es auch das Amazonasbecken gibt, den Colca-Canyon bei Arequipa, die Geoglyphen bei Nazca, den Titicacasee.

Sein Schiff *M/N Yavari* kennen allerdings wirklich nicht viele. Dabei ist es ein Kahn mit kurioser Vergangenheit und das erste Dampfschiff auf dem Titicacasee überhaupt – über 130 Jahre alt. Derzeit liegt die Yavari als Museumsschiff in der Bucht von Puno, wo sie gründlich restauriert wird. In zwei Jahren soll sie wieder fahrtüchtig sein und mit Touristen an Bord über den See tuckern.

Mitte des 19. Jahrhunderts kam die peruanische Regierung unter Präsident Ramon Castilla zu dem Schluß, daß man die Güter und Rohstoffe der Region um den Titicacasee besser verwerten müsse. Dabei dachte man vor allem an Metalle, Mineralien und Wolle. 1861 bestellte die Regierung in England zwei kleine Dampfschiffe, die auf dem Titicacasee kreuzen sollten, um die Produkte einzusammeln. Der Auftrag ging an die James Watt-Gießerei in Birmingham.

Da es zu der Zeit noch keine Eisenbahn von der peruanischen Küste hinauf ins Andenhochland gab, mußten die beiden Schiffe quasi als Baukasten geliefert werden, wobei kein Einzelteil mehr wiegen durfte, als ein Maultier tragen konnte. Am 15. Oktober 1862 ging im Hafen von Arica die „Mayola" vor Anker, nachdem sie das Kap Hoorn umrundet hatte. Arica war damals – rund 20 Jahre vor dem Salpeterkrieg – noch eine peruanische Hafenstadt (heute liegt sie auf chilenischem Territorium). Acht britische Ingenieure betraten das Land, und 2766 Einzelteile für die Schiffe „Yavari" und „Yapura" wurden abgeladen.

Den kurzen Weg nach Tacna reisten die Teile per Eisenbahn, danach ging es mit Mulikarawanen über mehr als 4000 Meter hohe Andenpässe weiter nach Puno. Wegen politischer Instabilität kam der Transport zwischenzeitlich zum Stehen, und erst 1869 erreichten genügend Teile den Titicacasee, daß man dort mit dem Zusammenbau der Yavari beginnen konnte.

Die Yavari lief schließlich Weihnachten 1870 vom Stapel, die Yapura folgte im Jahre 1873. Beide Schiffe sollten eigentlich Kohle verfeuern. Weil es in der Region keine gab, nahm man getrockneten Lamamist. Im Laufe ihres hundertjährigen Dienstes auf dem Titicacasee wurden auch einige Veränderungen an der Yavari vorgenommen. Die bedeutendsten waren eine Verlängerung des Rumpfes um zwölf Meter sowie 1914 der Einbau eines Vierzylinder-Dieselmotors anstelle der Zweizylinder-Dampfmaschine.

Das Schiff ging nach und nach durch die Hände mehrerer Eigentümer und landete 1972 bei der peruanischen Marine, die es aber im Hafen von Puno sich selbst überließ, nachdem die Navigationsinstrumente ausgebaut und in ein Museum in Arequipa gebracht worden waren.

Zehn Jahre später wurde das dahinrostende Schiff von einer Engländerin wiederentdeckt. Sie gründete die Organisation „The Yavari Project", eine Privatinitiative mit dem Ziel, das Schiff zu restaurieren und wieder auf dem Titicacasee einzusetzen. Captain Saavedra, der dem Team vorsteht, holte die Navigationsinstrumente aus Arequipa zurück. In zwei bis drei Jahren soll die Yavari in ihrem Zustand von 1914 hergestellt sein. Dann werden die ersten Passagiere ihre Kabinen beziehen, Saavedra wirft den alten Vierzylinder an und die „First Lady of the Lake" zieht wieder hinaus auf den weiten See.

Nach zweiwöchiger Radelpause schwinge ich mich in Puno wieder auf den Drahtesel. Die Straße zur Pazifikküste führt zunächst über eine 4500 Meter hoch gelegene, dünn besiedelte Ebene. Man radelt also auf der Gipfelhöhe des Matterhorns. Die Fahrt über diese Hochebene zieht sich zwei Tage hin, weitaus länger als ich kalkuliert habe. Wann kommt nur die Abfahrt nach Arequipa?

Die Straße fließt in leichten Windungen zwischen Hügeln hindurch auf den Horizont zu, hinter dem nichts als die Weite des Universums zu warten scheint. Als ginge es dem Ende der Welt entgegen, an den Rand der Erdscheibe, wo du aufpassen mußt, daß du nicht hinunterfällst. Links baut sich imposant der Vulkan El Misti auf. Er ähnelt dem Kilimanjaro, mit 5822 Metern ist er auch fast genauso hoch.

Dort, wo ich die Erdscheibenkante vermutet habe, beginnt dann doch die Abfahrt nach Arequipa. Zurück bleibt das steppenartige Grasbüschelhochland, die Straße führt hinunter in eine noch trockenere Wüstenlandschaft aus Sand und weißem, mitunter auch rötlich schimmerndem Fels. Von Arequipa geht es in mehreren weiteren Stufen noch einmal zweieinhalbtausend Meter hinab Richtung Pazifik. Die Sonne scheint grell auf die Wüste, es wird zunehmend wärmer. Hoffentlich ist es unten an der Küste nicht wieder so heiß wie am Atlantik in Brasilien.

Endlich kommt die letzte Abbruchstufe – die letzten 1000 Höhenmeter hinunter zum Meer. Und etwas Überraschendes geschieht: Zusammen mit der Straße tauche ich hier unter eine graue Dunstschicht. Es wird nicht etwa wärmer, sondern geradezu frisch. Die gleißende Sonne verschwindet hinter dem Dunst, und plötzlich erscheint die Welt in einem völlig anderen Licht. Es ist matt, es ist schummrig – in dieser Leere gar ein wenig gespenstisch.

Gänsehaut stellt sich ein, als ich nach der Abfahrt über viele Serpentinen endlich den Pazifik erblicke. Wie jedesmal, wenn etwas Markantes in Sicht kommt – sei es die Bosporus-Brücke, der Kilimanjaro, der Tafelberg bei Kapstadt oder die Christusstatue über Rio de Janeiro. Und jetzt – jetzt bist du am Pazifik! Auf der Panamericana. Vom Klang dieser Namen kann man in solchen Momenten gar nicht genug kriegen: auf der Pan-a-me-ri-ca-na!

Nur wenig Verkehr rollt über diesen Abschnitt der „Traumstraße der Welt". Ab und zu kommt ein Lastwagen oder ein Bus vorbei (mitunter ist es ein ausgedienter Greyhound-Bus aus den USA), und ein paar breite Amischlitten mit Blubbermotoren sind als Langstreckentaxis zwischen den weit auseinanderliegenden Ortschaften unterwegs. Die Panamericana hatte ich mir eher wie eine Autobahn vorgestellt.

Dörfer gibt es immer dort, wo Flüsse Wasser aus den Anden bringen. Urplötzlich wechseln die Landschaftsfarben von beige und braun nach saftiggrün. Von einem Meter auf den anderen befindet man sich inmitten fruchtbarer Felder, die die Lebensfeindlichkeit der Wüste vergessen lassen. Doch genauso plötzlich ist man jenseits dieser Flußoasen auch wieder zurück im Nichts.

Die Kleinstadt Nazca liegt in einer solchen Flußoase, die mit ihrem üppigen Grün die Wüste auf ein paar Kilometern Breite durchschneidet. Das Volk der Nazca hatte seine Blütezeit 300 v. Chr. bis 600 n. Chr., als man ein ausgedehntes Kanalsystem baute, um möglichst viel des an sich unfruchtbaren Landes zu kultivieren. Aus der Zeit der Nazca-Kultur stammen auch die mysteriösen Bodenmarkierungen in der Wüste, die weltberühmten Nazca-Linien, die das Städtchen zu einem Touristenmagnet gemacht haben.

Der erste Weg der Besucher führt üblicherweise direkt zu einem der vielen Reisebüros, wo man einen halbstündigen Flug über die Umgebung bucht. Der Blick aus dem Flugzeug ist die beste Möglichkeit, die riesigen Figuren im Wüstenboden zu erkennen. Vom stählernen Aussichtsturm, den die deutsche Forscherin der Linien, Maria Reiche, an der Panamericana hat errichten lassen, ergibt sich nur eine bescheidene Sicht, und am Boden kann man bestenfalls einzelne Linien ausmachen.

Die meisten der Geoglyphen bilden geometrische Muster (die Trapeze ähneln ein wenig Landebahnen und ließen Erich von Däniken daher zu seinen einschlägigen Schlüssen kommen). Spektakulär sind die vielen Figuren, die Tiere, Menschen und Pflanzen darstellen: einen Kondor, einen Wal (63 Meter groß), einen Affen (70 Meter), einen „Astronauten", einen Hund (der fast wie eine Comicfigur aussieht), eine Spinne, eine Eidechse (188 Meter) und andere mehr. Einige der Geoglyphen sind von Autospuren in Mitleidenschaft gezogen worden, der Wal und die Eidechse wurden durch den Bau der Panamericana sogar zerteilt. Beeindruckend ist der Johannisbrotbaum, der Huarango: Eine lange gerade Linie kommt aus dem Norden daher und fängt plötzlich an, diesen Baum zu zeichnen. Eine einzige durchgehende Linie, die die Zweige und Blätter, den Stamm und schließlich die Wurzeln formt und dann in Richtung Süden weiterläuft.

Ihren Kontrast erhalten die Linien, weil unter der abgetragenen dunklen oxydierten Deckschicht des steinigen Bodens heller Sand zum Vorschein kommt. Die Furchen sind meist nur wenige Zentimeter tief und etwa 20 Zentimeter breit. Daß sie so lange erhalten geblieben sind, ist dem unglaublich trockenen Klima zu verdanken: Nur etwa zwei Stunden regnet es pro Jahr.

Viele Wissenschaftler halten die Linien für eine Art übergroßen Kalender, mit dem das Volk der Nazca wichtige Festtage markierte und beispielsweise auch die beste Zeit für die Aussaat bestimmen konnte. In der Tat ist eine der Linien so ausgerichtet, daß sie am 21.12. auf den Untergang der Sonne weist, der Schnabel eines Vogels zeigt an diesem Tag in Richtung der aufgehenden Sonne. Bleibt allerdings die Frage: Warum schufen die Nazca so etwas Kunstvolles, wenn sie es selbst nicht von oben betrachten konnten?

450 Kilometer nördlich von Nazca liegt Lima, die peruanische Hauptstadt. Sie wächst und wächst und zählt inzwischen acht Millionen Einwohner – das ist ein Drittel der Gesamtbevölkerung Perus. Wirtschaftliche Probleme, aber auch die früheren Aktivitäten der Terrorgruppe „Leuchtender Pfad" in der Region Ayacucho haben viele Andenbewohner in die Randgebiete der Hauptstadt getrieben. Längst hat sich Lima weit in die Wüste ausgebreitet.

Nähert man sich der Stadt von Süden, fährt man zunächst durch düstere Armenviertel. Die Häuser und Hütten sind in den Sand gebaut. Die meisten Behausungen sind aus Holz, Pappe und Wellblech, die einfachsten aus Schilfmatten. Unweigerlich fragt man sich, wovon die Menschen in diesem Nichts aus Sand wohl leben.

„Manche Familien haben umgerechnet nur ein bis zwei US-Dollar am Tag zur Verfügung", sagt Rosario, die für „Ärzte ohne Grenzen" in einem Armenviertel im Süden Limas arbeitet. „Die meisten nehmen Gelegenheitsjobs an. Wer Glück hat, verdient regelmäßig Geld als Haushaltshilfe in den reicheren Bezirken Limas." Der große Bevölkerungsdruck und die Armut bringen in diesen Elendsvierteln infrastrukturelle, medizinische und soziale Probleme mit sich: Wassermangel, ungenügende Abwasser- und Müllentsorgung, Krankheiten wie TBC, Cholera und Aids, Sexualdelikte, ungewollte Schwangerschaften, Mißbrauch von Kindern, hohe Jugendkriminalität. „Ärzte ohne Grenzen" hilft medizinisch und leistet soziale und psychologische Betreuung. Ziel ist es, den orientierungslos gewordenen Menschen neue Lebensinhalte zu vermitteln.

Armenviertel am Südrand von Lima

Als ich mit der Psychologin Rosario und dem Fahrer Fidel das Armenviertel besuche, fällt mir die Akzeptanz auf, die das „Ärzte ohne Grenzen"-Team in dem Stadtteil genießt. Die Menschen grußen freundlich und reden über neueste Entwicklungen. Das ist keineswegs selbstverständlich, denn die Bewohner könnten das Projekt auch als unerlaubte Einmischung in ihr Privatleben auffassen. Positiv fällt ebenso auf, daß von den zehn Projektmitarbeitern nur der Koordinator ein internationaler Mitarbeiter ist, also nicht aus Peru stammt.

Die sozialen Spannungen und medizinischen Mißstände in den riesigen Slums der Großstädte sind eines der ganz großen Probleme Südamerikas. Die Kinder wachsen in einem Milieu auf, das ihnen kaum eine Chance für ein normales Leben läßt. Da „Ärzte ohne Grenzen" vor Ort an den Wurzeln angreift, starte ich auf meiner Homepage eine neue Spendenaktion zugunsten dieses Projektes. Das Echo ist groß: In den kommenden Monaten werden die Leser der Website und auch die Leser meiner Serie in der „Nürnberger Zeitung" 4000 Euro für das Lima-Projekt spenden.
(Informationen zur deutschen Sektion der Hilfsorganisation: www.aerzte-ohne-grenzen.de)

ZURÜCK IN DIE ANDEN

Ich verlasse Lima auf dem Weg, auf dem ich vor einer Woche hergekommen bin. Nach langem Überlegen habe ich beschlossen, auf der Südhalbkugel zu bleiben und den Heimweg über Australien und Südostasien anzutreten statt über Nordamerika, Japan und China. Dafür spricht zum einen die Jahreszeit, weil mich der nordamerikanische Winter nicht gerade lockt, zudem dürfte die Fahrt über die Südroute finanziell günstiger ausfallen. Und außerdem ist Australien wahrscheinlich ein bißchen spannender als die USA.

Um nicht den ganzen Weg durch Peru auf der Panamericana zurückfahren zu müssen, biege ich bei Nazca ins Landesinnere ein. Diese Route führt wieder hinauf in die Anden – soviel ist mir klar. Wie die 660 Straßen- und Pistenkilometer nach Cuzco tatsächlich verlaufen, ahne ich aber noch nicht. Die ersten einhundert Kilometer, auf denen man gleich hinter Nazca ununterbrochen von 500 bis auf 4200 Meter aufsteigt, werden nämlich nur eine einleitende Aufwärmübung sein.

Nach 25 Kilometern hole ich am Morgen Henk ein. Der 36jährige Holländer ist für einen kurzen Radurlaub nach Peru geflogen. Er ist übrigens erst der zweite Reiseradler, der mir in Südamerika begegnet. In Brasilien hatte ich einen Kolumbianer getroffen, der den

Kontinent umrunden wollte. Die meisten anderen Langstreckenradler scheinen sich mehr oder weniger an die Panamericana zu halten und auch nur zu ganz bestimmten Jahreszeiten aufzutauchen.

Während wir die ersten Kilometer nebeneinander herfahren, vereinbaren Henk und ich gleich, daß wir einfach so lange zusammenradeln, wie es uns beiden gefällt. Jeder wird sein eigenes Tempo und den eigenen Rhythmus fahren, was gerade auf Bergetappen wichtig ist. Und wenn es irgendwie nicht mehr paßt, trennen wir uns ganz einfach wieder. Diese Abmachung ist die beste Voraussetzung dafür, daß man zusammenbleibt.

Am Nachmittag erreichen wir ein kleines Dorf in 2800 Metern Höhe. Wir beschließen, die Tagesetappe hier zu beenden, obwohl noch ein paar Stunden Zeit wären. Erstens können wir neben dem kleinen Restaurant im Schlafsaal eines Straßenarbeitercamps übernachten, und zweitens sind wir für heute genug geklettert.

Beim Abendessen zaubert Henk eine Skizze mit dem Höhenprofil zwischen Nazca und Cuzco aus seiner Tasche. Sie ist wesentlich detaillierter als meine Landkarte. Erst jetzt sehe ich, was uns in den nächsten Tagen wirklich bevorsteht: insgesamt vier Pässe um die 4000 Meter und zwischenzeitliches Abtauchen auf unter 2000 Meter.

Auf der ersten Hochebene, 4200 Meter über dem Meer, erwartet uns am nächsten Tag die typische steppenartige Hochandenlandschaft, die Puna. In einem Reservat werden Vicuñas gehalten, die lange Zeit vom Aussterben bedroht waren: eine wilde Lamaart, vergleichsweise grazil, von weitem kann man sie fast für Antilopen halten. Bald danach rasen wir in langen Serpentinen mehr als tausend Meter bergab.

Trotz der schwierigen Lebensumstände haben sich diese drei Peruanerinnen ihre unbeschwerte Fröhlichkeit erhalten

Die folgenden Tage werden härter, denn nach dem nächsten Aufstieg verläuft die Straße hundert Kilometer lang sehr hügelig in 4300 Metern Höhe. Henk steckt den schnellen Sprung vom Meer bis in diese Höhen ganz gut weg. Er klagt zwar über Schlaflosigkeit, hat Kopfschmerzen und gelegentlich Wortfindungsprobleme, aber sonst geht es ihm gut. Ich profitiere noch von meinem Höhenaufenthalt vor ein paar Wochen.

Zwischen Chalhuanca und Abancay ist die Asphaltstraße nach Cuzco noch nicht fertiggestellt. Auf steiniger Piste holpern wir durch das tief eingeschnittene Tal des Rio Pachachaca. Manchmal müssen wir stundenlang warten, weil vor uns aus den Bergen heraus die Trasse für die neue, breitere Straße gesprengt wird. Diese Warterei macht mürbe. Mitunter können wir uns halblegal durchmogeln und schieben unsere Fahrräder im Eiltempo durch den Schutt, stets mit dem Blick nach oben, von wo immer wieder Felsbrocken herunterdonnern.

Um die beiden letzten Pässe herum ähnelt die Landschaft sehr jener im äthiopischen Hochland: grüne Wiesen, zahllose kleine, unregelmäßig geschnittene Felder und viele Eukalyptus-Haine. Es herrschen offenbar auch die gleichen Umweltprobleme wie im zerklüfteten Äthiopien – in erster Linie Bodenerosion. Auch hier wird terrassiert, werden Erosionsschutzwälle errichtet und Bäume angepflanzt. Die Aufforstung mit dem schnellwachsenden Eukalyptus ist unter Entwicklungshelfern umstritten, weil der Baum dem Boden sehr viel Wasser entzieht. Die Pragmatiker sagen jedoch, daß es immer noch besser sei, einen durstigen Baum zu pflanzen, als die wertvolle Erdkrume davonschwemmen zu lassen. Bei allen Ähnlichkeiten zu Äthiopien gibt es aber einen großen Unterschied: Der jährliche Regen kommt in den Anden wesentlich zuverlässiger.

Hinter dem Huillque-Paß gleitet die Straße sanft hinein in die Ebene um Anta. Von dort sind es nur noch 30 Kilometer bis nach Cuzco. Nur noch ein letzter kleiner Buckel trennt uns von der großen Inka-Stadt, eine leichte Auslaufübung zum Abschluß – der Fahrrad-Computer zählt die letzten 350 Höhenmeter von insgesamt 11.000!

„PEDRO NEGRO" IN PERU

Wenn in Peru ein Geldschein den Besitzer wechselt, dann konzentriert sich beim Empfänger des Geldes für einige Momente alles auf den Tastsinn. Und gleich danach auf das Gehör. Das Papier wird zunächst mit den Fingern intensiv befühlt, dann wird der Schein an den zwei Schmalseiten genommen und mehrfach ruppig auseinandergezogen. Wenn der Klang stimmt, ist der Schein echt. Andernfalls heißt es: „Falsa, falsa!"

Als mir zum ersten Mal jemand erzählte, daß man in Peru mit Fälschungen rechnen muß, sagte ich spontan: „Aber doch nur bei US-Dollar-Scheinen! Wer fälscht schon peruanische Soles?" Der Dollar ist in Peru so etwas wie eine Parallelwährung, beim Abheben an den Geldautomaten kann man zwischen den beiden Währungen wählen. Aber tatsächlich sind in Peru auch falsche Soles weitverbreitet. Und mit diesem Falschgeld geht es zu wie beim „Schwarzen Peter": Wer sich eine Blüte hat unterjubeln lassen, versucht, das Ding so schnell wie möglich wieder loszuwerden. Was nicht gerade einfach ist, denn die Peruaner identifizieren die Fälschungen eben meist schon mit den Fingern. Genau deshalb sind bei diesem Spiel grundsätzlich die Touristen die Dummen.

Die erste peruanische Blüte habe ich in Arequipa bei einem deutschen Traveller gesehen. Er war ziemlich sicher, daß er den 20-Soles-Schein – immerhin fast sechs Dollar – in einer Wechselstube bekommen hatte. Seit Arequipa untersuche ich nun jeden Schein auf seinen korrekten Silberstreifen. Ist es nur ein plumper schwarzer Strich, ist der Schein falsch. Bei den echten Scheinen erkennt man einen sehr feinen Endlosschriftzug mit den Worten „... Peru ... Peru ... Peru ..." Erstaunlicherweise haben auch die Fälschungen Wasserzeichen, wobei die aber etwas flauer ausfallen.

Trotzdem kam der „Schwarze Peter" auch bei mir an. In Form einer 5-Soles-Münze. Ahnungslos wollte ich mit ihr am Abend in einem Geschäft bezahlen, doch nach kurzem Drüberstreichen mit dem Daumen gab die Kassiererin mir das Geldstück wieder zurück: „Falsa!" Die Münze war ziemlich abgegriffen, und im Vergleich mit einer echten konnte man sehen, daß der äußere Silberring matter war, der bronzefarbene Kern dafür ein wenig heller. Dennoch war auch dieses Exemplar magnetisch, was bis vor kurzem noch seine Echtheit bewiesen hätte. Inzwischen gibt es jedoch auch magnetische Fälschungen. So ein Neuling war der falsche Fünfer, den sie mir angedreht hatten.

Glücklicherweise wußte ich, wer mir die Münze zugeschoben hatte: Es war Wechselgeld aus dem Internet-Café. So ging ich am nächsten Tag wieder in den gleichen Laden und surfte zweieinhalb Stunden für 5 Soles 50. Beim Zahlen verdeckte die 50-Centavo-Münze den falschen Fünfer. Das gab mir einen kleinen Vorsprung. Aber der Junge von der Kasse lief hinter mir her und holte mich ein.

„Amigo", rief er, als ich mich hinter der nächsten Ecke schon sicher gefühlt hatte, „die Münze ist falsch!"

„Ich weiß!" erwiderte ich, „aber sie stammt von euch! Es ist das Wechselgeld von gestern." Dieser energische Hinweis reichte tatsächlich aus, ihn von weiteren Forderungen abzuhalten. Geben die wohl regelmäßig falsches Geld heraus? Wie Wechselstuben sind ja auch Internet-Cafés wegen der vielen ausländischen Kunden ein guter Ort, Fälschungen in Umlauf zu bringen.

Da ich Cuzco und Umgebung ja bereits kenne, erkundet Henk die Gegend einige Tage lang für sich allein. Ich schreibe derweil weiter an meinen Zeitungs-Berichten. Nach einer Woche machen wir uns gemeinsam auf den Weg zum Titicacasee.

Nach dem kräftezehrenden Aufstieg von Nazca nach Cuzco erscheint uns die Landschaft hier geradezu eben. Eine gute Asphaltstraße führt 1000 Meter sanft hinauf zum Raya-Paß und fällt dann ebenso sanft 500 Meter wieder ab.

140 Kilometer vor Puno überholen wir Jean, einen Kanadier, der im August 2000 – eine Woche vor meinem Start – zu seiner Weltumrundung aufgebrochen ist. Allerdings zu Fuß! Seine Habe schiebt er in einer Art Sportkinderwagen vor sich her. Schon vor einigen Wochen hatten mir Einheimische an der Pazifikküste von Jean erzählt, und im Restaurant eines winzigen Ortes hinter Nazca hing eine Zeitungsmeldung über seine Reise an der Wand.

Wir unterhalten uns eine Weile angeregt am Straßenrand und tauschen am Schluß noch die eMail-Adressen aus. Wenn Jean in einigen Jahren – nach dem Marsch durch Afrika – in Europa ankommt, hat er in Deutschland auf jeden Fall eine Anlaufstelle.

Nachdem wir uns von dem Kanadier verabschiedet haben, radeln Henk und ich eine Zeitlang schweigend nebeneinander her. Als wir wieder zu sprechen beginnen, stellt sich heraus, daß wir die gleichen Gedanken haben: Ob Jean sein Projekt von Anfang an richtig eingeschätzt hat? Er machte einen vereinsamten Eindruck, was wir besonders spürten, als er sich so übermäßig herzlich von uns verabschiedete. Ob er sich mit seinen Plänen nicht doch übernommen hat? Zehn bis dreizehn Jahre on the road! Wir hatten selbst mit dem Fahrrad auf so manch langer Geraden schon den Wunsch, etwas schneller voranzukommen. Aber zu Fuß ...? Für eine Strecke, die wir an einem Tag schaffen, braucht Jean drei bis vier Tage.

In Puno trennen sich die Wege von Henk und mir. Henk fährt hinunter zur Pazifikküste, ich radele am Ufer des Titicacasees wieder zurück nach Bolivien. Mit einem Reisepaß, der gerade noch einen einzigen Tag gültig ist, komme ich an der Grenze an. Der Wechsel zum neuen Paß ist mir – wie schon erwähnt – in den letzten Monaten nie gelungen, weil die Grenzer in jedem neuen Land ihre Stempel in den Paß setzen wollten, in dem auch der Ausreisestempel des Nachbarlandes war. Selbst mein Hinweis auf die kurze Restgültigkeit des Passes konnte sie nicht umstimmen.

Da ich nun Schwierigkeiten auf der bolivianischen Seite befürchte, bitte ich den peruanischen Beamten, den Ausreisestempel in den neuen Paß zu drücken. Das will er aber nicht tun, da der Ausreisestempel seiner Meinung nach neben den Einreisestempel gehört. Dann möge er doch, bitteschön, den Ausreisestempel im neuen Paß wiederholen. Das, sagt der Beamte, koste eine Gebühr.

Mir ist nicht ganz klar, ob das wohl rechtens ist oder das Geld in seine eigene Tasche wandern soll. Bisher hat es in Südamerika noch keine Probleme mit Korruption oder windigen Geldforderungen an den Grenzen gegeben. Doch nur wegen des Paßwechsels extra zahlen will ich auch nicht. So bleibt es bei dem einen peruanischen Stempel im alten Paß.

Und tatsächlich macht auf der bolivianischen Seite der Grenzer Schwierigkeiten. Er will mich zurückschicken, damit die Peruaner auch einen Stempel in den neuen Paß setzen. „Das dürfen sie nicht, ich habe schon darum gebeten", lüge ich halb und halb. Der Bolivianer sträubt sich noch eine Weile, aber nach ein paar Minuten freundschaftlicher Diskussion gibt er nach. Trotz all der wilden Storys über Korruption in Südamerika – auch diesmal geht es wieder ohne irgendeine Art der Bestechung.

Das Andenhochland war zu Urzeiten von einem Binnenmeer bedeckt. Als die riesige Wasserfläche langsam austrocknete, blieben der Titicacasee und ein paar kleinere abflußlose Seen sowie zahlreiche Salzpfannen zurück, die sogenannten Salare. 300 Kilometer südlich von Oruro breitet sich die größte dieser Salzflächen aus, die größte der Erde überhaupt: Der Salar de Uyuni ist ungefähr 160 Kilometer lang und 135 Kilometer breit. Mein Weg nach Chile wird über seine meterdicke Salzkruste hinweg Richtung Westen führen.

Die Orientierung auf dem Salar ist nicht ganz einfach, weil bei einer solchen Ausdehnung die Erdkrümmung entfernte Zielpunkte verdeckt. Daher will ich mir im Städtchen Uyuni noch einen Kompaß und eine Reliefkarte besorgen, mit deren Hilfe sich die umliegenden Berge identifizieren lassen. Meinen Kompaß hatte ich leichtsinnigerweise schon nach der Durchquerung Afrikas heimgeschickt. Außerdem stehen auf meiner Vorbereitungsliste: Sonnenbrille, chilenisches Geld, Ausreisestempel, 500 Gramm Erdnüsse, große Flasche Cola, Wolldecke.

Das chilenische Geld brauche ich bereits hier, weil der Grenzübergang bei Cancosa offenbar nur ein kleiner Posten ist. Deshalb muß bereits in Uyuni, mehr als 200 Kilometer vor der Grenze, der Reisepaß gestempelt werden.

Sonnenbrillen mag ich eigentlich nicht. Sie sind Krücken, die mit der Zeit die Augen schwach machen. Außerdem sieht man die Welt durch die getönten Gläser in Falschfarben. Da jedoch überall zu lesen ist, man solle bei Touren über den blendend weißen Salar unbedingt die Augen schützen, kaufe ich im Lebensmittelladen zusammen mit der Verpflegung auch gleich eine Sonnenbrille. Wahrscheinlich gibt es nirgendwo anders auf der Welt so viele Sonnenbrillen wie im Steppennest Uyuni.

Zum Schutz gegen die eisige Nachtkälte auf dem Salar brauche ich noch eine gute Wolldecke. Mein Sommerschlafsack ist gut für Temperaturen bis fünf Grad. Überleben würde man darin wohl auch noch minus fünf Grad, aber mit ziemlicher Sicherheit nicht die minus 15 Grad, die hier im Juli, im Südwinter, nachts herrschen. Vor zehn Tagen sind zwei Touristen erfroren, die mit ihrem Auto im Schnee steckengeblieben waren. Diese Weltecke ist so menschenleer, daß man auf fremde Hilfe kaum hoffen kann.

Auf dem Markt gibt es ganze Berge von Decken für einen Einheitspreis von sechs Dollar pro Stück. Nur Kompaß und Karte lassen sich nirgendwo auftreiben. Ich werde mir von den Einheimischen die Berge am jenseitigen Ufer des Salars erklären lassen müssen und dann auf die richtigen Bergspitzen zufahren.

Tatsächlich wird es am Ende nicht fehlende Orientierung sein, die mich auf dem großen Salar in Seenot bringt.

GANZ IN WEISS

Als die Vorbereitungen abgeschlossen sind, bleibt noch eine Sorge: daß die Überquerung des Salzsees mit dem Fahrrad derzeit gar nicht möglich ist. Reisende, die ein paar Tage zuvor in Geländewagen über den Salar gefahren waren, berichteten, daß nach den letzten Schneefällen noch immer Wasser auf dem Salz stehe. Für Niederschläge ist die Jahreszeit eigentlich schon zu weit fortgeschritten, aber was laut den jüngsten Nachrichten an der chilenischen Küste ganze Straßenabschnitte weggeschwemmt hatte, war im bolivianischen Hochland als Schnee heruntergekommen.

Von Uyuni radele ich zunächst nur die 22 Pistenkilometer in das Dörfchen Colchani, das näher am Salar liegt. Das „Hotel de Sal", eine aus Salzblöcken erbaute Herberge, bietet ein außergewöhnliches Quartier. Am Nachmittag mache ich noch einen Ausflug zum sechs Kilometer entfernten Ufer des Salars, um die Lage zu erkunden. Noch immer steht Wasser auf der Salzfläche, aber es ist an den meisten Stellen nur knöcheltief, und ab und zu gibt es kleine Inseln, auf die man sich retten kann. Der Untergrund ist auch an den überschwemmten Stellen fest, was mir nicht selbstverständlich erschien – es könnte sich dort ja auch Salzschlamm gebildet haben.

Am nächsten Morgen stehe ich mit dem bepackten Rad an gleicher Stelle. Trotz der Minusgrade ist das salzhaltige Wasser natürlich nicht gefroren. Langsam und vorsichtig geht es durch die Lake von Insel zu Insel, damit möglichst wenig Salz in Rad- und Tretlager gespült wird. Zum Glück ist der Untergrund wirklich überall fest. Wäre ärgerlich, wenn ich steckenbleiben würde und einen Schuh in das eiskalte Wasser setzen müßte.

Nach einem Kilometer rollt das Rad wieder auf trockenem Untergrund. Vor mir liegt nun schneeweiße Salzwüste, so weit der Blick reicht. Allein der 5400 Meter hohe Vulkan Tunupa erhebt sich am Nordufer über den Horizont. Es sieht aus, als könnte man in zwei Stunden dorthin radeln. Aber er ist hundert Kilometer entfernt! Mein Tagesziel, die Isla Pescado, liegt irgendwo halblinks von diesem Vulkan in der Mitte des Salars.

Die Salzfläche ist steinhart und kaum rauher als Asphalt. Ein wenig behindern die kantigen Vielecke der Salzausblühungen; es ist etwa so, als würde man auf einer Straße fahren, die aus lauter kleinen groben Betonplatten zusammengesetzt ist. Ein regelmäßiges Hoppeln begleitet das Surren der Reifen. Ansonsten ist es vollkommen ruhig. Radeln wie auf dem Mond.

Zwei bis sieben Meter ist die Salzschicht unter meinen Reifen dick. Einsichten bieten die vielen Löcher in der Kruste, „Ojos de Salar" genannt, „Augen des Salzsees". In ihnen steht Wasser bis fast zur Oberfläche. Als hätte hier jemand ein Loch zum Angeln ins Eis gebohrt. Ja, Eis – die Vorstellung, daß man auf Eis und Schnee unterwegs ist, läßt einen nicht los. Erst wenn der Fuß wieder auf dem Boden aufsetzt und das harte Salz spürt, wird einem bewußt, daß das kein Schnee, sondern etwas bisher Unbekanntes ist.

13 Kilometer vom Ufer entfernt stehen zwei Hotels, die wie das Gästehaus in Colchani ganz aus Salzblöcken gebaut sind. In dieser

weißen Leere sehen sie eher aus wie eine einsame Forschungsstation in der Antarktis. Weil die Abwasserentsorgung nicht zufriedenstellend gelöst werden konnte, sind sie inzwischen auch außer Betrieb. Eines der Gebäude wurde in ein kleines Museum umgewandelt.

Die beiden Salzhäuser liegen viel näher am Ufer, als in den Reiseführern angegeben wird. Dafür ist nun die Distanz von hier bis zur Isla Pescado wesentlich größer. Es sind gut 60 Kilometer, die Insel wird noch immer von der Erdkrümmung verdeckt. Der Hausmeister des Museums weist mir die grobe Richtung. Sein Arm zeigt ins Nichts.

Anfangs sind viele Reifenspuren zu erkennen, die die Salzhotels in Richtung Westen verlassen, doch es werden immer weniger. Bald bleibt nur noch eine einzelne Spur, der ich folge. An ihr klammere ich die Augen fest. Die verlangen übrigens nicht nach der neu erworbenen Sonnenbrille. Natürlich ist es hell auf dem Salar, aber auch nicht heller als beim Skilanglauf in der frischverschneiten Fränkischen Schweiz.

Von der Isla Incahuasi ist noch nichts zu sehen – die Erdkrümmung verdeckt das Ziel

Das erste Fahrzeug an diesem Morgen überholt mich, ein Geländewagen, vermutlich mit Touristen an Bord. Er stört die unendliche Stille auf dem See jedoch nicht, denn er überholt mit einem Abstand von etwa zwei Kilometern. Daß er so weit rechts von mir fährt, macht mich nervös. Ich korrigiere den Kurs, kann aber die Spur des Autos nicht finden. Die Distanzen sind einfach nicht abzuschätzen in dieser gegenstandslosen Weite. Vielleicht waren es auch drei Kilometer. Oder nur einer?

Inzwischen ist der Wagen in der Ferne zu einem winzigen Punkt zusammengeschmolzen. Seine Fahrtrichtung ist nicht mehr auszumachen. Nach zehn Minuten ein anderes Fahrzeug, wieder ein bis drei Kilometer weiter rechts. Ihm folgen in großem Abstand zwei weitere Geländewagen. Nach erneuter Kurskorrektur gelingt es mir, die drei Autos in eine Flucht zu bringen, bevor sie wieder unsichtbar geworden sind. Endlich habe ich die Richtung!

Inzwischen sind vor mir mehrere bläulich gefärbte Hügel auf dem Salar zu erkennen, und auf einen davon fahren die Wagen zu. Das muß die Isla Pescado sein!

In der Mittagszeit kommt, nach der Ruhe des Vormittags, beinahe Autobahn-Stimmung auf – so viele Fahrzeuge sind jetzt unterwegs. Während die Veranstalter-Geländewagen mit den Touristen zügig vorbeifahren, vermindert ein Fahrzeug mit drei Bolivianern das Tempo neben mir. Aus dem Seitenfenster heraus filmt der Beifahrer. Wie sich herausstellt, sind die drei für das Fernsehen unterwegs. „Weiterfahren", signalisieren sie, als ich auf sie zusteuere, „weiterfahren!"

Nach dem Abschluß der Dreharbeiten und einem Kurzinterview will ich mich vergewissern, daß ich auf dem richtigen Weg bin: „Welche ist denn die Isla Pescado?"

„Siehst du den schwarzen Fleck da vorn?" fragt der Fahrer. „Dort ist die Insel."

Der schwarze Fleck liegt vor dem bläulichen Hügel, auf den sie alle zugefahren sind. Der Hügel ist schon seit einer Stunde zu sehen, der schwarze Fleck ist aber ziemlich neu. Ob das ein Hotel ist? Jemand hatte erzählt, es gebe auf der Insel Unterkunft. Das Hotel wächst und wächst mit der weiteren Annäherung. Ein hohes Hauptgebäude und ein Anbau rechts daneben. Dann nimmt es rundere Formen an, sieht aus wie ein Wal, der aus dem Salz auftaucht.

Das ist ja die Insel selbst! Der blaue Berg dahinter liegt weit weg am jenseitigen Ufer!

Alles in dieser Weite ohne Bezugspunkte von bekannter Größe erscheint so viel näher, als es in Wirklichkeit ist. Dieser bläuliche Berg war nur eine Stunde entfernt, als ich mit den Fernsehleuten sprach. So sah es aus. Tatsächlich wäre es fast eine Tagesreise mit dem Fahrrad bis dorthin.

Als ich nach zwei Stunden endlich die Insel erreiche, begrüßt mich ein halbverwittertes Schild am Ufer: „Isla Incahuasi".

So ein Mist – falsche Insel!

Etwas weiter diniert eine Reisegruppe in einer Bucht vor der Insel. Tische und Stühle stehen auf der strahlend weißen Oberfläche des Salars. Wahrhaftig ein bizarres Bild. Bestimmt bittet gerade jemand die Köchin um Salz …

Die französischen Touristen empfangen mich mit fröhlichem Applaus. „Die Isla Pescado? Die ist dort", sagt einer von ihnen und zeigt auf die nächstgelegene Insel im Nordwesten. „Da fährt aber keiner hin. Hier ist es viel interessanter." – Die Hauptattraktion hier sind riesige Kakteen. Sie waren schon von weitem zu erkennen und sahen aus wie Haare auf dem Haupt des Wales.

„Welche Insel ist denn bewohnt? Diese oder die andere?"

„Diese. Gleich um die Ecke findest du ein paar Gebäude."

Der einheimische Fahrer dieser Gruppe sagt, daß die wirkliche Isla Pescado menschenleer ist und tatsächlich niemanden so recht interessiert. Auch hier irren also die Reiseführer. Dieser Irrtum ist jedoch so etabliert, daß die Tourveranstalter in Uyuni behaupten müssen, sie würden die Fisch-Insel ansteuern. Tatsächlich fahren sie dann aber zur Isla Incahuasi.

Der Fahrer deutet mir noch die Richtung nach Llica, zu meinem morgigen Ziel. Eine sehr wichtige Information, damit ich nicht an der falschen Stelle am Nordufer des Salars ankomme, das dort weitenteils schlammig sein soll. Er zeigt knapp rechts an der Isla Pescado vorbei auf einen markanten Berg, von dem ich glaubte, auch er sei eine Insel.

Blick von der Isla Incahuasi über den Salar auf den Vulkan Tunupa

Ein paar hundert Meter weiter führt ein schmaler Weg hinauf zu den Häusern, von denen der Franzose sprach. Wie ein Amphibienfahrzeug wechselt das Fahrrad vom weißen See wieder auf festes Land mit brauner Erde. In einem der gefühlvoll in die Natur eingepaßten Steingebäude gibt es spartanische Gästezimmer. Sie werden selten benutzt, da all die Gruppenreisenden bis zum Abend wieder nach Uyuni zurückkehren oder nach Süden weiterfahren. Nur drei Menschen werden diese Nacht auf der Insel verbringen: Aurelia, die Hüttenwirtin, Antonia, eine Dame, die zwei Dollar Insel-Eintrittsgebühr von jedem Ankommenden verlangt, und ein Fahrradfahrer aus Deutschland.

Vor dem Sonnenuntergang mache ich noch einen Spaziergang durch die Kaktuswälder. Eine phantastische Szenerie: diese starren, stacheligen Figuren, die ihre Arme zum Himmel erheben, als würden sie sich mit einer Fürbitte an den andinen Weltenschöpfer wenden; der heftige, kalte Wind, der urplötzlich eingesetzt hat, und um die Insel herum diese weiße Weite, die nach aller Lebenserfahrung eigentlich nichts anderes sein kann als eine verschneite Ebene.

Als die Sonne verschwunden ist, wird es bitterkalt. Während Aurelia einen Berg Reis kocht, der am Ende mit zwei Spiegeleiern gekrönt werden wird, mache ich, in eine Decke eingehüllt, vor der Küchenbaracke Tagebuchnotizen. Der letzte Eintrag an diesem Abend: Die Sonnenbrille kann man sich sparen.

Nachts um zwei Uhr wache ich auf. Die Augen schmerzen, als scheuerten Sandkörner unter den Lidern. Das Sandkorn unter dem rechten Lid ist größer als das links. Auf der rechten Seite war während des Tages die Sonne an mir vorbeigewandert. Bei geöffneten Augen läßt der Schmerz nach, aber sobald ich die Lider wieder schließe, brennt es höllisch. Als die Kerze angezündet ist, erkenne ich die Umgebung nur in einem engen Sichtkreis. Die Ränder sind verschwommen. Die Flamme der Kerze glitzert wie hinter einem Effektfilter. Verdammt noch mal! Ein Tag auf dem Salar kann doch nicht ausreichen, um einen halbblind zu machen!?

IN SEENOT AUF DEM SALAR

Mit dem ersten Sonnenlicht teste ich die Augen im Freien. Das Gesichtsfeld ist wieder etwas erweitert, aber die Ränder bleiben unscharf. Die Schmerzen unter den Lidern haben kaum nachgelassen. Das aggressive Licht in dieser Höhe hat durch die Reflexion auf der Salzfläche nicht nur die Hornhaut in Mitleidenschaft gezogen, sondern auch die Augenhöhlen rundherum verbrannt. Wenigstens sehe ich noch gut genug, um die Reise fortsetzen zu können.

Schon eine Stunde später treffen erste Geländefahrzeuge mit Touristengruppen auf der Insel ein. Eine günstige Gelegenheit, noch einmal die ortskundigen Fahrer zur Richtung nach Llica zu befragen. Wie schön: Sie bestätigen die Auskunft von gestern.

„Das Ufer liegt 60 Kilometer entfernt", ergänzt einer von ihnen. „Dann sind es noch einmal 25 Kilometer bis nach Llica. Kurz vor dem Rand des Salars laufen Reifenspuren aus allen Richtungen zusammen auf einen befestigten Damm zu. Man kann nämlich nicht überall ans Ufer, weil es sehr schlammig ist."

„Nur 85 Kilometer", denke ich bei mir. „Das wird ein leichter Tag."

Natürlich kommt heute die Sonnenbrille zum Einsatz. Gegen die Reflexionen schattet ein Strumpf das rechte Auge an der Seite ab. Oben klemmt er unter der Schirmmütze, unten zwischen den Zähnen.

Mit zunehmender Entfernung von der Isla Incahuasi wird die meterdicke Salzschicht wieder glatter. Allerdings bremst leichter Wind, so daß ich über eine Stunde bis zur nächsten Insel brauche, der 20 Kilometer entfernten Isla Pescado. Vor dem Start hatte es ausgesehen, als sei die Distanz zwischen den beiden Inseln vielleicht sechs oder sieben Kilometer.

Die Isla Pescado ist nicht bewohnt. Überhaupt ist es in dieser Ecke des Sees viel einsamer als weiter im Südosten, wo die vielen Geländewagen mit den Touristen unterwegs sind. Die Touren führen zur Isla Incahuasi und dann weiter zum Salar-Südufer, während Llica in der entgegengesetzten Richtung liegt. Keine einzige Fahrzeugspur ist mehr zu sehen, kein Fahrzeug – für Geräusche sorgt jetzt allein noch der Wind.

Dieser Wind gewinnt mehr und mehr an Kraft. Zunächst läßt er immerhin 14 Kilometer in der Stunde zu, dann 13, dann nur noch 12. Kein Problem, auch so komme ich heute noch nach Llica. Eine Nacht im Zelt möchte ich wegen der eisigen Temperaturen nach

Sonnenuntergang vermeiden, und schon gar nicht möchte ich ohne Windschutz auf dem offenen Salar übernachten.

Doch der Wind wird immer stärker. Als ich keine zehn Stundenkilometer mehr schaffe, beginne ich zu rechnen. Immer noch kein Problem: Acht Kilometer in der Stunde sind genug, um Llica vor dem Einbruch der Nacht zu erreichen. Aber dann schaffe ich nicht einmal mehr diese 8 km/h! Inzwischen kämpfe ich in den niedrigsten Gängen gegen diese unsichtbare Macht an, die Hose und Regencape wild flattern läßt wie Flaggen im Sturm.

Ziel ist jetzt nur noch, das Ufer zu erreichen. Doch es kommt einfach nicht näher. Obwohl bereits die 60 Kilometer hinter mir liegen, die mich nach der Auskunft vom Morgen an Land gebracht hätten, ist das Ufer noch 10 Kilometer entfernt. Vielleicht auch 20. Oder 25? Wieder läßt sich die Entfernung in dieser leeren Weite nicht schätzen.

Etwas rechts von der Richtung, die nach Llica führt, sind ein paar Häuser zu sehen. Dort werden anscheinend Sprengungen durchgeführt, denn von Zeit zu Zeit steigen große Staubwolken auf. Jedenfalls müssen dort Menschen sein. Nun steuere ich diese Siedlung an und drehe mich damit ein paar Grad weiter aus dem Wind.

Der nimmt dafür noch weiter zu. Obwohl er nicht einmal direkt von vorn kommt, schaffe ich im kleinsten Gang bei größter Anstrengung schließlich gerade noch Schrittgeschwindigkeit. Frustriert steige ich ab und schiebe. Es ist, als schöbe ich eine Steigung hinauf. Allmählich wird immer klarer, daß die Häuser in Wirklichkeit nur helle Flecken in dem Berg sind, der am Ufer aufsteigt. Und für die „Sprengungen" ist der Sturm verantwortlich, der ab und zu garstig in den Boden greift und die Erde aufwirbelt.

Es ist zum Verzweifeln!

Dann taucht weit rechts im Osten ein Bus auf, der auf das Ufer zufährt. Dort scheint es also einen weiteren Ausgang vom Salar zu geben. Vielleicht auch schützende Häuser? Ich drehe 90 Grad ab. Der Wind packt mich nun von links hinten und treibt das Fahrrad parallel zum Ufer vor sich her. Doch plötzlich wird der Boden weich. „Der Uferbereich ist schlammig", hatten die Bolivianer am Morgen gesagt. Ja, das Salz ist hier auch eher sandfarben als weiß. Ab und zu sackt das Hinterrad kurz weg. Bloß nicht jetzt auch noch festfahren!

Also wieder ein Stückchen vom Ufer weg. Das Salz wird weißer, der Boden fester. Dann, als der Bus schon längst in den Bergen jenseits des Salars verschwunden ist, entdecke ich Spuren, die mich schließlich im großen Bogen über einen festen Damm zum Ufer führen. Dort gibt es tatsächlich ein Dorf – Palaya. Das ist die Rettung! Am Schluß war der Sturm so stark, daß ich das Zelt auf dem Salar gar nicht mehr hätte aufschlagen können.

Eine freundliche Familie überläßt mir für diese Nacht ein Zimmer in ihrem Hof. Draußen wird es nach Sonnenuntergang wieder bitterkalt. Am nächsten Morgen kehre ich bei Windstille zurück auf den Salar. Die Fahrt geht wieder vorbei an den „Häusern" – „Sprengungen" gibt es heute nicht. Meine Sehkraft ist inzwischen ganz zurückgekehrt, der Schmerz durch die Reizung wird allerdings noch ein paar Tage anhalten.

Über den anderen Ausgang vom Salar steuere ich Llica an, das nur 12 Kilometer hinter dem Ufer liegt. Eine kleine Stadt oder ein großes Dorf. „Jetzt hast du's geschafft!" sage ich zu mir. „Hinunter zur chilenischen Küste ist es nun kein Problem mehr."

Doch Llica ist der letzte ernstzunehmende Ort auf dem Weg zur Küste. Was ich aber nicht ahnen kann – schließlich sind auf der Landkarte auch Cancosa, Lirima, Collacagua und einige weitere Orte ebenso groß wie Llica eingezeichnet. Hätte ich gewußt, was da tatsächlich auf mich zukommt, hätte ich hier Lebensmittel für vier Tage eingekauft.

AUFGEGEBEN

Die Piste nach Bella Vista bietet ein ständiges Wechselspiel zwischen Sand, festem Untergrund und „Wellblech". Diese Wellen in der Fahrspur können zu einer harten Geduldsprobe werden – viel schneller als Schrittgeschwindigkeit kann man darauf nicht fahren. Es ist auch mehr ein Reiten denn ein Radeln.

Die beiden Dörfer auf der 50 Kilometer langen Strecke sehen auf den ersten Blick aus, als wohnten ein paar hundert Menschen dort. Doch die meisten der Häuser und Hütten sind verlassen; Türen und Fenster sind mit Ziegeln verbaut. In Chacomo gibt es eine Schule und ein neu eingerichtetes Sportfeld mit Fußballtoren und Basketballkörben, aber der Ort würde wohl allein keine zwei Fußballteams mehr zusammenbekommen. Noch ein paar Jahre, dann dürfte Chacomo endgültig aufgegeben sein.

Bella Vista liegt direkt an der bolivianisch-chilenischen Grenze. Unterkunft finde ich in der kleinen Kaserne, einem ziemlich abgewirtschafteten Gebäudekomplex, in dem es früher einmal Strom und fließend Wasser gegeben haben muß. Lichtschalter und Wasserhähne sind vorhanden, inzwischen jedoch ohne Funktion. Auf dem Gemeinschaftsklo – fünf Schüsseln, getrennt nur durch knappe Sichtschutzwände – spült man mit einem Eimer Wasser, den man zuvor draußen am Bach gefüllt hat.

In dem Raum, der früher eine Kantine war, stellen die Soldaten ein Feldbett für mich auf. Vor der Nachtruhe wollen der Chef und seine kleine Truppe meine ganze Geschichte hören. Während der Nacht sinkt die Temperatur in diesem Raum auf den Gefrierpunkt, während draußen wieder minus 15 Grad herrschen.

Zum Frühstück gibt es für jeden zwei trockene Brötchen und einen Becher gezuckertes heißes Wasser. Der Chef besteht auf einem Abschiedsfoto, bevor er mich durch den Hinterausgang des Camps in Richtung Chile entläßt. „Und halt dich an der Abzweigung links!" mahnt er noch einmal.

Die Piste führt steil bergan und ist so schmal, daß zwei Autos nicht aneinander vorbeikämen. An der Abzweigung halte ich mich links. Nach einem Kilometer gibt es ärgerlicherweise eine weitere Weggabelung. Wieder halte ich mich links, doch der steinige Weg führt nach zwei Kilometern in eine Sackgasse, die auf einem Plateau endet. Auch der rechte Pfad wird immer schmaler und steiler. Oben am Paß ist es nur noch ein Fußweg, aber ein kleiner Stahlturm signalisiert, daß man hier tatsächlich die Grenze überschreitet. Die Abfahrt ist so rauh, daß ich nicht radeln kann – nach mehr als drei Stunden und gerade einmal zehn Kilometern erreiche ich endlich Cancosa.

Der Ort macht gleich einen viel moderneren Eindruck. Chile ist wohl doch eine ganz andere Welt. Die Stromkabel fallen auf, die vielen neuen Straßenlaternen, die Sendeanlage der Grenzsoldaten und die Satellitenschüssel auf dem Dach ihres Gebäudes. Wahrscheinlich gibt es hier sogar Internetanschluß.

Die Formalitäten sind schnell abgeschlossen. Der jüngere der beiden Beamten verabschiedet mich mit Handschlag. Etwas besorgt fragt er, ob ich genügend Lebensmittel dabei habe und Schutz gegen die kalte Nacht.

„Zu essen und zu trinken genug für einen Tag. Und heute abend bin ich ja in Collacagua."

„Collacagua ist verlassen! Da ist nur gelegentlich noch ein Mann, der seine Lamas hütet."

Sowas! Collacagua ist auf meiner Karte so groß eingezeichnet wie Cancosa. „Wie weit ist es denn bis Huasco?"

„Etwa 80 Kilometer."

„Ist die Piste sandig?"

„Ein bißchen."

„Wellblech?"

„Etwas."

„Geht es viel auf und ab?"

„Wenig."

80 Kilometer in sechs Stunden – das geht wirklich nur auf einer guten Piste. Doch sie erweist sich als sandig mit langen Wellblechpassagen. Viel auf und ab geht es allerdings wirklich nicht – sondern bald nur noch aufwärts. Schier endlos windet sich der Weg in die Berge hinauf. Der Untergrund ist so sandig, daß ich das Rad schließlich nur noch zerre und reiße. Die dünne Höhenluft macht alles nicht einfacher. Als nach einer Stunde immer noch kein Ende abzusehen ist, mache ich kehrt, um die Nacht in Cancosa zu verbringen.

Wie schon am Mittag ist auch jetzt niemand auf der Straße zu sehen. Da die Suche nach einer Herberge erfolglos bleibt, fahre ich wieder zu den beiden Grenzern. Die laden mich ein, im Nebengebäude zu übernachten. Als ich nach einem Lebensmittelgeschäft frage, kommt die Wahrheit über Cancosa heraus: „Ein Geschäft gibt es hier nicht. Auch kein Restaurant. Außer uns beiden ist niemand da."

„Was? Keiner mehr da?" Das ist kaum zu begreifen – bei dem relativ modernen Erscheinungsbild dieses Ortes. „Kehren die Leute denn im Sommer zurück?"

„Nein, sie sind fortgezogen. Nach Pica, Mamina und Pozo Almonte."

Auch Cancosa ist also aufgegeben. Ein Geisterort, der aber aussieht, als seien erst gestern alle abgehauen. Das neue Gemeindehaus, die renovierte Kirche, der Anschluß ans elektrische Netz – das waren offenbar letzte Versuche der Regierung, die Bewohner doch noch hier oben im unwirtlichen Hochland zu halten.

Die beiden Beamten müssen 20 Tage in dieser Abgeschiedenheit ausharren, bis sie abgelöst werden. Alle vier Monate komme mal ein Ausländer von Bolivien herüber, sagen sie. Ihre Hütte ist recht wohnlich ausgestattet mit einem Ofen, der den Raum auf 15 Grad aufheizt, einem Fernseher und einer gasgeheizten Dusche. Abends laden sie mich zum Essen ein, was ich gern annehme, denn meine Vorräte gehen zur Neige. Jedesmal, wenn sie zu einem Brötchen greifen, lange ich auch zu. Nach zwei Brötchen sind sie leider satt. Vermutlich haben sie genug Lebensmittel, daß ich auch noch ein drittes nehmen könnte, aber ich möchte ihre Gastfreundlichkeit nicht strapazieren.

Bevor ich im Nebengebäude in den Schlafsack krieche, öffne ich die kleine Dose Leberwurst aus Bella Vista und löffele den Inhalt mit Salzkeksen heraus. Jetzt bleiben mir noch 200 Gramm Erdnüsse und eine Rolle Kekse.

Am nächsten Morgen starte ich gleich mit den ersten Sonnenstrahlen. Der Bergpaß erweist sich als knüppelhart. Drei Stunden dauert es, bis das Rad durch den verdammten Sand hinauf auf rund 4800 Meter gezerrt ist. Am Rande meiner Kräfte, beteilige ich mich zum ersten Mal an der Sitte, einen Stein auf die Steinpyramide an der Paßhöhe zu legen. Es ist halb Ehrfurcht vor der Natur, halb Aberglaube, daß mir in dieser Einsamkeit etwas zustoßen könnte, wenn ich es nicht täte. Trotz der Erschöpfung brauche ich jetzt einen klaren Kopf für die Abfahrt mit ihren tückischen Sandlöchern. Ein gebrochener Fuß kann in dieser Einsamkeit mit ihren eiskalten Nächten den Tod bedeuten.

An Collacagua und seinem letzten Einwohner radele ich vorbei. Der Ort liegt ein paar Kilometer abseits der Piste. Dann wird das Wellblech so ausgeprägt, daß ich streckenweise wieder schieben muß. Als ich endlich den kleinen Salar de Huasco erreiche, ist es nicht mehr weit bis zu einer quer verlaufenden Asphaltstraße, die aus den Anden hinunter in das Tiefland nach Pozo Almonte an der Panamericana führt.

Dort unten ist eine völlig andere Welt: Autos auf den Straßen, Supermärkte, die einem die Wahl schwer machen, und viele Menschen mit europäischen Gesichtern. Ein Mann begegnet mir an diesem Abend, der etwas Ähnlichkeit mit mir hat: gleiche Größe, gleiche Haar- und Augenfarbe, ähnliche Gesichtszüge. Die Augen sitzen allerdings in sehr tiefen Höhlen. Außerdem ist er mager, beängstigend mager, als hätte er Aids im fortgeschrittenen Stadium. Und fünf oder zehn Jahre älter ist er. Er begegnet mir im Hostal „Espejismo". Dort haben sie etwas, was ich schon lange nicht mehr gesehen habe: einen Spiegel.

ATACAMA

Würden Landkarten von Chile in einem Stück gedruckt, so wären sie bei nur 30 Zentimetern Breite vier Meter lang. Chile hat eine äußerst ungewöhnliche Form, das Land ist auf den langen, schmalen Streifen zwischen der südlichen Andenkette und dem Pazifik gequetscht. Über 4000 Kilometer lang und nirgendwo breiter als 300 Kilometer. Die 13 Provinzen des Landes sind recht lieblos benannt, einfach von Norden nach Süden durchnumeriert von „Region I“ bis „Region XII“. Nur die Gegend um Santiago hebt sich als „Region Metropolitana“ etwas ab.

Bei der Abfahrt von Pozo Almonte zum Pazifik tauche ich kurz vor der Hafenstadt Iquique aus strahlendem Sonnenschein unter eine Hochnebeldecke, die sich vom Ozean her über das Tiefland schiebt. Wieder dieser deprimierende Garúa-Hochnebel, der schon in Peru die Küste so trist erscheinen ließ.

Von der Serpentinenstraße aus wirkt auch Iquique in diesem grauen Licht und umgeben von Wüste nicht gerade einladend. Wenn man dann in die Stadt hineinfährt, weiten sich jedoch die Straßen, und die vielen bunten Holzhäuser mit den hohen Eingangstüren brechen die Monotonie auf. Die Bewohner sind freundlich und gelassen.

Dieser nördlichste Zipfel Chiles gehörte bis vor gut 100 Jahren noch zu Bolivien und zu Peru. Chile eroberte den nitratreichen Norden der Atacama-Wüste im Salpeterkrieg 1879–83, wodurch Bolivien als Binnenland zurückblieb und Peru den Bezirk um Arica verlor.

Iquique ist noch ein, zwei Stufen moderner als Pozo Almonte. Glitzernde Auslagen in großen Kaufhäusern, deren Schaufenster abends hell erleuchtet sind. In den Supermärkten ein geradezu überwältigendes Angebot: Da türmen sich unzählige Stapel mit Wurstaufschnitt hinter blitzsauberen Glasscheiben, es gibt Fisch, Muscheln, Salate, Berge von Käse und volle Regale mit Milch, Kakao, Joghurt, Müsli und Schokolade. Die Elektronikgeschäfte präsentieren die neuesten technischen Entwicklungen. Ich habe fast das Gefühl, als ob ich zwei Jahre lang im Wald gelebt hätte.

Die Suche nach einem Schiff Richtung Australien bleibt im Hafen von Iquique erfolglos. Die meisten Schiffe laufen nach Nordamerika aus, einige nach Asien. Ich solle es in Antofagasta versuchen, sagt man mir, wenn es dort nichts gebe, in Valparaiso bei Santiago.

Da die Küstenstraße nach schweren El-Niño-Regenfällen weggespült wurde, muß ich wieder emporklettern zur Ruta 5 Norte, einem Abschnitt der Panamericana, der auf der Hochlandstufe 1000 Meter über dem Meer durch die Atacama-Wüste verläuft. Dort oben scheint wieder die Sonne, doch die Temperaturen sind jetzt – im Winter – erträglich.

Könnte mal wieder gewaschen werden …

Entlang und abseits der Panamericana liegen in der Atacama zahllose *oficinas,* ehemalige Minenorte und heute Geisterstädte, in denen Ende des 19. Jahrhunderts Salpeter, damals begehrter Ausgangsstoff für Schießpulver und Dünger, abgebaut wurde. Chile hatte darauf praktisch das Weltmonopol. Die *oficina* Victoria, ein Ort, der nur aus einer Tankstelle und ein paar kleinen Restaurants besteht, ist eine solche ehemalige Salpetersiedlung. Das Nest mit seiner Wildwest-Atmosphäre wirkt wesentlich größer, als es ist, denn rechter Hand steht hinter dem belebtesten Restaurant eine lange Häuserfront, die sich bei genauem Hinsehen jedoch als

Attrappe erweist. Eine Fassade, gestützt von vielen Balken, damit sie nicht nach hinten wegkippt. Als sei hier neulich ein Film gedreht worden. Hinter der Fassade ist nichts als Luft und Sand und Gestein der Atacama-Wüste. Die meisten anderen *oficinas,* die in der Landkarte eingezeichnet sind, sind längst zu Ruinen verfallen: *oficina* Alemania, *oficina* Alianza, *oficina* Britania, *oficina* Santa Isabel und wie sie alle heißen.

Verpflegen kann man sich auf der Ruta 5 in den *posadas,* windschiefen Bretterverschlägen im Nichts, die einfache warme Mahlzeiten servieren und Getränke verkaufen. Wasser bekommen diese Posadas von Tanklastwagen. Im Unterschied zur Küstenwüste in Peru gibt es in der Atacama nämlich fast keine Flüsse, die aus den Anden zum Meer hinabfließen und Flußoasen bilden könnten.

Zwischen den Raststellen unterteilen kleine Täfelchen am Straßenrand das Nichts in winzige Abschnitte von der Länge eines Kilometers. Mit „1814" fing es oben bei Iquique an. Gerechnet bis zum Nullpunkt Santiago de Chile, zur Hauptstadt, die ich ansteuern muß, falls es mit einem Schiff nicht klappt und ich nur fliegen kann nach Australien. Einen Kilometer Wüste weiter waren es „1813", dann „1812", dann „1811".

Auf den langen Geraden durch diese absolut vegetationslose Wüste muß man das Hirn mit irgendwelchen Gedanken beschäftigen. Etwa die vergangenen Reisewochen Revue passieren lassen. Oder die letzten Jahre zu Hause – was man in der Vergangenheit falsch gemacht hat, welche Eigenarten man sich vielleicht abgewöhnen sollte. Dann kommen Ideen, wie sich eine Zukunft nach der Rückkehr gestalten ließe: zum Beispiel außerhalb der Stadt in einer Gartenlaube leben oder in einem Wohnmobil auf Campingplätzen. Und wenn einem dann nichts mehr einfällt, muß man das Hirn irgendwie ausschalten. Sonst hält man diese Monotonie nicht aus.

Zwischenzeitlich haben sie mich auch im zweiten großen Hafen, in Antofagasta, abgewimmelt. In jeder Agentur fragten sie, was ich denn verschicken wolle. Wenn sie erfuhren, daß es um mich und mein Fahrrad geht, hieß es immer, daß sie keine Passagiere mitnehmen dürfen. Außerdem liefe in der nächsten Zeit eh kein Schiff nach Australien aus.

Also weiter nach Valparaiso. Wieder zurück von der Küste auf die Hochebene. Zwischen Antofagasta und Chañaral führt die Straße noch einmal bis auf 2000 Meter hinauf. Irgendwann in diesen Tagen registriert der Fahrrad-Computer den 200.000sten Höhenmeter seit Erlangen. Und noch etwas ist bemerkenswert: Die führende „1" auf den Kilometertafeln ist fortgefallen und die trostlose Wüste in semiarides Land übergegangen. Hier und da sind wieder zwitschernde Vögel zu hören. Im Flußtal um Copiapó gibt es Wiesen und Bäume. Endlich wieder Grün – eine Wohltat für das Auge und den Geist.

Auch in Valparaiso habe ich kein Glück. Überraschenderweise laufen selbst vom größten chilenischen Hafen kaum Frachtschiffe nach Australien aus. Und die Kreuzfahrtsaison mit Routen durch den Pazifik beginnt erst im Sommer. Diese Ferienschiffe sind aber ohnehin unerschwinglich – 125 Euro pro Reisetag gelten noch als moderat.

Die wenigen Frachtschiffe nach Australien werden von drei Agenturen verwaltet, die ich schnell abgeklappert habe. Immer wieder das Gleiche: Passagiere dürfen sie nicht mitnehmen. In einer der Agenturen begründen sie das sogar formal – mit den Richtlinien zur Qualitätssicherung „ISO 9002". So weit sind wir also.

ONE WAY

Santiago ist hektisch. Besonders für den, der aus der Atacama-Wüste kommt. Ganze Pulks von Bussen rasen dreispurig durch die Stadt, mit einem Tempo, daß einem die Ohren flattern. Durch die Kräfte der beschleunigenden und stoppenden Busse ist der Asphalt wellig geworden. Stur radele ich auf der mittleren der drei Buckelpisten dem Stadtzentrum entgegen, denn rechts bremsen sie dich ständig aus.

Die Hektik setzt sich in der Fußgängerzone fort. Ein unglaubliches Gedränge dort, alle paar Meter hat man einen Beinahezusammenstoß mit einem anderen Passanten. Aber immerhin gibt es hier überhaupt Fußgängerzonen, auf denen man diesem wahnsinnigen Autoverkehr entgehen kann.

An den Häuserecken stehen Männer, die allen möglichen Kleinkram verkaufen: von der billigen Quarzuhr über Haushaltswaren bis zur losen Radioantenne. Während ihrer langen Arbeitszeit verwandeln sie sich freiwillig in Eunuchen, um mit erzwungen hoher Stimme den Lärm zu durchdringen und ihre Waren anzupreisen. Vor ihnen sitzen auf dem Straßenpflaster alte Frauen in weiten Röcken, jede mit einem Sammelbecher, an dem das Bild des Ehemannes lehnt, der zu Zeiten des Pinochet-Regimes verschwunden ist.

Die Reicheren sprechen mit sich selbst, während sie durch die Stadt laufen. So sieht es jedenfalls aus. Sie nesteln an ihrem Ohr, und wenn man genauer hinsieht, entdeckt man eines dieser Handys, die inzwischen fast zur Unsichtbarkeit geschrumpft sind. Parkende Autos stehen nicht einfach still und artig am Straßenrand, sondern reagieren auf den kleinsten Pups mit einer schrillen Alarmanlage, die aber längst kein Mensch mehr ernstnimmt.

Moderne Welt. So modern, daß Frachtschiffe wegen ISO 9002 keine Passagiere mehr mitnehmen dürfen. So modern sogar, daß ein Flugticket inzwischen teurer ist, wenn man nicht an den Ausgangsort zurückfliegt. LAN Chile verlangt tatsächlich für das One-way-Ticket nach Neuseeland mehr als für den Hin- und Rückflug. Bei Qantas ist es nicht anders. Die spinnen doch!

Aerolineas Argentina ist altmodisch. Der einfache Flug kostet 100 Euro weniger als hin und zurück. Der Haken ist, daß einem in den Reisebüros niemand das One-way-Ticket verkaufen will. Wegen der Einreisebestimmungen in Neuseeland. Bei der Immigration müsse man nämlich entweder ein Rück- oder ein Weiterflug-Ticket vorweisen, und das Reisebüro sei verantwortlich.

Soll das die Freiheit sein, von der die westliche Welt immer so gerne redet? Ist es am Ende nicht wieder euer Computer, der euch so einschränkt? Gibt es denn keinen Platz mehr für Reisende, deren Weg nicht minutiös vorausgeplant ist, für Globetrotter, die einfach kommen und erst einmal schauen wollen und noch gar nicht wissen, wann sie das Land wieder verlassen werden, geschweige denn, wo und wie?

Viele Reisebüros klappere ich ab, bis ich auf die freundliche Claudia stoße. Sie verkauft mir One-way unter der Bedingung, daß ich ihr Absolution erteile. „Unter Umständen gehst du in Neuseeland ins Gefängnis", sagt sie und legt mir ein selbstgebasteltes Formular vor, mit dem ich mich für alle Folgen des One-way-Tickets verantwortlich erkläre.

Eine Woche vor der Weiterreise trifft am Flughafen ein neues Hinterrad aus Deutschland ein. Tausend Kilometer nördlich von Santiago habe ich im Flansch des Hinterrades einen Riß entdeckt, der durch zwei Speichenlöcher verlief – der ganze Flanschabschnitt drohte bald herauszubrechen. Reparatur war nicht möglich, Ersatz nicht zu bekommen, da meine 14-Gang-Nabe eine neue deutsche Entwicklung ist, die ihre erste Reise um die Erde macht. Bisher hatte ich keine Probleme mit der Schaltung, und dieser Flanschriß sollte denn auch der einzige Schaden am Antrieb bleiben.

Die betroffenen Speichen ließen sich mit recht windiger Improvisation entlasten, und das Rad hielt tatsächlich durch bis nach Santiago. Unterdessen hatte die Firma Rohloff per Luftfracht ein neues Nabengehäuse auf den Weg gebracht, das ich nun am Flughafen der Hauptstadt abholen kann.

Um das Getriebe umzusetzen, muß man zunächst das Ritzel ablösen. Den passenden Abzieher habe ich dabei, nicht jedoch die schwere Kettenpeitsche. Die suche ich nun in Santiago de Chile. In der Avenida San Diego gibt es zahllose Fahrradgeschäfte, eines neben dem anderen, aber sie verkaufen alle nur. Kein Service. Eine schummerige Werkstatt findet sich schließlich in einer Nebengasse. Dort stellt der Maestro seine Literpackung Wein beiseite und legt die Kettenpeitsche um das Ritzel. Daß *er* der Maestro ist, betont er mit verärgerter Stimme, nachdem ich ihn darauf hinweisen muß, daß das Ritzel in Gegenrichtung abzuschrauben ist. Die Kettenpeitsche gleitet einmal ab, einmal reißt sie. Der dritte Versuch ist erfolgreich. Zwei Dollar wechseln den Besitzer. Es wäre wohl nur einer gewesen, hätte ich nicht die Kompetenz dieses Maestros in Frage gestellt.

Ein paar Tage später hebt der Flieger ab. Amerika bleibt unter mir zurück.

Santiago de Chile

„Wie ist Südamerika im Vergleich zu Afrika?“ wurde ich oft gefragt. Die Antwort ist nicht einfach, weil schon die Länder innerhalb Südamerikas recht unterschiedlich sind. Argentinien, Chile und auch der Süden Brasiliens unterscheiden sich wirtschaftlich nicht allzusehr von Westeuropa. Peru und Bolivien sind – besonders im Hochland – arm, wenn man den südamerikanischen Maßstab anlegt. Vergleicht man jedoch mit Schwarzafrika, geht es selbst den Hochland-Bolivianern sehr gut. Ganz allgemein ist die Infrastruktur in Südamerika weit besser entwickelt als in Afrika: mehr Straßen- und Eisenbahnverbindungen, mehr Schulen, mehr medizinische Einrichtungen.

Zugang zu Informationen ist in Südamerika ebenfalls in einem ganz anderen Maße vorhanden. Auch außerhalb der großen Städte gibt es Zeitungen, Internetzugang ist verbreitet und erschwinglich. Fernseher sind geradezu eine Plage, da sie in den Kneipen und Imbißstuben der zwischenmenschlichen Kommunikation Konkurrenz machen – überall glotzen die Leute gebannt in die Röhre.

Auffallend sind – vor allem in den Großstädten und ganz besonders in Brasilien – die krassen Einkommensunterschiede benachbarter Menschen. Während ein Drittel der Brasilianer ein Leben in

Wohlstand führen kann, muß sich über die Hälfte der Bevölkerung mit dem Existenzminimum zufriedengeben. Diesen Kontrast gibt es in den meisten afrikanischen Staaten nicht – dort ist eigentlich jeder arm.

Adiós América. Wieder einmal waren es die freundlichen Menschen, die diesen Teil der Erde so liebenswert gemacht haben. Die Nacht vergeht – im Wortsinne – im Flug. Sanft landet der Aluminium-Vogel auf dem Rollfeld in Auckland. Geographisch betrachtet gehört Neuseeland zu Australien, zum Fünften Kontinent. Auch auf meiner Reise ist es der fünfte Kontinent.

MAUIS GROSSER FANG

„Ja, das Material ist etwas seltsam", stimmt Sarah an der Rezeption der Jugendherberge in Auckland zu. „Der Vorteil ist, daß sie schnell trocknen."

„Wenn man vergessen hat, sie vor der Wäsche aus der Hosentasche zu nehmen", ergänze ich in Gedanken. Das mag tatsächlich ganz praktisch sein. Erst am Nachmittag dieses Tages werde ich verstehen, was Sarah wirklich gemeint hat.

Die Ankunft in Neuseeland hat Erinnerungen an die Einreise nach Saudi-Arabien geweckt. Wieder wurde auf dem Einreiseformular in roten Lettern mit Strafen gedroht. Diesmal allerdings nicht gleich mit der Todesstrafe, und es ging auch nicht um Drogen. Die Angst der Neuseeländer dreht sich um eingeschleppte Seuchen, besonders um die Maul- und Klauenseuche.

Während man in der Ankunftshalle am rotierenden Förderband auf sein Gepäck wartet, erklingt alle fünf Minuten eine freundliche Frauenstimme aus den Lautsprechern an der Decke: Es sei noch nicht zu spät, kritische Produkte wie Fleisch, Milchpulver, Honig zu deklarieren oder etwa Pflanzen und Tierfelle. Bei falschen Angaben drohe eine „instant fee" – eine Sofortstrafe. Große Schilder warnen, daß bewußt gemachte Falschangaben fünfstellige Geldbußen und sogar Freiheitsentzug zur Folge haben können.

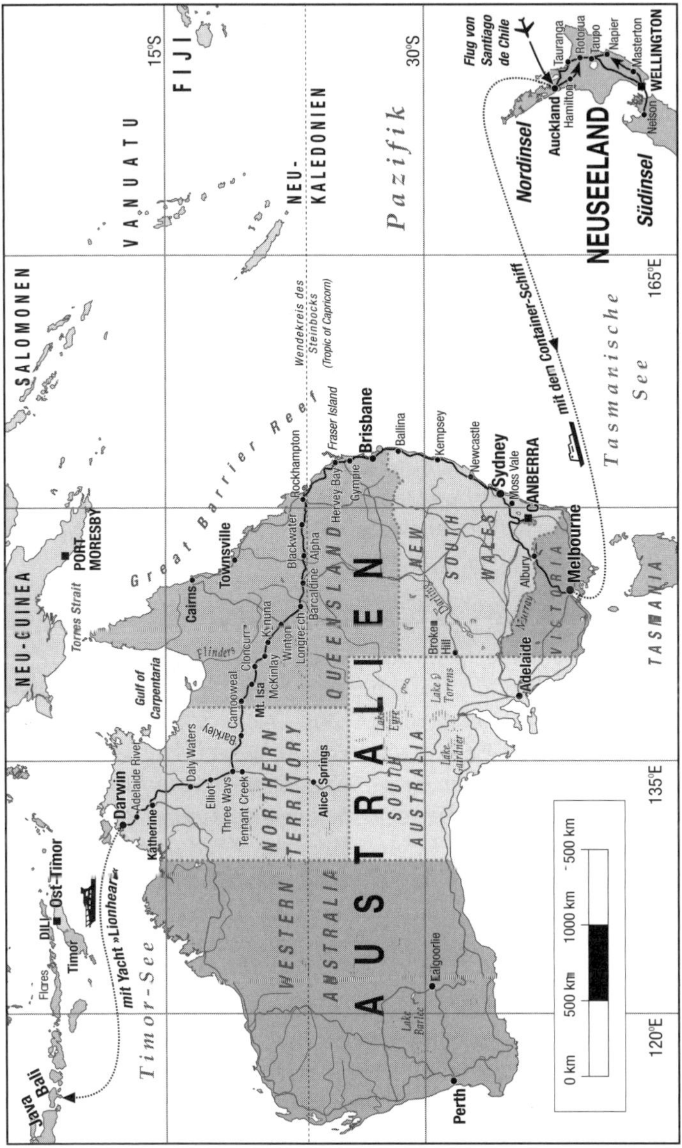
NEU-GUINEA
PORT MORESBY
SALOMONEN
VANUATU
FIJI
NEU-KALEDONIEN
Pazifik
15°S
30°S
Wendekreis des Steinbocks (Tropic of Capricorn)
Torres Strait
Great Barrier Reef
Gulf of Carpentaria
Java
Bali
Flores
Timor
DILI
Ost-Timor
mit Yacht »Lionheart«
Timor-See
Darwin
Adelaide River
Katherine
Daly Waters
Elliot
Three Ways
Tennant Creek
Barkley
Camooweal
Mt. Isa
Cloncurry
McKinlay
Kynuna
Winton
Longreach
Barcaldine
Alpha
Blackwater
Rockhampton
Cairns
Townsville
Hervey Bay
Gympie
Fraser Island
Brisbane
Ballina
Kempsey
Newcastle
Sydney
Moss Vale
CANBERRA
Albury
Melbourne
Adelaide
Broken Hill
Lake Eyre
Lake Torrens
Lake Gairdner
Lake Barlee
Kalgoorlie
Perth
Alice Springs
AUSTRALIEN
WESTERN AUSTRALIA
NORTHERN TERRITORY
SOUTH AUSTRALIA
QUEENSLAND
NEW SOUTH WALES
VICTORIA
TASMANIA
Murray
Darling
Flinders
mit dem Container-Schiff
Tasmanische See
Flug von Santiago de Chile
Nordinsel
Südinsel
NEUSEELAND
Auckland
Hamilton
Tauranga
Rotorua
Taupo
Napier
Masterton
WELLINGTON
Nelson
0 km
500 km
1000 km
500 km
120°E
135°E
165°E

Die Immigration bereitet überhaupt keine Probleme. Niemand fragt nach dem angeblich so wichtigen Rück- oder Weiterflug-Ticket. Der Zoll durchleuchtet die Packtaschen – keine Beanstandungen. Weiter zum Seuchenschutz. Dort sind sie so freundlich, das Fahrrad erst einmal gründlich zu putzen. Mein Angebot, selbst den südamerikanischen Staub vom Rahmen zu wischen, lehnen sie höflich ab: „Wir reinigen hier tagtäglich alles mögliche." Dann fragen sie, ob ich während des letzten Monats auf einem Bauernhof gearbeitet habe, kontrollieren meine Schuhsohlen und inspizieren am Ende das Zelt auf „bugs".

In der Empfangshalle begegnet mir eine Königin: Queen Elizabeth II. Gleich fünfmal. Sie lächelt mir von den grünen 20-Dollar-Noten zu, die der Geldautomat herausschiebt. Die Queen auf Neuseelands Geldscheinen? Stimmt, da war doch was! Die britische Königin ist auch die Repräsentantin dieses Landes, obwohl es seit 1947 unabhängig ist und außerdem von England so weit entfernt wie kein anderer Commonwealth-Staat. Vertreten wird die Königin in Wellington von einem Generalgouverneur.

An den Geldscheinen fällt sofort das eigenartige Material auf: glatt und fest, und wenn man versucht, sie zu falten, springen sie wieder auf wie eine Feder. Sie fühlen sich an wie Kunststoff.

„Der Vorteil ist, daß sie schnell trocknen", sagt Sarah jetzt an der Rezeption der Jugendherberge. Und sie denkt dabei nicht an die vergessenen Scheine in der Wäsche. Als ich am Nachmittag durch Auckland wandere, um einige Besorgungen zu machen, verstehe ich. Nun zeigt das Wetter seinen Inselcharakter: reinstes Aprilwetter mit reichlich Niederschlägen und kaltem Wind. Auf strahlenden Sonnenschein folgen Regengüsse, die einen innerhalb von Sekunden bis auf die Haut durchnässen. Sie kommen so schnell und ergiebig, als würde jemand einfach einen Wasserhahn über Auckland auf- und wieder zudrehen. Trotz dieses launischen, kalten Wetters laufen viele Neuseeländer in kurzen Hosen und im T-Shirt umher. Mit schnelltrocknenden Geldscheinen in den Taschen.

Die Erledigungen sind schnell gemacht. Alles läuft wie am Schnürchen. Der Reiseführer, den mein Freund Tom von der Südinsel postlagernd nach Auckland geschickt hat, ist nur einen Tag später hier eingetroffen. Landkarten gibt es in so reicher Auswahl, daß die Entscheidung schwerfällt. In Südamerika war ich froh, wenn sich überhaupt irgendwo eine Landkarte auftreiben ließ.

Der Blick in den Reiseführer bestätigt, daß die Infrastruktur in ganz Neuseeland hervorragend ist. Alle naslang gibt es Campingplätze und Herbergen für Rucksackreisende. Einkaufsmöglichkeiten bieten die kleinsten Siedlungen, und die Wasserversorgung scheint in diesem regenreichen Land sowieso völlig unproblematisch zu sein. Es ist wirklich alles absolut easy hier. Das riecht nach Urlaub – ja, das wird der erste Urlaub seit über zwei Jahren.

Eines Tages fuhr Maui, der Halbgott, mit seinen Brüdern in einem Kanu zum Angeln aufs Meer hinaus. Sie stießen sich mit dem Boot vom Ufer der Insel Hawaiki ab, ihrem Heimatort im Pazifik, und paddelten lange hinaus auf den Ozean. Als sie schon sehr weit gefahren waren, warf Maui seinen magischen Angelhaken aus, den Kieferknochen seiner Großmutter, die eine Hexenmeisterin gewesen war.

Nach einer Weile spürte Maui, daß etwas sehr Großes am Haken hing. Unter Aufwendung aller Kräfte holte er mit den Brüdern einen riesigen Fisch an die Wasseroberfläche, der sich im nächsten Moment in festes Land verwandelte – in die Nordinsel Neuseelands. Mauis Kanu wurde sogleich zur Südinsel.

Mit dieser Legende erklären die Maori, die ersten Bewohner der beiden großen Inseln, die Entstehung Neuseelands. Die Maori kamen in mehreren Einwanderungswellen aus der Inselwelt Polynesiens, mit einer ersten Migration vermutlich vor 1000 Jahren. Wo genau Hawaiki lag, ist ungewiß. Trotz der Namensähnlichkeit handelt es sich jedenfalls nicht um das weiter entfernte Hawaii. Einige Experten vermuten, daß es eine der Marquesas-Inseln war, die heute zu Französisch Polynesien gehören.

Das neue Land nannten die Polynesier „Aotearoa" – „Land of the long white cloud – Land der langen weißen Wolke". In Anspielung auf die spätere Besiedlung Neuseelands durch die Europäer, hauptsächlich Briten, die im größeren Stil im 19. Jahrhundert begann, tönt gelegentlich auch die Version: „Land of the wrong white crowd".

Die frühen europäischen Seefahrer wurden in diese Weltgegend von der Vermutung getrieben, es müsse doch einen riesigen und bestimmt auch sehr reichen Kontinent auf der Südhalbkugel geben, der die Landmasse der nördlichen Hemisphäre ausbalanciert.

Der Holländer Abel Tasman kam im Dezember 1642. Er erblickte nur die Westküste Neuseelands und trug sie als Teil Südamerikas in seine Seekarte ein. Sein Gastspiel war kurz, da Teile der Mannschaft von feindseligen Bewohnern getötet und aufgefressen wurden. Erst 130 Jahre später entwickelte James Cook auf mehreren Expeditionen ein genaueres Bild von Neuseeland, erkannte es als eine Insel und widerlegte die Legende vom großen Kontinent im Südpazifik.

Die ersten Siedler setzten dann vom benachbarten Australien über, das anfangs als Sträflingskolonie der Engländer gedient hatte. In der folgenden Zeit führten intensiver Robben- und Walfang fast zur Ausrottung dieser Tiere in Neuseelands Gewässern. Als zu Beginn des 19. Jahrhunderts mehr und mehr Siedler direkt aus England einwanderten, rückten Schafzucht und Landwirtschaft in den Vordergrund. 1840 wurde Neuseeland offiziell als britische Kolonie annektiert und erst 100 Jahre später unabhängig. Die Maori-Kultur war zu dieser Zeit fast ausgelöscht. Neuseeland ist heute ein sehr europäisch wirkender Staat.

Aus dem zentralen Plateau der Nordinsel ragen drei große Vulkane empor: Tongariro, Ruapehu und Ngauruhoe. Sie sind heute noch aktiv – der Ruapehu brach zuletzt 1995 aus. Das Gebiet um diese drei Berge wurde bereits 1894 zum Nationalpark erklärt.

Eine Tageswanderung über den knapp 2000 Meter hohen Tongariro-Gipfel führt durch schwarze Mondlandschaft, die in den höheren Lagen auch im Frühling noch unter Schnee liegt. Nach steilem Aufstieg geht es zunächst am Ngauruhoe vorbei, aus dessen Gipfel unablässig eine Dampfwolke aufsteigt. Auch an einigen Stellen am Tongariro-Gipfel dampft der Boden, der hier warm ist wie ein Heizkissen. Beim Abstieg passiert man smaragdgrüne Seen, bevor sich schließlich der Weg flacher durch dichten Regenwald mit Farnen und Bächen zieht.

Rund 20 Wanderer sind an diesem Frühlingstag zur Tongariro-Überschreitung aufgebrochen. Das ist recht angenehm, da sich ein paar kleine Gruppen bilden und ich somit nicht allein marschieren muß. Zur Hauptsaison allerdings möchte ich hier nicht sein, wenn bis zu 700 Besucher täglich den Track unter die Füße nehmen.

Die drei Berge bilden das Südende einer Linie, auf der die Erde besonders aktiv ist. Weiter im Norden – in und um die Stadt Rotorua – blubbern Schlammpools und brodeln Wasserlöcher vor sich hin, so heiß, daß man in ihnen Eier kochen kann. Aus Straßengullis steigt Dampf auf, ebenso aus Teichen und Erdspalten in den Gärten und Parks. In der ganzen Stadt riecht es streng nach Schwefel.

Einige Geysire schießen in dieser Region ihre Fontänen mehr oder weniger regelmäßig aus dem Boden. Der Geysir „Pohutu" ist fast ständig aktiv. Beim „Lady Knox Geysir" südlich von Rotorua helfen die Neuseeländer ein wenig nach, um den Touristen die Reiseplanung zu erleichtern: Da kippen sie Waschpulver in den Schlund des Geysirs, damit er jeden Morgen pünktlich zur gleichen Zeit ausbricht.

Tongariro-Überschreitung: Vulkane und smaragdgrüne Seen

Nach zwei Wochen im Norden Neuseelands setze ich von Wellington auf die Südinsel über. Vom Anleger in Picton sind es nur noch 150 Kilometer westlich nach Nelson, wo meine Freunde wohnen, die vor einigen Jahren von Erlangen hierher ausgewandert sind. Ihnen werde ich einen Besuch abstatten, dann eine Runde um die Südinsel drehen und schließlich mit einem Schiff nach Australien übersetzen. So sind meine Pläne. Aber es soll wieder einmal ganz anders kommen.

TOMS HÜTTE

Die verbreitete Weisheit „In Neuseeland gibt es mehr Schafe als Einwohner" sagt über die Wirklichkeit etwa soviel aus wie „Die USA sind größer als Frankreich." Wahr ist das eine wie das andere. Bezüglich der Dimensionen führt es aber eher in die Irre. Tatsächlich kommen nämlich auf die 3,5 Millionen Menschen Neuseelands 50 bis 60 Millionen Schafe. Vielleicht sogar noch mehr – die genaue Zahl der Schafe ist nicht bekannt. Registriert sind nur Menschen und Autos.

Im Mai 1999 kam eine deutsche Einwanderer-Familie auf der Südinsel an, die den Schaf-Mensch-Quotienen nachhaltig gedrückt hat: Nicole, Tom und ihre Kinder haben bis heute nur 16 Schafe, obwohl sie als sechsköpfige Familie eigentlich 90 haben müßten. Sie arbeiten aber daran aufzuholen.

Wenige Tage vor ihrer Ausreise hatten wir im Frühling 1999 im fränkischen Neunkirchen auf ihrer Terrasse gesessen und Abschied gefeiert. Dann flogen sie aus – auf die andere Seite der Erdkugel. Anderthalb Jahre später brach ich meine Zelte in Deutschland ab, und nach weiteren zwei Jahren und 35.000 geradelten Kilometern sitzen wir jetzt auf der Terrasse ihres neuen Hauses zusammen und stoßen auf unser Wiedersehen an.

Das gelbe Holzhaus mit dem grünen Dach ist seit knapp einem Jahr fertiggestellt. Während ihrer ersten Monate in Neuseeland lebte die Familie in Zelten auf dem Campingplatz von Nelson. Als das Wetter schlechter wurde, schaffte Tom einen gebrauchten Wohnwagen herbei. Die Kinder mußten nun, wenn es regnete, mit ihren Schularbeiten nicht mehr in die Gemeinschaftsküche des Campingplatzes ausweichen. Ihre Lehrer waren übrigens – bis sie im September in die reguläre Schule gingen – die Eltern.

Hab und Gut der Neuankömmlinge lagerten in einem 40-Fuß-Container in Nürnberg, der erst ein Vierteljahr später mit dem Schiff die Reise um den halben Globus antrat. Bis die Sachen in Neuseeland eintrafen, mußten die beiden ein Grundstück gefunden und eine Scheune gebaut haben, um den Inhalt des Containers unterstellen zu können.

Nach drei Wochen waren alle in Frage kommenden Grundstücke in der Umgebung von Nelson abgeklappert. Von etwa 15 Angeboten blieben nur zwei in der engeren Auswahl. „Da saßen wir auf dem Campingplatz auf heißen Kohlen", sagt Tom. „Das mit dem Grundstück mußte ja klappen, sonst wäre das Unternehmen ‚Auswandern' den Bach runtergegangen." Nach längeren Verhandlungen einigte man sich mit einem der Verkäufer, und Ende Juli 1999 besaßen sie 15 Hektar neuseeländisches Land.

Die erste Großaktion war der Bau einer knapp ein Kilometer langen Schotterstraße durch das hügelige Gelände bis zu der Stelle, an der das Haus später stehen sollte. Als nächstes wurden Wasser- und Stromleitungen gelegt.

Anfang Oktober kam der Container aus Deutschland an. Die Scheune war inzwischen fertig, und es war auch noch Zeit geblieben, 1800 Bäume anzupflanzen. Ich erinnere mich an den Brief, den Tom uns damals nach Deutschland schrieb: „Wir pflanzen gerade Bäume auf dem Grundstück – als Versicherung für unsere Kinder." Das klang in deutschen Ohren doch recht seltsam.

Ihre dreiwöchige Arbeit war aber schon nach kurzer Zeit zunichte gemacht, weil die unkontrolliert herumlaufenden Schafe des Nachbarn kamen und die Setzlinge fast vollständig wegfraßen. Ein Jahr später wurde die Pflanzaktion wiederholt, als das eigene Grundstück eingezäunt war: 800 Kiefern, 200 Lärchen und 800 Macrocarpa, ein einheimischer Nadelbaum, wachsen seitdem an einem Hang. Ernte des Holzes wird in 20 bis 25 Jahren sein.

Im September war die Familie mit zwei Zelten und dem Wohnwagen vom Campingplatz auf das Grundstück umgezogen. Mit Strom, Wasser und einem Gasbrenner gab es dort inzwischen ausreichende Infrastruktur. Warmwasser produzierte ein langer schwarzer Schlauch, der in der Sonne lag. In der Scheune wurde eine Waschmaschine angeschlossen, ebenso der Computer, der Tom jetzt bei der Hausplanung unterstützte. Erste Entwürfe hatte er mit dem Zeichenstift auf Transparentpapier bereits auf dem Campingplatz gemacht.

Die Pläne passierten den Familienrat und gingen dann an den Architekten zur Design-Absprache. Nachdem sie von einem Bauingenieur abgesegnet waren, reichte Tom sie bei der Bezirksverwaltung ein, die nach vier Wochen ihr Okay gab.

Bis Mitte 2000 war mit Hilfe von Freunden und Nachbarn der Rohbau hochgezogen; danach ging alles etwas langsamer voran. Im Oktober wanderte das Zelt, das durch die starke Sonneneinstrahlung brüchig geworden war, in das Untergeschoß des werdenden Hauses. Als dann die unteren Zimmer Gestalt annahmen, wurde das Zelt ins obere Stockwerk versetzt. Am 11. Mai 2002 konnten Tom und seine Familie schließlich die Zeltplanen zusammenlegen und endgültig in ihr Haus einziehen – auf den Tag genau drei Jahre nach ihrer Ankunft in Neuseeland.

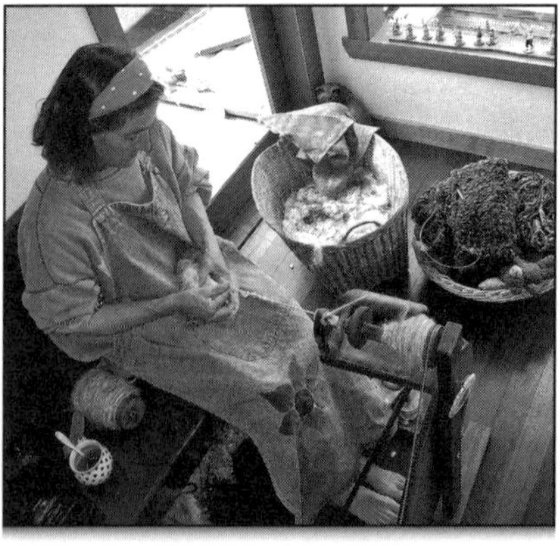

Nicole verspinnt ihre Schafwolle

Nicole hatte in der Zwischenzeit ein paar Hühner geschenkt bekommen und fünf Schafe gekauft. Die Wolle verspinnt sie und strickt daraus dicke, grobe Pullover, die sie auf dem Markt von Nelson verkauft. Das Interesse ist so groß, daß sie derzeit noch Wolle zukaufen muß, aber die Schafherde wird ja langsam größer. Daneben verdient Nicole durch gelegentliche Vertretung in der Grundschule Geld hinzu.

Tom hat, nachdem die Arbeit an Haus und Grundstück kein Fulltime-Job mehr ist, Lehrtätigkeit an der Technischen Hochschule in Nelson aufgenommen. Nebenher arbeitet er auf einem benachbarten Weingut. Er hat auch schon mit dem Gedanken gespielt, selbst Wein anzubauen, doch das Risiko sei sehr groß. „Der Aufwand ist hoch, und Schädlinge können leicht die gesamte Ernte zerstören." Wichtig bei dem Versuch, in Neuseeland Fuß zu fassen, sind gute Kontakte und Flexibilität. Und ein gesundes Selbstvertrauen, wie es den Neuseeländern eigen ist: Wenn man mal irgendwo beim Hausbau mit angepackt hat, dann sollte man sich ruhig als „Builder" bezeichnen – auch ohne irgendwelche amtlichen Prüfungen.

Die Kinder haben sich ebenfalls gut in Neuseeland eingelebt. Charly, der Jüngste, spricht besser Englisch als Deutsch; Hobbys der drei älteren Jungen sind landestypische Sportarten wie Rugby und Baseball.

Im Hafen von Nelson erkundigen sich Tom und ich nach Schiffsverbindungen Richtung Australien. Schnell stellt sich aber heraus, daß selbst auf dieser relativ kurzen Strecke alle Welt fliegt. Regelmäßige Fähren gibt es schon lange nicht mehr. Die Schiffsagenturen verweisen an einen Agenten in Napier auf der Nordinsel, der Frachtschiffreisen vermittelt.

Zur gleichen Zeit meldet sich Ann aus einem Reisebüro in Wellington, die mir letzte Woche noch Hoffnung gemacht hat, daß sich auf der Südinsel wohl ein Schiff finden würde. Ihre neueste Information ist nun, daß nur von Auckland aus gelegentlich Containerschiffe starten, die auch Passagiere mitnehmen. Das nächste legt in 14 Tagen ab.

Was soll ich tun? 1000 Kilometer zurück über die Nordinsel nach Auckland radeln? Oder die Südinsel erkunden und dann von Christchurch aus fliegen? Der Entschluß steht bald fest: Das Nichtfliegen, das langsame Reisen geht vor. Ich werde zurück nach Auckland radeln und mit der „America Star" vier Tage lang durch die Tasman Sea nach Melbourne schippern.

DIE LETZTE REISE DER „AMERICA STAR"

Die „M/V America Star" ließ auf sich warten. Ursprünglich sollte das englische Containerschiff am Montag in Auckland einlaufen, dann war vom Dienstag die Rede, am Mittwoch kam es schließlich. Mysteriöse Ereignisse hatten für die Verspätung gesorgt. Lilias, die alte schottische Dame, sollte später davon berichten.

Am Eingang zum Containerhafen wartet auch Pirkko, eine finnische Schriftstellerin und Journalistin. Sie hat aus ähnlichen Motiven wie ich das Schiff als Transportmittel gewählt: langsam reisen und das Gefühl für die Distanzen bewahren. Einmal ist es ihr schon gelungen, die Erde in vielen Einzeletappen ausschließlich mit Überlandfahrten und Schiffspassagen zu umrunden. Dieses Mal mußte sie auf dem Weg von Finnland nach Neuseeland zwischendurch ein Flugzeug besteigen, weil sie von einer Pazifikinsel anders nicht weiterkam.

An Bord des Schiffes werden wir zu unseren Kabinen geführt. Unglaublich, was für ein Luxus sich hinter diesen nüchternen Gängen im Schiffsaufbau verbirgt: Die Zimmer sind eingerichtet mit plüschbezogenen, breiten Betten, mit Sesseln, einem langen Schreibtisch, mit blitzblank polierten Holzschränken und -kommoden und mit einem eigenen Bad. Kein Wunder, daß die Seereise mehr kostet als ein Flug. Das sind vier Tage Vollpension in einem schwimmenden First Class-Hotel.

Bei einer ersten Erkundungstour unter Deck wabert mir im Gang eine satte Alkoholwolke entgegen: Rum oder Bourbon oder so etwas Ähnliches. Ich werfe einen Blick durch die nächste Tür und sehe eine Lounge mit schweren Sesseln, einer großen Bücherwand, einem Fernseher und einer Bar. Dort hält Collin den Barkeeper auf Trab.

Der 65jährige Neuseeländer ist ein paar Stunden vor uns an Bord gegangen, um die Verladung seines Reisegepäcks zu überwachen – zweier Container mit Rennpferden. Für ihn ist diese Fahrt nach Melbourne eine Dienstreise, wie er sie in den letzten vier Jahren schon 60mal gemacht hat. Sein Job ist es, Pferde, die in Neuseeland großgezogen und dann in Australien auf die Rennbahnen geschickt werden, während der Überfahrt zu betreuen.

Collin versorgt die Rennpferde, die in speziellen Containern nach Australien reisen

„Die teureren Pferde – 35.000 US$ und aufwärts – fliegen. Diese hier sind knapp 20.000 Dollar wert, da wäre der Flug zu teuer. Mit dem Schiff kostet es nur die Hälfte“, erklärt er.

Die Tiere werden in Spezialcontainern transportiert, die entfernt Ähnlichkeit mit großen Würstchenbuden haben. Sie stehen in der Mitte des Schiffes, umgeben von Bergen anderer Container, so daß die Pferde vor Wind und Seewasser geschützt sind. Dreimal täglich wird Collin während der Reise dorthin marschieren, um auszumisten und die Tiere zu füttern.

Erst beim Abendessen erfahre ich, daß das Schiff aus England über Amerika gekommen ist und nicht etwa ständig zwischen Australien und Neuseeland pendelt. Fünf Passagiere sind im Osten der USA zugestiegen, von wo die Reise durch den Panamakanal und vorbei an den Pitcairn-Inseln nach Auckland ging. Vier von ihnen haben heute die Gelegenheit genutzt, den Fuß nach mehreren Wochen wieder einmal auf festen Boden zu setzen.

Lilias hat auf den Landgang verzichtet. Die fast 80jährige, rüstige Schottin, die ihren Kopf nie hektischer bewegt als eine Uhr ihren Minutenzeiger, fühlt sich auf dem Schiff wohl. Sie hätte offenbar kein Problem, wenn die ganze Welt nur aus Ozeanen bestehen würde. Glanz kommt in ihre Augen, als sie von einem Kreuzfahrtschiff erzählt, auf dem man sich ganze Appartements mieten kann.

Sie erklärt uns auch den Grund für die Verspätung der „America Star": Im Pazifik wurde der Kapitän informiert, daß eine Funkboje in seiner Umgebung Notsignale aussende. Nach den Gesetzen auf hoher See hat dasjenige Schiff zu Hilfe zu eilen, das den in Seenot geratenen am nächsten ist. Der Umweg kostete sie in der Weite des Ozeans mehr als einen Tag. Der Versuch, die Boje einzufangen, schlug jedoch fehl. Falls hier tatsächlich eine Segelyacht gesunken ist, kam allerdings ohnehin ihre Hilfe zu spät.

Kurz nach Sonnenuntergang legen wir ab, rasch entfernt sich Aucklands Skyline. Für die „America Star" ist diese Reise die letzte Fahrt. Nach dreißig Jahren gehe das Schiff nun in den Ruhestand, erzählt der schottische Chefmaschinist. Es würde nicht mehr durch den Schiffs-TÜV kommen, weil mit der Zeit die Außenwände einfach zu dünn geworden sind. Bis auf den Chefmaschinisten und den Kapitän, der ebenfalls aus Schottland stammt, ist die 31köpfige Besatzung rein philippinisch. Eine typische Kombination, da die Ostasiaten sehr billige Arbeitskräfte sind.

Zum Frühstück finden sich die Gäste und der Kapitän stets genau um halb neun im Dining Room ein. Zu dieser Zeit sind die Langzeitpassagiere schon einige Stunden wach; sie haben sich in den letzten Wochen einen festen Tagesrhythmus angewöhnt. Jan macht bereits um sechs Uhr seinen Morgenspaziergang. Der führt von dem Aufbau mit den Kabinen zu den Containern hinunter, links an der Ladung vorbei, hinauf auf das Vorschiff, um die schweren Stahlseilwinden herum und auf der anderen Seite der Container wieder zurück – ein Marsch von etwa zehn Minuten, wenn man nicht zu schnell geht.

Jan stammt aus Flagstaff in Arizona. Ein kräftiger, gutaussehender Mann, den ich bei unserer ersten Begegnung auf Ende 40 schätzte. Als er später erwähnte, daß er Rentner ist, fragte ich nach seinem Alter: Er wird demnächst 60. Jan war Feuerwehrmann und hat immer relativ sparsam gelebt, vor allem keine Schulden gemacht, was in den USA ja eher ungewöhnlich ist. Als er 54 war, hat er sich ausgerechnet, daß ihm seine Pension ausreicht. Er wollte die Zeit jetzt genießen und nicht warten, bis er nicht mehr reisen kann. Ein Freund von ihm hatte gerade einen Schlaganfall gehabt, der ihn halbseitig lähmte, ein anderer erblindete innerhalb eines Jahres.

Auch Bill und Nancy stammen aus den Staaten. Sie sind beide Mitte sechzig und unternehmen zum ersten Mal eine solche Schiffsreise. Die andere Nancy, ebenfalls aus den USA, ist im gleichen hohen Alter wie die Schottin Lilias. „Die beiden sind auf Schiffen aufgewachsen“, witzelt Bill. Wahr ist jedenfalls, daß für die beiden alten Damen das Schiff immer die großartigste Weise zu reisen war. Bis zum achtzigsten Lebensjahr wollen sie noch über die Weltmeere kreuzen, bevor sie sich dann gewissermaßen in den Ruhestand versetzen lassen.

Nach vier Tagen durch die Tasman Sea laufen wir nachts im Hafen von Melbourne ein. Im Norden glänzen die Lichter der Großstadt. Sofort sind wieder diese hochbeinigen Spezialfahrzeuge da, die Container bringen und fortfahren, die von gigantischen Schienenkränen auf das Schiff auf- und vom Schiff abgeladen werden. Zwischen all den riesigen Maschinen wirken die Container wie Brotkrümel. Es herrscht ein Gewimmel wie auf einer Ameisenstraße. Und doch ist in diesen Häfen alles bestens organisiert: In Auckland hielt sich das Schiff gerade einmal acht Stunden auf.

Nach einem letzten reichhaltigen Frühstück gehen wir von Bord. Auf Pirkko wartet am Hafenausgang ihre Tochter, die mit ihrem australischen Mann in der Nähe von Melbourne lebt. Bill und Nancy werden überland zum Ayers Rock und dann nach Sydney reisen, um von dort in die USA zurückzufliegen. Jan fliegt zu einem Bekannten nach Perth und dann über Sydney zurück in die Staaten. In Sydney werden wir uns wiedertreffen. Collin fliegt nach der Übergabe der Pferde an die neuen Besitzer nach Auckland zurück.

Nancy und Lilias werden nach ihrer Stadtbesichtigung zum Schiff zurückkehren. Mit der „America Star“ fahren sie weiter nach Sydney und dann wieder den weiten Weg über den Pazifik zurück in die Staaten.

LISTEN TO THE EARTH – ODER: DIE BOTSCHAFT DER ABORIGINES

Das erste Känguruh, das ich in Australien sah, war ziemlich angefressen. Es muß schon eine ganze Weile hier am Straßenrand zugebracht haben. Blank um die Rippen und mit einem zum Teil blanken Schwanz. Überhaupt war nur am Schwanz zu erkennen, daß es einmal ein Känguruh war und nicht etwa ein Hund. Viel größer als Schäferhunde sind die gewöhnlichen Känguruhs nämlich gar nicht. Manch Australier weist gern darauf hin, daß es ja auch „Wallabys" seien. Schaut man dann in einem schlauen Buch nach, erfährt man, was Wallabys sind: Känguruhs.

Das angefressene Känguruh lag neben einer Schotterpiste, die kaum befahren war. Trotzdem war das arme Tier bestimmt nicht an Herzversagen gestorben. Nur ein paar Kilometer weiter – inzwischen wieder auf einer größeren Straße – dann das zweite Känguruh. Ebenfalls angefahren, aber wesentlich frischer. Ein paar hundert Meter danach das dritte.

Auf meinem weiteren Weg nach Canberra gab es Streckenabschnitte, auf denen es angeraten war, vorausschauend zu atmen, immer zwischen zwei Kadavern, denn sie stinken bestialisch. Äußerst unangenehm ist das unsichtbare Fleisch, das im Gebüsch neben der Straße verwest. Ohne Vorwarnung ziehst du mitunter eine satte Wolke dieser modernden Känguruh-Moleküle ein, und jedesmal hast du das Gefühl, du hast dir nun auch den Tod in die Lungen gesogen oder zumindest eine häßliche Seuche.

In Canberra sah ich dann Känguruhs zwei oder drei Mal in der Pfanne. Sie schrumpeln nicht beim Durchbraten, und das Fleisch ist sehr zart. Allerdings ist es auch nahezu ohne Geschmack. Später kam das Känguruh auf der Pizza. Heiko, ein Traveller aus Deutschland, hatte dazu eingeladen, bevor er wieder nach Hause flog. Daneben gab es Krokodilpizza. Die Känguruhpizza war nicht schlecht, aber das Krokodil gewann den Vergleich.

Die erste Gruppe freilebender Känguruhs begegnete mir erst viele Wochen später auf dem Menschenfriedhof von Barcaldine.

In Australien mit dem Schiff anzukommen, ist natürlich ein ganz anderes Erlebnis, als auf einem Flughafen zu landen. In den vier Tagen, die das Schiff zwischen Auckland und Melbourne unterwegs war, hätte ich im Flugzeug zweimal die Erde umrunden können. Fliegen ist eine zeitlose und sehr beliebige Sache. Die langsame Reise über das Wasser läßt Mutter Erde bleiben, was sie ist: eine wirklich ziemlich große Kugel.

Melbourne verursacht einen großen Klecks auf der australischen Landkarte. Die drei Millionen Einwohner breiten sich auf einem riesigen Gebiet mit zahllosen Vororten um das Zentrum herum aus. Man spricht in den australischen Metropolen von den „inneren und äußeren Vorstädten".

Erst nach mehr als 40 Kilometern ist Melbourne zu Ende. Dann aber ist man urplötzlich mitten in der Natur. Ortschaften werden nun selten, die Fahrt geht durch weites Farmland und gelegentlich durch Eukalyptuswälder. Grüne und rote und kunterbunte Papageien fliegen umher, Schwärme weißer Kakadus steigen mit ohrenbetäubendem Gekrächze aus den Baumkronen auf. Überlaut auch die Millionen von Zikaden, die im Gebüsch monoton zirpen.

Das Nebeneinander von Alt und Neu ist typisch für Melbournes Stadtbild

Einige der weit verstreuten Ortschaften, beispielsweise Beechworth und Yackandandah, haben perfektes Wildwest-Flair. Sie durchlebten Mitte des 19. Jahrhunderts den großen Goldrausch, während dessen sich innerhalb von zehn Jahren Australiens Bevölkerung auf mehr als eine Million Einwohner verdoppelte. In dieser Zeit waren viele Bushranger unterwegs. Die Bezeichnung mag etwas irreführend sein. Bushranger waren nicht etwa die Guten, sondern die Bösen: Sie überfielen Postkutschen und Goldtransporte. Ned Kelly war der bekannteste unter ihnen. Berühmt war seine schwere Rüstung, die Kopf und Körper schützte und ihn bei seinen Überfällen beinahe aussehen ließ wie einen Roboter.

Die Bushranger agierten mit dem Rückhalt der Landbevölkerung, da sie auch als Aufmüpfige gegen die Obrigkeit angesehen wurden. Ned Kelly wird noch heute von vielen Australiern als Idol verehrt. 1880 wurde er in Glenrowan mit seinen Komplizen gestellt und vier Monate später in Melbourne zum Tode verurteilt. „So ist das Leben", soll er zum Schluß gesagt haben.

In Quizspielen taucht immer wieder die Frage nach der australischen Hauptstadt auf. Wäre „Sydney" die richtige Antwort, würde die Frage nicht gestellt. Man denkt noch an Melbourne, vielleicht auch an Adelaide. Aber Canberra?

Als sich vor rund 100 Jahren die sechs australischen Kolonien zu einem Staat vereinigten, konnten die Politiker nicht übereinkommen, ob Sydney oder Melbourne zur Hauptstadt erkoren werden sollte. Die Staatsgründer entschieden sich schließlich für einen Kompromiß und beschlossen, in der bergigen Landschaft zwischen den beiden Konkurrenten eine neue Stadt aufzubauen.

Niemanden habe ich getroffen, der etwa sagte: „Canberra – ja, ist ganz nett." Die Stadt wird von ihren Besuchern entweder geliebt oder nur mit abfälligen Bemerkungen bedacht. Dazwischen gibt es nichts. Der Amerikaner Walter Burley-Griffin plante die Hauptstadt Anfang des vorigen Jahrhunderts auf dem Reißbrett, seit den 20er Jahren wuchsen dann seine Betonstrukturen langsam aus dem Boden. Bis heute ist die Bauphase nicht ganz abgeschlossen.

Canberra ist so weiträumig angelegt, daß man sich immer wieder in parkartiger Landschaft mitten in der Stadt wiederfindet. Ein

Zentrum ist kaum auszumachen – das große Schild „City Centre" an der Northbourne Avenue ist wirklich sehr hilfreich.

Die Gesamtanlage ist ringförmig mit dem neuen Parlament im Zentrum dieser Ringe (das jedoch nicht das City Centre ist). Die beherrschende Achse ist die zwischen dem neuen Parlament und dem Australian War Memorial, einem nüchternen grauen Klotz, der aussieht wie Dagobert Ducks Geldspeicher. Zwischen dem Parlament und dem Gedenkbau für die Kriegstoten erstrecken sich vier Kilometer Parklandschaft, unterbrochen vom aufgestauten Burley-Griffin-See.

Auf dieser Achse liegt auch das alte Parlament, aus dem die Politiker 1988 umzogen in das neue, futuristische Gebäude mit der riesigen Flagge über dem Dach. Anlaß für den Umzug war die Feier „200 Jahre Australien". Ein heftiger Affront gegen die Aborigines, die ja schließlich seit mehr als 50.000 Jahren auf diesem Kontinent leben. Dem alten, so ehrwürdig erscheinenden Parlament steht ein eigenartiges Graszelt gegenüber, exakt ausgerichtet auf das Hauptportal. Darüber weht eine schwarzrote Flagge mit einem gelben Kreis in der Mitte. Etwas abseits steht eine Holzbaracke mit Zeitungsartikeln an der Wand, die an den Beginn der Besetzung dieses Parks erinnern und an die Übergabe einer Petition der Aborigines an die australische Regierung. Die Hauptforderung lautet: Souveränität.

Die sogenannte „Aboriginal Tent Embassy" existiert seit 1972 – eine Zelt-Botschaft der Ureinwohner im eigenen Land. In Wohnzelten neben der Grashütte und der Holzbaracke leben Aborigines und einige sympathisierende weiße Australier zusammen. Auch Winiata Puru, ein Maori aus Neuseeland, hat sich der Bewegung angeschlossen. Er erklärt die Farben der Aboriginal-Flagge: „Schwarz für die Menschen; Rot für das viele Blut, das im Boden versickerte; der gelbe Kreis für die Sonne, die uns die Liebe gibt."

Trotz seines massigen Äußeren ist er ein sehr feinfühliger Mann, der leise und bedächtig spricht. Er möchte nicht fotografiert werden, hat aber nichts gegen die Erwähnung seines Namens. Die Frage, welche Art der „Souveränität" man denn fordert, gibt er an den jungen Darren ab.

Darren ist Mitte zwanzig und dafür verantwortlich, daß das Mahnfeuer vor dem Graszelt nicht erlischt. „Dafür hat mich die Polizei schon mehrmals festgenommen. Es ist nicht erlaubt, in diesem Park ein Feuer zu machen. Mann, ich bin doch mit Feuer groß geworden! Ich weiß doch, worauf ich achtgeben muß!" Darren steht zwischen den Kulturen, denn die Aboriginal-Älteren haben ihm den Auftrag gegeben, das „Heilige Feuer" zu erhalten.

„Was bedeutet eure Forderung nach Souveränität? Wollt ihr die Weißen wieder rausschmeißen?"

„Nein, nein. Das könnten wir ja auch gar nicht. Wir sind nur knapp 400.000 Aborigines unter 18 Millionen Weißen. Außerdem wurde schon genug Blut vergossen, als die weißen Pioniere die Ureinwohner beinahe ausrotteten. Unser Protest wird immer friedlich bleiben. Es geht uns darum, daß wir die vollen Rechte bekommen – nicht nur auf dem Papier. Bis 1963 waren wir nicht einmal auf dem Papier Menschen. Und unsere Kultur muß akzeptiert werden. Wir haben nur das Recht, uns an den weißen Lebensstil anzupassen oder im Gefängnis zu sitzen. Vielerorts geht unsere Kultur ja schon verloren; die Kids trinken, stehlen, rauchen Drogen. So war das vorher ja nicht. Den Alkohol haben doch erst die Europäer gebracht."

Darren am Heiligen Feuer

Auf dem Weg vom Wohnzelt zum Heiligen Feuer erklärt mir Darren, wie man den Bumerang richtig wirft. Er ist ein guter Lehrer. Beim ersten Versuch landet das Ding bereits nach einem Halbbogen im Gras. „Wirf ihn senkrecht ab, schräg gegen den Wind, und nicht aufwärts." Er korrigiert jeden weiteren Versuch, und beim fünften Mal landet die Waffe nach einem weiten Bogen tatsächlich nur ein paar Meter neben uns. Darren strahlt: „Wenn du ihn in einen Schwarm Vögel wirfst, triffst du ziemlich sicher einen. Und wenn nicht, kommt er zurück."

Am Heiligen Feuer wird er wieder ernster: „Cooks Landung an der australischen Küste vor über 200 Jahren war ein schwarzer Tag für uns. Die nachfolgenden Engländer haben unser Land gestohlen und uns ihr System übergestülpt, jetzt wollen sie uns alle zu kleinen schwarzen Mitläufern machen. Wir fordern heute auch, daß die Fehler zumindest anerkannt werden, die die Engländer in den letzten zwei Jahrhunderten gemacht haben. Die Deutschen haben sich für ihre Untaten im Zweiten Weltkrieg wenigstens entschuldigt, haben Mahnmale gebaut. Eine Entschuldigung der australischen Regierung ist bis heute ausgeblieben."

Offen bleiben weiterhin viele Fragen in den Landrechten. Besonders umstritten sind außerdem der Abbau von Uran auf Aboriginal-Gebiet und exzessiver Verbrauch der natürlichen Ressourcen.

„Listen to the Earth" steht auf einem Schild neben ihrem Botschaftszelt. Die wenigen sensiblen Charaktere in der australischen Eroberungsgeschichte – unter ihnen Captain Cook – haben die Aborigines immer dafür bewundert, daß sie ihrer Umgebung nicht mehr entnahmen, als die Natur erneuern konnte. „Listen to the Earth" – das ist ihre wichtigste Botschaft.

SYDNEY UNDERGROUND

Über Sydney scheint die Sonne. Das Opernhaus glänzt im Morgenlicht, die imposante Hafenbrücke spannt sich über das tiefblaue Wasser der weitverzweigten Pazifikbucht. Es ist ein heißer

Tag, doch vom Wasser weht immer wieder eine kühle Brise herüber. Zusammen mit Annett sitze ich in einem Straßencafé am Circular Quay.

Als ich am Tresen Kaffee und Eis bestelle, muß ich kurz an Heiko denken. Er verbringt auch diesen schönen Tag wieder in Sydneys Untergrund – in einer düsteren Tiefgarage im Stadtteil Kings Cross. Es ist schon sein dritter Tag in der Dunkelheit. Die Gedanken sind schnell verdrängt, als Annett und ich wieder das Gespräch aufnehmen. Sie hat vier Monate in Australien gearbeitet und wird in wenigen Tagen zurück nach Deutschland fliegen.

Blick auf die Hafenbucht von Sydney; der Himmel ist vom Rauch der Waldbrände am Stadtrand verdunkelt.

Am Stadtzentrum vorbei bummeln wir zum Darling Harbour. Ein bißchen Muße im Chinesischen Garten, einer Oase zum Entspannen zwischen den sterilen Wolkenkratzern. Meine Gedanken wandern noch einmal zurück zu Heiko. Der arme Kerl! Sitzt jetzt da unten in diesem finsteren Bunker und muß versuchen, sein Auto an den Mann zu bringen.

Annett und ich schippern mit den Sydneyfähren in der Hafenbucht umher. Die Weitläufigkeit dieser großartigen Stadt wird vom Wasser aus besonders offenbar. Frischer Wind weht uns auf den altgedienten Booten um die Nase. Schließlich landen wir im Vorort Manly mit seinem beliebten Strand, reden, beobachten das Leben um uns herum, essen Fish & Chips. Das Leben kann schön sein in Sydney, wenn man nicht gerade ein Auto verkaufen muß. Als wir am frühen Abend zurückfahren, wird uns noch eine partielle Sonnenfinsternis geboten.

Ob Heiko von diesem Schauspiel auch noch etwas erhascht hat? Um 17 Uhr hat er Feierabend – wenn der Backpacker Car Market in Kings Cross geschlossen wird, auf dem Rucksackreisende, die mit Australien durch sind, ihre Autos an die nachfolgenden Rucksackreisenden weiterverkaufen. 17 Uhr Feierabend bedeutet, daß er wenigstens noch drei Stunden lang das Sonnenlicht sieht.

Während der vergangenen sechs Monate hat Heiko den Kontinent umrundet und dabei „EdCars" Tacho um 25.000 Kilometer hochgetrieben. EdCar ist der Ford Falcon, der ihm ein wenig ans Herz gewachsen ist – trotz so mancher Panne während der Tour. Mit seinem leicht hochgezogenen Dach sieht EdCar aus wie ein Leichenwagen, ein weißer Leichenwagen allerdings. Baujahr 1990, 315.000 Kilometer, noch acht Monate Zulassung. Warum reißen bei diesen guten Eckwerten die Leute ihm das Ding denn nicht aus der Hand?

Es könnte auch daran liegen, daß es noch ein paar andere Falcons im Angebot gibt. Gleich neben ihm stehen in der Tiefgarage zwei junge Holländer mit einem ebenso weißen Ford Falcon mit einem hochgezogenen Dach. Ein paar Meter weiter bieten Deutsche einen roten Falcon mit hochgezogenem Dach an. Wenn man sich genauer umschaut, sieht man, daß mehr als die Hälfte der offerierten Autos Ford Falcons sind.

Trotz der Konkurrenz gibt es aber kaum Animositäten zwischen den Verkäufern. Man macht einem potentiellen Kunden gegenüber nicht das Auto des Nachbarn schlecht. Die langen Stunden, in denen sich nichts tut, sitzt man im trüben Neonlicht zwischen den grauen Pfeilern zusammen, quatscht und tauscht Erfahrungen aus: daß Holländer am liebsten bei Holländern kaufen – daß sonst aber keine Logik zu erkennen ist im Verhalten und in den Entscheidungen der Käufer –, daß die Deutschen immer „noch eine Nacht darüber schlafen" wollen, bevor sie einen Entschluß fassen. Und man freut sich mit den Glücklichen, die ihr Auto schließlich an den Mann gebracht haben. Nicht nur, weil es dann Freibier gibt.

Das gehört nämlich zu den festen Sitten: Wer verkauft hat, geht mit einem Karton „VB" oder „Toohey's New" durch die Reihen und drückt jedem eine Dose in die Hand. An guten Tagen können schon mal zehn Wagen weggehen. Nur die Neulinge hier unten trinken jedes Bier sofort, die alten Hasen heben sich einen Teil für den Abend auf. Schließlich muß man ja nach Dienstschluß den Wagen noch aus der Garage fahren. Einer der vielen hingekritzelten Kommentare an den Wänden vermerkt: „Dies ist die billigste Kneipe in ganz Sydney: 60 Bier für nur 20 Dollar Standgebühr in der Woche!"

Andere Kommentare beschreiben die Niedergeschlagenheit, die aufkommt, wenn das Auto einfach keine Interessenten findet und sich die Tage in Dunkelheit und Benzindunst immer zäher dahinziehen. An einem Betonpfeiler steht:

1. Tag: kein Glück.
2. Tag: dachte, das holländische Pärchen kauft …
... Höhepunkt war die kostenlose Grillparty.
3. Tag: nichts zu berichten.
4. Tag: bin mit dem Preis auf 3200$ runtergegangen ...
BITTE holt mich hier raus!

Die Grillparty findet jeden Dienstagmittag als Aufmunterungsversuch des Veranstalters statt, der auch die Standgebühr kassiert. Die Depression zwischen den kahlen Betonwänden befällt die meisten aber schon nach zwei, drei Tagen. „Geh mit dem Preis runter und verkauf'!" lautet eine der Weisheiten an der Wand. „Es ist nicht das Geld, das dich im Leben glücklich macht, sondern das, was du tust."

Wenn Heiko Feierabend hat, ziehen wir durch die Kneipen von Kings Cross und Sydney Downtown. Manchmal wärmen wir Erinnerungen an Südamerika auf, wo wir uns vor sieben Monaten auf dem Marsch nach Machu Picchu kennengelernt haben. In Peru war auch Stephan dabei, der allerdings nur drei Monate Zeit für seine Weltreise hatte und inzwischen wieder das deutsche Bruttosozialprodukt steigert. Per eMail hat er uns über die Ozeane hinweg jetzt zu einem Bier eingeladen; wir sollen dabei aber an ihn und an die arbeitende deutsche Bevölkerung denken. Oh – wir denken oft an diesen Abenden an Stephan und an die arbeitende deutsche Bevölkerung.

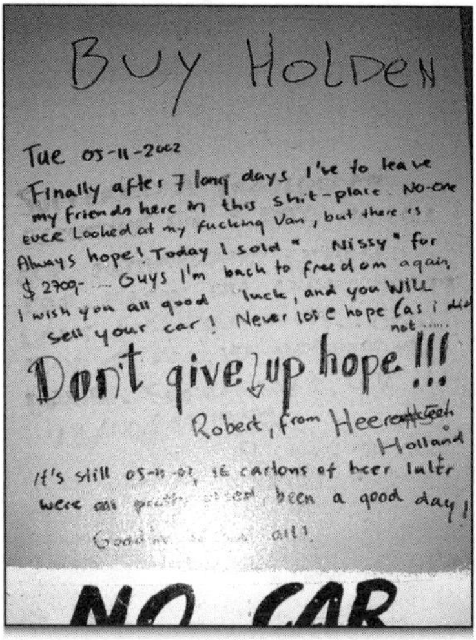

Verkauft!

Man kann sich dem Bann dieser Tiefgarage mit ihren Verzweifelten schwer entziehen. Jeden Tag fahre ich mit dem Fahrstuhl aus dem Licht hinunter in die Dunkelheit. Auch Backpacker, die ihren Wagen schon längst verkauft haben, kehren immer wieder zurück.

Der Deutsche vom Standplatz gegenüber hat gerade eine Probefahrt mit zwei interessierten Mädchen gemacht. Während die nun den Wagen eingehend inspizieren, steht der Eigentümer bei Heiko.

„Eigentlich kann ich ihnen das Auto ja nicht verkaufen", meint er vertraulich.

„Warum nicht?"

„Die beiden sind viel zu klein. Der Fahrersitz läßt sich nämlich nicht verschieben: Die Schiene ist gebrochen."

Das fiel den Mädchen nicht auf, weil bei der Probefahrt der Verkäufer am Steuer saß, was aus versicherungstechnischen Gründen so üblich ist.

Okay findet Heiko es nicht, daß die beiden Mädchen arglos bleiben sollen. Aber er kann es nachvollziehen: „Da unten wirst du zum Schwein! Du willst da nur wieder raus!" sagt er an diesem Abend in der Kneipe. Am nächsten Morgen taucht der Deutsche nicht mehr auf; er scheint tatsächlich verkauft zu haben.

Ein andermal waren die Verkäufer die Betrogenen. Kaufinteressenten riefen sie zu einem Hostel, in dem die Verkäufer ihre Handy-

Nummer hinterlassen hatten. Die Probefahrt führte acht Kilometer hinaus zum Strand „Bondi Beach". Dort stiegen die Passagiere aus und bedankten sich für die kostenlose Taxifahrt.

Am sechsten Tag verkauft Heiko. Auch er mußte runtergehen mit dem Preis. Trotzdem ist er zufrieden, besonders wegen der wiedergewonnenen Freiheit.

An den verbleibenden Tagen bis zu seinem Heimflug klappern wir gemeinsam Sydneys Sehenswürdigkeiten ab. Abends sitzen wir in den Kneipen und denken wieder an Stephan und an die arbeitende deutsche Bevölkerung.

Dann eines Tages ist die faule Zeit vorbei. Abschied von Heiko. Nach zwei Wochen bin ich zurück auf der Straße. Durch teilweise verkohlte Wälder in den Ausläufern Sydneys radle ich weiter nach Norden.

Jenseits von Brisbane ein Besuch auf Fraser Island, der größten Sandinsel der Welt. Über Jahrtausende spülte das Meer dort Sand an, der sich direkt vor der australischen Küste ansammelte und diese 120 km lange Insel schuf.

Mit dem dichten Regenwald und etlichen Süßwasserseen (die erstaunlicherweise nicht im Sand versickern) ist Fraser Island ein Paradies – mit einem kleinen Fehler: Es zieht riesige Scharen von Touristen an. Der lange Strand am Ostufer ist zugleich Highway und Landepiste: Fußgänger müssen fürchten, überfahren zu werden; Autofahrer haben darauf zu achten, daß sie nicht mit den vorfahrtsberechtigten Sportflugzeugen zusammenstoßen. Ein Geheimtip ist Fraser Island schon lange nicht mehr. Wäre es einer, hätte ich die Insel hier nicht erwähnt.

Bei Rockhampton überquere ich zum sechsten Mal auf dieser Reise den Wendekreis des Steinbocks, den „Tropic of Capricorn". Parallel zu dieser fiktiven Linie will ich auf dem „Capricorn Highway" ins Outback starten, ins Innere des Roten Kontinents. Dort herrschen allerdings Temperaturen über 40 Grad – bei der Weite des Outbacks ein wirkliches Problem.

„Wenn es allzu heiß wird, muß ich wohl nachts radeln", sage ich zu Cyndi, die das Roadhouse kurz vor Miriam Vale führt.

„Das ist gefährlich!" meint sie. „Da sind die Road Trains unterwegs. Die Fahrer schlafen tagsüber und fahren nachts, weil dann kaum jemand anders unterwegs ist."

Die „Kings of the Road" in ihren 50 Meter langen Lastwagen haben den Ruf, für nichts und niemanden zu stoppen. Die vielen toten Känguruhs und auch ausgewachsene Rinderleichen am Straßenrand gehen auf ihr Konto.

In Rockhampton sagt hingegen jemand, daß wegen der sechs Jahre anhaltenden Dürre in Australien die Viehwirtschaft stark gelitten habe und deswegen nur wenige Road Trains unterwegs seien. „Die Road Trains transportieren ja hauptsächlich Rinder."

Wie so oft: widersprüchliche Informationen. Letztlich mußt du die Erfahrungen selbst machen. Du mußt einfach nur losfahren.

NACHTS

Die 4000-Einwohner-Stadt Cloncurry – eine der großen Siedlungen im australischen Outback – garantiert ihren Besuchern „a warm welcome". Ein paar Kilometer vor dem Ortseingang haben sie ein Schild aufgestellt, das an den australischen Temperaturrekord vom Januar 1889 erinnert: 53,1 Grad im Schatten.

Anfang Februar 2003 fehlt nicht mehr viel zu einem neuen Rekord. Schon um zehn Uhr morgens herrschen um die 40 Grad. „Es wird von Jahr zu Jahr heißer", sagt die Angestellte in einem Schnellimbiß. „Global warming" sei hier wirklich spürbar. – „Und wie ist es mit den Fliegen? Gibt es hier immer so viele Fliegen?" – „So schlimm wie in diesem Jahr war es noch nie!"

Diese australischen Fliegen können einen zur Weißglut bringen! Vor allem, wenn man beim Fahrradfahren beide Hände am Lenker braucht und nicht den einen Arm wie einen Scheibenwischer vor dem Gesicht hin- und herschleudern kann. Oder wenn man im Busch sitzt und aus einer Konservendose essen will. Selbst wenn man gerade ein Loch in die Fliegenwolke geschlagen hat, bleibt kaum Zeit, den Löffel zum Mund zu führen, bevor diese verdammten Fliegen wieder an die Augen und die Ohren, an die Nase und in die Mundwinkel gehen. Immer wieder atmest du so eine Fliege ein, weil sie sich im falschen Moment unter die Nase gesetzt hat. Dann klebt sie irgendwo im Rachen, und du kriegst sie weder vor- noch rückwärts wieder raus.

Auf den ersten 700 Kilometern von der Küste bis nach Longreach waren die Temperaturen noch so erträglich gewesen, daß ich tagsüber fahren konnte. In Küstennähe war es geradezu frisch, weiter landeinwärts zog dann eine gnädige Wolkendecke auf, so daß die 38 Grad im Schatten auch für einen Radler in der offenen Landschaft ungefähr 38 Grad bedeuteten. Doch die Temperaturen stiegen weiter, und bald verschwanden auch die Wolken.

Gleichzeitig wurde die Besiedlung spärlicher. 100 Kilometer zwischen zwei Ortschaften waren nun normal, manchmal sind die Distanzen ohne zuverlässige Wasserversorgung auch größer.

Zwischen den Provinzstädtchen Longreach und Winton erstrecken sich 180 Kilometer Buschland – ich starte nachts, um bei gemäßigten Temperaturen mit zwölf Litern Wasser auskommen zu können. Zwei Stunden nach Mitternacht ist es immer noch 30 Grad warm. Ein paar Betrunkene auf der Hauptstraße von Longreach grölen hinter mir her. Ein Streifenwagen fährt vorüber, die Polizisten winken mir zu. Vor zwei Tagen habe ich sie auf der Wache besucht und nach Wasserstellen auf dem Weg nach Winton gefragt. Sie zeigten mir auf der Karte zwei Rastplätze, aber garantieren wollten sie nicht dafür, daß in den Wassertanks auch wirklich Wasser ist.

Auch nach 20 Kilometern ist hinter mir noch eine Lichtkuppel zu erkennen: die Lichter von Longreach, dieser Oase der Zivilisation. Martha an der Theke vom „Central Hotel" hat mich vor Nachtfahrten gewarnt – wegen der Känguruhs. In jenem Augenblick war ihr wohl nicht bewußt, daß ich mit dem Fahrrad unterwegs bin. Für Autofahrer bedeuten die Känguruhs tatsächlich eine Gefahr, da sie, vom Scheinwerferlicht geblendet, am Straßenrand verharren und oft im ungünstigsten Moment weiterspringen. Dann landen sie in der Windschutzscheibe, was für beide Unfallparteien tödlich ausgehen kann. Selbst mein Fahrradscheinwerfer lockt die Tiere an. Immer wieder queren Känguruhs wenige Meter vor dem Vorderrad den Asphalt. Kurz darauf ein Klingeln auf der anderen Seite der Straße, sphärische Klänge beinahe, wenn die Tiere in den Weidezaun springen oder sich durch die Drähte zwängen und sie klingen lassen wie gezupfte Saiten.

In den frühen Morgenstunden kommt noch mehr Leben in das Outback. Nun sind unzählige Känguruhs unterwegs, überall hüpfen große und kleine Punkte durch die Buschlandschaft. Graziös und mit einer unglaublichen Ausdauer springen die Tiere über die rote Erde. Wahrhaftig eine aufwendige Art der Fortbewegung – kein Wunder, daß Känguruhfleisch nahezu fettfrei ist.

Ein Känguruh springt von der Seite herbei und hoppelt dann auf dem Asphalt vor mir her. Es ist schneller als ich, scheint aber ein wenig anhänglich zu sein. Wenn der Abstand zwischen uns zu groß wird, wartet es in Hockstellung auf seinen Schwanz gestützt und schaut über die schmale Schulter zurück, bis ich wieder auf hundert Meter herangekommen bin. Dann hoppelt es weiter, wartet wieder, schaut mich an und setzt seinen Weg fort, wenn ich aufgeholt habe. Ich habe einen neuen Freund.

Zwei Kilometer geht das so. Ich radele links, wie sich das in Australien gehört, mein Freund hat sich die rechte Fahrspur ausgesucht.

Dann kommt ein Road Train von vorn. Einer dieser Superlastwagen mit drei Anhängern und rund 100 Tonnen Gewicht. Der Fahrer weicht schon weit im Voraus auf die andere Spur aus, aber das Känguruh wechselt auf die gleiche Seite. Der Road Train geht zurück auf seine linke Spur. Es ist nicht zu fassen: Das Känguruh

Die „Lok" eines Road Trains

folgt. Es hoppelt fröhlich direkt dem Truck entgegen. Die beiden sind nur noch Sekunden voneinander entfernt.

Spring doch endlich von der Straße!

Das Känguruh lächelt. Zwar sehe ich es nur von hinten, aber ich weiß: Es lacht irr. Ein Selbstmörder auf seinen letzten Metern. Es wird nun demonstrieren, warum diese Straße mit Leichen übersät ist, mit stinkenden Kadavern und blankgefressenen Skeletten, manchmal 30 Stück auf einen Kilometer.

Der Road Train kommt näher wie eine Walze. Der Fahrer hat dem Känguruh eine Chance gegeben, was ungewöhnlich genug ist. Jetzt hält er auf das Tier zu. Das tun die Truck-Fahrer sogar bei Rindern. Deswegen haben sie diese hochgezogenen, armdicken Stoßstangen, mit denen sie auch einen Personenwagen wegstoßen könnten.

In diesem Moment scheinen diese Stoßstange und das Känguruh zusammenzuprallen. Jetzt ist es aus! Doch genau in diesem Moment springt das Känguruh zur Seite. Gerettet!

Es gibt in Cloncurry nur klimatisierte Zimmer. Ich quartiere mich über einem Pub ein, um ein paar Tage zu schreiben. Im Obergeschoß dieser typischen Holzgebäude im Wildweststil werden meist günstige Gästezimmer angeboten. Die Klimaanlage in meinem Raum läuft auf vollen Touren und kühlt ihn auf 34 Grad runter. Manchmal schafft sie auch 33 Grad, weiter sinkt das Thermometer tagsüber aber nicht. Deswegen also der zusätzliche Deckenventilator. Klimaanlage *und* Ventilator habe ich bisher noch nie zusammen in einem Zimmer gesehen.

Unter der Dusche dauert es eine Weile, bis ich herausgefunden habe, welches der Warm- und welches der Kaltwasserhahn ist. Nach zwei Minuten wird dann das warme Wasser kochend heiß, während das kalte Wasser warm bleibt.

120 Kilometer weiter in Mt. Isa habe ich die Hälfte der Wegstrecke durch das Outback geschafft. Noch einmal 1500 Kilometer liegen vor mir, doch schon in wenigen Tagen läuft das Visum für Australien ab. Die letzte Gelegenheit für eine Verlängerung hätte es in Brisbane gegeben, für stolze 100 Euro. Weil zu jener Zeit noch nicht feststand, wie lange ich im Lande bleiben würde, spar-

te ich mir das Geld. Nun bin ich jedoch bald illegal in Australien. Trotzdem bin ich zuversichtlich, ungeschoren aus der Sache rauszukommen. Die Gelassenheit der Australier hat mich inzwischen in sehr angenehmer Weise angesteckt.

Es ist warm, und die Luft ist feucht, als ich in Mt. Isa aufbreche – wieder mitternächtliche 30 Grad. Der nächste Ort ist Camooweal, 190 Kilometer entfernt, und dort will ich ankommen, bevor die Sonne in zwölf Stunden zu ihrer täglichen Höchstform aufgelaufen ist.

Die Känguruhs haben sich rar gemacht, seit ich weiter ins Landesinnere vorgedrungen bin. Viel ist nicht mehr los zur Nachtzeit im australischen Outback. Nur noch ein bis zwei Autos begegnen mir in der Stunde. Der Mond ist in der abnehmenden Phase und geht daher erst zum Ende der Nacht auf. Ich radele durch dunkle Leere.

Die schier endlose Weite des Outback ist schwer zu begreifen. Botswana und Namibia im südlichen Afrika sind schon sehr dünn besiedelt, aber Australien ist extrem. 80 Prozent der Australier wohnen in den großen Städten an der Küste. Die meisten leben im Südosten des Landes in den Staaten New South Wales und Victoria. Western Australia und das Northern Territory sind hingegen nahezu menschenleer. Im Nordstaat mit seinen 1,4 Millionen Quadratkilometern hätten Spanien, Frankreich und Deutschland Platz, doch hier leben nur knapp 200.000 Einwohner, so viele wie in Kassel. Und die Hälfte davon wohnt oben an der Küste in Darwin.

Die Besiedlung ist so spärlich, die Distanzen sind so weit, daß viele Kinder keine Schule in ihrer Reichweite haben. Bereits Anfang des letzten Jahrhunderts entstand daher die „School of the Air“, etwas, was man heute als „virtuelles Klassenzimmer“ bezeichnen mag. Die Lehrer haben Zentralen in den Städten des Outback und unterrichten ihre Schüler mit Hilfe von Funkgeräten über viele hundert Kilometer hinweg. Die Schüler sitzen in alle Richtungen verstreut in Farmhäusern, in Bergbaucamps oder in kleinen Aboriginal-Dörfern.

Um vier Uhr in der Nacht hat mich die Monotonie so ermüdet, daß ich den Lenker nicht mehr halten kann. Für eine Stunde baue ich am Straßenrand das Zelt auf. Einfach so in den Busch legen kann man sich nicht, weil einen sonst die Stechmücken leersaugen. Mit dem Tagesanbruch verschwinden diese Blutsauger, aber dafür kommen die Fliegen. Wenige Momente, nachdem ich den Zeltschlag geöffnet habe, krabbeln 200 schwarze Flecken innen über die Zeltwand, angezogen vom hellen Gelb des Stoffes, der in der aufgehenden Sonne leuchtet.

Macht das denn eigentlich noch Spaß? Diese Hitze, die peinigenden Fliegen, die monotonen Fahrten durch die Dunkelheit? Nein – es wäre gelogen zu behaupten, ich würde gern mitten in der Nacht aufstehen, um die ersten 60 bis 100 Kilometer bei erträglichen Temperaturen zurückzulegen. Es ist auch nicht wahr, daß diese langen Geraden ohne die geringste Richtungsänderung auf hundert Kilometern Glücksgefühle in mir wecken können. Spaß macht das wirklich nicht immer.

Aber einfach das Fahrrad auf einen Lastwagen oder einen Pickup laden, um so den schwierigsten Abschnitt durchs Outback zu überbrücken? So oft haben Australier diesen Vorschlag gemacht und mich dabei in einer Mischung aus Mitleid und Verständnislosigkeit angeschaut. Doch das würde die Eindrücke verzerren, das Gefühl für die Weite des Outback, wenn ich nun plötzlich mit 1000 Kilometern pro Tag weiterreisen würde.

Außerdem ist so eine Weltumradlung wie ein Marathonlauf, wenn auch ein bißchen länger. Zwischendurch für 1500 Kilometer mit einem Laster mitzufahren, wäre wie bei einem Marathon für einen Kilometer auf ein Motorrad aufzuspringen. Würdest du das tun, wenn du dir vorgenommen hast, den Marathon zu schaffen?

Und dann lebt man schließlich auch schon während einer solchen Reise von den Erinnerungen. Bereits jetzt möchte ich die Erfahrung dieser unglaublichen Weite jedenfalls nicht missen, besonders auch nicht die Begegnungen mit den Outback-Australiern.

Da war Josh Beckmann im „Walkabout Creek Hotel". Das ist das Pub, in dem die Innenaufnahmen für „Crocodile Dundee" entstanden sind. Es steht an der Kreuzung im 20-Seelen-Ort McKinlay. Josh ist die 150 Kilometer von der Toolebuc-Farm nach McKinlay gekommen, weil dies für ihn die nächstgelegene Ortschaft und damit auch die nächste Kneipe ist. Die Fahrt im Pickup dauert zwei

Stunden, da nur 90 Kilometer asphaltiert sind. Gegen Mitternacht wird er wieder zurückfahren; vielleicht in zwei Wochen wird er wieder hier vorbeischauen.

Den vergangenen Monat hat der Deutschstämmige gänzlich auf der Farm zugebracht. Sie ist 500.000 Hektar groß, etwa doppelt so groß wie das Saarland. Wenn er mit einem Geländewagen alle Wasserstellen abfährt, um zu kontrollieren, ob die Rinder genügend zu trinken haben, ist er 800 Kilometer unterwegs. Zwei Tage nach dem Aufbruch zu dieser Inspektion ist er wieder zurück am Farmgebäude.

Der 21jährige Josh ist in Townsville aufgewachsen, einer 100.000-Einwohner-Stadt am Pazifik in Queensland. „Sehnst du dich nicht manchmal nach der Küste zurück? Wirst du eines Tages nach Townsville zurückkehren?" frage ich ihn.

„Nein, dort sind viel zu viele Menschen. Dieses Gedränge in den Kaufhäusern. Das Geschwatze der Leute. In so einer großen Stadt möchte ich nicht noch einmal leben."

Er meint es ernst, aber man muß wissen, daß für mitteleuropäische Verhältnisse auch Städte wie Townsville schon äußerst provinziell sind. Sie sind sehr großflächig angelegt, der Stadtkern wirkt eher wie der einer deutschen Kleinstadt.

Kurz vor Sonnenuntergang um 19 Uhr ist Josh im Pub angekommen. Im Laufe des Abends leert er eine halbe Flasche Gin, gemixt mit Cola, damit er auf der Heimfahrt nicht einschläft. Eine Verkehrsgefährdung stellt er aber nicht dar, denn auf „seiner Piste" ist er heute nacht garantiert als einziger unterwegs.

Dann war da der Opalsucher Pjetr, ein 75 Jahre alter Mann aus der Ukraine. Nach dem Zweiten Weltkrieg war er kurz in Deutschland, wo ihm die Amerikaner Arbeit auf einer Farm in Nordamerika anboten. Er habe ihnen gesagt, daß er lang genug die Schuhe der Russen geleckt hätte, nun wolle er nicht auch noch die Schuhe der Amerikaner lecken. Deswegen sei er als junger Mann nach Australien gegangen.

Wir begegneten uns morgens um zehn Uhr im 25-Einwohner-Ort Kynuna, 170 Kilometer nach Winton, 75 Kilometer vor McKinlay. Er war auf dem Weg zu seinem Opalcamp, ich hatte gerade die Nachtfahrt von Winton hinter mir. Eigentlich war mir nach Schlafen zumute, aber seine Einladung in das Camp konnte ich kaum ablehnen.

Über rote Pisten fahren wir in seinem klapprigen Pickup 37 Kilometer Richtung Westen. Immer wieder müssen wir auf unserem Weg Viehgatter öffnen und hinter uns wieder schließen. Nach einer Stunde holperiger Fahrt sind wir in Pjetrs Camp. Was zwischen den trockenen Sträuchern sofort ins Auge fällt, ist die Satellitenschüssel für das Telefon. Zusammen mit der großen Solarstromanlage wirkt sie ziemlich überdimensioniert. Der Rest ist nämlich ausgesprochen einfach: eine Wellblechhütte und ein alter Wohnwagen, in dem sich tagsüber das Klima einer Sauna entwickelt. Im Freien herrschen weit über 40 Grad im Schatten. Ein großer Tank speichert das Regenwasser, das während der seltenen Regenfälle vom Wellblechdach aufgefangen wird.

Der Ukrainer lebt manchmal mehrere Wochen in dieser Einsamkeit. Sein Nachbar ist ein Farmer, dessen Wohnhaus gut 50 Kilometer weiter buscheinwärts steht. Von seinen bisherigen Opalfunden hat sich Pjetr einen Bulldozer geleistet, mit dem er die Deckschicht des großen Hügels neben dem Camp beiseite geschoben hat. Im Innern des Hügels vermutet er die ganz großen Schätze. Um daran zu gelangen, muß er noch einige teure Sprengungen durchführen. Darauf bereitet er sich derzeit vor.

Wir laden mitgebrachtes Werkzeug vom Pickup ab, beladen ihn mit Dingen, die Pjetr in einem anderen Camp braucht. Bevor wir uns wieder auf den Rückweg machen, nötigt er mich geradezu, über das Satellitentelefon meine Mutter in Hildesheim anzurufen. Dort ist es sieben Uhr morgens. Ein paar hastige Beschreibungen von mir, wo ich gerade bin. Ich glaube, sie kann es sich nicht richtig vorstellen.

Obwohl sich knapp 200 Kilometer ödes Buschland zwischen den beiden Ortschaften erstrecken, gehört Camooweal mit seinen 240 Einwohnern noch zur Stadt Mt. Isa. Das liegt daran, daß hier aus unerfindlichen Gründen eine Bezirksverwaltungsebene fehlt. Das Stadtgebiet von Mt. Isa ist größer als die Schweiz. Mt. Isa ist – mit nur 22.500 Einwohnern – die größte Stadt der Welt!

Zwei weitere Nachtetappen bringen mich von Camooweal nach Three Ways. Auf den 450 Kilometern dazwischen gibt es gerade mal eine Tankstelle. Kein einziges Dorf. Three Ways ist die bedeutendste T-Junction im ganzen Outback. Links geht es über Alice Springs nach Adelaide, rechts nach Darwin und Richtung Deutschland.

Auf dem Weg zur Küste wird nun alles leichter, weil Rasthäuser und kleine Dörfer nur noch hundert Kilometer voneinander entfernt liegen. Außerdem zieht eine Wolkendecke auf, die wieder Tagfahrten ermöglicht. Es wird stetig „kühler", wenngleich auch luftfeuchter: Im tropischen Darwin herrschen 33 Grad und gegen Abend fast 100% Feuchtigkeit.

Überraschend schnell ergibt sich in Darwin eine Möglichkeit, auf dem Seeweg nach Indonesien zu gelangen. Gleich am ersten Abend erfahre ich in der Jugendherberge von einer Segelyacht, die demnächst nach Bali ablegen wird. Das ist wirklich ein großes Glück, denn wegen der Zyklon-Saison sind zu dieser Jahreszeit in der Timorsee eigentlich gar keine Boote unterwegs. Phil, der 59jährige Skipper aus Neuseeland sagt, die „Lionheart" sei schnell genug, einem nahenden Zyklon auszuweichen. Außerdem könnten wir über Kurzwelle Wetterfaxe empfangen und rechtzeitig reagieren. Das klingt etwas abenteuerlich, aber der Mann sieht nicht lebensmüde aus.

Unsere erste Reaktion auf das Wetter ist die Verzögerung des Aufbruchs: Zyklon „Craig" ist im Anmarsch. Wenn der vorüber ist, könnte noch ein weiteres Unwetter aufziehen: Mein Australienvisum ist inzwischen schon um mehrere Wochen überzogen.

Auch den wirklichen Treibstoff gibt's nur von der Bar

DURCH DIE TIMORSEE

Die „Lionheart“ macht in der Tat einen sehr sportlichen Eindruck, sie sieht aus wie ein Rennboot, mit dem man an Wettbewerben teilnimmt: Bei 70 Fuß Länge ist sie nur 12 Fuß breit. Der Eigentümer ist ein Amerikaner, der in Singapur lebt und sein Prunkstück noch nie leibhaftig gesehen hat. Nachdem er die Yacht vor kurzem über das Internet gekauft hat, beauftragte er Phil mit der Überführung des Bootes von Los Angeles nach Asien. 350.000 US$ sei ein Schnäppchenpreis gewesen, sagt Phil: „Der tatsächliche Wert dürfte bei etwa 500.000 Dollar liegen.“ Ungefähr 10 Prozent des Wertes müsse man übrigens jährlich für die Instandhaltung kalkulieren.

Die Yacht bietet Luxus pur: zwei Toiletten, die auch mit Duschen ausgestattet sind, einen Generator zur Stromerzeugung, zwei Kühlschränke, eine Gefriertruhe, Mikrowelle sowie modernste Navigations- und Kommunikationsinstrumente. Und sogar eine Entsalzungsanlage ist eingebaut; sie produziert 130 Liter Frischwasser in der Stunde. Das Boot ist auf den Seychellen registriert, läuft also nicht unter amerikanischer Flagge, was angesichts der weltpolitischen Lage nur von Vorteil sein kann.

Unser Aufbruch verzögert sich wegen Zyklon „Craig“ um einige Tage. Die Zeitungen berichten dauernd über seine Entwicklung und seine voraussichtliche Route, im Rundfunk kommen halbstündlich Hinweise, daß man sich auf Stromausfall vorbereiten und Vorräte anlegen soll. In Darwin beobachtet man nahende Zyklone besonders argwöhnisch – die Stadt wurde am Weihnachtstag des Jahres 1974 von „Cyclone Tracy“ fast vollständig zerstört.

Im Laufe der Woche vervollständigt sich die Crew. Yves, der 49jährige Franzose mit brasilianischem Paß, war bereits vor mir an Bord. Greg, ein Ingenieur aus Darwin im gleichen Alter, hat die Yacht im Hafen gesehen und sich kurzentschlossen für diesen Trip entschieden. Schließlich treffen auch noch Jerry und Ed ein, zwei junge Australier aus Sydney, die viel nautische Erfahrung mitbringen. Wie Phil leben sie davon, Boote zu überführen, meist Motorboote in den Gewässern östlich von Australien. Diese Reise läuft für sie allerdings unter „Freizeitvergnügen“. Außer mir fahren alle mit bis nach Singapur; ich werde mich auf Bali von den Jungs verabschieden.

Am Morgen unserer Abreise kommt eine uniformierte Dame an Bord, die die Zoll- und Immigrations-Angelegenheiten erledigt. Ob sie wohl bereits einen roten Vermerk neben meinem Namen auf der Crew-Liste hat: „VISUM ABGELAUFEN – VIER WOCHEN ÜBERFÄLLIG!“?

Doch die Dame kommt friedlich. Nichts Schlimmes geschieht. Am Flughafen, wo die Beamten direkt am Computer sitzen, wäre das Ganze wahrscheinlich eher aufgefallen. Ein satt getränkter Ausreisestempel saust nieder in meinen Paß und schließt das Kapitel „Australien“ ab.

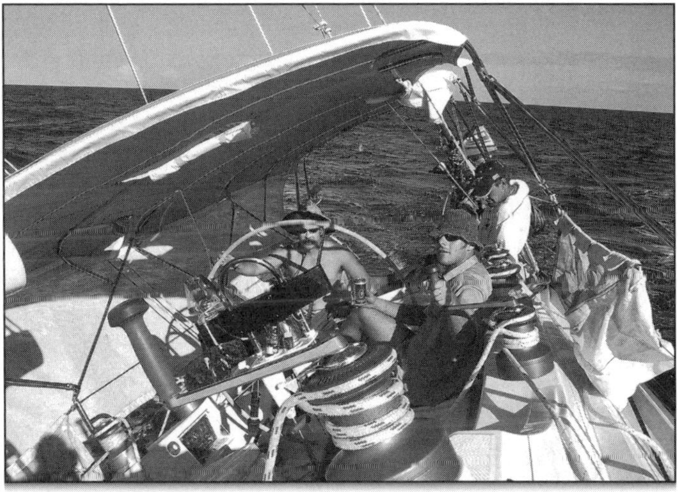

Am ersten Tag liegen wir wie ein Regattaboot im Wind

Wieder so ein unsentimentaler Abschied von einem Kontinent. Einfach Leinen los, und auf geht's. Man könnte sich ja auch vorstellen, daß jeder noch einmal den Boden küßt, bevor wir uns auf die Reise nach Asien machen. Aber so nüchtern war das auch damals schon, an jenem Tag vor eineinhalb Jahren, als Josef, Ilza und ich zur Überquerung des Atlantiks starteten.

Der Törn von Australien nach Bali ist nun vergleichsweise kurz, er wird ungefähr eine Woche dauern. Zyklon „Craig" ist inzwischen nach Südosten abgewandert, nur ein leichter Sturm hat Darwins Palmen einen halben Tag lang etwas gebeutelt. Jetzt steht der Wind günstig. Die Segel sind gebläht, das Boot liegt so schräg im Wasser, daß man unter Deck mehr über die Wände wandert als über den Fußboden. Für die Zeit, in der gekocht wird, müssen wir aus dem Wind heraussteuern. Der Herd ist zwar – wie auf Yachten üblich – hängend gelagert, damit er immer waagrecht bleibt, aber der Koch würde bei dieser Schräglage an der gegenüberliegenden Wand kleben, und beim Öffnen des Kühlschranks wäre der im nächsten Moment leer.

Diese gleichmäßige Schieflage ist jedoch wesentlich angenehmer als seinerzeit die Schaukelei über den Atlantik, die mich für eine halbe Woche völlig außer Gefecht gesetzt hatte. Diesmal spüre ich nur leichte Übelkeit, die dann ganz verschwindet, als während des zweiten Tages der Wind abnimmt und das Boot wieder einigermaßen im Lot zur Erdkugel steht. Unsere Geschwindigkeit sinkt von rund neun Knoten auf unter sechs. Wir werfen zur Unterstützung den Motor an.

In der folgenden Nacht wache ich in meiner Koje auf, noch bevor ich mit der Wache an der Reihe bin. Oben an Deck herrscht Unruhe. Als ich den Kopf ins Freie recke, streckt Yves seinen Arm nach Osten aus: „Schau, was für eine schöne Skyline wir haben!" Im Nordosten und hinter uns, im Osten, glitzern die hellen Lichter großer Ölplattformen. Für die Unruhe aber hat die verlassene Plattform vor uns gesorgt. Sie ist vollkommen unbeleuchtet, jedoch bei dem Vollmondlicht gut zu erkennen. Wir steuern exakt darauf zu.

Phil war mit der Wache dran; er muß eingenickt sein. Und zwar für über eine Stunde, denn zumindest auf dem Radar hätte er die Plattform rechtzeitig erkennen müssen. Ed, der im halb eingerollten Hauptsegel auf dem Mastbaum geschlafen hat, ist von seinem sechsten Sinn geweckt worden und konnte Alarm schlagen.

Yves ist immer noch von der Faszination der „Skyline" gebannt. Die anderen diskutieren. Mit meiner beschränkten Erfahrung und besonders im Dunkeln kann ich nicht abschätzen, wieviel Zeit wir noch haben, endlich den Kurs zu ändern. Warum ist das eigentlich noch nicht geschehen? Wißt ihr noch nicht, ob rechts oder links vorbei? Wenn wir so weiterfahren, knallen wir jedenfalls genau gegen einen der gigantischen Pfeiler. Oder wir haben Glück und kommen drunter durch. Auch das kann ich nicht einschätzen: Ob wir mit unserem hohen Mast vielleicht auch drunter durch passen würden.

Als Ed – bisher stets die Ruhe in Person – aber sagt: „Wir müssen schnell machen!“, ist der Ernst der Lage klar: Jetzt ist wirklich höchste Eile angebracht. „Links vorbei!“ lautet die Entscheidung. Wir wollen das Vorsegel umsetzen. Rechts müssen die Seile gelöst werden, links angezogen. Aber rechts klemmt ein Seil. Jemand hat es gegen die üblichen Regeln entgegen dem Uhrzeigersinn aufgewickelt. Der hektische Phil flucht. Und die schwarze Bohrinsel kommt immer näher.

Alle denken wir an den linkischen Yves, als wir das Problem mit dem eingeklemmten Seil erkennen. Vor unserm Start in Darwin hat er zwar behauptet, schon monatelang auf Segelbooten unterwegs gewesen zu sein, doch bereits in den ersten Stunden auf dem Meer stellte sich heraus, daß er vom Segeln keinen blassen Schimmer hat. Jetzt hält er sich ebenfalls aus der Sache raus, was aber wahrscheinlich auch besser ist.

Ed eilt dem verkrampften Phil zu Hilfe und schafft es schließlich, das Seil von der Winde zu lösen. Das Segel schwenkt um. Sofort dreht das Boot die entscheidenden Grade nach links. Wenige Minuten später liegt der dunkle Metallkoloß in der Timorsee hinter uns und ist schon wieder ein Stück Vergangenheit.

Daß ausgerechnet Phil bei seiner Wache einschlief, ist schon ein gutes Stück Ironie. Ausgerechnet er, der Captain, der sich bisher immer so autoritär gab. Er wischte jede Fußspur auf dem weißen Deck hinter einem weg, er war zur Stelle, wenn man nicht sofort nach der Toilette die elektrische Wasserpumpe wieder abstellte. Aber er selbst war es, der gleich in der ersten Nacht die Wasserpumpe abzustellen vergaß, so daß wegen einer undichten Klospülanlage am nächsten Morgen der Frischwassertank leer war. Auf der luxuriösen „Lionheart“ wird tatsächlich mit Süß- statt mit Meerwasser gespült.

Ohne Phils Mißgeschick hätten die Wasservorräte auch bis über Bali hinaus gereicht. So aber bekam die teure Entsalzungsanlage, die ich bis dahin für den Gipfel des Luxus gehalten hatte, ihre Existenzberechtigung. Doch sie funktionierte nicht. Wir wuschen uns fortan mit Meerwasser, kochten mit Meerwasser, reinigten das Geschirr mit Meerwasser. Zu trinken gab es Cola, Bier und Gin. Und wahrscheinlich war der Gin Schuld an dem langen Schlaf des Captains in dieser zweiten Nacht.

Am folgenden Morgen gelingt es Greg, den Entsalzer zu reparieren, so daß wir die Frischwassertanks wieder füllen können. Das Team ist inzwischen eingespielt. Tagsüber übernimmt das Steuer, wer gerade an Deck ist, die Nachtwachen sind kurz, da sie auf sechs Personen verteilt werden können.

De facto verteilen wir sie allerdings auf fünf Leute, denn dem übermüdeten Captain traut keiner mehr so recht. Daß er gern während der Wache einschläft, liegt nicht nur an Bier und Gin, sondern auch daran, daß er oft stundenlang am Computer sitzt, um Wetterfaxe einzufangen und über das GPS die Route zu kontrollieren. Dabei ist Nervosität seit dem dritten Tag eigentlich unbegründet, da wir aus der zyklongefährdeten Gegend heraus sind. Und wir haben inzwischen auch meist Land in unserer Nähe: die ostindonesische Inselkette Nusa Tenggara.

In der Nacht zum siebten Tag kommt Bali in Sicht. Wir verlangsamen die Fahrt, um nicht in der Dunkelheit in den Hafen manövrieren zu müssen.

Kurz nach Sonnenaufgang legen wir die letzten Seemeilen zurück. Viele Fischerboote und kleine Kutter sind unterwegs. Das Ufer der Insel ist palmenbestanden, die Luft ist feucht und heiß, was wir besonders spüren, nachdem wir angelegt haben und der frische Fahrtwind ausbleibt.

Als die Einreiseformalitäten abgeschlossen sind, verabschiede ich mich von den anderen. Sie werden in wenigen Tagen zur zweiten Etappe nach Singapur aufbrechen.

INSELN UND VULKANE

Mit dem „Tag der Stille" nehmen sie es auf Bali wirklich ernst. Am hinduistischen Neujahrstag, der dieses Jahr auf den 2. April fällt und dem ein lauter und fröhlicher Tag mit Umzügen zur Vertreibung der Dämonen vorausgeht, herrscht Ruhe – es besteht sogar ein strenges Ausgangsverbot!

Die Menschen sollen in diesen ersten 24 Stunden des neuen Jahres Zeit und Muße zur Besinnung finden. Vier Dinge sind generell verboten: Arbeiten, Spaß haben, Licht machen und das Verlassen des Wohngeländes.

Erfreulich zu sehen, daß Bali – so abhängig es von seinen ausländischen Besuchern auch sein mag – an diesem Tag den Tourismus Tourismus sein läßt: Für die Gäste gibt es keine Ausnahmen. Weder das Baden ist erlaubt, noch das Verlassen der Hotelanlagen. Sogar der Internationale Flughafen von Denpasar, auf dem sonst täglich mehrere tausend Urlauber aus aller Welt einfliegen, macht einen Tag lang dicht. Die Seehäfen sind ebenfalls geschlossen – für 24 Stunden kommt niemand auf die Insel oder von ihr weg.

Als ich mich von meiner Strandhütte zu den Bungalows gegenüber der kleinen Straße schleiche, riskiere ich eine Geldstrafe. Wächter patrouillieren am Strand und in den Gassen. Allerdings kommen sie nur selten vorbei. Würde ja auch keinen Sinn machen, wenn die allgemeine Ruhe durch zu viele Kontrolleure gestört würde.

Drüben wohnen Roswitha und Hans, meine Erlanger Freunde, die mich nun bereits zum dritten Mal während meiner Weltumradlung besuchen. Sie sind sehr kurzentschlossen nach Bali gekommen; selbst in Darwin konnte ich ja nur ungefähr abschätzen, wann ein Treffen in Indonesien möglich sein würde.

Die beiden bringen wieder Nachschub für mich mit: Reifen, Schläuche und weitere Ersatzteile für das Fahrrad, Diafilme und außerdem Briefe, die in meinem Erlanger Postfach aufgelaufen sind. Für die lange Dauer meiner Reise haben Hans und Roswitha den Part als „Logistiker" übernommen. Wenn sie meine Wunschpakete nicht persönlich abliefern können, schicken sie sie postlagernd in die weite Welt hinaus.

Diesmal ist auch ihr Sohn Ronald mit seiner Freundin Enny dabei. Zusammen machen wir Ausflüge auf der Insel und stoßen dabei immer wieder auf die balinesische Sitte, für alles und jedes eine „Donation" zu verlangen. Sei es eine Spende für die Benutzung eines Seitenweges, eine Spende an einen selbsternannten Parkwächter mit selbstgedruckten Quittungen oder einfach nur eine Spende für das Betreten des Dörfchens Tenganan. Tenganan existierte schon in der vorhinduistischen Zeit und ist wegen außergewöhnlicher Bräuche ein Touristenziel. Genügend Geld macht das Dorf aber eigentlich auch ohne „Donations": durch den Verkauf von gewebten Tüchern, durch Tanzaufführungen oder indem die Bewohner gegen Barzahlung Kampfhähne aufeinander losgehen lassen.

Eines Nachts marschieren wir hinauf zum Krater des Gunung Agung, des „Großen Berges", und genießen im Licht der frühen Sonne von ganz oben den Blick über Bali. Den Gipfel kappte 1963 ein schwerer Ausbruch um mehr als hundert Meter auf 3014 Meter. Über Geröll und seifigen Erdboden geht es dann auf dem gleichen Weg wieder zurück zum Tempel Pasar Agung. An diesem Start- und Endpunkt des Treks bittet ein dahergelaufener 20jähriger um den Eintrag in das „Gästebuch" – und um eine Spende. Wenn wahr ist, was auf der mittleren Seite der Schulkladde steht – die Seiten davor und danach sind alle leer –, hat kurz zuvor ein Deutscher umgerechnet acht Euro hingeblättert. Für dieses Geld muß ein ehrlicher Bauer auf dem Reisfeld mehrere Tage in Bückhaltung schuften.

Zwei Wochen bleiben meine Freunde. Nach dem Abschied zahle ich für die schöne gemeinsame Zeit mit dem üblichen Einsamkeitskater. Zwei, drei Tage dauert es immer, bis ich mich wieder daran gewöhnt habe, nur noch von fremden Menschen umgeben zu sein.

Eine junge Balinesin tanzt zu den Rhythmen des Gamelan, eines Orchesters mit Trommeln, Flöten und Xylophonen

Zwischen Reisfeldern hindurch radele ich auf palmengesäumten Straßen zur Westseite der Insel. Mehr und mehr Moscheen tauchen nun auf. Die Balinesen sind zwar ganz überwiegend Hindus, doch macht sich hier die Nähe zum moslemisch dominierten Java bemerkbar.

Es ist ein Freitag, der moslemische Feiertag. Aus den Lautsprechern vieler

Minaretts tönt der Singsang der Muezzins. Trotz der drückenden Hitze überzieht mich plötzlich Gänsehaut. Seit langer, langer Zeit höre ich die Koransuren zum ersten Mal wieder. Erinnerungen an den Beginn der Reise kommen hoch, als ich bald nach dem Start auf dem Balkan die ersten Moscheen sah und unzählige weitere auf dem Weg durch die Türkei, durch Syrien, Jordanien, Ägypten und über die Arabische Halbinsel. Fast drei Jahre ist das nun her.

Indonesien ist übrigens das Land mit den meisten Moslems überhaupt. Rund 190 der 216 Millionen Indonesier bekennen sich zum Islam. Wegen des amerikanischen Einmarschs in den Irak, der genau am Tag meiner Ankunft in Indonesien begann, bin ich gespannt, was mich auf Java wohl erwartet. Werde ich vor mir herbrüllen müssen, daß ich kein Amerikaner bin? Im Städtchen Gilimanuk, wo die Fähren nach Java ablegen, warnt eine Balinesin: „Bali ist gut. Java nicht. Krieg, Moslems, Amerikaner."

Doch auch auf der anderen Seite der „Bali Strait", der Meerenge, die die beiden Inseln trennt, gibt es vorwiegend freundliche Reaktionen. Die meisten Menschen winken und grüßen fröhlich. Einige grölen geistesdumpf, aber meistens kommt das übliche „Hello Mister!" freundlich rüber. Zwei merkwürdige Dinge passieren allerdings gleich am ersten Tag: Ein Lkw-Fahrer beschimpft mich heftig aus dem Seitenfenster heraus. Was für Probleme er hat, verstehe ich nicht; sicher ist nur, daß es nichts mit genommener Vorfahrt oder ähnlichem zu tun hat. Und ein Mann deutet aus einem vorbeifahrenden Bus an, daß man mir den Hals abschneiden wird. Oder er will das gar selber erledigen. Bei der allgemein herrschenden Stimmung habe ich jedoch nicht den Eindruck, daß wirklich etwas zu befürchten ist.

Bali und Java berühren sich beinahe. Die Überfahrt mit der Autofähre dauerte knapp 30 Minuten. Schon von Bali aus konnte ich sehen, was Java ist: eine Insel der Vulkane. Gleich im Osten erheben sich mehrere Gipfel um das Massiv des Gunung Kawah Ijen.

In Gilimanuk hatte mir ein alter Balinese einen Bildband über Java in die Hand gedrückt. Darin waren auch Bilder des Tengger-Massivs abgedruckt. Oben thront ein uralter Krater von zehn Kilometern Durchmesser, aus dessen Kraterboden mehrere jüngere Vulkane aufsteigen, unter anderem der Mt. Bromo, der dieser Region den Namen gegeben hat. Bis zum Rand des äußeren Kraters führt eine Straße auf 2300 Meter hinauf. Als ich die Fotos sah, war mir sofort klar, daß ich diesen Abstecher machen würde. Da oben mögen sich wohl zu anderen Zeiten unzählige Touristen drängen, aber wegen der aktuellen weltpolitischen Lage werde ich diese großartige Szenerie jetzt praktisch für mich allein haben.

Die Straße steigt zunächst sacht an bis zum Dörfchen Sukapura auf 900 Metern Höhe. Dort übernachte ich. Der Abend ist angenehm kühl, endlich mal Erholung von der ständig drückenden, feuchten Hitze im Tiefland. Die restlichen 1400 Höhenmeter dann am nächsten Morgen. Der Berg ist grün bis zum Gipfel. An den immer steiler werdenden Hängen wird vor allem Gemüse gepflanzt, auffallend viel Kohl. Schließlich wird es so steil, daß ich fast nur noch schiebe. An einigen Abschnitten ist sogar das Schieben kaum noch möglich.

Die Kraterlandschaft des Tengger-Massivs

Fünf strapaziöse Stunden nach dem Start in Sukapura stehe ich endlich am Rand des Tengger-Großkraters und kann in die Caldera blicken. Sie hat etwas Urweltliches. Es sieht aus wie auf einem zerklüfteten, kahlen Mond, auf dem es gerade ein wenig geregnet hat. Zuerst sticht der perfekt geformte Kegel des Mt. Batok ins

Auge. Seine Flanken sind von Büschen bewachsen und daher grün. Daneben der flache, schräg liegende Krater des Mt. Bromo, vollkommen kahl und grau, als wäre er gestern erst ausgebrochen. Er liegt da wie ein angestochenes Spiegelei. Zwischen den beiden Bergen ruht ein hinduistisches Kloster im grauschwarzen Lavasand. Das Tengger-Massiv wird überwiegend von Hindus besiedelt, der Mt. Bromo ist für sie ein heiliger Berg.

In einem kleinen Hotel direkt am Kraterrand quartiere ich mich ein. In den nächsten Tagen werde ich herausfinden, ob es nicht doch einen zweiten Weg zurück ins Tiefland gibt. Also zunächst durch den Krater hindurch und weiter im Westen wieder heraus. Im Dorf sagen sie, das ginge nicht. Aber es gibt Fahrspuren auf dem Kraterboden.

HELLO MISTER!

Der Morgen ist klar, nur einige dünne Wolken ziehen hoch über das Tengger-Massiv hinweg. Die Strahlen der aufgehenden Sonne berühren nach und nach die Vulkankegel im Großkrater. Im Hintergrund, gut 20 Kilometer entfernt, kann man nun auch den 3676 Meter hohen Mt. Semeru erkennen, der tagsüber immer von Wolken und Dunst umgeben ist. Gerade stößt der Vulkan wieder eine Dampf- und Aschewolke aus, die dann vom Wind nach Westen verweht wird. Drei bis vier Mal wiederholt sich dieses Schauspiel in der Stunde.

Vorsichtig lasse ich das Rad hinunterrollen zum Kraterboden. Was von oben aussah wie Spuren im dunklen Lavasand, erweist sich als eine regelrechte Piste. Sie führt direkt am Mt. Batok vorbei und nach sechs Kilometern zu einem westlich gelegenen Ausgang aus dem Krater. Der Weg hinauf zum Kraterrand ist wieder so steil, daß sich das beladene Fahrrad nur mit allergrößter Mühe hochschieben läßt. Danach schlängelt sich die Straße mehr als 30 Kilometer hinab, aus der kühlen Bergluft zurück in die dampfig-heiße Tiefebene.

Frauen pflanzen Reis auf Java

An vielen weiteren Vulkanen vorbei radele ich westwärts. Überall sind Menschen unterwegs, überall stehen Häuser. Wenn sich einmal irgendwo unbebautes Land öffnet, ist es meist ein sumpfiges Reisfeld, auf dem Bauern pflügen – mit Wasserbüffeln als Zugtieren oder mit museumsreifen Motorpflugmaschinen –, auf dem Männer und Frauen gebückt neue Reispflanzen setzen oder gerade ernten und noch auf dem Feld mit der Hand dreschen.

Wer nicht auf den Feldern arbeitet, verdient sein Geld mit dem Zubereiten und dem Verkauf von Mahlzeiten oder damit, die unzähligen Mopeds in Betrieb zu halten. Die Männer reparieren in den Garagen oder auf der Straße, Frauen füllen Treibstoff aus großen Tonnen um in Literflaschen, die dann am Straßenrand zum Verkauf ausstehen.

Bezogen auf die Einwohnerzahl ist Indonesien das viertgrößte Land der Welt. Mehr als 13.000 Inseln gehören insgesamt zu dem Inselreich, rund 6000 davon sind bewohnt. Die meisten Menschen leben auf Java, das extrem dicht besiedelt ist – mehr als viermal so dicht wie Deutschland. Auf einen Quadratkilometer kommen knapp 1000 Menschen. In Australien sind es nicht einmal 2,5 Einwohner pro Quadratkilometer.

Der Straßenverkehr auf Java wirkt auf den ersten Blick absolut chaotisch. Ein einziges Durcheinander, in dem nur zufällig die meisten zu überleben scheinen. Unzählige Mopeds und Motorräder wuseln umher, nicht selten sitzen drei erwachsene Männer darauf oder vierköpfige Familien. An den Ampelkreuzungen drängeln sich die Zweiräder ganz nach vorn durch und warten in einem Riesenpulk auf das Startsignal. Wenn die Masse das Nahen dieses Momentes ahnt, beginnt das Spiel mit dem Gasgriff, und wenn endlich Grün aufleuchtet, heulen die Motoren auf wie beim Start zu einem Rennen. Dieses Rennen dauert allerdings nur ein paar hundert Meter, bis an der nächsten Kreuzung die Straßen wieder zugestopft sind.

Autos, Lastwagen und vor allem Busse überholen nach Belieben, als wären Bergkuppen durchsichtig und Kurven immer frei. Wo es keine Ampeln gibt oder sie nicht beachtet werden, scheint die Vorfahrtsregel so verhandelbar zu sein wie der Preis auf dem Markt. Aber irgendwie funktioniert es trotzdem, und zwar völlig ohne gegenseitige Anpöbelei. Unerläßlich ist das signalisierende Hupen als akustisches Positionssignal. Es hilft den anderen wirklich enorm bei der Navigation in diesem wilden Strom.

An den für Europäer etwas ungewöhnlichen Y-Kreuzungen hat sich ein fließendes System der abwechselnden Vorfahrt etabliert, eine Art Einfädelungsverfahren wie das Reißverschlußsystem bei uns, wenn sich zwei Fahrspuren zu einer vereinen. Nur daß sich hier die Beteiligten ungebremst entgegenkommen.

In den Städten verbreitern sich die Straßen oft auf zwei, drei oder noch mehr Spuren in jeder Richtung. Ganz links – bei dem Linksverkehr also ganz außen – wird immer etwas Platz freigehalten für die, die gegen den Strom schwimmen: Fahrräder, Ochsenkarren, Rikschas, Mopeds, kleine Lieferwagen. Wer nur eben für ein paar hundert Meter nach rechts abbiegt, macht sich nämlich nicht die Mühe, die breite Straße zweimal zu überqueren.

In der Stadt Bandung sieht das dann so aus: drei Spuren pro Fahrtrichtung; links geht davon eine komplette Spur ab für die Geisterfahrer. Die sind in Bandung besonders schnell unterwegs und überholen sich außerdem auch noch gegenseitig. Die mittlere Spur ist zugleich temporäre Haltestelle für die Minibusse, die alle paar Meter Fahrgäste absetzen und aufnehmen. Nur ganz rechts rollt der Verkehr einigermaßen kontinuierlich.

So chaotisch das alles aussieht, so exotisch die Regeln sind, die man nur intuitiv erlernen kann – nach ein paar Tagen findet man sich zurecht. Beim Start in das Getümmel darf man nur nicht darauf warten, daß der Verkehrsstrom abreißt. Das könnte bis nach Mitternacht dauern. Man muß einfach losfahren, sich irgendwie hineindrängeln. Deinem Hintermann kannst du eigentlich alles zumuten. Der ist für dich verantwortlich und auch nicht gleich sauer, wenn du ihn ein bißchen ausbremst. Er ist das gewöhnt.

Im Büro der „Direktora Jenderal Imigrasi" in Jakarta versuche ich, meine Aufenthaltserlaubnis für Indonesien zu verlängern. Die Regelungen sind etwas verwirrend. Man kann wählen zwischen einem 100 Dollar teuren Visum und einem kostenlosen „Tourist Pass", der direkt an der Grenze eingestempelt wird. Beide berechtigen zu 60 Tagen Aufenthalt. Einziger Vorteil des viel zu teuren Visums: Man kann es verlängern. Für den „Tourist Pass" sind 60 Tage dagegen das absolute Limit. Was ich leider erst in Indonesien erfahren habe.

Einige Reisende fliegen kurz nach Singapur aus – eine Flugstunde von Jakarta entfernt –, um nach der Rückkehr mit einem neuen Stempel zu starten. So etwas geht mir allerdings gegen den Strich. Wenn man sich wenigstens von der Ausreiseschlange direkt in die Einreiseschlange mogeln könnte. Aber wirklich hin- und zurückzufliegen, nur wegen dieses blöden Stempels im Paß ...? Das ist doch verrückt!

Dem Immigration Officer erkläre ich, daß es schwierig ist, in zwei Monaten Indonesien in seiner Länge zu durchradeln. Und schließlich will man sich zwischendurch ja auch den Sehenswürdigkeiten des Landes widmen. Mit einem australischen Zeitungsartikel über meine Reise versuche ich, meine Wichtigkeit zu unterstreichen. Ob er nicht in diesem besonderen Fall ausnahmsweise auch mal einen Tourist Pass verlängern könne?

„Nun", meint der Beamte, „Sie sind ja wirklich sehr freundlich. Aber wollen Sie, daß wir die Gesetze brechen?"

Er lächelt dabei so schmierig, daß sofort klar ist: Er würde sie nicht zum erstenmal brechen. Bestimmt nur eine Frage des Geldes. Ja, verdammt: Wenn du es so nennen willst, dann brich halt das Gesetz!

„Nein, natürlich will ich nicht, daß Sie die Gesetze brechen", lächele ich zurück. „Aber es müßte sich doch eine Möglichkeit finden lassen, eine Ausnahme zu machen."

Er drückt einer Mitarbeiterin meinen Paß mit dem Zeitungsartikel in die Hand und schickt sie damit zum Chef. Doch auch er ist der Meinung, daß man das Gesetz nicht brechen sollte.

Der Schmierige erklärt jetzt, daß es wohl eine Möglichkeit für mich gebe. Sein Stichwort ist „Cancellation" – Entwertung des Tourist Pass. Aber das koste Geld.

„Wieviel?"

„20 Dollar pro verlängerten Tag."

„Wie bitte? 20 Dollar pro Tag? Es würde mir schon weh tun, 20 Dollar für eine Verlängerung um zwei Wochen zu zahlen."

„20 Dollar für zwei Wochen?" fragt er ungläubig. „Nein, zwei Wochen kosten 280 Dollar."

280 Dollar! Meint der, die Leute aus dem Westen drucken ihr Geld selbst?

„Was passiert denn, wenn ich ein paar Tage zu spät an der Grenze ankomme?"

„Oh, da müssen Sie vorsichtig sein. Überziehung kostet pro Tag 20 US$."

Der gleiche hohe Preis für die Verlängerung wie für die Strafe. Was für einen Grund gäbe es also, hier auch nur einen einzigen Tag vorab zu bezahlen?

Von diesem Moment an ist klar, daß ich durch Sumatra fast rastlos radeln muß, um rechtzeitig nach Singapur übersetzen zu können.

Bald darauf sitze ich wieder auf dem Fahrrad und quäle mich durch Ruß und Dreck aus der indonesischen Hauptstadt heraus. Bei der Durchquerung des Großraums Jakarta fährt man 100 Kilometer lang nur durch Stadtgebiet. Während es im innersten Zentrum noch einigermaßen geregelt zugeht, sind die großen und kleinen Verkehrsadern in den Außenbezirken hoffnungslos verstopft. Der Abgasruß der Lkw, der Busse und der Mopeds liegt so dick in der

Luft, daß man ihn förmlich einfängt. Haut und T-Shirt sind dunkelgrau nach einem halben Tag in diesem Dunst.

Lange führt die Straße an einem Kanal entlang, der aussieht, als sei er mit Altöl gefüllt. Auf dem schwarzen Wasser schwimmen Plastiktüten und Plastikflaschen. Am Ufer wachsen Palmen und armselige Hütten aus Holz. Dreck und Abfall auch in der Sunda Strait, der Meerenge zwischen Java und Sumatra. Es ist wirklich ein Jammer: Der Verpackungsmüll verwandelt diese wildschöne Landschaft in einen gigantischen Abfallhaufen.

Seit dem allerersten Tag in Indonesien begleiten mich in den Dörfern und Städten die Rufe „Hello Mister!". Wer sonst auch kein Englisch beherrscht – „Hello Mister!" gehört allgemein zum aktiven Wortschatz. Während aber auf Bali und Java diese Rufe freundlich klangen, kommt das „Hello Mister!" auf Sumatra mit der Herzlichkeit eines ultimativen „Stehenbleiben, oder ich schieße!" rüber. Und darauf folgt meist hämisches Lachen.

Autofahrer bremsen ab, um mir ihr „Hello Mister!" entgegenzuschleudern, Motorradfahrer kehren sogar um, um das zu tun. Es scheint eine Art Zwang zu sein. Wer als erster den Mann aus dem Westen erblickt, muß das „Hello Mister!" möglichst schnell herausschreien. Als hätte er sonst eine Wette verloren.

„Hello Mister!" Falls du darauf irgend etwas antwortest, ist das hämische Lachen nahezu garantiert. Reagierst du gar nicht, könntest du die wenigen Leute verprellen, die es wirklich freundlich meinen. Ich verlege mich darauf, einfach stumm mit dem Kopf zu nicken. Ich fahre in ein Dorf hinein und beginne, beim ersten „Hello Mister!" zu nicken, und nicke bis zum Ende des Dorfes, weil der erste Ruf eine Kettenreaktion ausgelöst hat. Ja – ich fahre durch Sumatra nickend wie einer dieser Plastikhunde, die man gelegentlich noch auf der Hutablage deutscher Autos sieht.

Zweimal kommt es sogar zu Handgreiflichkeiten, weil ich es mir nicht gefallen lasse, daß jemand mich oder das Gepäck im Vorüberfahren einfach antatscht. Wenn das geschieht, bremse ich ab und fahre zurück. Und zweimal führt das eben auch zu kleinen Rangeleien. Einmal erhob ein Mann gar sein Buschmesser, als ich wegen seiner Anpöbelei stehenblieb und zu ihm umkehrte. In diesem

Augenblick muß mir eine besonders finstere Miene gelungen sein, denn er ließ den Arm mit dem Messer sinken, als ich geradewegs auf ihn zumarschierte. Erstaunlich – wir vertrugen uns am Ende sogar und verabschiedeten uns freundschaftlich.

Immer, wenn wieder jemand mit einem Osama-bin-Laden-T-Shirt über die Straße läuft, beschleicht mich der Verdacht, daß auf dieser Insel alle viel engstirniger sind als die Indonesier weiter im Osten. Ein Malaysier, selbst Moslem, sollte diesen Eindruck später bestätigen. Auch er sei auf Sumatra alles andere als willkommen gewesen.

Auf den letzten Kilometern über diese weite Insel (sie ist fast eineinhalb Mal so groß wie Deutschland) wechsele ich wieder auf die Nordhalbkugel unserer guten Mutter Erde. Fast auf den Tag genau vor zwei Jahren habe ich in Kenia den Äquator in umgekehrter Richtung überquert.

Ein Schnellboot bringt mich zur Insel Batam, die direkt gegenüber von Singapur liegt. Zwei Tage vor dem Ablauf des Visums trennt mich nur noch eine 30minütige Schiffspassage von der „Stadt des Löwen".

Im Frühjahr des Jahres 2003 stehen Singapur und das südostasiatische Festland ganz im Zeichen der lebensgefährlichen Lungenentzündung SARS. Die internationalen Medien zeichnen ein Bild, als lägen die Erreger wie eine Wolke über der Region.

SÜDOSTASIEN IM ZEICHEN VON SARS

„Service with a smile" steht auf dem Sticker, den die Dame am Grenzübergang von Singapur nach Malaysia auf der Brust trägt. Doch von einem Lächeln ist nichts zu sehen. Ihr Gesicht ist bis hinauf zu den Augen hinter Stoff verborgen. Wie all die anderen Grenzbeamten trägt auch sie eine Gesichtsmaske, die sie vor SARS aus Singapur schützen soll. Jedem, der über die lange Brücke von Singapur nach Malaysia kommt, drücken sie einen Zettel in die Hand: Haben Sie Fieber? Eine Erkältung? Hatten Sie Kontakt mit jemandem, der SARS-verdächtig ist?

Wie ich später aus der Zeitung erfahre, messen sie hier normalerweise sogar die Körpertemperatur jedes Einreisenden, aber „die Maschine" sei derzeit defekt. (Was für ein aufwendiger Apparat das wohl sein muß?) Eine etwas ältere Dame des Gesundheitskomitees redet die ganze Zeit auf mich ein: ob ich mich *wirklich* gut fühlte, ob ich tatsächlich kein Fieber hätte ... Sehe ich nach den paar Kilometern durch Singapur denn so abgekämpft aus?

Nun stellt sie Fragen nach dem Wohin und Woher, aber die Antworten interessieren sie gar nicht. Bestimmt will sie nur checken, ob meine Stimme ein wenig belegt klingt.

Doch selbst wenn ich mich angesteckt hätte, wären die Symptome jetzt noch nicht zu spüren. Ich war nur zwei Tage in Singapur, um durch die Elektroniktempel zu wandern und nach Schnäppchen Ausschau zu halten. Dem üblichen Rat, Menschenmassen meiden, um SARS aus dem Wege zu gehen, konnte man in diesen markthallenartigen Gebäuden allerdings nicht folgen. Trotzdem lief niemand dort mit einer Schutzmaske umher.

Mit der Lungenkrankheit scheint man es in Singapur nicht so ernst zu nehmen wie in den Ländern, die weniger betroffen sind. Als ich bei der Einreise im Hafen von Singapur das SARS-Formular nicht schnell genug ausgefüllt hatte, verzichteten die Beamten mit einer abwinkenden Handbewegung auf das Papier. Dabei steht darauf, daß die Nichtabgabe 3000 US$ Strafe kostet!

„Singapur ist das Land, in dem man nicht schräg über die Straße gehen darf! Da fahr' ich nie hin." Mit diesem Statement hat mein Nürnberger Siemens-Kollege Fritz Hotz in regelmäßigen Abständen das ganze Büro unterhalten. Der Stadtstaat ist bekannt für seine strikten und pingeligen Gesetze. Es gibt Andenken-T-Shirts mit einer Sammlung aufgedruckter Verbotsschilder zu kaufen – darunter steht einfach nur „Singapore".

Tatsächlich wirkt hier alles ausgesprochen aufgeräumt – besonders auf den, der gerade von Indonesien herüberkommt. Kein Putz bröckelt von den Gebäuden, die Straßen sind breit und bestens asphaltiert, Abfall neben der Straße sieht man selten. An den Kreuzungen ausschließlich die modernen LED-Ampeln, manche mit Count-Down-Zählern, die über die verbleibende Zeit der Rot- bzw.

Grünphase informieren. Nach den zwei Monaten in Indonesien finde ich außerdem bemerkenswert, daß alle Verkehrsteilnehmer die Ampeln respektieren.

Aber ab und zu sehe ich Menschen, die schräg über die Straße laufen! Ich probiere es auch zwei- oder dreimal. Gelegentlich spucken Männer auf die Straße, was eigentlich ebenso verboten ist. Und trotzdem werden sie nicht verhaftet. Auf dem Weg vom Hafen zur Innenstadt war ich auf die Autobahn geraten und fuhr dort einfach weiter, weil es der kürzeste Weg ins Zentrum war. Niemand hielt mich an. Entweder wurde Singapurs Pingeligkeit immer nur hochgespielt, oder die Staatsgewalt gibt sich inzwischen einfach gelassener.

Also Fritz – fahr nach Singapur und lauf schräg über die Straßen! So viel Spaß wie hier macht das nirgendwo anders auf der Welt.

Heute habe ich mehr als 20 Kilometer über Singapurs Autobahnen hinter mir. Am „Second Link", der Verbindung zu Malaysia im Westen der Insel, ließen sie mich nicht durch. Die Brücke sei zu schmal und zu lang – für Radfahrer viel zu gefährlich. Zwei Stunden war ich im Zickzack hierher gefahren, um die Autobahn zu vermeiden; frustriert bog ich nun direkt in den Highway zum Hauptübergang im Norden ein. Daran störte sich niemand.

Kurz vor der Grenze noch einmal Vorschriften, die ganz zum Singapur-Klischee passen: Alle paar hundert Meter erinnert ein großes Schild am Straßenrand daran, daß einheimische Autos vor der Ausreise nach Malaysia zu Dreiviertel vollgetankt werden müssen. Die angedrohte Strafe: 300 US$. Singapurs Methode, Tanktourismus zu unterbinden.

Nach Malaysias SARS- und Paßkontrolle werfe ich einen letzten Blick zurück über die Meerenge. Von Norden sieht Singapur aus wie eine grüne Insel. Was für ein Kontrast. Von Süden sah es so aus, als könnten dort nur Hochhäuser wachsen.

Der Tag darauf ist der tausendste Tag dieser Reise. Oft bin ich in der letzten Zeit gefragt worden, ob nicht langsam Heimweh aufkäme. Die Frage kam besonders häufig in Australien, von Reisenden, die nur ein paar Wochen Urlaub machten, aber auch von Travellern, die für mehrere Monate das andere Ende der Welt erkundeten.

Heimweh? Eigenartig: Es ist nicht da. Natürlich vermißt man die Familie und die Freunde. Das Internet hilft ein wenig, die Entfernungen zu überwinden. Und sonst? Das Leben on the road ist zum normalen Alltag geworden; der besondere Reiz liegt in der Freiheit, an einem Ort verweilen zu können, oder aber morgen einfach weiterzuradeln. Wenn ich wieder zu Hause bin, wird es mit dem Weiterradeln urplötzlich vorbei sein. Im Augenblick habe ich eher ein bißchen Furcht vor dem Tag, an dem ich nach Erlangen zurückkehre.

„Betong“ heißt nur eine Stadt in Malaysia, aber eigentlich könnte fast jeder Ort so heißen. Auf ansehnliche Architektur wurde jedenfalls selten Wert gelegt; „schnell und billig“ muß die Devise gewesen sein. Gleichförmig dahingegossene Ladenfronten säumen die langgezogenen Hauptstraßen, aneinandergeklebte, zweigeschossige Klötze, mal mehr, mal weniger bunt, mal frisch gestrichen, meist aber schon vom feuchten tropischen Klima gezeichnet.

Nur wenige Städte haben ihren eigenen Charakter. Zu diesen Ausnahmen gehört Melakka mit seiner abwechslungsreichen Historie – es war chinesisch, portugiesisch, holländisch und britisch beherrscht. Kurios wirken das pinkfarbene „Stadthuys“ sowie eine sehr klein geratene Windmühle im Stadtzentrum. Kuala Lumpur fällt durch seine ultramodernen Bauten aus dem Rahmen; die Petronas-Zwillingstürme sind 452 Meter hoch, das ist derzeit der Weltrekord (Taipeh wird diesen Rekord allerdings demnächst mit einem 500 Meter hohen Gebäude brechen). Georgetown auf der Insel Penang zieht mit baulichen Relikten aus der Zeit der englischen Herrschaft einige Besucher an. Es gibt dort sogar eine Downing Street, die „Lebuh Downing“.

Die Menschen in Malaysia treten mir mit vielen netten Gesten entgegen. Manchmal bezahlt jemand zusammen mit seiner Rechnung meine Getränke, obwohl wir an verschiedenen Tischen gesessen haben und vorher nicht einmal ein Wort wechselten. Mitten im Land rief eines Nachmittags ein Mopedfahrer „Willkommen in Malaysia!“ zu mir herüber. Gleich am ersten Abend kommt ein Mann um die 50 mit ausgestreckter Hand auf mich zu: „My friend,

God bless you!" Und ich zögere sogar noch, ihm meine Hand entgegenzustrecken, weil ich die Wochen auf Sumatra so schnell nicht vergessen kann, wo sich die Männer am Straßenrand so abfällig und ironisch gegeben haben. Hier ist es, als bemühten sich die Moslems in den Zeiten von Krieg und globalem Terror ganz besonders um eine Verständigung der Bürger der Welt.

In der Hauptstadt Kuala Lumpur suche ich einen Vormittag lang vergeblich die Botschaft von Myanmar, dem früheren Birma. Irgendwie scheinen Botschaften alle zwei Jahre umzuziehen. Auch die Deutschen wechseln gerade wieder die Büroräume.

In einem Garten weht die irakische Flagge. Auf dem Hof des eingezäunten Geländes laufen arabisch aussehende Männer umher, aber die Botschaft ist geschlossen. Die Schaukästen, in denen sonst Bilder von winkenden Saddams, jubelndem Volk und technischen Errungenschaften des Staates hängen, sind jetzt leer. Nur ein Zettel mit ein oder zwei arabischen Sätzen hängt neben dem Eingang. An wen man sich in dieser Zeit der amerikanischen Besatzung wohl wendet, wenn man ein Visum für den Irak haben will? Wahrscheinlich tatsächlich an die Amerikaner.

Die Petronas Twin Towers in Kuala Lumpur sind 452 Meter hoch

Deren Botschaft liegt in Rufweite, ist im üblichen Festungsstil gebaut und schwer bewacht. Die Geheimdienste wollen herausgefunden haben, daß in Malaysia Terroranschläge geplant sind. Ein paar Wochen später – als ich in Thailand bin – warnen sie vor Terroranschlägen in Thailand.

Der Botschafter von Myanmar residiert inzwischen weit außerhalb des Stadtzentrums. „Was muß ich tun, um ein Überland-Visum zu bekommen?" Das Standard-Visum ist nur gut für die Einreise mit dem Flugzeug. Die Durchreise von Thailand durch Myanmar nach Indien gilt als unmöglich.

Die Herrschaften auf der Botschaft zeigen sich aufrichtig an meinem Vorhaben interessiert. Doch wenn ich weniger als zwei Wochen in Kuala Lumpur bliebe, bräuchte man von hier aus noch nichts in die Wege zu leiten. Ich solle es in Bangkok versuchen, wo die Botschaft auch mehr über die Sicherheitslage an der Grenze wisse. Da gebe es nämlich ab und zu Gefechte. Das „Unternehmen Myanmar" scheint genau so kompliziert zu werden wie vor zweieinhalb Jahren das „Unternehmen Saudi-Arabien".

Auch Thailands Strände sind wegen SARS außergewöhnlich leer. Doch auch Thailand tut sein Bestes, die Lungenkranken schon an den Grenzen abzufangen. Bei der Einreise machen sie das, was Malaysia wegen technischer Probleme nicht konnte: Sie messen, kurz vor dem Immigration Office, meine Temperatur. Ihre „Maschine" ist nicht defekt – es ist ein ganz gewöhnliches Fieberthermometer, das sie mir unter die Achsel klemmen.

DAS AXIOM

Es ist wirklich frustrierend: Da lernst du mühsam die wichtigsten indonesischen und malaysischen Wörter, die es dir ermöglichen, nach dem Weg zu fragen, eine Unterkunft zu finden, Essen zu bestellen und den Preis vorher auszuhandeln – und dann kommst du an die nächste Landesgrenze und bist plötzlich wieder zurückgeworfen auf das Sprachniveau eines Babys. Du betrittst thailändischen

Boden, und von einem Moment auf den anderen ist alles futsch, wertlos. Einmal mehr beginnst du von vorn.

Das Essen wird in den nächsten Tagen jedesmal eine Überraschung sein. Außerhalb der touristischen Zentren nutzt dem Fremden die Speisekarte, falls es überhaupt eine gibt, nämlich wenig. Man mag sich vielleicht an den malerisch geschwungenen Schriftzeichen erfreuen, mit den kleinen Kreisen an vielen Ecken und Enden der Buchstaben, die aussehen wie Lötösen. Aber schlau wird man daraus so leicht nicht.

Also nur einfach zu erkennen geben, daß man Hunger hat, und während die Dame dann aufzählt, was es gibt, irgendwann „ja" sagen. Wahrscheinlich wird Reis kommen, vielleicht kommen auch Nudeln. Dazu Huhn oder Fisch oder eine eher undefinierbare Mischung von Eingeweiden. Oder es ist vollvegetarisch. Vielfältig ist die Küche hier auf jeden Fall. In den ganz einfachen Eßbuden am Straßenrand stehen die Kochtöpfe vorn aus, und man darf gern die Deckel heben und mit der Kelle ein bißchen herumlöffeln, um zu sehen und zu riechen. Aber trotzdem läßt sich nicht immer erkennen, was es wohl sein könnte.

In Indonesien war das einfacher. Da bringen sie alles, was sie haben, in vielen Schälchen zum Tisch. Das sieht dann aus, als würde eine ganze Schulklasse erwartet. Man nimmt das, was gefällt, kostet vielleicht auch mal heimlich, was man nicht identifizieren kann und läßt unberührt, was man nicht will. Am Ende gehen die vollen Schälchen zurück an die Theke, um bald dem nächsten Gast auf den Tisch gestellt zu werden.

Wie schon in Malaysia sind auch in Thailand die Menschen sehr freundlich. Sie begegnen mit Gesten, die ein Europäer anfangs sogar als unterwürfig empfinden mag. Da war zum Beispiel die Kassiererin an der Großtankstelle hinter Hat Yai, wo ich nur einen Kaffee trank – sie verneigte sich beim Abschied mit zusammengepreßten Händen vor dem Gesicht, fast wie beim Gebet vor einer Buddhastatue. Doch bald stellt man fest, daß die Thai alles andere als unterwürfig sind, sondern sehr viel Stolz besitzen. Sicherlich hängt das auch damit zusammen, daß sich das Land immer gegen europäische Kolonisierung wehren konnte.

Kalksteinfelsen vor dem Pak Meng-Strand in Süd-Thailand

Aus der Sicht des Radlers ist Thailand ein besonders angenehmes Reiseland. Die Straßen haben breite Seitenstreifen für Mopeds und Fahrräder, die für einen ausreichenden Sicherheitsabstand zu Autos und Lastwagen sorgen. Landschaftlich ist besonders der Süden abwechslungsreich, die schmale Landzunge, die wie ein Finger nach Indonesien zeigt. Man kommt immer wieder direkt ans Meer – im Westen ist es die Andamanen-See, im Osten der Golf von Thailand –, dazwischen liegt Hügellandschaft, oft mit Karstbergen und -felsen in bizarren Formen. Der Weg führt durch Palmenwälder und vorbei an zahllosen Kautschukplantagen, in denen die Bäume in Reih' und Glied dicht beieinanderstehen. Die Stämme sind spiralförmig eingekerbt, am Ende jeder Spirale fließt Latexmilch in kleine Schalen, die in Hüfthöhe an den Stamm gebunden sind. Überall am Straßenrand hängt Rohkautschuk in Form von Matten in der Sonne.

Ab und zu weht der schwer-süße Duft der Jackfrucht aus einem Garten oder von einem Obststand herüber. Ein Schmetterling flattert vorbei, so groß wie eine erwachsene Hand. Zahllose Schlangen sehe ich, manche über die Straße huschend, die meisten plattgefahren. Eines der überfahrenen Exemplare ist zwei Meter lang und regelrecht fett. Was passiert wohl, wenn man mit dem Fahrrad eine Schlange überrollt, die gerade aus dem Gebüsch schießt, ohne vorher nach rechts und nach links zu schauen? Wird sie blitzartig hochschnellen und in den Unterschenkel beißen? Nur Minuten nach diesem Gedanken erkenne ich etwas sehr Zierliches am Straßenrand. Ein schnürsenkeldünnes Band, hellgrün wie frisches Gras. Es ist tatsächlich eine Schlange. Sie hat den Kopf hochgestellt und züngelt. Das alles sehe ich aber erst, als mein Fuß schon direkt neben ihr schwebt. Sofort ziehe ich ihn vom Pedal hoch. Ein paar Meter weiter bleibe ich stehen. Auch sie muß sich erschrocken haben, sie ist verschwunden.

Ranong ist ein Städtchen an der Grenze zum Südzipfel Myanmars. Die wenigen Touristen, die man in Ranong sieht, kommen eigentlich nur, um durch eine kurze Ausreise nach Myanmar ihr Aufenthaltsrecht für Thailand zu erneuern. Thailands Einreisestempel ist nur gut für einen Monat, doch ein paar Minuten außerhalb der Grenzen genügen, um einen weiteren Monat bleiben zu dürfen – wichtig sind allein der Ausreisestempel von Thailand und die beiden Stempel des Nachbarlandes. Die Prozedur darf man lebenslang wiederholen. Einen britischen Programmierer lerne ich kennen, der schon seit acht Jahren von Thailand aus für europäische Firmen arbeitet. Im routinemäßigen Rhythmus reist er aus und wieder ein.

Beliebt für diesen sogenannten „Visa-Run" sind Myanmar und Malaysia im Westen und Süden. Laos und Kambodscha im Nordosten haben zu hohe Einreisegebühren. An der Grenze zu Malaysia kommt man dagegen völlig ohne Kosten davon, Myanmar verlangt für das Tagesvisum nur fünf Dollar. In Ranong gibt es sogar Dienstleister, die die Pässe der Kunden gegen einen geringen Aufpreis hinüber- und wieder zurücktragen.

Nur eine schmale Bucht der Andamanen-See trennt die beiden Länder hier. Sie kerbt die Landmasse zwar auf 50 Kilometern Länge ein, ist aber gerade einmal vier Kilometer breit. Eine Fähre gibt es nicht, die Menschen werden in sogenannten Longtail-Booten hinübergefahren. Das sind schlanke Boote mit Außenbordmotoren, wie ich sie noch nirgendwo anders gesehen habe: Die Motorwelle ist zwei Meter lang – der „Langschwanz". Motor, Welle und Schraube sehen zusammen aus wie ein überdimensionaler Rührmixstab aus Großmutters Zeiten. Die düsen hier mit Rührmixern kreuz und quer über das Wasser!

Vater und Sohn kleben hauchdünne Goldplättchen auf die Zehennägel einer riesigen Buddha-Statue

Was meine Pläne betrifft, durch Myanmar nach Indien zu radeln, komme ich von Thailand aus allerdings nicht weiter. Myanmar stellt nur Tagesvisa für einige wenige Grenzstädte aus; man darf sich in der engsten Umgebung dieser Städte bewegen, aber nicht in das Landesinnere vordringen, was daran liegt, daß die Regierung weite Gebiete nicht unter Kontrolle hat und sie daher abriegelt.

Auf dem Weg nach Bangkok führt die Straße noch einmal direkt an die Grenze heran, die hier von einem Fluß gebildet wird. Vielleicht hundert Meter trennen mich von Myanmar. Drüben liegt ein kleines Dorf, von dem gerade ein Mann auf einem Floß durch den Fluß nach Thailand herüberstakt. Ob es jemanden stören würde, wenn er mich auf seinem Rückweg mitnähme? Vielleicht nicht, aber ohne die passenden Papiere würde man mich weit vor der Hauptstadt abfangen.

Die Myanmar-Botschaft in Bangkok ist bei der Bereitstellung eines Überlandvisums ungefähr so machtvoll wie das Hauptpostamt Erlangen bei der Beschaffung einer Arbeitsgenehmigung für Togo. Ein Visum für Myanmar berechtigt eben nur zur Einreise per Flugzeug. Daran zu rütteln, ist unerhört. Die Visastelle der Botschaft hat nur zwei Schalter: einen, an dem man seinen Antrag mit dem Paß und dem Geld einreicht, und einen, an dem man den Paß mit dem Flugvisum abholt. Für Fragen außer der Reihe ist gar kein Platz. Alle Welt hat sich damit abgefunden, das ist ein

Axiom, unumstößlich: Nach Myanmar kann man nur fliegen. Ich kann kaum die Worte „Ich möchte mit dem Konsul sprechen" ausrufen, bevor mich nachrückende Traveller vom Antragsschalter wieder wegdrängen. Die würden glatt mithelfen, mich in die Zwangsjacke zu stecken!

Am Ausgabeschalter wird mir dann definitiv mitgeteilt, daß es hier ausschließlich Visa für Flugreisende gibt. Überland nach Yangon – das solle ich direkt an der Grenze versuchen. So ein Quatsch!

In der Zwischenzeit habe ich „Myanmar Travels and Tours" per eMail angeschrieben. Das scheint die einzige Organisation zu sein, die irgend etwas in meiner Sache bewirken kann. Sie fragen zurück, wie groß unsere Gruppe sei. Auf Gruppen zwischen 16 und 23 Teilnehmern seien sie spezialisiert. Doch sie bleiben auch kooperativ, nachdem sie erkennen, was für einen mageren Fisch sie an der Angel haben.

Dennoch wird es ein monatelanger Kampf durch den Dschungel der Bürokratie werden. Ich teile meine Wünsche mit – ganz grob nur, um bloß nicht den Weg zu verbauen: überland, von Ost nach West, egal, ob von Thailand oder China, egal, ob nach Bangladesch oder Indien –, sie müssen bei den Ministerien nachfragen, ob diese Wünsche realisierbar sind. Sie werden mir mitteilen, daß die Durchquerung nur mit einem Führer möglich ist, der mich täglich begleitet. Und nur von China aus könne ich einreisen. Das Ganze ist nicht billig, doch sie geben mir einen wirklich großzügigen Nachlaß, als ich darauf hinweise, daß dies eine Etappe auf einer 70.000-Kilometer-Weltumradlung ist.

Auch thailändische Mönche leben nicht nur von Luft und schöner Landschaft

Kurz darauf werden sie mir jedoch schreiben, daß die Durchreise an den letzten Kilometern kurz vor der indischen Grenze scheitert: Straße zu schlecht und vor allem zu unsicher. Bei „unsicher" verstehe ich zunächst „Rebellen", aber sie meinen „Tiger". Nur wenn ich nach Thailand ausreise und zwischendurch fliege, können sie eine Route anbieten. – Nein, nein, das ist die falsche Richtung! Ich will doch nach Westen, nach Deutschland, nach Hause! Schließlich finden sie doch einen Weg bis zur indischen Grenze, werden mich durch einen weiten, wildreichen Wald auf 170 Kilometern durchgehend eskortieren. Gratis und wirklich nur ausnahmsweise – wegen des besonderen Charakters meiner Tour.

Hier in Bangkok stehe ich erst am Anfang des langen Genehmigungsprozesses. Mehr als drei Monate werden noch vergehen, bis sämtliche Formalitäten geklärt sind. Statt in Richtung Heimat führt mein Weg durch Südostasien zunächst nach Kambodscha und Vietnam.

IM LAND DER KHMER

Thailands Hauptstadt hieß eigentlich nur früher Bangkok: Es war das „Dorf der grünen Pflaumen" und damals noch längst nicht ein solcher Moloch wie heute. Die Stadt war von zahllosen Kanälen durchzogen, viele Reisende verglichen sie mit Venedig. Die meisten dieser Kanäle wurden jedoch zugunsten des Straßenbaus nach und nach zugeschüttet.

Als zwei Dimensionen nicht mehr reichten, kamen Hochstraßen und -bahnen hinzu, die nun die Wege und Straßen darunter verdunkeln. Thailands Hauptstadt ist inzwischen bekannt für den zähen Fluß der Fahrzeuge, die sich stinkend durch die Verkehrsadern zwängen und die Luft grau einfärben. Wer sein Geld in diesem Dunst verdienen muß – etwa als Mopedtaxifahrer, als Polizist oder Straßenfeger –, trägt eine Atemschutzmaske. Thailands Hauptstadt heißt bei den Einheimischen heute Krung Thep, ein ziemlich verklärender Name: „Stadt der Engel".

Eineinhalb Radeltage von Bangkok entfernt liegt die Grenze zu Kambodscha. Obwohl der Grenzposten bei Aranyaprathet der

Hauptübergang zwischen den beiden Ländern ist, scheint nur selten ein Auto auf die andere Seite zu wechseln. Ein massives Eisentor, das offenbar im Regelfall geschlossen ist, versperrt die Straße. Die endlosen Reihen von Fußgängern, die mit ihren Ziehwagen grenzüberschreitenden Kleinhandel betreiben, zwängen sich durch schmale abgezäunte Fußwege.

Direkt hinter der Grenze steht ein Spielkasino, das nicht so recht zu den ärmlichen Menschen passen will, die mit Transport und Verkauf ihrer Waren Kleinstumsätze und -gewinne machen. Die Kunden des Kasinos stammen auch nicht aus Kambodscha, sondern aus den oberen Gesellschaftsschichten Bangkoks. In Thailand ist das Glücksspiel verboten, es gibt kein einziges Kasino im Land. Die Nachbarländer reiben sich die Hände und füllen diese Lücke gern aus. Myanmar hat an seiner Südspitze einen Spieltempel auf eine Insel gebaut, die dem thailändischen Festland direkt vorgelagert ist.

Hundert Meter nach der Paßkontrolle führt die schmale Straße auf einen Kreisverkehr zu. Die Zweiräder und das erste Auto, das ich sehe, fahren gegen den Uhrzeigersinn um die Insel herum. Herrscht hier etwa Rechtsverkehr? Das nächste Auto, das überholt, hat allerdings das Steuer auf der rechten Seite. Also doch Linksverkehr! Oder kommt das Auto aus Thailand? Oh – hat ja gar kein Nummernschild. Das nächste Auto hat auch kein Nummernschild.

Dann ein Wagen mit Kennzeichen: Er ist aus Kambodscha. Auch er hat das Lenkrad auf der falschen Seite. Aber nach einiger Zeit steht fest: Sie fahren wirklich alle rechts. Wahrscheinlich ein Erbe der französischen Kolonialzeit. Die Zahl der linksgesteuerten Autos nimmt schließlich mit der Annäherung an die Hauptstadt Phnom Penh zu, auch die Zahl der registrierten Fahrzeuge.

Phnom Penh – man schaudert ein wenig, wenn dieser Name ausgesprochen wird. Wenn in meiner Jugendzeit der Satz eines Nachrichtensprechers mit „Phnom Penh" begann, dann folgten nur Schreckensmeldungen. Anfang der siebziger Jahre drangen im Zuge des Vietnamkrieges Amerikaner und Südvietnamesen auch auf kambodschanisches Gebiet vor, um kommunistische Lager zu bekämpfen. Sie drängten damit jedoch nur die kambodschanischen Roten Khmer ins Landesinnere, die im April 1975 schließlich schafften, was niemand für möglich gehalten hatte: Sie eroberten Phnom Penh.

War vorher das Leben der Kambodschaner schon schwer genug gewesen, so wurde es jetzt zur Hölle. Die Roten Khmer trieben die Menschen aus den Städten hinaus aufs Land, wo sie zur Arbeit auf den Feldern gezwungen wurden. Die Sklavenarbeiter produzierten mehr Reis, als Kambodschas Bevölkerung brauchte, mußten aber dennoch von einer Handvoll Reiskörner am Tag leben, da mit den Ernten Waffen für den Krieg der Roten Khmer gegen Vietnam bezahlt wurden.

Wer vor Schwäche auf dem Feld umfiel oder wegen einer Krankheit nicht funktionierte, wurde exekutiert. In Internierungslagern kerkerten die Roten Khmer jeden ein, der nur im Verdacht stand, regierungskritisch zu sein. Es reichte eine Brille, um sich verdächtig zu machen, ein Intellektueller zu sein. Folter und Massenhinrichtungen waren der Alltag. Um Munition für den Krieg zu sparen, erschlugen die Hinrichtungskommandos ihre Opfer. Nach außen drangen zu jener Zeit wenig Informationen über die Vorgänge im Lande – Kampuchea, wie es jetzt hieß, war praktisch vollkommen vom Rest der Welt isoliert.

Nach vierjähriger Schreckensherrschaft, während der ein bis zwei Millionen Kambodschaner starben, wurden die Roten Khmer von den Vietnamesen nach Westen vertrieben. Doch von den Dschungelgebieten an der thailändischen Grenze aus führten sie den Widerstand gegen die neue, vietnamesisch gestützte Regierung fort. Obwohl die Greueltaten der Roten Khmer inzwischen in der Weltöffentlichkeit bekannt waren, erhielten sie weiterhin Unterstützung von Thailand und China und wurden als die legitimen Machthaber Kambodschas angesehen.

Erst 1993 konnten die Kämpfe durch ein Friedensabkommen in Paris beendet werden. Es folgten instabile Koalitionen und gelegentliche kleinere Coups. Die allgegenwärtige Korruption hemmt Kambodschas Fortschritte auch weiterhin. Man übt sich nach außen hin in Demokratie, doch jede Wahl birgt die Gefahr des Bürgerkriegs, wenn die gewohnten Machtstrukturen durch die Wahl nicht bestätigt werden.

Einer der wenigen naturbelassenen Tempel von Angkor

Die weite Ebene Mittel-Thailands setzt sich in Kambodscha fort. Unendlich erscheinende, leuchtend grüne Reisfelder, darin ab und zu auf Pfählen stehende Hütten oder Unterstände. Die Dörfer sind weit gestreut. Die nördliche Hauptstraße durch Kambodscha ist nur eine Piste, streckenweise so rauh, daß ich nicht schneller als Schritttempo fahren kann. Auffallend viele andere Radler sind unterwegs, der Anteil an Mopeds ist im armen Kambodscha noch nicht so hoch wie in Thailand.

In dieser Ebene – allerdings nicht in offener Landschaft, sondern umgeben von urtümlichem Wald – liegt Angkor, eine weltweit einzigartige Ansammlung von Tempeln und anderen sakralen Bauwerken. Sie entstanden in der Blütezeit des Khmer-Reiches zwischen dem 9. und dem 14. Jahrhundert und zählen zu den großartigsten Beispielen menschlicher Baukunst.

Viele Tempel haben sehr entfernt Verwandtschaft mit Pyramiden: Sie bestehen aus mehreren Hauptebenen, die sich nach oben hin verjüngen. Wie bei den Pyramiden wundert man sich, wie mit den damals verfügbaren Werkzeugen die gewaltigen Steinquader in derartige Höhen gewuchtet werden konnten. Auch hier hält alles nur aufgrund der Schwerkraft zusammen, Mörtel oder ähnliches wurde nicht verwendet.

Ganz anders als bei den Pyramiden ist jedoch die Feinarbeit, das „Finish“ sozusagen, das jedem Tempel sein individuelles Aussehen gibt. Sowohl die lotusknospenförmigen Türme als auch die langen Mauern sind verziert mit Menschengestalten, mit Gesichtern und mit Szenen, die das tägliche Leben wie auch die Entstehungsgeschichte dieser gigantischen Bauwerke darstellen.

Die meisten Ruinen wurden nach ihrer Wiederentdeckung von den Wucherungen des umgebenden Waldes befreit. Davon ausgenommen blieb der Ta Prohm-Tempel, an dem die Natur weiterhin eindrucksvoll ihre Kräfte beweisen darf. Hier und da heben Baumwurzeln Mauern an, bis sie umstürzen; an anderen Stellen in der Tempelanlage umgreifen diese Baumwurzeln die steinernen Strukturen wie Kraken und verhindern dadurch den Einsturz.

Doch nicht nur der wuchernde Wald hat den Tempeln in der Zeit bis zu ihrer Wiederentdeckung zugesetzt. Auch das erbarmungslose Klima – feucht und meist heiß, aber auch mit starken Tag-/Nacht-Temperaturunterschieden – nagt an dem Sandstein und seinen feinen Verzierungen. Es wird sehr schwierig sein, die Tempel für die Nachwelt zu erhalten.

Auf dem Weg nach Phnom Penh überholen mich immer wieder Autos mit internationalen Wahlbeobachtern, die dafür sorgen sollen, daß es bei den Parlamentswahlen in knapp einer Woche mit einigermaßen rechten Dingen zugeht. Wieder fürchtet man einen Bürgerkrieg oder zumindest schwere Ausschreitungen. Ich werde nur zwei Tage in Phnom Penh verbringen und dann am Tag der Wahlen nach Vietnam ausreisen.

Jenseits der Hauptstadt, nur noch 100 Kilometer von Vietnam entfernt, kommt mir plötzlich ein blöder Gedanke: Vielleicht schließen sie ja die Grenzen am Wahltag. Das wäre nicht so ungewöhnlich, die Bolivianer haben bei ihren Wahlen vor einem Jahr die Tore sogar für drei Tage geschlossen. Und wenn es dann hier zum Bürgerkrieg kommt, bleibt die Grenze dicht, und ich sitze in der Falle.

Wirklich eine blöde Idee von mir. Darf es denn keinen sorgenfreien Tag geben? Wenn gerade mal kein Problem in der Luft hängt, konstruiere ich mir eines. Nein, das ist Unsinn! Die Grenze wird offen sein. Sie wird offen sein!

IN DEN GASSEN VON SAIGON

Die letzten 40 Kilometer in Kambodscha sind noch einmal eine rechte Zumutung für das Fahrrad. Die „Nationalstraße 1" ist hier wieder nur eine Erdpiste, die an manchen Stellen von den jüngsten Regenfällen vollkommen aufgeweicht und gerade noch so passierbar ist. Nur langsam komme ich voran, die Ungewißheit bedrückt: Ist die Grenze offen oder sitze ich fest, wenn die Wahlen wirklich zum Bürgerkrieg führen?

Nach vier Stunden schließlich taucht Bavet auf, der Grenzort. Und dort herrscht ganz normaler Betrieb. Die Grenzbeamten sind gelassen, als wäre dies ein Tag wie jeder andere. Sie sind ausgesprochen freundlich, fragen nach meiner Reiseroute und laden mich sogar zum Mittagessen ein, was ich jedoch höflich ablehnen muß, da ich meine verbliebenen Riel gerade erst für eine reichliche Mahlzeit auf den Kopf gehauen habe.

Endlich gab es mal wieder einen Stand mit Nudelgerichten. Die Buden entlang der dünnbesiedelten Nationalstraße 1 konnten alle nur diese eigenartigen Eier anbieten, die stundenlang – wenn nicht sogar den ganzen Tag lang – vor sich hinkochen. Und diese Eier sind halb ausgebrütet! Wenn man sie öffnet, sieht man zunächst etwas Schwarzes, was sich bei näherer Betrachtung als Kükenembryo entpuppt. Mitunter mußte ich an eine Abtreibung denken, wenn ich den Embryo herauslöffelte. Er ist nahezu ohne Geschmack. Darunter kommt das Eigelb zum Vorschein, das normal aussieht und auch normal schmeckt. Als letztes macht man sich an das Eiweiß, das nach dem langen Kochen so hart ist, daß es kaum herauszulösen ist. Es ist so fest, daß sich Bremsgummis daraus schnitzen ließen.

Die vietnamesischen Grenzbeamten sehen in ihren Uniformen aus wie Chinesen. Auf den ersten Blick ist zu erkennen, daß dies die Pforte zu einem sozialistischen Land ist. Vietnam war nach der französischen Kolonialzeit in eine Nord- und eine Südzone geteilt worden. Im Norden regierte der Kommunist Ho Chi Minh, südlich der Demarkationslinie wurde die „Republik Süd-Vietnam" ausgerufen, in der der Antikommunist Ngo Dinh Diem Präsident wurde.

Kambodschas Nationalstraße 1 hat in der Regenzeit eine theoretische und eine effektive Breite

Er herrschte jedoch mit so viel Gewalt, daß auch innerhalb des Landes die Opposition mehr und mehr zunahm. Von Norden her sickerten über den sogenannten Ho Chi Minh-Pfad fortwährend Waffen und kommunistische Kämpfer ein. Nachdem die Amerikaner, die im Vietnamkrieg lange Zeit den Süden unterstützt hatten, aufgaben und abzogen, brach die südvietnamesische Armee zusammen. Saigon fiel am 30. April 1975 an die Nordtruppen. Ein Jahr darauf folgte die Wiedervereinigung unter dem Namen „Sozialistische Republik Vietnam".

Von der Grenze bis nach Saigon, das heute offiziell Ho-Chi-Minh-City heißt, sind es nur 70 Kilometer. Zusammen mit Abertausenden von Zwei- und Dreirädern rolle ich an diesem Sonntagnachmittag dem Stadtzentrum entgegen. Es ist ein dichter Strom von Mopeds, Rikschas und gewöhnlichen Fahrrädern, der durch die Straßen fließt. Wenn ich an Straßenkreuzungen in diesem Riesenpulk warten muß, schaue ich ständig um mich, ob auch niemand an den Packtaschen herumfingert. Saigon zählt nicht gerade zu den sichersten Städten Vietnams. Gewalt ist allerdings nicht zu befürchten.

In der Pham Ngu Lao-Straße quartiere ich mich in einem der neueren Hotels ein. Das Zimmer, das man mir anbietet, ist das beste Zimmer auf der bisherigen Reise, wenn man mal von der Suite auf dem Containerdampfer zwischen Neuseeland und Australien absieht. Der Preis ist verhandelbar, wir landen bei neun Dollar. Dafür gibt es im zehnten Stockwerk einen hellen Raum mit einer begrünten Dachterrasse, einem tollen Blick auf Saigon, einer Klimaanlage, Kühlschrank, Satellitenfernseher und einem blitzblank sauberen Bad. Geradezu dekadent. Jedoch: Das Hotel ist zu hoch.

Eines Morgens, als ich für den nächsten Tag zahlen will, sagt die Dame an der Rezeption etwas Merkwürdiges: „Sie müssen ausziehen." – „Ich verstehe nicht." – „Das Hotel wird geschlossen", sagt sie.

Das muß sich erst setzen.

„Hätten Sie mir das nicht schon gestern sagen können?"

„Wir wissen es erst seit heute."

Erst seit heute? Hinter mir wandern Leute mit Koffern vorbei. Ein Japaner mittleren Alters, der bereits ein Jahr in diesem Hotel wohnt. Er versucht, geschäftlich in Saigon Fuß zu fassen. Ein Belgier kommt zum Tresen. Er lebt seit der Eröffnung des Hotels vor eineinhalb Jahren hier. Handelt mit Edelsteinen. Doch jetzt braucht auch er eine neue Bleibe.

„Das Hotel ist zu hoch", erklärt er.

Aha – das Hotel ist zu hoch.

„Ja – die haben sich vor dem Bau nur fünf Stockwerke genehmigen lassen, aber zehn hochgezogen. Viele andere Hotels in diesem Viertel haben das Gleiche gemacht, die Behörden haben heute 20 Hotels geschlossen. Die Besitzer müssen jetzt alles bis auf die genehmigten fünf Stockwerke abreißen, sich dann die Erlaubnis für zehn Stockwerke holen – dann dürfen sie wieder aufstocken."

Das hört sich selbst für ein Land in diesem Winkel der Erde etwas verrückt an. Ein Mopedtaxifahrer, dessen Standplatz vor dem Hotel liegt, hat denn auch eine etwas andere Version parat: „Nein – wer die Genehmigung für zehn Stockwerke haben will, muß vorher ganz abreißen und ein solideres Fundament bauen. Derzeit besteht Einsturzgefahr."

Wie schade um das schöne Zimmer da oben! Ich ziehe ein paar Türen weiter in ein älteres Gebäude mit nur fünf Stockwerken. An vielen neueren Hotels stehen Schilder: „Geschlossen". Sie alle sind in den letzten Jahren gebaut worden, seit sich dieser Bezirk zu einer Art Touristen-Ghetto entwickelt hat, zum Stadtviertel der Rucksackreisenden.

In den meisten Metropolen Südostasiens gibt es solche Ghettos, in denen das große Zimmerangebot die Preise niedrig hält. Und auch sonst ist die Infrastruktur ganz auf die Bedürfnisse der

Ein Outdoor-Friseur in Süd-Vietnam

Reisenden ausgerichtet: Es gibt unzählige Internet-Cafés, Bars und Restaurants, die westliche Gerichte anbieten und fast rund um die Uhr raubkopierte Video-CDs abspielen, es gibt Buchläden mit Reiseführern, neu, gebraucht und auch zum Tauschen.

Während in Bangkok die Traveller praktisch ganz unter sich sind, macht das städtische Elend vor der Backpacker-Zuflucht in Saigon nicht halt. Jeden Tag kommt der Mann ohne Beine vorbei. Er hat ein dickes schwarzes Leder unter die Hüfte gebunden und schleppt sich auf Händen durch die Gassen; Holzklötze mit Griffen schonen diese Hände. Er setzt die Holzklötze vor sich auf, neigt sich nach vorn und macht einen „Schritt", setzt mit dem Sitzleder auf, zieht die Holzklötze nach. So kommt er an die Tische, die vor den Kneipen stehen, und blickt bittend zu den Gästen hinauf wie eine stumme Katze.

Dieser Mann sieht die Welt aus einer Höhe von 70 Zentimetern. Ganz aus der Froschperspektive sieht sie der mit den kindergelähmten Beinen. Er liegt auf einem Rollbrett, auf das man sonst Möbel hebt, um sie im Zimmer zu verschieben. Die nutzlosen Beine hat er über den Rücken geworfen, die Hände mit Badesandalen bewehrt – so zieht er täglich, auf seinem Rollbrett liegend, durch die Gassen dieses Bezirks.

Frauen und zum Teil auch Kinder laufen mit einer Auswahl von Reiseführern und Romanen von einer Kneipe zur nächsten. Sie schnüren die Bücher zu einem hohen Stapel zusammen, den sie auf der Hüfte tragen, wie eine Mutter ihr Kleinkind trägt. Doch die Bücher wiegen gut zwanzig Kilo. Mit dieser Last und S-förmig gekrümmt, laufen sie den ganzen Tag umher. Auch Mädchen, die gerade erst 12 Jahre alt sein mögen – ihre Büchertürme sind allerdings etwas kleiner. Die Bücher sind Raubkopien. Daß Musikkassetten, Musik-CDs und Video-CDs kopiert werden, daß Adidas- und Lacoste-Sticker auf billige Kleidungsstücke genäht werden, ist in vielen Teilen der Welt üblich. Aber vervielfältigte Bücher inklusive der farbigen Hochglanzbilder? Sie sind gut gebunden, und man muß schon genau hinschauen, um sie als Kopie zu entlarven. Die Preise liegen etwa bei der Hälfte des Originals.

Sogar die Pepsi, die es an den kleinen Verkaufsständen in der Provinz gibt, scheint mir mitunter eine Heimabfüllung zu sein. Wenn man in Saigon farbige Bücher kopiert, kann man auf dem Lande auch Kronkorken wieder geradeklopfen und erneut verwenden. Der Verdacht kommt mir jedesmal, wenn die Pepsi nach Sarsi schmeckt, diesem Getränk, das tatsächlich so ähnlich heißt wie die Lungenkrankheit. Auch Sarsi ist dunkel, jedoch wesentlich billiger als Cola. Es schmeckt, wie die durchblutungsfördernde Salbe Finalgon riecht.

Das Radeln durch Vietnam ist alles andere als ein Vergnügen. Es ist dieser unglaubliche Krach auf den Straßen, der einem den Spaß verdirbt – dieses ewige Hupen. Das ist kein Hupen wie in anderen Ländern. In Vietnam hupen Mopeds so laut wie Autos, Autos hupen wie Lastwagen, Lastwagen hupen wie eine Eisenbahnlok. Nur viel schriller, kreischend, scharf und spitz. Sie stechen förmlich in den Hörnerv. Und das ist Absicht, die Leute haben ja nicht die serienmäßigen Hupen in ihren Fahrzeugen. Es muß irgendwann eine kettenreaktionsartige Aufrüstung stattgefunden haben, die das alles so weit getrieben hat. Vollkommen unnötig. Aber würde heute ein Lastwagen in Vietnam hupen wie ein Lastwagen in Deutschland, würde man ja denken, es kommt ein Pkw herangebraust oder vielleicht gar nur ein Moped.

Dieses Gekreische, das selbst nachts nicht aufhört, würde jeden normalen Menschen veranlassen, von der Hauptstraße wegzuziehen. Ihr Anwohner – warum habt ihr nicht stets einen Eimer mit Wasser zur Hand, das ihr sofort in die Fahrerkabine schüttet, wenn wieder einer dieser Idioten sich den Weg so unerträglich lärmend bahnen will? Nach einer Weile werden die Lkw vielleicht nur noch mit geschlossenen Fenstern durch die Orte fahren. Wenn sie dann immer noch hupen, solltet ihr ihnen mit dicken Steinen die Windschutzscheiben einschmeißen!

Sie hören mich nicht. Sie würden mich auch nicht verstehen, wenn ich diese Gedanken wirklich aussprechen würde. Sie sitzen da und erdulden stumm diesen Krach. Er scheint gottgegeben zu sein. Wahrscheinlich wissen sie gar nicht mehr, daß es auch ein Leben in Ruhe gibt.

Kurz vor Hué lerne ich Fred aus Frankreich kennen. Er ist von Malaysia bis hierher geradelt. Durch Vietnam will er jetzt nur schnell hindurch, hinauf nach China. Was ihn neben diesem Lärm auch nervt, sind die immer gleichen Fragen der Vorüberfahrenden. Die Jugendlichen kennen selbst nach mehreren Jahren Englischunterricht nur eine handvoll Standardfragen. Das liegt anscheinend daran, daß auch die Lehrer nicht mehr beherrschen.

„Ich habe beschlossen, nur noch Fragen zu beantworten, die mir bisher noch nicht gestellt worden sind", sagt Fred. Er hat noch etwa zwei Wochen Vietnam vor sich. Aber er wird wohl auf keine Frage mehr antworten müssen

GUMMIPREISE

Daß die vietnamesische Sprache mit lateinischen Schriftzeichen niedergeschrieben wird, macht für den westlichen Besucher einiges leichter. Auch wenn man vielleicht nicht genau versteht, was man liest, so lassen sich doch beispielsweise Herbergen auf dem Lande leichter als solche erkennen. Ein lateinisch geschriebenes Wort kann man sich schließlich besser merken als eines in der kambodschanischen oder in der thailändischen Schnörkelschrift.

Ein paar Finessen bietet auch das vietnamesische Alphabet: das einäugige „ö" zum Beispiel, dieses „o" mit einem einzelnen Punkt oben rechts. Es liegt in der Aussprache zwischen unserem „ö" und dem „e". Im großen und ganzen scheint aber alles einfach zu sein.

Zunächst jedenfalls scheint es so. Doch schnell hat sich auch hier wieder Frust eingestellt: Ich sage „Toilette", und sie verstehen Bahnhof. Warum? Wegen der unterschiedlichen Betonungen.

Während bei uns mit dem Anheben oder Absenken der Stimme ein Ausruf, eine Frage oder die Gemütslage signalisiert wird, ändert sich bei den tonalen Sprachen gleich der Sinn des Wortes, das Wort an sich. In Thailand gibt es fünf verschiedene Arten der Betonung, hier in Vietnam sind es gar sechs. Und so wird aus der Mutter (má) ein Geist, wenn du den falschen Ton erwischst, oder ein Pferd, eine Gruft oder ein Reissetzling. Die sechste mögliche Betonung meint mit „mà" das logisch verbindende „aber".

Was für eine gefährliche Sprache! Mutter oder Geist – da kann man sich doch wirklich leicht in die Nesseln setzen. Für so eine Sprache brauchst du einen Waffenschein! Wie gut, daß ich mir das Geld für einen Sprachführer gespart habe. Für die zehn Dollar kriegt man nämlich auch rund 40 Maß Bier. Direkt am Straßenrand, gezapft vom Faß, 25 Cent der Liter.

Bia Hoi, Bier vom Faß, ist leicht und ausgesprochen preisgünstig

„Bia Hoi", wie das Faßbier heißt, ist so leicht, daß man es selbst tagsüber gegen den Durst trinken kann. Vielleicht zwei Prozent Alkohol, aber trotzdem gut im Geschmack und eben unglaublich günstig.

Generell kommt man mit sehr wenig Geld durch Vietnam, wenn man sich dort verpflegt, wo die Einheimischen essen, und in den einfachen Herbergen übernachtet. Allerdings ist es sehr schwierig und zeitaufwendig, den richtigen Preis zu erkämpfen. Inzwischen scheint auch das älteste Mütterchen auf dem Markt mitbekommen zu haben, daß sich in ganz Vietnam Touristenpreise eingebürgert haben, und darum berechnet auch sie ihre Schüssel Reissuppe mit einem Ausländeraufschlag.

Hochoffiziell gibt es schon längst unterschiedliche Bus-, Bahn- und Flugtickets für Vietnamesen und für Touristen. Einen Inlandsflug bezahlt der Besucher mit dem doppelten Preis, die Bahnfahrt sogar mit dem dreifachen. Hotels versuchen es ebenfalls mit dem doppelten Tarif, gehen aber meist sofort runter, wenn man auf dem Hacken kehrtmacht. Bei Eintrittspreisen wiederum läßt sich nicht verhandeln. Vor der Zitadelle in Hué gibt es zwei Tore: Links kostet der Eintritt 15.000 Dong, rechts 55.000 Dong. Natürlich gehe ich links rein. Aber da lassen sie mich nicht durch. Nur weil ich nicht vietnamesisch aussehe. Den rechten Eingang nehme ich nicht, sondern boykottiere. Wie wäre es in Rothenburg ob der Tauber mit einem kostenpflichtigen Stadttor für Saudis, Japaner und Schweizer und einem freien Stadttor für alle anderen?

Genügend Touristen sagen sich: Was soll's – ist doch immer noch saubillig. Wer jedoch mit einem gewissen Stolz nach Vietnam kommt, der es verbietet, sich zum Dukatenesel machen zu lassen, der hat hier eine harte Zeit.

Auf dem Weg nach Hué riskierte ich nur ein einziges Mal, in einer Garküche nicht vorher nach dem Preis zu fragen. Während ich auf das Essen wartete, schäkerte ich mit den Kindern, zog Grimassen, freundete mich mit ihnen an – beste Voraussetzungen eigentlich, nicht abgezockt zu werden. Als ich zahlen will, ißt die Lady, die den Laden managt, gerade. Die Kinder sitzen um sie herum und essen auch. Aber der Mann hat nichts zu tun, außer sich die Ohren zu säubern. Er kommt zu mir und beginnt mit der Mineralwasserflasche: „4000 Dong." Alarmsirenen schrillen: Doppelter Preis! Selbst in den Restaurants in den touristischen Orten nehmen sie nur 3000. Das ist zu frech! Am anderen Ende dieser kleinen Kneipe amüsieren sich Mutter und die Kinder hemmungslos.

Ich stehe auf, gehe zu meinem Fahrrad und mache Anstalten, einfach loszufahren, ohne zu zahlen. Zweimal habe ich das in den letzten Monaten tatsächlich schon getan, als man mir Phantasiepreise nannte. Einmal auf Sumatra und einmal hier in Vietnam. Niemand hielt mich auf, niemand folgte mir. Sie hatten wohl selbst gemerkt, daß sie den Bogen überspannt hatten. Aber es hatte sich beide Male nur um eine kleine Getränkerechnung gehandelt, nicht um ein ganzes Mittagessen. Diesmal kann ich nicht guten Gewissens wirklich abhauen.

Die Frau hat ihre Mahlzeit unterbrochen und kommt zu meinem Fahrrad. Nimmt mich zum Tisch zurück, wo sie nach einem Zettel greift. Fragend schaut sie mich an: „3000 Dong für das Mineralwasser?" – „Schreib nur mal auf", bedeute ich ihr. Das tut sie dann: 3000 für das Mineralwasser. 6000 fürs Bier und 10.000 für das Essen.

Leider weiß ich den wirklichen Preis nur vom Wasser. Ich überschreibe die „3" mit einer „2". Das Bier ist wieder einmal eine neue Sorte, eine regionale Marke und inzwischen schon die fünfte Flaschengröße, die mir in Vietnam begegnet. Wahrscheinlich kostet die Flasche lediglich 4000, aber ich reduziere nur auf 5000.

Mit dem Essen ist es besonders schwierig. 10.000? Der Riesenberg Reis mit dem vielen Gemüse, einigen Fleischschnipseln, einem Spiegelei und der Schüssel Suppe wäre mir auch 25.000 Dong wert gewesen. Doch darum geht es ja nicht. Du willst hier nicht das allgemeine Preisgefüge kaputtmachen und auch nicht als der Idiot aus dem Westen dastehen, sondern halbwegs deine Würde bewahren. Aber auf unter 8000 kann ich einfach nicht gehen. Macht also 15.000 statt der 19.000, die die Lady haben wollte, und statt der 30.000 Dong, die ihr Gatte herbeigerechnet hätte.

Die Kinder sitzen immer noch hochamüsiert an ihrem Eßtischchen. Mutter ist auch mit 15.000 einverstanden. Ich blättere das Geld hin: umgerechnet 80 Eurocent.

Wie gesagt: Es ging nicht um den Absolutbetrag.

Verblüffend ist immer wieder die Selbstverständlichkeit, mit der die Vietnamesen nach dem Protest auch den niedrigeren Preis akzeptieren. Keine Spur von Schuldgefühl; bestenfalls kann man ein ganz leicht verlegenes Lächeln erkennen. Es hilft sehr, das, was wir als „Bescheißen" bezeichnen würden, einfach nur als eine Sportart zu betrachten. So etwas ähnliches ist es auch. Die Leute klopfen dir ja mitunter anerkennend auf die Schulter, wenn du ein Unentschieden errungen hast.

Hundert Kilometer nördlich von Hué verläuft, fast exakt auf dem 17. Breitengrad, die frühere Grenze zwischen Süd- und Nord-Vietnam, eine Demarkationslinie, die beiderseits fünf Kilometer weit demilitarisiert zu sein hatte. Diese Linie war durch den Ben Hai-Fluß markiert. Die alte, schmale Brücke über den Fluß war von 1954 bis 1975 so etwas wie der „Checkpoint Charly" in Berlin. Wehmütig haben die Menschen über den Strom geschaut, genauso wie wir in Deutschland über die Mauer schauten. Heute erinnert auf der Nordseite ein graues Denkmal mit einer äußerst apart in Beton stilisierten Blüte an die Wiedervereinigung Vietnams. Der Verkehr fließt jetzt über eine neue, breitere Brücke.

Der Straßenverkehr ist in Vietnam ähnlich wild wie auf Java, jedoch gefährlicher, weil die Vietnamesen aggressiver fahren. Besonders schlimm geht es im Umkreis der Kreuzungen zu. Es wird nicht links abgebogen, sondern hart weggeschert. Vor allem die unzähligen Mopedfahrer wechseln schon vor der Kreuzung diagonal auf die linke Straßenseite, biegen dann ab und fahren links weiter, bis sich eine gute Gelegenheit bietet, schräg auf die richtige Seite zu steuern. Daß das oft danebengeht, sieht man an den vielen weißen Zeichnungen auf dem Asphalt, mit denen die Position von Unfallfahrzeugen markiert ist. Meistens sind Zweiräder zusammengestoßen.

Auf dem Weg zur Laos-Grenze wird es auf immer schmaleren Straßen immer ruhiger. Die wenigen Autos, die überholen, haben am Heck ein ovales „LAO" aufgeklebt. Das wirkt sehr brav – wo habe ich wohl zuletzt Fahrzeuge mit Länderkennzeichen gesehen?

An der Grenze spielen ein paar uniformierte Vietnamesen Karten. Der Schalterraum gegenüber ist leer. Vor mir warten fünf Laoten auf die Abfertigung. Die Uniformierten spielen gleichgültig eine Runde nach der anderen. Könnten sie nicht mal eben nach den zuständigen Beamten rufen? Erst als sie nach einer Viertelstunde die letzte Karte auf den Tisch geworfen haben, wird mir klar, daß sie genau diejenigen sind, auf die wir alle warten.

Auch auf der Laos-Seite tauchen die wichtigen Herrschaften erst nach längerer Wartezeit auf. Sie tragen Sportkleidung, einer läuft mit einem Werbe-T-Shirt der Badminton-Marke Yonex umher. Sie sind aber freundlich und fertigen zügig und ohne jegliche Schikane ab.

Auf dem Bergrücken, über den die Grenze verläuft, 800 Meter über dem Meer, ist es angenehm kühl. Im Städtchen Laxao, 500 Meter hoch gelegen, sinkt das Thermometer am Abend dieses Augusttages auf 25 Grad. Ein halbes Jahr lang war ich ständig in schwülheißer Umgebung unterwegs, jetzt fröstele ich allen Ernstes ein wenig.

Was nach dem dichtbesiedelten, unablässig lärmenden Vietnam aber das Tollste ist: diese unwahrscheinliche Ruhe!

SCHLANGENLINIEN

Laos ist wohl das unbekannteste Land in Hinterindien, ein Staat, den die wenigsten Europäer lokalisieren können. Eingeklemmt zwischen Vietnam und Thailand, mit kurzen Grenzen zu Kambodscha, Myanmar und China, sieht Laos auf der Landkarte aus wie eine Sternschnuppe, die nach Nordwesten aufsteigt. Den längsten Grenzabschnitt hat Laos im Osten mit Vietnam, doch ähnelt es im ganzen gesehen wesentlich mehr dem westlichen Nachbarn Thailand. Politisch ein Vasall des sozialistischen Vietnam, wirtschaftlich eine Provinz Thailands – so wird Laos oft beschrieben.

Für südostasiatische Verhältnisse ist die Besiedlung sehr dünn: Auf einer Fläche so groß wie die alte Bundesrepublik leben knapp sechs Millionen Menschen. Die größte Stadt des Landes und zugleich Sitz der Regierung ist Vientiane – mit offiziell 300.000 Einwohnern, aber bei dieser Zählung wurden offenbar die Bewohner der weiteren Umgebung miteinbezogen. Es ist jedenfalls sehr heimelig in Laos' Hauptstädtchen.

Mein erster Tag in Vientiane beginnt sehr gut. Auf dem Postamt ist ein langer Brief von meiner Mutter angekommen. Ein richtiger, handgeschriebener Brief. Ich werde ihn in eine der Bambushüttenkneipen am Mekongufer tragen und ihn dort so langsam und genußvoll lesen, wie ich Kaviar essen würde.

In einem kleinen Gebäude neben dem Hauptpostamt hat der Kurierdienst FedEx sein Büro. Dort ist das Nachschubpaket eingetroffen, das mein Freund Hans neulich aus Erlangen abgeschickt hat: Reifen, Schläuche, Spezialöl für die Nabenschaltung, Diafilme und die Wind- und Regenjacke, die ich wegen der Hitze seit Australien nicht mehr brauchte. Neben dem erwarteten Nachschub findet sich in dem Paket auch eine herzhafte Salami. Typisch Roswitha und Hans. Wenn sie mich unterwegs besucht haben, brachten sie Weizenbier und fränkisches Sauerteigbrot mit.

Vor dem Hauptpostamt von Vientiane ermöglichen Kartenlegerinnen einen Blick in die Zukunft

Auf der indischen Botschaft, wo ich ein Visum beantragen will, beginnt dann der schlechte Teil des Tages. Der Konsul blättert in meinem Paß herum und sieht sich die vielen Stempel an. Beim Jemen-Visum hält er inne und stellt eine Frage, die so abwegig ist, daß ich vor lauter Verblüffung nicht darüber lachen kann. „Warum haben Sie das Visum für Indien nicht im Jemen beantragt?" will er wissen. Vorsichtig weise ich ihn darauf hin, daß mein Aufenthalt im Jemen zweieinhalb Jahre zurückliegt. Aber selbst wenn ihm das nicht klar war – warum gibt es hier eine Konsularabteilung, wenn man sich indische Visa anderswo holen soll?

Was ich eigentlich nicht erwähnen wollte, erkläre ich ihm jetzt: „Ich radele seit drei Jahren um die Welt."

Prompt folgt eine skeptische Frage: „Wovon leben Sie denn?"
„Ich schreibe für eine deutsche Zeitung."
Er blättert weiter im Paß herum. „Sie waren in Phnom Penh. Warum haben Sie das Visum nicht dort beantragt? Oder in Vietnam?"
Oh Mann! Wenn die auf jeder Botschaft so argumentieren, dann fragt Phnom Penh, warum nicht in Bangkok, und Bangkok fragt, warum nicht in Kuala Lumpur.
Seine Höchstform erreicht er jedoch erst jetzt: „Sie hätten das Visum schon in Deutschland beantragen müssen. Man muß doch planen!"
Man muß doch planen ... Was soll man darauf antworten? Natürlich würde er nicht verstehen, daß man auf einer so langen Reise nicht wissen kann, wohin es einen am Ende verschlägt. Besonders, wenn man überland fährt, und daher Grenzkonflikte, Bürgerkriege und die Globalisierung des Terrors einen weit von der beabsichtigten Route abbringen können. Es ist ja alles im Fluß. Indien mag morgen seine Grenze zu Pakistan schließen, dafür die zu China öffnen. Oder SARS. Viele Länder schotteten sich einfach kurzfristig gegen Südostasien und China ab.
Selbst wenn es all diese Probleme nicht gäbe – Laos ist das 42ste Land auf dieser Reise, 18 Länder waren visumpflichtig. Wenn ich vor dem Start meinen Paß nach und nach an die verschiedenen Botschaften in Deutschland verschickt hätte, wäre das erste Visum ungültig geworden, bevor das letzte eingestempelt worden wäre. Es ist völlig normal, daß man die Visa unterwegs beantragt.
Man muß doch planen ... Als bester Konter auf diese Belehrung erscheint mir: „Gibt es denn in Deutschland ein indisches Visum, das vier Jahre gültig ist?"
„Nein, ein Jahr nur. Aber dann könnten Sie zu uns kommen und sagen, daß Sie es innerhalb dieser Zeit nicht geschafft haben. Dann könnten wir hier ein neues ausstellen."
Man soll also jedes Visum zweimal beantragen? Die ganze Diskussion wird immer aussichtsloser.
Der Beschluß des indischen Konsuls, mir das Visum zu verweigern, stellt die Weichen endgültig auf den Umweg durch Tibet.

Wie in Thailand sind auch in Laos „Tuktuks" die Volkstaxis

Bisher war dies nur die Ausweichroute für den Fall, daß mir Myanmar die Durchreise nicht genehmigt – die Entscheidung ist zu diesem Zeitpunkt noch immer offen. Ohne das Visum kann ich die Reise durch Myanmar nach Indien jedoch in keinem Fall antreten, da dies die letzte indische Vertretung auf dem Weg ist.

Der Tag geht schlecht weiter. Auf dem Rückweg von der Botschaft fährt mich am Mekongufer eine Mopedfahrerin über den Haufen. Ich bin auf der Mitte der Straße und will links abbiegen, als hinter mir ein weiblicher Schrei ertönt. Sekundenbruchteile später fällt sie mich. Die Trinkflaschen und der Kilometerzähler fliegen davon, die Halterung für das Rücklicht wird gesprengt. Als die Lady sieht, daß ich wieder aufstehe, flüchtet sie. Ein paar Einheimische schauen betroffen, ein Tourist wackelt mit dem Kopf, während ich mir das Fahrrad vornehme, um Rahmen, Lenker, Gepäckträger und Felgen zu inspizieren. Überraschenderweise scheint alles noch ganz zu sein.

Nach deutschem Recht hätte mich sicherlich die Hauptschuld getroffen. Man muß den Arm ausstrecken, wenn man abbiegt. Aber hier in Laos? Da hätten sie gedacht, ich übe für den Zirkus. Man muß vor dem Abbiegen zurückschauen, auch wenn man bereits auf dem Mittelstreifen ist. Aber schon seit 10.000 Kilometern, die ich durch Südostasien fahre, schaut niemand mehr zurück. Verdammt noch mal – man schaut, was der Vordermann tut, und der fährt doch nicht zum Spaß auf der Straßenmitte.

„Sie ist geflohen, weil Sie ein Ausländer sind. Sie hatte Angst", sagt am nächsten Tag der stellvertretende deutsche Botschafter, Herr Striese, als er meine Wunden sieht und fragt, wie das passiert sei. Der Grund meines Besuchs bei der deutschen Botschaft ist allerdings nicht der Unfall, sondern das Problem mit den Indern. Und tatsächlich reicht nun ein kurzer Anruf von Herrn Striese bei seinen indischen Kollegen aus, die Herrschaften umzustimmen.

Wirklich eine sehr persönliche deutsche Botschaft. Je kleiner und unbedeutender das Gastland, desto hilfsbereiter sind die deutschen Diplomaten. Ich fahre sofort weiter zu den Indern. Zum zweiten Mal fülle ich das mehrseitige Visumformular aus. Den Antrag von gestern hatte der Konsul vor meinen Augen zerrissen. Eine Woche später ist auch diese Hürde genommen, der Visum-Sticker für Indien klebt im Paß.

Vor dem Aufbruch aus der Hauptstadt in Richtung Norden löse ich noch zwei Reiseschecks ein. Für 200 Dollar gibt es 2,1 Millionen Kip in mehr als 300 Scheinen. Überwiegend 5000-Kip-Scheine, dazwischen ein paar der brandneuen 10.000er. Bis vor kurzem war der 5000er die größte Note im Umlauf, sie ist nicht einmal 50 Eurocent wert.

Wenn es auch etwas lästig sein mag, mehrere Geldbündel von Taschenbuchstärke mit sich herumzutragen, so ist doch ein Vorteil, daß es beim Zahlen nirgendwo Wechselgeldprobleme gibt. Auf 5000 Kip können sie auch in den Dörfern rausgeben. In Thailand sorgte bereits die 100 Baht-Note – zwei Euro – dafür, daß die Damen von den Garküchen ausschwärmen mußten, um Kleingeld aufzutreiben.

Das typische Dorf im Norden von Laos besteht aus Holzhäusern, die auf hohen Stelzen stehen. Das Freiluftstockwerk, das dadurch unter dem Fußboden entsteht, dient zugleich als Abstell- und als Aufenthaltsraum. Hausrat wird dort gelagert, der Ochsenkarren abgestellt oder das Moped. Frauen arbeiten an Holzwebstühlen, meist stehen auch ein Bett und ein Tisch und Stühle da – es ist das kühlste „Zimmer“ während des heißen Tages. Zwischen den Häusern wachsen Bananenstauden und andere tropische Pflanzen. Wo es elektrischen Strom gibt, kommt hier und dort aus großen Lautsprechern kräftig klingende Musik – keine amerikanischen Hits, sondern Lao- und Thailand-Pop.

Nur wenige Fahrzeuge sind außerhalb der Hauptstadt unterwegs. Die Hängebauchschweine laufen ungefährdet über die Dorfstraßen, die Sauen träge und mit den Zitzen über den Boden schleifend, die Ferkel nicht einmal kaninchengroß und noch äußerst flink. Wissen sollte man allerdings – bevor man sich in diesem Land selbst ans Steuer eines Autos setzt –, daß sogar Menschenbabys hier und da auf der Straße sitzen.

Die Kinder sind geradezu darauf trainiert, den Fremden mit dem freundlich klingenden „Sabaai-di“ zu grüßen – „Hallo! Sabaai-di!“ klingt es überall hell und fröhlich vom Straßenrand und aus den Hauseingängen herüber. Schon den Kleinsten, die noch im Tragetuch sitzen, wird das beigebracht. Dabei ergreifen die Eltern das zarte Ärmchen des Sprößlings und vollführen eine winkende Bewegung. Auffallend in Laos ist, daß sehr oft die Väter den Nachwuchs im Tuch auf dem Rücken tragen.

Der 200 Kilometer lange Abschnitt zwischen Vang Vieng und Luang Prabang gilt als nicht ganz sicher. Man bewegt sich hier in sehr bergiger Landschaft, und wie Myanmar hat auch Laos seine Probleme mit den Bergvölkern, die sich von der Regierung unterdrückt und in ihren traditionellen Rechten eingeschränkt fühlen. Besonders Waffenschmuggel und Drogenanbau wollen die Regierungen – zumindest offiziell – bekämpfen. Bis in die 90er Jahre waren viele Gebiete im Norden von Laos für Ausländer gesperrt oder nur mit einer speziellen Genehmigung zu bereisen.

Vor einem Jahr überfielen Männer des berüchtigten Hmong-Volkes einen Bus und töteten 14 Menschen, unter ihnen zwei Touristen. Seitdem wird von den westlichen Botschaften wieder vor der Reise durch dieses Gebiet gewarnt. Andererseits sind aber die Sicherheitskräfte hier verstärkt worden, so daß ich keinen Grund sehe, das Fahrrad für diese Etappe auf einen Bus zu verladen.

Etwas mulmig wird mir dann allerdings doch, als mir dort, wo der lange Anstieg in die Berge beginnt, in einer Kurve sechs Bewaffnete entgegenkommen. Nur zwei von ihnen tragen Tarnanzüge, die anderen sind in Zivil. Sie haben Schnellfeuergewehre auf dem Rücken. Gehören sie zu den Guten oder zu den Bösen?

Sie unterhalten sich rege, während sie marschieren. Auch als sie mich wahrnehmen, unterbrechen sie ihre Unterhaltung nicht. Nur ein kurzer, freundlicher Gruß, als sie mich passieren. Das müssen die Guten sein.

Nach Stunden fast ununterbrochenen Aufstiegs aus schwüler Hitze in kühle Regionen sehe ich in einer Serpentinenkehre einen ausgebrannten Bus. Ein Schauer läuft mir über den Rücken. Ist das der attackierte Bus?

Chan, ein 17jähriger Schüler, verneint am Abend im Dörfchen Phou Khoun meine Frage. Sein Englisch ist erstaunlich gut für einen Dorfbewohner. „Der Anschlag geschah sieben Kilometer von hier", erklärt er. „Der überfallene Bus ist schon nach Luang Prabang geschleppt worden."

Angesichts der vielen lebenden und plattgefahrenen Schlangen auf Südostasiens Straßen habe ich mich mehrmals schon gefragt, was wohl passiert, wenn man mit dem Fahrrad so ein Tier überrollt. In Thailand hatte ich einer Schlange gerade noch ausweichen können, hier – ganz im Norden von Laos – gerät mir eine unter die Räder.

Auf der Schotterpiste nach Luang Nam Tha radele ich so vor mich hin, träume so vor mich hin, es geht bergauf, im Schneckentempo. Die über einen Meter lange braune Schlange, etwas dicker als ein Daumen, sehe ich erst, als sie bereits die Lücke zwischen dem Vorder- und dem Hinterrad anvisiert hat. Sie ist keine zwei Sekunden mehr entfernt. Sofort ziehe ich beide Füße hoch und rolle nur noch sehr langsam weiter. Das reicht der Schlange beinahe, ungeschoren durch die Lücke zu gleiten, aber der Schwung des Fahrrades ist doch groß genug, daß der Hinterreifen sie auf ihrem letzten Viertel überrollt. Mehr sehe ich in diesem Moment nicht, weil die Packtasche den Rest der Schlange verdeckt. Sie scheint aber nicht auf Rache aus zu sein. Nach ein paar Pedalumdrehungen schaue ich mich um. Schlange tot? Oder das Hinterteil abgetrennt? Nichts dergleichen – Schlange inklusive dem hinteren Viertel verschwunden.

Nur noch 30 Kilometer sind es bis zur chinesischen Grenze. Die Straße wird immer schmaler, wieder einmal kommt dieses Sackgassen-Feeling auf. In der Tat ist dieser Grenzübergang erst seit wenigen Jahren für Ausländer geöffnet, und es ist bisher der einzige zwischen Laos und China.

Auf den zwei Kilometern zwischen den beiden Grenzposten pendeln Minibusse hin und her. Wer mit öffentlichen Verkehrsmitteln reist, fährt bis kurz vor die Grenze, marschiert zur laotischen Immigration, steigt dann in einen Minibus, der die Fahrgäste durch das Niemandsland bringt. Nachdem die chinesischen Formalitäten erledigt sind, geht es mit einem chinesischen Bus weiter ins Landesinnere. Mit dem Fahrrad ist alles ein bißchen einfacher. Allerdings kassiere ich einen Verweis der strengen laotischen Uniformierten, weil ich bei einem wie zufällig in der Landschaft stehenden Stop-Schild nicht angehalten habe. Die letzten 50 Meter bis zur Immigration sind Fahrräder gefälligst zu schieben!

Auf der chinesischen Seite wieder die SARS-Kontrolle, an die ich mich in Südostasien schon längst gewöhnt habe. Hier ist es ein Temperatur-Scanner, mit dem der Arzt berührungslos die Temperatur auf meiner Stirn mißt. Das Gerät zeigt nur 35,8 Grad an. Ich darf weiterradeln – hinein ins riesige „Reich der Mitte".

HORNISSEN UND HÜHNERFÜSSE

Eine Landkarte von der chinesischen Südprovinz Yunnan kann man leicht selber basteln. Nimm ein DIN-A4-großes Stückchen Alufolie, drücke es zusammen zu einem Ball und ziehe es dann wieder auseinander. Dabei darfst du nicht von oben draufdrücken, um die

Folie zu plätten; du darfst nur an allen Seiten vorsichtig ziehen. Was dann schließlich vor dir liegt, ist eine Reliefkarte von Yunnan – Maßstab ungefähr 1:3 Millionen.

Durch die Täler fließen Flüsse, doch die meisten Straßen führen über die Bergrücken hinweg. Die Chinesen scheinen ihre helle Freude daran gehabt zu haben, beim Straßenbau die schwierigen Wege zu gehen. Die Fahrt durch Yunnan ist ein einziges Auf und Ab.

An manchen Tagen gibt es gleich zum Frühstück einen Anstieg von 1000 Höhenmetern. Von einem der Flüsse hinauf zu einem der Pässe auf einem der Gebirgszüge, die zwei Flüsse voneinander trennen. Nach dreieinhalb Stunden in dem Dorf auf dem Paß eine Pause mit einer leichten Mahlzeit. Und aufkommendem Frust. Denn die Abfahrt, die nun folgt, ist alles andere als eine Belohnung – sie ist eine Strafe. Der Asphalt auf dem langen Weg zur Provinzhauptstadt Kunming ist so buckelig, daß man das Rad nicht rollen lassen kann, sondern jeden Berg gebremst hinunterschleichen muß. Unten wird eine Brücke über einen großen oder einen kleinen Fluß führen, und dann wird die Straße wieder endlos ansteigen. Unter diesen Bedingungen bin ich oft froh, wenn ich bis zum Abend gerade mal 90 Kilometer geschafft habe.

China ist ein ganz besonderes Reiseland – in vielerlei Hinsicht. Die meisten Reisenden sind von diesem Land entweder vollkommen begeistert oder total enttäuscht. Es gibt einige Flecken auf dem Erdball, die nur polarisiert beschrieben werden. Indien gehört auch zu diesen Ländern. Wem China nicht gefällt, der beklagt meist, daß die Menschen dort gleichgültig seien, mitunter gar durch den Besucher hindurchschauten wie durch Glas. Es gab Fälle an Bankschaltern, an denen der Ausländer ignoriert und der Chinese dahinter bedient wurde. Ähnlich erging es mir in Vietnam in einem Lebensmittelladen, der von einer Chinesin betrieben wurde. Als einziger Kunde stand ich in dem kleinen Raum, doch die Dame tat so, als wäre sie allein. Natürlich hatte sie mich wahrgenommen. Ich mußte sie nahezu umrennen, um sie zu einer Reaktion zu bewegen. Die bestand in einer abweisenden Handbewegung: Ich solle doch bitte verschwinden.

Nun, China ist groß. Hier im Süden, in Yunnan, kann ich mich über mangelnde Aufmerksamkeit jedenfalls nicht beklagen. Viele Leute rufen mir im Vorüberfahren ein freundliches „Hello!" zu; wo immer ich stehenbleibe, kommen sofort Neugierige herbei. Die Verständigung ist jedoch wieder äußerst schwierig, da auch Mandarin, das „Chinesisch", eine tonale und daher schwer in den Griff zu bekommende Sprache ist. „Pidschjú" zum Beispiel – Bier – verstehen sie nur, wenn man am Ende des Wortes die Stimme hebt. Ganz im Süden, in der Region Xishuangbanna, sprechen sie außerdem auch noch einen Dialekt, in dem es „pschidschjú" heißen muß – „pidschjú" ist für sie ein Fremdwort.

Aber man kann sich doch mit Handzeichen verständigen, die sind doch international! Sollte man glauben. Doch in China ist irgendwie alles anders. Wenn sie „Wieviel kostet das?" nicht verstehen, weil du es wahrscheinlich wieder falsch betont hast, dann reibst du einfach mit dem Daumen über Mittel- und Zeigefinger. Diese Geste kennt man eigentlich überall auf der Welt. Nicht jedoch hier, hier schauen sie dich nur fragend an.

Sehr speziell sind auch die Fingerzeichen, mit denen Zahlen angezeigt werden. Bis zur „Neun" kommen die Chinesen mit nur einer Hand aus. Eins bis fünf sind ähnlich wie bei uns, wenn auch bisweilen andere Finger in Aktion sind. Die Sechs wird dann mit dem Daumen und dem kleinen Finger angezeigt, für die Sieben werden die Spitzen von Daumen und Zeigefinger zusammengepreßt. Die Neun ist ein abgewinkelter Zeigefinger. Abenteuerlich ist die Acht: der Daumen und der Zeigefinger. Es könnte also passieren, daß du zwei Bier bestellen willst, aber acht kriegst.

Zeichensprache funktioniert also nicht richtig. Doch Englisch spricht ja auch praktisch niemand. Selbst auf Banken und Postämtern in den großen Städten kann man sich nicht darauf verlassen, daß sich ein englischsprechender Beamte finden wird. Und diese Sprachbarriere ist es offenbar, die bei dem einen oder anderen Chinesen zu Berührungsängsten führt.

Andererseits sind selbst diejenigen, die gleich einen Schritt zurückweichen, wenn man mit einer Frage auf sie zugeht, in ihrem Innersten extrem neugierig. Droht ihnen keine Frage, kommen sie

Mmh, lecker: Hühnerfüße!

ohne jede Hemmung herbei, und dann stehen sie in ganzen Gruppen um mich herum, um jede Handbewegung genau zu beobachten.

Wie ein Weißer ißt, scheint besonders spannend zu sein. Wird er mit den Eßstäbchen zurechtkommen? Manchen geht es nicht schnell genug, wie ich mit den Stäbchen hantiere, oder sie finden, daß ich mich zu ungeschickt anstelle. Dann rufen sie dem Besitzer der Eßstube zu, er solle doch einen Löffel bringen. Zwar bedanke ich mich stets höflich, arbeite aber trotzdem mit den Stäbchen weiter. Erstens esse ich immer langsam, zweitens sind die Stäbchen vielseitiger als die dicken, plumpen Porzellanlöffel. Den abgefallenen Kopf einer fritierten Hornisse etwa kann man eigentlich nur mit den Stäbchen aufgreifen (die Hornissen hatte ich versehentlich bestellt; als man mich durch die finstere Küche führte, deutete mein Finger auf etwas, das aussah wie Shrimps; erst als der Teller vor mir auf dem Tisch stand, sah ich die Flügel; im Geschmack kommen die Hornissen den Heuschrecken in Afrika nahe, und die erinnern an Shrimps – so gesehen lag ich mit meiner Wahl in der düsteren Küche gar nicht so arg daneben). Drittens möchte ich mit den Stäbchen üben, denn es könnte vielleicht doch einmal der Tag kommen, an dem mich niemand beim Essen beobachtet und nach einem Löffel ruft.

Mitunter rücken die Zuschauer so nahe, daß ich sie füttern könnte, ohne mich vorzubeugen. Aber natürlich sind sie nicht hungrig. Sie wollen wirklich nur sehen, wie ich esse. Bestimmt wundern sie sich auch, wie lautlos das abgeht. Und daß ich nicht direkt über der Schüssel hänge und den Reis mit den Stäbchen in den Mund schaufele, wie die Chinesen es tun. „Aus Deutschland", erklären sie denen, die zu spät gekommen sind und kaum etwas von dieser Vorstellung mitbekommen haben. „Er kommt aus Deutschland."

BREMSFEDERN UND DÄMONEN

Ein besonderes Erlebnis ist in China auch die andere Seite der Verdauung: das Klo. In den kleinen Ortschaften auf dem Lande haben die normalen Wohnhäuser und auch die einfachen Herbergen nämlich nicht ihre eigenen Toiletten; man geht statt dessen auf die öffentliche. Und da – oh Schreck – gibt es keine einzelnen Kabinen, nicht einmal einen Sichtschutz zwischen den Aussparungen im Boden, über denen man sich positioniert. Besonders am frühen Morgen ist der Andrang so groß, daß die Chinesen Schulter an Schulter dahocken. Sie hocken da und schauen geistesabwesend durch den Raum, als würden sie auf den Bus nach Peking warten.

Einige Tage vor mir ist auf dem Myanmar-Konsulat in Kunming die entscheidende Genehmigung aus der Hauptstadt Yangon eingetroffen, die mir die Überlandeinreise nach Myanmar erlaubt! Vier Monate sind vergangen, seit ich mit den Behörden des Landes Kontakt aufnahm, mehr als 40 eMails gingen in der Zwischenzeit hin und her. Wäre die Zusage nicht in den nächsten zehn Tagen gekommen, hätte ich mich auf den Weg nach Tibet gemacht, um im weiten Bogen um Myanmar herum nach Nepal und Indien zu radeln. In diesen Monaten der Ungewißheit habe ich über Tibet so viele Informationen gesammelt, die neugierig machten auf das weite Land 4000 Meter über dem Meer, daß jetzt sogar ein bißchen Wehmut aufkommt. Vielleicht werde ich eines Tages zurückkehren, um die Reise über das „Dach der Welt" nachzuholen.

Doch so spannend eine Reise durch Tibet immer noch sein mag, das Land ist inzwischen touristisch erschlossen, und auch eine ganze Menge Reiseradler sind dort schon unterwegs. Überland durch die Sperrgebiete Myanmars – ohne zwischendurch zu fliegen – ist hingegen so etwas wie eine Pioniertat. Seit über 40 Jahren hat kein Radler mehr diesen Weg gehen können. Die Militärregierung, die 1962 die Macht in dem Land übernahm, isolierte sich in den ersten Jahren praktisch vollkommen von der Außenwelt, und so verblich die Weltkarte zwischen Indien und Südostasien. Es entstand ein Weißer Fleck. Begrenzter Tourismus begann einst mit 48-Stunden-Visa, später wurden 7-Tage-Visa für Kurzreisen ausgestellt. Seit

1994 ist vieles einfacher geworden. Man bekommt nun problemlos 28-Tage-Visa, doch auch die berechtigen nur zur Ein- und Ausreise mit dem Flugzeug. Außerdem kann man sich nur in einem inneren Oval zwischen Yangon und Mandalay bewegen, für die grenznahen Gebiete benötigt man verschiedene Sondergenehmigungen des Verteidigungsministeriums.

Genau diese Sondergenehmigungen liegen nun dem kleinen, familiären Konsulat vor, das in ein paar Zimmern des Camellia Hotels in Kunming untergebracht ist. Zwar kommen von den Diplomaten noch einmal ein paar skeptische Fragen, wie ich denn die vielen Kilometer mit dem Fahrrad bewältigen wolle, aber das Visum selbst ist nur noch eine Formsache. Es kostet gerade einmal 10 Dollar, die Ausstellung dauert zwei Tage.

Myanmar erwartet mich an der Grenze bei Ruili erst in vier Wochen. So bleibt noch genügend Zeit, von Kunming aus einen weiteren Umweg zu machen und Lijiang anzuschauen, eine der wenigen Städte im Süden Chinas, denen ein größerer Altstadtbezirk gelassen wurde. China hat in den letzten zehn Jahren viele ursprüngliche Wohnviertel niedergerissen und dann vorzugsweise Betonbauten angepflanzt, die als Symbole der Modernisierung gelten. Was den Stadtbewohnern jetzt an Natürlichkeit abgeht, dürfen sie sich in den Parks der Stadtplaner holen oder in Freizeitanlagen in der Umgebung.

Die faltige Landschaft Südchinas fordert nicht nur den Radler, sondern auch die Menschen, die sich hier als Bauern angesiedelt haben. Wo immer es sich lohnte, haben sie im Laufe von Generationen die Berghänge terrassiert. Sie arbeiten auf ihren Feldern mit der Hand, gepflügt wird mit dem Ochsen. Daß sie keine Maschinen verwenden, mag auch an der geringen Größe der terrassierten Parzellen liegen. Aber selbst auf den großen Feldern in den Tälern sieht man nur ganz selten motorisierte Geräte. Statt dessen zahllose Menschen, die mit ameisengleichem Fleiß ihrer Arbeit nachgehen.

Beim Straßenbau nicht anders: Gleich zehn Arbeiter werden auf ein einzelnes Schlagloch angesetzt. Zwei weiten es mit Spitzhacken zu einem Rechteck aus, die meisten anderen hämmern derweil Steine in Form und füllen mit ihnen das Schlagloch paßgenau aus.

Die Fugenfüller bringen Sand und Erde herbei, um die Zwischenräume zwischen den Steinen zu versiegeln. Ein paar Wochen lang wird man den Verkehr darüber rollen lassen, damit sich das Ganze setzt. Dann werden die Arbeiter mit einem Faß Bitumen wiederkommen, es oben öffnen und unten ein Holzfeuer anzünden. Mit der zähflüssigen schwarzen Masse können sie ihre Arbeit an diesem Schlagloch beenden.

Jeder Betriebswirtschaftler würde sich die Haare raufen, wenn er sich das anschauen müßte. Der Volkswirt mag es schon anders sehen: Vielleicht ist es besser, viele Leute zu beschäftigen, damit sie sich und ihrer Familie wenigstens das Brot verdienen können, als einigen wenigen Menschen den Kauf eines Autos zu ermöglichen, den Rest des Volkes aber abgleiten zu lassen. Genau an dieser Weggabelung steht China just in diesen Jahren.

Ausgerechnet in der extrem bergigen Provinz Yunnan, in der die Bremsen so wichtig sind wie selten zuvor, bricht eines Nachmittags die Feder der Vorderradbremse. Der Bremsarm löst sich nun nicht mehr von der Felge. Ersatz wird sich in dieser dörflichen Gegend kaum auftreiben lassen. Doch mit einem Expanderzug, unten am Gepäckträger eingehängt, oben um den Lenker geschlungen und dann zur Bremse geführt, läßt sich zunächst einmal improvisieren.

Durch eine Schlucht fällt die Straße auf dem Weg nach Lijiang noch einmal tief ab – es geht hinunter zum Jangtse-Fluß. In den Restaurants an der Brücke kann man sich stärken, bevor man die Wand auf der Westseite des großen Stroms in Angriff nimmt. Rund 1500 Höhenmeter sind zu bewältigen. Von Serpentinenkehre zu Serpentinenkehre krieche ich aufwärts, Stunde um Stunde verstreicht. Oben, in 2800 Metern Höhe, geht es schließlich über einen unscheinbaren Paß und dann nur noch leicht bergab – in das Hochtal um Lijiang.

Lijiang mit seiner gut erhaltenen Altstadt ist ein Touristenmagnet, das wußte ich. Allerdings hatte ich mir den Rummel in den Gassen so heftig nicht vorgestellt: Lijiang ist das chinesische Rothenburg ob der Tauber! Die meisten Besucher kommen aus China selbst und aus Korea und Japan. Als ich auf dem Marktplatz stehe, um mich zu orientieren, eilen immer wieder Asiaten herbei, die sich mit mir fotografieren lassen wollen. Ein Pärchen, das auf dem Marktplatz nicht zum Zuge kommt, fängt mich später in einer Seitengasse ab. Sie baut sich neben mir auf, er geht in die Knie und löst seine teure Spiegelreflexkamera ein paarmal aus. Dann sind die beiden auch schon wieder weg. Sie haben nicht einmal gefragt, woher ich komme. Zu Hause werden sie wahrscheinlich erzählen, das auf dem Foto sei sie zusammen mit dem Amerikaner, der von Hongkong nach Moskau radelte.

In Lijiang kann man Postkarten kaufen, Filme, Kräuter, getrocknetes Yakfleisch – aber keine Bremsfedern. Es gibt einige Fahrradgeschäfte, doch die führen keine Ersatzteile. Ich müßte hier tatsächlich ein ganzes Fahrrad kaufen, um legal an so eine Feder zu kommen. Hans mailt aus Erlangen, daß auch in Deutschland nur komplette Bremssets zu kaufen sind. Wie lange werde ich wohl noch mit dem Expanderzug am Lenker weiterradeln müssen?

Dali, die größte Stadt auf den nächsten 2000 Kilometern, hat auch viele Touristen und keine einzelnen Bremsfedern. So ringe ich mich nun zu einer kleinen Schweinerei durch, die seit Lijiang schon reifte: Ich werde ein Fahrrad ausleihen und die Bremsfeder klauen. Der Verleiher wird den Weg zu einer neuen Feder bestimmt kennen.

Am Ende muß ich das Rad nicht einmal selbst ausleihen, da eine Reisende aus Boston, die in der gleichen Herberge wohnt, eine Radtour durch die Umgebung plant. Bei der Wahl des Fahrrades achten wir nur auf die passenden Bremsen. Während unserer Tour fällt dann aber das linke Pedal ab, das von Beginn an knirschte. Ist das Rad etwa ein Wrack? Das grenzt doch an Betrug! Wie gut. Die Hemmschwelle sinkt, vor der Rückgabe die wichtige Operation vorzunehmen. Der nächste Kunde wird wegen der fehlenden Feder keinesfalls in Gefahr kommen, er wird allerdings das Fahrrad ziemlich schnell zurückbringen, weil er nach jedem Bremsen die Bremsbacken von Hand wieder lösen muß.

Das Gewissen ist freilich belastet. Am Morgen meiner Weiterreise wandert ein 10-Yuan-Schein in einen Briefumschlag; das ist die Leihgebühr für einen Tag. Auf dem Kuvert steht in Englisch: „Für die Bremsfeder des gelbroten Fahrrades". Das werden sie nicht sofort verstehen; jemand, der gut Englisch kann, wird es ihnen erst übersetzen müssen. Die Feder wird sie weniger als 10 Yuan kosten, allerdings müssen sie eine auftreiben. Höchstwahrscheinlich wird ihnen das gelingen. Notfalls finden sie aber auch jemanden, der ihnen so ein Ding schmiedet.

Der Besitzer des Verleihs schaut verwundert, als er den Brief entgegennimmt. „Soll ich Ihnen von einem Touristen aus dem ‚Old Dali Inn' übergeben", behaupte ich und radle davon.

Uff – so fühlt man sich doch gleich wieder besser. Ein gewisser Aberglaube, der mich hier in Asien angesteckt haben muß, spielte wohl auch eine Rolle. Man muß sich nämlich mit den Dämonen gut stellen, die auf so viele Dinge des täglichen Lebens Einfluß haben. Und es gibt viele Dämonen hier. Bestimmt auch einen, der kritische Grenzüberschreitungen wie die bevorstehende nach Myanmar beeinflussen kann.

DIE REISEGRUPPE

Die Chinesen haben 14 Wörter für Reis, um damit auszudrücken, in welcher Form er zubereitet ist: gekocht, gebraten, als Brei usw. Bei den Eskimos gibt es, so liest man, mehr als 20 Wörter für weiß – für die verschiedenen Schattierungen der weißen Farbe nämlich. In ihrer weißen Welt nehmen sie einfach viel mehr Nuancen wahr.

Wie viele Wörter gibt es in Südostasien wohl für die verschiedenen Arten des Lachens und Lächelns? Für das liebenswürdige, das unschuldige, das kindliche, das spontane Lächeln, oder auch das falsche, das nicht selten in den touristischen Gegenden gelächelt wird.

Das weißeste Weiß – das ehrlichste Lächeln – haben sie hier, in Myanmar. Mögen die Menschen im ersten Moment noch etwas zurückhaltend sein, so beginnt ihr Gesicht geradezu zu leuchten, sobald sie die freundliche Gesinnung des Fremden erkennen.

Als mich Mr. San Win, mein Begleiter durch Myanmars Sperrgebiete in den kommenden Wochen, heute früh über die Grenzlinie zwischen China und Myanmar hinweg willkommen hieß, hatte ich das Gefühl, von einem alten Freund begrüßt zu werden. Die Chinesen in der Südprovinz Yunnan sind zwar auch durchaus freundlich, doch nur wenige besitzen die Warmherzigkeit der Südostasiaten. Und außerdem erinnerte mich San Win auch noch an Hien, meinen vietnamesischen Arbeitskollegen in Nürnberg, mit dem ich immer viel Spaß hatte.

Den chinesischen Grenzbeamten gegenüber lächelte er allerdings eher säuerlich. Der hochgewachsene Soldat, der mächtig, aber zugleich wie ein Clown auftrat, liebte es, gestenreich zu dirigieren und zu weisen. Immer wieder winkte er den kleinen San Win wie einen Diener zu sich herbei, fragte ihn etwas und schickte ihn dann wieder zurück nach Myanmar, durch das Tor, nur zwanzig Meter entfernt. Es war deutlich zu sehen, daß diese Behandlung San Win in seinem Stolz verletzte. Seine Lippen kräuselten sich, doch er machte einigermaßen gute Miene zu diesem Spiel. Er war 500 Kilometer von Mandalay hierher gereist, mit der Aufgabe, den deutschen Radler über die Grenze zu holen. Er durfte es sich mit den chinesischen Beamten nicht verderben.

Hinter der Glasscheibe des Grenzgebäudes ging mein Reisepaß durch alle Hände. Dabei brauchte ich doch nur den Ausreisestempel, mehr nicht. Eine dieser Hände nahm den Stempel endlich, holte aus, legte ihn dann aber doch wieder weg. San Win wurde wieder nach China herbeigewunken, befragt und dann wieder zurückgeschickt. Ich fürchtete, direkt vor dem Ziel doch noch zu scheitern.

Drei- oder viermal mußte San Win herbeikommen und zurücktreten, bis sich die Spannung endlich auflöste und die Chinesen ihr „Exit" in den Paß eintrugen. Auf der anderen Seite der Grenze begrüßten mich die Beamten wie einen hohen Politiker, sichtlich erfreut, hier einen europäischen Gast einreisen zu sehen. Nach kurzer Kontrolle von Paß und Gepäck war der Weg frei in ihre Welt, diese völlig andere Welt.

Zunächst tauchte ich ab in einen traumartigen Gemütszustand, fuhr die ersten Kilometer wie benommen. Registrierte die fröhlichen Gesichter der überholenden Mopedfahrer nur unterbewußt, nahm nur am Rande wahr, daß sie ohne Nummernschilder unterwegs und mit großen Kartons beladen waren, daß sie Schmuggler sind. Immer wieder rief ich es in mich hinein: Du bist jetzt in Myanmar, du bist jetzt tatsächlich in Myanmar!

Als wir am Abend im Haus des Dorfvorstehers einer kleinen Siedlung auf dünnen Matten auf dem Fußboden liegen, erklärt San Win das Zögern der Chinesen: Wieder und wieder haben sie ihn gefragt, ob Myanmar mich auch wirklich aufnehmen werde. Vor drei Jahren war ein Franzose äußerst blauäugig an die Grenze gekommen, um nach Myanmar weiterzureisen. Er besaß nicht einmal ein Myanmar-Visum, schon gar nicht die Erlaubnis für die Reise durch den nördlichen Shan Staat. Die chinesischen Beamten hatten jedoch bereits ihren Ausreisestempel in den französischen Paß sausen lassen. Während Myanmar wegen der fehlenden Genehmigungen die Einreise verweigerte, wollten die Chinesen den Ausreisestempel nicht vergessen machen. Der Mann saß in der Falle. Es dauerte drei Tage, bis ein Abgesandter der französischen Botschaft ihren Staatsbürger im abgelegenen Ruili abholte und nach Kunming begleitete. Mit der ersten Maschine, die Richtung Frankreich startete, mußte er ausfliegen.

Seit dem Beginn der Verhandlungen um meine Reise durch dieses Land stand fest, daß ich mich durch die „restricted areas" in den Grenzgebieten nur mit einem Führer würde bewegen können. Offen war bis zuletzt, wie dieser Führer mich wohl begleiten würde. In einem Auto? Mit einem Motorrad?

San Win fährt am ersten Tag ausschließlich mit öffentlichen Verkehrsmitteln voraus, was organisatorisch kein Problem ist, weil er nur eines der Sammeltaxis anhalten muß, die alle paar Minuten vorbeikommen. Er steigt dann an Weggabelungen wieder aus, von denen er meint, ich könne dort vielleicht die falsche Richtung einschlagen, und vor allem wartet er vor den Checkpoints. Davon gibt es am ersten Tag mehr als genug.

An diesen Kontrollpunkten geht es wesentlich strenger zu als an Myanmars Grenzposten zu China. Jedesmal muß San Win einen kleinen Papierstapel aus seiner Reisetasche ziehen: Kopien der diversen Permits, meines Passes, des Visums und eine Liste mit den Namen der Personen, die an dieser Gruppenreise teilnehmen. Sie ist nicht lang, diese Liste, nur ein Name steht darauf, aber offiziell läuft meine Tour wirklich unter „Gruppenreise".

So oft und gründlich wie an diesem ersten Tag in Myanmar wurde mein Gepäck während der gesamten Reise noch nicht durchsucht. Am ersten Checkpoint sind die Beamten noch sehr freundlich, schenken mir Äpfel und eine Flasche Mineralwasser, kontrollieren nur die oberen Schichten in den Packtaschen. Am letzten Checkpoint dieses Tages lassen die Uniformierten mich jedoch die Taschen komplett ausräumen. Dinge kommen zum Vorschein, die ich seit dem Aufbruch in Erlangen nicht mehr sah, zum Beispiel die Reiseapotheke.

Während dieser langwierigen Durchsuchung will San Win die Frage der Übernachtung klären. In einer Stunde wird es dunkel. Aber aus irgendeinem Grund scheint es nicht gut zu sein in diesem kleinen Dorf. Wie schon an der chinesischen Grenze wirkt San wieder unsicher. Ich habe das Gefühl, er ist hier fast genauso fremd wie ich. Bereits an diesem ersten Tag begreife ich, was „Union of Myanmar" bedeutet: Dies ist ein loser Zusammenschluß von sieben Staaten und sieben Divisionen. Die Divisionen unterstehen direkt der Zentralregierung in Yangon, aber die Staaten haben ihre eigenen Regeln und weitgehende Autonomie. Einige von ihnen, so etwa der Shan-Staat, in dem wir uns gerade befinden, haben sogar ihre eigene Armee.

Die Vielgliedrigkeit des Landes ist ein Vermächtnis der Briten, die bis Mitte des letzten Jahrhunderts nach dem bewährten Motto „Teile und herrsche" diese Gebiete kontrollierten. Sie ließen den Bergstämmen in den Randgebieten des heutigen Myanmar weitgehende Autonomie, so daß innere Reibereien einen Aufstand gegen die wirklich herrschende Macht lange Zeit verhinderten.

San entscheidet, daß wir weiterfahren, es sei hier nicht besonders sicher. Nicht sicher ... Das ist einer der Gründe, warum diese Gegend nur mit Sondergenehmigung und Begleitung zu bereisen ist. Reger Schmuggel findet in der Grenzregion zu China statt. Medikamente, Elektronikgüter, Fahrzeugersatzteile und viele andere moderne Güter kommen von China herein, Drogen unter anderem gehen hinaus. Besonders der Drogenschmuggel sorgt natürlich für Zündstoff. Drogenbarone konkurrieren mit Regierungskräften um die Macht; die vielen Familien, die von der Mohnkapsel leben, lassen sich nicht so leicht zum Anbau harmloserer Feldfrüchte überreden.

In der Nacht, die wir in dem kleinen Dorf Konkamawei verbringen, kommt das Fahrzeug an, mit dem San Win die restlichen 400 Kilometer bis nach Mandalay zurücklegen wird. Mr. Tin Maung Shwe, der Chef von „Myanmar Travels and Tours", hat einen Nissan-Pickup mit zwei Fahrern und einem Mechaniker abgestellt. Die Reisegruppe besteht zwar nach wie vor nur aus dem einen Radler, aber sie hat nun vier Mann als Begleitung. Auch weiterhin treffen wir uns nur alle zehn oder 20 Kilometer, der Wagen klebt mir also nicht etwa ständig an den Fersen.

Wir sind auf der legendären Burma Road unterwegs. Schon vor mehr als 2000 Jahren transportierten Händler ihre Waren zwischen Ost und West auf Routen durch dieses Gebiet, die man heute als Südliche Seidenstraße bezeichnet. Die eigentliche Burma Road bahnte sich jedoch erst in den 1930er Jahren ihren Weg durch die wilde Berglandschaft, als die Südprovinzen Chinas durch den Einmarsch der Japaner vom Kernland isoliert waren. Nach der aufwendigen Fertigstellung, an der 300.000 Arbeiter beteiligt waren, diente die Straße den Chinesen als Nachschubweg aus den britisch kontrollierten Gebieten, zeitweise war dies die einzige Verbindung zu den Verbündeten.

Meine Route durch den Norden Myanmars berührt nur wenige der klassischen Touristenziele. Wir beschränken uns mit dem Besichtigungsprogramm meist auf den Besuch von Märkten. Viele der angebotenen Waren kommen aus China, selbst die großen Coca-Cola-Flaschen werden Hunderte von Kilometern aus dem Nachbarland herbeigebracht. Nicht abgepackte Lebensmittel wiegen die Verkäufer in sehr eigentümlichen Einheiten ab, doch San Win spricht wie selbstverständlich von „viss" und „tical". 100 tical à 16,3 Gramm machen ein viss. Daneben begegnet man gelegentlich auch dem britischen Pound.

Reis, Linsen, Erdnüsse, Zucker oder kleinere Früchte werden nicht nach Gewicht verkauft, sondern nach Volumen. Hier sind die Maßeinheiten noch ungewöhnlicher: Ein „bu" ist das Volumen einer gewöhnlichen Kondensmilchdose, acht bu füllen ein „pyi", einen kleinen Korb, 16 dieser Körbe machen ein „tin" voll, das ist ein Sack, meist aus Jute.

Am Ayeyarwady-Fluß

Auch einige alte Geldscheine in einzigartigen Nominalwerten sind noch im Umlauf: Noten zu 15, 45 und 90 Kyat („Tschat" gesprochen). Einen 15er bekomme ich einmal als Wechselgeld zurück, ein willkommenes Souvenir. Offiziell ist er gar nicht mehr gültig, zumindest nicht in allen Teilen Myanmars, und infolge der hohen Inflation auch kaum noch etwas wert: keine zwei Eurocent.

Wenn wir in einem Ort für eine Mahlzeit oder eine Teepause haltmachen, werden oft die Dorfchefs herbeigerufen, die sich nur allzu gern zu uns gesellen. Sie sprechen sehr gutes Englisch, manche von ihnen sind zu Zeiten der englischen Besatzung in Missionsschulen unterrichtet worden. Einer der Männer erzählt, sie hätten damals in der Schule ausschließlich Englisch sprechen dürfen. Wer dagegen verstieß, mußte 10 Pya Strafe zahlen. Gäbe es diese Untereinheit des Kyat noch, wären das heute ein Hundertstel Eurocent, damals bekam man dafür aber immerhin ein Frühstück.

Wenn wir unsere Adressen austauschen, kann ich den Dorfchefs nur die Nummer eines einsamen Postfachs in Erlangen anbieten. Die eMail-Adresse nutzt ihnen nichts, denn sie haben keinen Zugang zum Internet. Das Worldwide Web ist so worldwide eben doch nicht. In den kleineren Orten Myanmars gibt es überhaupt keine Internet-Cafés, und wenn man dann in einer Großstadt eines auftut, stößt man auf weitreichende Restriktionen. Sämtliche Mail-Dienste wie Yahoo, Hotmail usw. sind abgeblockt, ebenso viele Internet-Seiten mit freiheitlichem Gedankengut oder gar regierungskritischen Inhalten.

Darf man angesichts der Menschenrechtssituation überhaupt nach Myanmar reisen? Aung San Suu Kyi, die Tochter des Nationalhelden Aung San, Oppositionspolitikerin und Friedensnobelpreisträgerin 1991, jahrelang in Hausarrest, sagt: Nein. Touristen sollten das Land boykottieren, bis die Abgeordneten ihrer Partei endlich die Regierung bilden können, was ihnen trotz des Wahlsieges 1989 verwehrt wurde. Andere prodemokratische Politiker sind jedoch der Meinung, besonders der internationale Tourismus sorge dafür, daß die politischen Probleme Myanmars in der westlichen Welt bekannt werden. Ähnlich argumentiert auch der Dalai Lama in bezug auf Tibet, wo eine vergleichbare Situation herrscht.

Das von den Amerikanern kürzlich noch verschärfte Wirtschaftsembargo ist ebenfalls sehr umstritten. Auch Donald, ein Nachfahre des letzten Shan-Fürsten in Myanmar und bekanntermaßen kein Freund der herrschenden Militärregierung, hält die Sanktionen für absolut kontraproduktiv. Sie machten das Land nur noch abhängiger vom Osten, erklärt er mir. „China reibt sich die Hände und freut sich über jeden weiteren Tag, den das Embargo aufrechterhalten wird."

Donald hat sicherlich recht. Die Folgen eines Embargos sind immer fragwürdig. Schaden sie der Regierung oder nicht doch mehr dem Volk? „Wind of Change" weht doch ohnehin schon seit Jahren durch die Ritzen Myanmars. Ihr dürft sie nicht verschließen, ihr müßt sie weiter aufreißen!

DIE GRENZE

Mandalay, vor 150 Jahren von König Mindon gegründet, ist heute die zweitgrößte Stadt Myanmars. Die Herrscher wechselten zu jener Zeit mehrmals ihren Sitz, weil die Hofgelehrten empfahlen, durch Umzüge drohendem Unheil zu entgehen. Doch all diese Hauptstädte lagen in der Umgebung des heutigen Mandalay, und so entstand hier das kulturelle Zentrum Birmas. Großspenden der Herrscher und unzählige kleine Spenden aus der frommen Bevölkerung haben vieles mit Gold bedeckt, vor allem die Dächer der bedeutendsten Pagoden in Mandalay und Umgebung.

Spektakulär ist der goldbeladene Buddha in der Mahamuni-Pagode, die am meisten verehrte Buddhafigur des ganzen Landes. Unablässig stiften Pilger hauchdünne Goldblättchen, die sie entweder selbst der Statue aufdrücken oder freiwilligen Helfern reichen, die ständig in Aktion sind und das Gold stellvertretend aufpressen. Dieser sitzende Buddha wirkt durch die Goldlast inzwischen geradezu feist, seine Brust, die Arme und die Hände sind regelrecht aufgeschwemmt. Wie er kontinuierlich zunimmt, erkennt man, wenn man Bilder in Reiseführern und auf Postkarten verschiedenen Alters vergleicht. Die Schätzungen um die Goldmenge an seinem Körper schwanken zwischen „einigen hundert Kilo" und „zwei Tonnen".

Bevor wir auf dem Weg zur indischen Grenze wieder in Sperrgebiete abtauchen, führt mich San Win noch zu einigen Sehenswürdigkeiten in der weiteren Umgebung Mandalays. Er benutzt dabei wieder die verschiedensten Verkehrsmittel: den überfüllten Bus, um aus Mandalay herauszukommen, eine Rikscha, um die letzten Kilometer zur längsten Teakholzbrücke der Welt zurückzulegen, die wir im nahen Amarapura finden – sie führt 1200 Meter über einen See hinweg und wird von 1080 massiven Teakpfosten getragen. Zur Thanboddhay-Pagode nahe der Stadt Monywa fährt San mit einer Pferdekutsche, wie man sie in Myanmar noch häufig findet. Die Pagode ist bekannt für ihre unglaublich vielen Buddhastatuen – Abbilder des Buddha von Daumengröße bis zur mehrere Meter hohen Standfigur, insgesamt mehr als 580.000!

Ab Monywa ist wieder der Pickup mit den drei anderen Begleitern aus Mandalay dabei. In nördlicher Richtung dringen wir erneut in „restricted areas" ein. Die ohnehin schon recht holperige Asphaltstraße löst sich mehr und mehr auf, bis nur noch Erd- und Sandpiste übrigbleibt. Wir kommen in das Gebiet, das Myanmar Travels und Tours während der Planungsphase so große Kopfschmerzen bereitete: in den „deep, dense forest", den tiefen, dichten Wald.

Die vier ständigen Begleiter aus Mandalay im „deep, dense forest" (rechts San Win)

Radeln sei auf diesem 170 Kilometer langen Abschnitt wegen der wilden Tiere nicht möglich, hatte es anfangs geheißen. Angesichts der Menschenrechtssituation bereits im Blickpunkt der Medien, will sich das Land nicht auch noch einen von Tigern gefressenen Touristen leisten. Die Lösung des Problems stellen nun bewaffnete Polizisten dar, die mich auf dieser zweitägigen Etappe begleiten. Sie fahren mit ihren Mopeds auf der Piste ein Stückchen voraus und warten dann, bis ich nachgekommen bin, mitunter das Fahrrad durch tiefen Sand zerrend.

Von anderer Art ist die Gefahr jenseits des dichten Waldes und nahe der Indiengrenze. Unruhen und Gewalt in den indischen Provinzen Mizoram und Manipur schwappen offenbar auch über die Grenze hinweg; es heißt, es kämen immer wieder Rebellen und Banditen aus den Bergen nach Myanmar herüber. In diesem Gebiet darf man sich zwischen den Ortschaften nur bis um zwölf Uhr mittags bewegen. Wir werden weiterhin von mindestens einem Polizisten oder Soldaten begleitet.

Die letzten 130 Kilometer von Kalaymyo bis zur Grenze wollen wir eigentlich an zwei Vormittagen zurücklegen. Doch schon vor 11 Uhr des ersten Tages kommen wir in Khanpat an, sind nur noch 50 Kilometer vom Grenzort Tamu entfernt.

Die Straße nach Indien

San Win verhandelt mit den Behörden und erwirkt eine Verlängerung unserer Frist bis 14 Uhr. Der Weg führt direkt an der Grenze zu Indien entlang, auf der anderen Seite steigen die bewaldeten Hügel auf, von denen aus gerüchteweise die Überfälle gestartet werden. Genaues kriege ich aus San Win nicht heraus, er ist in den letzten Tagen verschlossener geworden.

Am Ortsausgang von Khanpat hebt sich eine schwere Schranke. Die Eskorte ist noch einmal verstärkt worden, die Gruppe nun auf neun Mann angewachsen: Außer meinen vier ständigen Begleitern im Pickup werden fünf Soldaten mitfahren. Ein mit einem Schnellfeuergewehr Bewaffneter und sein Fahrer führen auf einem Motorrad den Konvoi an, ein ebensolches Duo schließt den Konvoi ab. Dazwischen fährt der Chef dieser kleinen Kompanie auf seinem Motorrad links neben dem „Cyclist from Germany" her, der bis dato 57.000 Kilometer durch 44 Länder geradelt ist. So fahren wir, parallel zur indischen Grenze, 50 Kilometer weit nach Tamu.

Gleich nach unserer Ankunft in der Grenzstadt versucht San, mit den indischen Beamten Kontakt aufzunehmen. Auch die Gebiete auf der anderen Seite der Grenze sind Sperrgebiete, „protected areas". Es gab widersprüchliche Aussagen, ob man eine spezielle Genehmigung für die nordostindischen Staaten braucht, aber der indische Konsul in Yangon hatte der deutschen Botschaft ausgerichtet, daß das normale Visum ausreichend sei. Und der indische Konsul sollte die Bestimmungen ja kennen.

Als San auf das Zimmer unseres halbverfallenen Hotels zurückkommt, macht er einen unzufriedenen Eindruck. Er berichtet zwar, daß die Inder mich morgen einreisen lassen würden, scheint aber in Wahrheit selbst nicht daran zu glauben. Auf den Straßen in Tamu erzählen sich die Leute, daß es drüben, im Teilstaat Manipur, „operations" gebe. Offenbar kämpfen Regierungstruppen gegen aufständische Rebellen und gegen Banditen. Der ganze Nordosten Indiens ist seit Jahrzehnten politisch instabil.

Am nächsten Morgen fahren wir auf gut Glück die letzten zwei Kilometer zur Grenze. Wieder ist es ein Riesentroß, der mich begleitet. Ich kann gar nicht mehr unterscheiden, wer zu den Offiziellen gehört und wer sich dem Pulk nur aus Neugier angeschlossen hat.

Der Großteil der Leute bleibt zurück, als wir die schmale Stahlbrücke über einen kleinen Fluß überqueren. Nur ein Polizist und die Pickup-Besatzung folgen mir auf indisches Gebiet. Dort nimmt mich ein junger Offizier der Einreisebehörde in Empfang. Ein kurzer, herzlicher Abschied von San Win und den anderen treuen Begleitern aus Mandalay, dann fahren sie alle zurück nach Myanmar.

Der Officer von der Immigration nimmt zunächst die Daten meines Reisepasses auf. Während er das tut, wandert die Hand eines Mannes in Zivil, der vor dem Fahrrad steht, in meine Lenkertasche. Die Hand greift nach der digitalen Kamera. Ich weise ihn zurecht, allerdings vorsichtig – vielleicht gehört ja auch er zu den Grenzbeamten. Und tatsächlich ist er vom Zoll, wie der Immigration Officer erklärt. Zusammen mit einem uniformierten Zöllner beginnt nun der Zivile, ganz offiziell auch die anderen Packtaschen zu durchsuchen. Da die beiden gleichzeitig an verschiedenen Packtaschen arbeiten wollen, muß ich noch einmal energisch protestieren, um den Überblick über meinen Besitz zu behalten.

Als der uniformierte Zöllner abschließend meine Personalien in ein Buch einträgt, setzt sich der Zivile neben mich und rückt ganz nah heran. Er ist alkoholisiert. „You have to give me something!" fordert er leise. „You have to give me something!" Der andere bleibt korrekt.

Nach dieser eigenartigen Zollkontrolle kommt der junge Immigration Officer wieder herbei. Wir fahren zusammen einen Kilometer weiter in den nächsten Ort, wobei er mir in einem Geländewagen folgt. Im Dorf ruft ein Passant „Welcome, my brother!" vom Straßenrand herüber. Schilder in Plakatgröße erklären, daß Lepra und Tuberkulose heilbar sind. Ich bin in Indien. Prima! Sie müssen mir nur noch den Einreisestempel in den Paß drücken. Wir begeben uns auf ein ummauertes Grundstück, an dessen Ende ein Gebäude steht. Der Chef der Einreisebehörde kommt heraus, schaut sich kurz meinen Paß an und fragt nach weiteren Papieren.

„Was für Papiere?" frage ich.

„Eine Genehmigung für die Reise durch Manipur."

„Man braucht nur das Visum für die Einreise, hat der Konsul in Yangon der deutschen Botschaft ausgerichtet."

„Dann ist der Konsul falsch informiert", meint der Mann lakonisch, der die Gewalt über den Einreisestempel hat. „Sie brauchen ein ‚Protected area permit'."

Also ist immer noch gültig, was in einigen Reiseführern steht. Ich hatte gehofft, daß es veraltete Regelungen sind. Unglaublich, daß der Konsul die Bestimmungen für sein Land nicht kennt. „Wo kann man denn so ein Permit kriegen?"

„Im Ministry of Home Affairs in New Delhi."

„Lassen Sie uns dort anrufen, damit sie die Genehmigung ausstellen!" bitte ich.

„Das geht nicht so einfach, das dauert mehrere Wochen. Wir müssen Sie nach Myanmar zurückschicken."

„Ich kann nicht nach Myanmar zurück. Ich hatte nur ein gewöhnliches Single Entry Visum, und auch die Permits waren nur für eine Richtung ausgestellt."

„Wo wollen Sie dann hin?" fragt er. Ich deute mit dem Finger senkrecht nach oben. Er kann sogar darüber lachen.

„Wie weit ist es denn bis nach Silchar?" frage ich ihn. Diese Stadt liegt bereits im Teilstaat Assam, der als relativ sicher gilt. „Ich könnte bis dorthin mit einem Lastwagen fahren."

„Das sind etwa 200 Kilometer. Aber Sie dürfen ohne das Permit nicht durch Manipur reisen, auch nicht mit einem Lastwagen."

Wir diskutieren eine Stunde lang herum, doch der Chef gibt nicht nach. Er argumentiert mit der dramatisch schlechten Sicherheitslage in Nordost-Indien. Gerade vor einigen Tagen sei ein Europäer entführt worden. Das mag ja alles stimmen, aber wäre ich mit einem Permit denn sicherer?

Im Gegensatz zu dem alkoholisierten Zöllner ist er auch nicht für Bestechung empfänglich, jedenfalls gibt er mir nicht das geringste Zeichen. Leute von seinem Rang machen ihr Geld auf anderen Ebenen.

Zwei Stunden nach meiner Einreise verladen sie mich und das Fahrrad in einen Geländewagen und schlagen die östliche Richtung nach Myanmar ein. Noch bin ich guter Dinge: Myanmar kann mich nicht aufnehmen, das Visum ist ja mit meiner Ausreise abgelaufen. Indien und Myanmar werden mich jetzt wie einen Ping-

Pong-Ball über die Grenzlinie hin- und herschicken. Myanmar hat heute früh einen verhaltenen Aufschlag gemacht, Indien hat aggressiv abgewehrt. Myanmar wird zurückschlagen, Indien wieder abwehren. Eines Tages hoffentlich holt Myanmar so schwungvoll aus, daß der Ball nach dem Aufschlagen weit über die Tischplatte hinaus befördert wird, bis nach Silchar, in freies Gebiet jenseits des Staates Manipur.

Doch etwas Unerwartetes geschieht: Myanmar fängt den Ball auf. Als hätten sie von Anfang an damit gerechnet, daß sie das Spiel nicht gewinnen werden. Nur eine Stunde später steht San Win in der Tür des Büros, in dem mich die Inder abgeliefert haben. Hat er etwa im Hotel in Tamu noch abgewartet?

„Nein, wir sind drei Stunden lang am zweiten Checkpoint hinter Tamu aufgehalten worden. Sie haben unser Videoband kopiert."

Das Video, das ihr von mir gedreht habt? Drei Stunden lang? Ob die Behörden wohl bewußt die Abreise des Pickups verzögert haben?

Inzwischen wurde das Visum auf ungewöhnlich unbürokratische Weise reaktiviert. Daneben müssen allerdings auch neue Permits für meine Reise durch die „restricted areas" zurück nach Mandalay ausgestellt werden. Auf diese Genehmigungen warten wir zwei Tage lang. Ich darf mich in den Straßen von Tamu unterdessen nur in Begleitung eines Mannes vom Geheimdienst bewegen, den Rest der Zeit sitze ich im Hotel ab.

„Wie viele Kilometer bist du in Indien geradelt?" fragt San am ersten Abend. – „Ungefähr zwei."

Es ist bitter. Ich hätte mich beim indischen Immigration Office anketten sollen, hätte mich nicht so einfach abtransportieren lassen dürfen. Aber ich hatte nie und nimmer damit gerechnet, daß Myanmar mich einfach wieder einläßt. Alternativen zu diesem Grenzübergang gibt es nicht, Tamu ist der einzige, der wenigstens theoretisch geöffnet ist. Nun muß ich von der Hauptstadt Yangon ausfliegen, nach Indien oder nach Bangladesch.

Über eines der beiden Telefone in Tamu habe ich derweil die deutsche Botschaft informiert. Die hat beim indischen Konsul zurückgefragt, und der bestritt, jemals einen Kommentar zur

Ausreise bei Tamu abgegeben zu haben. Inzwischen wußte er sogar bestens über die Bestimmungen Bescheid. Er muß von den Grenzern hier informiert worden sein.

Als am Morgen des dritten Tages endlich das Permit für die Rückreise nach Mandalay ausgestellt ist, verlieren wir keine Minute mehr. Innerhalb einer Viertelstunde ist alles auf den Pickup verladen. Drei Tage dauert selbst mit dem Auto die 600 Kilometer lange Fahrt zurück nach Mandalay. Von dort schnell weiter nach Yangon. Das Visum läuft ab, jeder Tag Überziehung kostet drei Dollar, und das Bargeld geht mir langsam aus. Wegen des jüngst noch verschärften US-Embargos kann man keine Reiseschecks einlösen. Geldautomaten gibt es sowieso nicht in Myanmar.

Die letzten Dollar gehen für den Flug nach Bangladesch drauf. Er dauert eine Stunde. Nach einer zweieinhalbtausend Kilometer langen Odyssee in Dhaka angelangt, bin ich keine 400 Kilometer von dem Grenzübergang entfernt, an dem ich scheiterte.

LEBEN UND STERBEN AM GANGES

Überbevölkerung – das Image des kleinen Staates Bangladesch scheint sich sofort zu bestätigen. Die Straßen Dhakas sind voller Menschenmassen, außerdem verstopfen Busse, Lastwagen, Autos und vor allem Rikschas die Wege durch die Stadt. Von allen Seiten kommen Bettler herbei, sie folgen dir, greifen nach dir. Es sind so viele, daß man nicht mehr über das einzelne Schicksal nachdenkt, sondern nur noch die Masse sieht. Wie bei einer Flugzeugkatastrophe, nach der kaum jemand mehr über das individuelle Leid nachdenkt, sondern nur noch die Toten gezählt werden.

Am Morgen der Weiterfahrt Richtung Westen bleibe ich in Dhaka in einem Rikschastau hängen. Es gibt kein Durchkommen, die Dreiräder stehen verschränkt, in die kleinste Lücke, die sich irgendwo auftut, dringt sofort wieder ein Fahrzeug ein.

Aber außerhalb der Hauptstadt wird Bangladesch seinem Ruf als hoffnungslos überbevölkert nicht mehr ganz gerecht. Weite

Felder erstrecken sich über das Land, der Senf blüht gelb, erinnert an europäische Rapsfelder. Schaut man sich die Zahlen der Bevölkerungsstatistik an, stellt sich heraus, daß beispielsweise die indonesische Insel Java trotz ihrer bergigen Landschaft dichter besiedelt ist.

Rikschastau in Dhaka

Am Grenzposten bei Kalkutta erweist sich der indische Zöllner als ein korrupter Widerling. Er fragt, wieviel Bargeld ich bei mir habe, und wahrheitsgemäß gebe ich die in Dhaka gekauften 400 US-Dollar an. Daneben sind noch Bangladesch-Taka im Wert von etwa 30 Dollar in meinem Brustbeutel. Den Brustbeutel würde der Beamte am liebsten selbst ausräumen, fordernd hat er bereits die Hand ausgestreckt.

Nachdem ich ihm mit ein wenig Sicherheitsabstand das Geld vorgezählt habe, beugt er sich zu mir heran und sagt leise: „You cannot carry the Dollars to India.“ – Selten habe ich an einer Grenze solch einen Unsinn gehört. Ziemlich sauer ob dieser Dreistigkeit antworte ich laut: „Yes, I can! I know the rules, I have a good friend in Delhi!“

Nun redet er ein bißchen um meine Packtaschen herum. Dann kommt seine zweite, schon etwas gedämpfte Offensive: „You cannot carry the Bangladesh-Taka to India." – „Kein Problem! Ich werde sie in einer der vielen Wechselstuben vor der Tür eintauschen." Ich nehme ihm meinen Paß aus der Hand und frage pro forma: „Und jetzt gehe ich zur Immigration, nicht wahr?" Er sagt nichts weiter.

Indien erkläre ich für mich persönlich schon bald zum Transitland. Nur schnell hindurch, nach Pakistan. Die Menschen sind auf unangenehm aufdringliche Weise neugierig, ganz anders als die zurückhaltenden Bewohner Myanmars; selbst die extreme Neugierde der Chinesen bereitete eher Spaß, sie ließ immer noch Raum für die persönlichen Geheimnisse. In Indien – zumindest hier im Nordosten – hat man dagegen schnell das Gefühl, die Leute würden dir am liebsten in die Taschen kriechen, in den Geldbeutel, wollen unbedingt herauskriegen, was du hast, wie du lebst, drängeln sich unter allen möglichen Vorwänden in deine engste private Sphäre.

Hinzu kommt der mörderische Straßenverkehr. Ganz eindeutig gibt es eine Hackordnung auf der Straße, wobei unter den Fahrradfahrern nur noch die Fußgänger stehen. Die dir entgegenkommenden Autofahrer blenden bei Überholvorgängen dich als Radfahrer einfach aus ihrer Wahrnehmung aus. Du mußt von der Fahrbahn zur Seite springen, du mußt, sonst bist du tot!

Umgekippte Lastwagen am Straßenrand gehören zum alltäglichen Bild. Praktisch jeder Bus ist an den Seiten demoliert und verschrammt, auch viele Pkw sind seitlich eingedrückt. Wie eng es auf den Straßen zugeht, erkennt man auch an den eingeklappten Seitenspiegeln der meisten Fahrzeuge.

Mehrere Unfälle erlebe ich direkt. Ein dunkler Personenwagen fährt einen Radfahrer um und sucht sofort in aggressiver Flucht das Weite. Einige der Passanten lachen über den Vorfall. In keinem anderen an sich friedlichen Land hatte ich so sehr das Gefühl, daß ein Menschenleben einfach keinen Wert hat.

Dem ständigen Zyklus der Wiedergeburten zu entrinnen und das Nirvana zu erreichen, ist das große Ziel des gläubigen Hindus. Diesem Ziel ist er in Benares nahe. Wer hier stirbt und dann am

Ufer des heiligen Ganges verbrannt wird, hat den direkten Weg aus dem Kreislauf des Leidens gefunden.

Mein Guest House liegt nahe am Manikarnika Ghat, dem wichtigsten Verbrennungsplatz am Ganges. Alle paar Minuten kommt durch die schmalen Gassen der Altstadt ein Leichenzug, der sich durch Sprechgesang vorab schon ankündigt. Vier Männer tragen auf einer Bahre den Leichnam, den sie in bunte Tücher eingewickelt und mit Blumen geschmückt haben. Die ärmeren Familien bringen die Holzscheite für die Verbrennung selbst mit, normalerweise wird das Holz aber direkt am Ganges-Ufer gekauft. Dort herrscht rege Geschäftigkeit, wird auf riesigen Waagen das Holz abgewogen. Boote, bis obenhin vollgeladen, bringen über den Fluß immer wieder Nachschub.

Jeden Tag finden die Verbrennungen statt, rund um die Uhr. Manchmal stauen sich die Leichenträger in den Gassen, bevor sie am Manikarnika Ghat eintreffen. Sie gehen ein paar Meter in den Fluß hinein und bespritzen den verhüllten toten Körper mit dem heiligen Wasser. Dann stehen die Bahren in Warteposition, bis wieder ein Platz frei und ein Holzhaufen zum Lodern gebracht ist.

Wenn der Körper verbrannt, aber noch etwas Holz übriggeblieben ist, angeln sich Kinder glühende Brocken aus dem Haufen heraus und tragen sie zu Metalleimern. Holz ist wertvoll, es kann noch im Haushalt der Eltern zum Kochen verwendet werden. Einer der jungen Arbeiter durchsucht dann den Aschehaufen und schaufelt Kohlenreste in einen Eimer. Das gesammelte Material kippt er in einen großen Jutesack, der offenbar der Gemeinschaft der Leichenverbrenner gehört. Sicher sind sie nicht unglücklich, wenn sie unter dem gesammelten Material später einen Goldzahn finden oder Nasenschmuck.

Zum Schluß inspizieren Hunde die Brandstellen auf der Suche nach Eßbarem. Auch Kühe, die niemandem zu gehören scheinen, wandern zwischen den Holzhaufen umher. Über der Szene surren Papierdrachen – dies ist das ganz normale Leben in Benares.

Die Weihnachtstage verbringe ich noch in Benares, dann radele ich weiter nach Delhi. Viel mehr als Visa-Shopping steht dort nicht auf dem Programm. Die meisten Botschaften liegen in einem

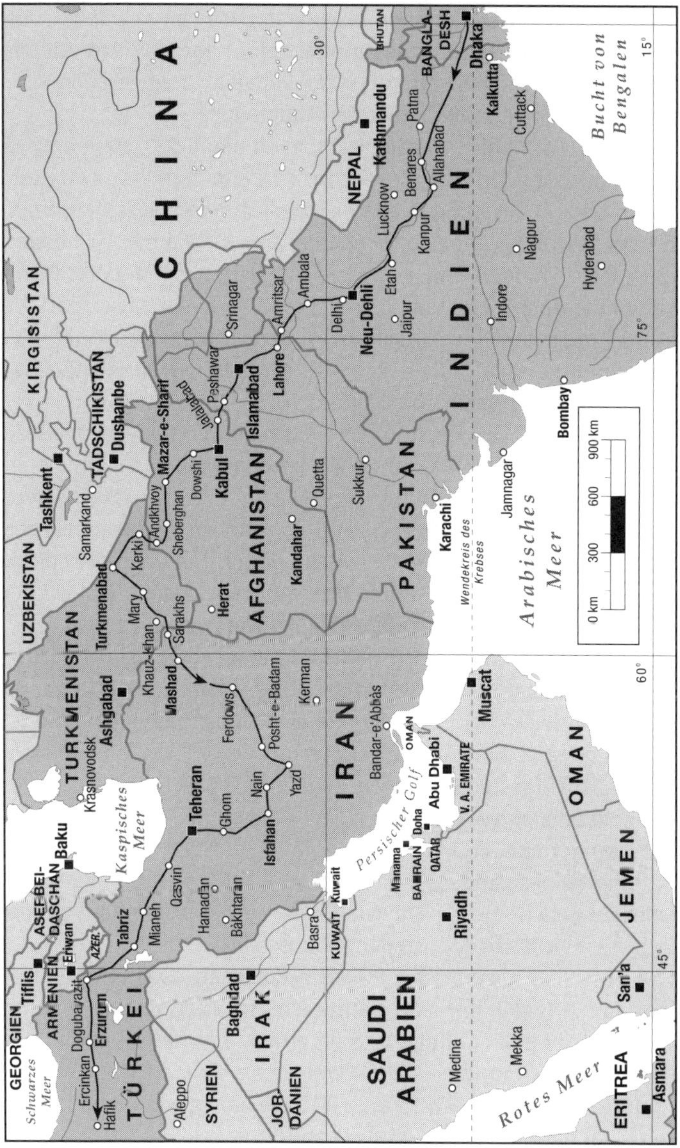
CHINA
KIRGISISTAN
UZBEKISTAN
TADSCHIKISTAN
TURKMENISTAN
AFGHANISTAN
PAKISTAN
INDIEN
NEPAL
BHUTAN
BANGLA-DESH
IRAN
TÜRKEI
GEORGIEN
ARMENIEN
ASERBEI-DASCHAN
AZER.
SYRIEN
IRAK
JOR-DANIEN
SAUDI ARABIEN
KUWAIT
BAHRAIN
QATAR
V. A. EMIRATE
OMAN
JEMEN
ERITREA
Schwarzes Meer
Kaspisches Meer
Persischer Golf
Arabisches Meer
Rotes Meer
Bucht von Bengalen
Wendekreis des Krebses
Tiflis
Eriwan
Baku
Hafik
Ercinkan
Erzurum
Dogubayazit
Tabriz
Mianeh
Qasvin
Teheran
Hamadan
Bakhtaran
Ghom
Isfahan
Nain
Yazd
Posht-e-Badam
Ferdows
Kerman
Mashad
Khauz-Khan
Sarakhs
Mary
Turkmenabad
Kerki
Andkhvoy
Sheberghan
Mazar-e-Sharif
Dowshi
Kabul
Jalalabad
Pashawar
Islamabad
Lahore
Amritsar
Srinagar
Ambala
Delhi
Neu-Dehli
Etah
Jaipur
Kanpur
Lucknow
Allahabad
Benares
Patna
Kathmandu
Dhaka
Kalkutta
Cuttack
Nagpur
Hyderabad
Indore
Bombay
Jamnagar
Karachi
Sukkur
Quetta
Kandahar
Herat
Samarkand
Tashkent
Dushanbe
Ashgabad
Krasnovodsk
Bandar-e'Abbas
Muscat
Abu Dhabi
Doha
Manama
Kuwait
Riyadh
Basra
Baghdad
Aleppo
Medina
Mekka
San'a
Asmara
0 km
300
600
900 km
30°
15°
45°
60°
75°

Stadtviertel Neu-Delhis nahe beieinander, was an sich sehr praktisch ist. Allerdings ist dieses Viertel zehn Kilometer von meiner Herberge im Zentrum entfernt. 300 Kilometer verradele ich in Visa-Angelegenheiten in der indischen Hauptstadt!

Vor der Botschaft Pakistans campieren die Inder. Diese einzige pakistanische Vertretung im ganzen Land hat ihre Schalterfensterchen in der Außenmauer nur zwei Stunden täglich geöffnet, die Warteschlangen – eine für Frauen, eine für Männer – sind aber etwa sechs Stunden lang. Es bleibt den Indern nichts anderes übrig, als vor diesen Schaltern zu übernachten. Mir bleibt das erspart, da es auch noch zwei Schlangen für Ausländerinnen und Ausländer gibt; kommt man früh genug am Morgen, erreicht man das Schalterfenster noch rechtzeitig vor 10.30 Uhr.

Der Rest der Prozedur ist jedoch einfach, das Visum wird innerhalb eines Tages ausgestellt. Ganz anders bei den Iranern, die berüchtigt sind für Verzögerung und Schikane. Nach zehn Tagen des Wartens stempeln sie mir nur ein Sieben-Tage-Transitvisum für den Iran in den Paß. Eine Woche reicht mir in diesem großen Land natürlich nicht. „Dann verladen Sie Ihr Fahrrad halt auf einen Laster“, erstickt der Konsul den Ansatz einer Diskussion. Ich werde in Islamabad einen neuen Versuch unternehmen, den 30-Tage-Aufenthalt genehmigt zu bekommen. Dafür brauche ich allerdings einen anderen Paß, da man keine zwei Visa gleichzeitig für einen Staat haben darf.

Die deutsche Botschaft ist ausgesprochen hilfsbereit. Sie stellt innerhalb kürzester Zeit einen neuen Reisepaß aus, da der alte ohnehin nahezu vollgestempelt ist. Dies ist nun Paß Nummer drei auf meiner Reise. Nicht weit entfernt von den Deutschen liegt die Botschaft eines Landes, in dem fast 25 Jahre lang Krieg herrschte. Derzeit herrscht nicht mehr Krieg, aber auch kein Frieden. Ob die Botschaft wohl ein Touristenvisum ausstellt?

Was für ein Kontrast zur Pakistan-Botschaft: Das Büro ist fast leer, ein Angestellter sitzt gemütlich am Tisch und liest seine Zeitung. Auf einer Landkarte zeigt er mir, welche Gebiete in seinem Land als unsicher gelten, welche als sicherer. Am Schalter fragt der Beamte, ob ich 15 oder 30 Tage haben will. Natürlich 30! Auch Afghanistan ist ein großes Land.

NACH WESTEN, ZUM KHYBERPASS!

Von Delhi nach Amritsar, an der Grenze zu Pakistan, fahre ich auf dem autobahnähnlichen Highway No. 1. Das ist nicht gerade die beschaulichste Straße, aber eine relativ sichere, weil sie so breit ist und des Radlers größte Feinde, die Bus- und die Lastwagenfahrer, hier nicht so gefährlich sind. Und vor allem ist diese Straße der kürzeste Weg zum Ziel: raus aus Indien.

Im Nordweststaat Punjab verändert sich Indien in angenehmer Weise: Die Städte sind plötzlich merklich sauberer als die zwischen Bangladesch und Delhi, die Menschen sind zurückhaltender und sehr freundlich. Sie sind vorwiegend Sikhs. In Amritsar steht ihr wichtigstes Heiligtum: der Goldene Tempel.

Eine mystische Atmosphäre liegt über dieser heiligen Stätte mit ihrem riesigen Innenhof, wo Marmorfliesengänge einen künstlich angelegten See umgeben. In dessen Wasser spiegelt sich der allerheiligste Teil des Tempels wider, aus dem rund um die Uhr Sprechgesänge erklingen. Ergreifend zu erleben, wie gestandene Männer, die sich auf den Pilgerweg hierher gemacht haben, nun am Ziel ihrer Reise in Tränen ausbrechen. Schnell fühle ich mich wie ein Voyeur und verlasse dieses heiligste Zentrum des Tempels gleich wieder.

Der Goldene Tempel in Amritsar

Keine 30 Kilometer von Amritsar entfernt liegt beim Dörfchen Wagah die Pforte nach Pakistan. „Wagah Border" ist der einzige offene Übergang entlang der mehr als 2000 Kilometer langen Grenze zwischen diesen beiden Staaten. Bekanntermaßen sind die Beziehungen zwischen Neu-Delhi und Islamabad sehr schlecht; derzeit gibt es allerdings eine gewisse Entspannung.

Hauptstreitpunkt ist Kaschmir, das 1948 während der chaotischen Aufteilung von „British India" in ein moslemisches Pakistan und ein hinduistisches Indien zweigeteilt wurde. Der Führer der südöstlichen Kaschmirregion blieb damals lange unentschieden, welchem Staat er sich anschließen sollte. Pakistanische Soldaten drangen schließlich auf Srinagar vor, konnten jedoch von indischen Truppen gestoppt werden. Seitdem liegt das Gebiet unter indischer Kontrolle, wird aber weiterhin von Pakistan beansprucht. Die Gegend bleibt ein Pulverfaß.

Obwohl es der einzige Grenzposten zwischen Indien und Pakistan ist, dominiert an der „Wagah Border" normalerweise Langeweile, nur wenige Reisende wechseln täglich die Seiten. Doch ausgerechnet an diesem Tag ist eine Delegation mit dem Premierminister des indischen Staates Punjab auf dem Weg nach Lahore zu einem Treffen mit dem Premierminister des pakistanischen Staates Punjab. Auch diese Konferenz ein Zeichen verbesserter Beziehungen. Der Riesentroß mit zahllosen Polizeiwagen hat mich vor einer halben Stunde überholt, sogar ein Feuerwehrwagen fährt in dem Konvoi mit. Mit dem Riesenpulk vor der Nase dauert die Abfertigung an den indischen Schaltern mehr als eine Stunde. Zum Schluß ziehen dann noch die Zöllner ihre Prozedur unnötig in die Länge, offenbar sind die Herrschaften wieder einmal auf eine „donation" aus.

Bei den Pakistanis geht dagegen alles flott und zügig. Nachdem auch der Zollbeamte nicht mehr unternommen hat, als meinen Namen und die Paßdaten in ein Buch einzutragen, fragt einer seiner Untergebenen, ob ich Alkohol dabei hätte, Whisky oder Bier. Energisch winke ich ab – die Einfuhr ist schließlich strikt verboten. Als der Mann dann fragt, ob ich bei ihm Dollars in pakistanische Rupien tauschen will, verstehe ich, daß die erste Frage wohl keine zollrechtliche war, sondern aus Eigeninteresse kam.

Erst in Lahore erfahre ich, daß in zwei Tagen Eid al-Adha beginnt, das „Große Fest" der Moslems, das den Höhepunkt der Mekka-Pilgerzeit markiert. Drei bis fünf Tage lang werden nun alle Räder stillstehen, auch die iranische Botschaft in Islamabad wird also eine Weile geschlossen sein. Wieder einmal eine unerwartete Verzögerung. Dafür habe ich auf dem Weg in die Hauptstadt aber die Straße beinahe für mich allein. Leben tobt nur in den Ortschaften selbst, da werden an diesen Tagen Schafe und Hammel verkauft wie bei uns im Dezember Weihnachtsbäume.

Islamabad hat eine eigenartige Struktur. Die Stadt ist nicht natürlich gewachsen, sondern das Resultat eines Reißbrettentwurfs. Anfang der 1960er Jahre wurde sie als Hauptstadt gegründet, weil Karachi zu weit entfernt vom Hauptsiedlungsraum Pakistans lag.

Die Stadt ist modular aufgebaut, zusammengesetzt wie ein Schachbrett aus vielen Feldern. Jedes dieser Felder ist quasi ein quadratisches Dorf mit einer Kantenlänge von zwei Kilometern. Jedes Quadratdorf hat neben den Wohnhäusern seine eigenen Läden und Grünanlagen und ist damit praktisch autark. Alles ist äußerst weitläufig angelegt mit vielen parkähnlichen Grünflächen – wenn es auch nicht überall picobello sauber ist, so herrscht allein schon durch die Weite eine sehr erholsame Atmosphäre. Man hat jedenfalls nicht das Gefühl, in einer Stadt zu sein. Das Gesamtgebilde Islamabad ist durchnumeriert mit einem Buchstaben-Zahlen-System. Ich wohne in Sektor G7, die Iran-Botschaft liegt fünf Kilometer entfernt in Sektor G5.

Einen Vorgeschmack auf die Launen der Angestellten dort bekomme ich gleich am ersten Morgen. Vor dem Amt sitzt ein Pakistaner aus einem Dorf bei Gilgit im hohen Norden des Landes. Er wollte noch vor dem Großen Fest die Visagebühren an die Botschaft überweisen, doch die Iraner gaben das Formular nicht heraus: Er könne nämlich am nächsten Tag auch bar bezahlen. Am folgenden Morgen erklärten sie ihm hingegen, sie dürften kein Bargeld annehmen. Seitdem wartet der Mann aus Gilgit auf das Ende des Großen Festes, bis die Banken wieder öffnen. Bei der Botschaft schaut er trotzdem jeden Morgen vorbei, damit man ihn dort nicht vergißt.

Ob sie heute offen ist oder nicht, kann er nicht so recht sagen. Es sei jedenfalls jemand da. Telefonisch frage ich von der Pforte aus innen an, ob mir jemand die Antragsformulare aushändigen kann. Ich soll warten, sagt der Herr am anderen Ende der Leitung. Nach einer halben Stunde Warten hat dieser Herr schließlich herausgefunden, daß die Botschaft heute nicht geöffnet ist. Ich soll in drei Tagen wiederkommen – nach dem Großen Fest.

Am Samstag behaupten sie dann, das Fax mit meiner Referenznummer aus Teheran sei bei ihnen nicht angekommen. Diese Referenz des Außenministeriums hatte mir ein Reisebüro im iranischen Shiraz organisiert, mit dem ich zuvor Kontakt aufgenommen hatte – sie garantiert das Visum eigentlich. Nach einem weiteren Anruf in Shiraz schicken die Angestellten das Fax zur Sicherheit noch zweimal nach Islamabad, die Botschaft bestätigt dem Reisebüro den Empfang. Doch mir gegenüber behaupten sie am nächsten Morgen wieder, es sei kein Fax bei ihnen eingegangen. Sie lügen ganz einfach, aber nur durch einen Einbruch bei ihnen könnte ich das beweisen. Selten habe ich mich so hilflos gefühlt auf dieser Reise.

Kabul ist meine letzte Chance, das iranische Visum doch noch zu bekommen. Ich wollte ohnehin nach Afghanistan, wenigstens mal reinschauen, um anzutesten, ob es möglich ist durchzuradeln. Jetzt *muß* ich nach Kabul.

Bereits auf pakistanischem Gebiet wird es mit der Annäherung an die Grenze etwas wilder. In Nowshera, 40 km vor Peshawar, stellen sie einen Polizisten ab, der die Nacht eine Tür neben mir im Hotel verbringt und für mich verantwortlich ist. Das Grenzgebiet zu Afghanistan wird weniger von der pakistanischen Regierung kontrolliert als von den dort ansässigen Volksstämmen. Man vermutet auch, daß sich Osama bin Laden irgendwo in den Bergen zwischen Peshawar und Quetta versteckt.

In Peshawar ist alles „Khyber“: Es gibt den Khyber Bazar, die Khyber Road, die Zeitung „Khyber Mail“, einen Khyber-Zahnarzt und einen Khyber-Optiker. Viele Autobesitzer haben ihrem Fahrzeug den Typennamen „Khyber“ gegeben. Der berüchtigte Khyberpaß ist keine 60 Kilometer entfernt.

Ob man nur einen Ausflug zum Khyberpaß machen oder aber nach Kabul weiterreisen will – eine spezielle Genehmigung und ein bewaffneter Soldat als Begleitung sind unumgänglich. Das Permit ist im Büro für „Home Affairs" schnell ausgestellt. Die Stimmung dort ist freundlich.

Mit diesem Permit begibt man sich zum „Khyber Political Agent's Office", das den bewaffneten Begleiter stellt. Dort versuche ich, die Leute zu überreden, daß sie mich radeln lassen über den Paß. Der Bewaffnete könne mir doch in einem Auto oder mit dem Motorrad folgen. Die Soldaten entgegnen, daß man mit einem Fahrrad den Paß nicht befahren kann. Zunächst behaupten sie, er sei zu steil und die Straße sei zu schlecht. Das ist natürlich dummes Zeug, aber typisch für die Region hier: Sie reden um die unangenehme Wahrheit herum. Ich erzähle von meinen Erfahrungen in Afrika und in Südamerika. Steiler und schlechter ist die Straße zum Khyberpaß bestimmt nicht.

Wir scherzen ein bißchen, das ist gut. Auch sie sind an sich sehr nett. Doch aus ihrer Diskussion, die sie in der pakistanischen Amtssprache Urdu führen, höre ich mehrmals Al Qaida heraus. Besonders der Alte ist skeptisch. Ich erkläre, wie es in Myanmar und in Saudi-Arabien mit der Begleitung funktionierte; für den Transport des Gewehrmannes könne ich in diesem Fall gern auch zahlen. Am Ende stimmen sie zu, daß ich ein Taxi organisiere, in dem mir der Soldat folgen kann.

Über den Khyberpaß radeln – das wär' schon toll. Aber irgendwie habe ich das Gefühl, daß sie es sich bis übermorgen doch noch anders überlegen.

Pakistanische Lastwagen sind Kunstwerke mit ihren bunten Holzaufbauten und den geschnitzten Türen

KABUL IST EINE INSEL

Sportlich gesehen ist der Khyberpaß für einen Radler keine Herausforderung. Die Paßhöhe liegt nur gut 1000 Meter über dem Meer; wenn man in Peshawar startet, sind gerade einmal 800 Höhenmeter zu bewältigen. Aber es ist eben der Khyberpaß. Der Berüchtigte, der Geschichtsträchtige, einer der bekanntesten Pässe dieser Welt. Auch deswegen wollte ich mich mit einem Radelverbot dort nicht abfinden.

Als ich am Sonntag wieder beim „Khyber Political Agent's Office" vorfahre, um den bewaffneten Begleiter abzuholen, treffe ich auf einen Chef vom Dienst, der bei der Debatte am Freitag nicht mit dabei war. Damit beginnt die ganze Diskussion von vorn. Der Mann will das Risiko einfach nicht auf sich nehmen. „Gestern haben unsere Leute zwei Al Qaida-Kämpfer in den Bergen erschossen", sagt er. „Das können Sie in der Zeitung lesen. Die Gefahr ist zu groß, daß sich Al Qaida rächt." Ich rede noch eine Weile auf ihn ein, aber er gibt nicht nach.

Noch ein paar Tage abwarten kann ich nicht, weil das Permit nur für den heutigen Tag gültig ist. So verladen wir also schließlich das Fahrrad auf einen Pickup, der mich hinauf zur afghanischen Grenze fährt.

Schade, schade! Die Landschaft streicht jetzt viel zu schnell vorüber. Urplötzlich sind wir aus der fruchtbaren Tiefebene heraus und in wild-rauher faltiger Gebirgswelt, in der kaum noch etwas wächst. Hier und dort steht ein Fort aus britischen Zeiten auf einer Anhöhe. Überraschend viel Verkehr herrscht auf der Paßstraße, vor allem Lastwagen und Sammeltaxis sind unterwegs zwischen Peshawar und Kabul – ich hatte mir das alles wesentlich einsamer vorgestellt.

Trotz der vielen Fahrzeuge soll in dieser Gegend Gefahr lauern? Nun, es ist schon möglich. Aus den Bergen könnte man leicht ein paar Salven abschießen und sich dann durch die verzweigten Seitentäler schnell wieder zurückziehen. Unser Gewehrmann jedenfalls nimmt seine Aufgabe sehr ernst: Als wir anhalten, weil der morgendliche Kaffee in meiner Blase drückt, steigt auch er aus und läßt mich keine Sekunde aus den Augen.

An der Grenze – wenige Kilometer hinter der Paßhöhe – setzen mich meine Begleiter ab. Bereits aus Pakistan ausgestempelt, führen mich die Soldaten in ein Nebengebäude, in dem mich der Boß dieser Grenzstation zu Tee und Gebäck einlädt. Er ist neugierig, wie es mir in Pakistan gefallen hat. Ich kann nicht klagen. Wenngleich es auch ein paar Idioten gab, die mich unflätig angrölten, so waren doch die meisten Menschen äußerst freundlich. Warum Pakistan in unseren Medien so schlecht dargestellt würde, ist die zweite Frage, die ihm am Herzen liegt. Leider kann ich sie nicht beantworten. Wahr ist auf jeden Fall, daß im Westen Zerrbilder ankommen, die einen falschen Eindruck von diesem Land vermitteln.

Auf der afghanischen Seite muß ich nach den Grenzern regelrecht suchen, um an den Einreisestempel zu kommen. Ein Lastwagenfahrer schickt mich zurück zu einer unscheinbaren Hütte, in der drei Uniformierte Tee trinken. Einer von ihnen stempelt nebenbei den Paß ab und gibt ihn mir zurück. „Ist das alles?" schaue ich ihn überrascht an. „Ja, was sollte noch sein?" gestikuliert er mit offenen Händen und zuckenden Schultern. Zollkontrolle scheint man hier auch nicht zu kennen. Und ein Hinweis, daß ab jetzt wieder Rechtsverkehr herrscht, ist überflüssig – das merkt ja jeder ziemlich schnell selbst.

„Welcome to Afghanistan" grüßt neben der holperigen Asphaltstraße ein handgemaltes Werbeschild für Motorenöl. „Ja, danke", antworte ich, „freue mich wirklich sehr, hier sein zu dürfen."

Die Landschaft bleibt auf der Westseite des Khyberpasses karg. Grün ist es nur, wo mit dem Wasser des Kabulflusses, der aus dem Hochland kommt, bewässert werden kann. Die Häuser und Hütten sind vorwiegend aus Lehm. Sie stehen aber meist nicht einzeln da, sondern sind festungsartig von Lehmmauern umgeben. Weist das wohl schon auf eine gewisse Mentalität der Menschen hin? Auf Angriff und Verteidigung, wie im Mittelalter? Aus junger Vergangenheit stammen die vielen Panzerwracks, die überall am Straßenrand herumliegen.

In Jalalabad kehre ich am Nachmittag im „Kahlid Modern Guest House" ein. Es wäre zwar noch Zeit, ein bißchen weiterzuradeln,

Nach 25 Jahren Krieg sind zahllose Panzerwracks über das ganze Land verstreut

aber ich will nicht gleich am ersten Abend irgendwo wild zelten, sondern erst einmal ein Gefühl für die Sicherheitslage bekommen.

Schnell wird ein Sohn des Hotelbesitzers aus einem anderen Stadtteil herbeigeholt, da er gut Englisch spricht. Asim, Anfang 30, hat in der pakistanischen Hauptstadt Islamabad den Koran studiert und ist nach dem Studium nach Jalalabad zurückgekehrt. Es entwickelt sich an diesem Abend eine sehr angeregte und offene Unterhaltung. Was er von der Anwesenheit der fremden Streitkräfte hält, frage ich ihn.

„Es ist gut, daß die USA die Taliban vertrieben haben", sagt er. „Das war schon eine sehr harte Zeit."

Die Auslegung des Korans durch die Taliban ging auch den meisten strenggläubigen Moslems zu weit: Nichtreligiöse Musik war verboten, Fernsehen, Lippenstift, Krawatten, Karten- und Schachspielen, menschliche Abbildungen in jeglicher Form, sei es auf Papier, auf Münzen oder als Statuen. In der Folge dieses Verbots wurden im März 2001 auch die weltberühmten Buddhastatuen von Bamiyan gesprengt.

Mädchen durften nicht mehr zur Schule gehen, Frauen waren gezwungen, in der Öffentlichkeit die Burqa überzuwerfen – dieses mit einem Fadengitter für die Augen versehene zeltartige Gewand, das die Trägerin wie ein Gespenst aussehen läßt –, Männer mußten Bärte tragen, die mindestens faustlang waren. Allein schon wegen all dieser Zwänge und Restriktionen war die Vertreibung der Taliban für die meisten Afghanen eine Erlösung.

„Und wie lange werden die fremden Truppen noch in Afghanistan bleiben müssen?"

„Oh, noch viele Jahre", antwortet Asim.

Er überrascht mich. Ich hätte erwartet, daß man der ausländischen Soldaten nun langsam müde wird. „Wir brauchen 70.000 Polizisten und Soldaten, um Sicherheit im ganzen Land zu gewährleisten. Bisher sind erst 5000 ausgebildet. Bis genügend eigene Truppen aufgestellt sind, wird viel Zeit vergehen."

Wir unterhalten uns noch lange an diesem Abend. Dann falle ich müde auf die schwere Matratze, die auf dem Boden meiner Kammer liegt. Was für ein Tag! Keine Probleme bei der Einreise, nicht die geringste Spur von Anfeindungen, selbst bei Dunkelheit habe ich mich in den Straßen Jalalabads sicher gefühlt, und dann diese freundschaftliche, aufschlußreiche Unterhaltung. Ja, ich bin happy an diesem ersten Tag in Afghanistan. Hab's doch gewußt: ist gar nicht so gefährlich hier.

Doch diese Einschätzung ändert sich in den beiden folgenden Tagen gewaltig. Als ich am nächsten Abend in das Dorf Sarowbi einfahre, spüre ich sofort feindselige Stimmung, die wie Elektrizität in der Luft liegt. Männer schauen finster aus den Hauseingängen herüber, andere lachen hämisch, machen sich offenbar mit irgendwelchen Sprüchen über mich lustig, so daß auch die Umstehenden gehässig zu lachen beginnen. Im Ort entdecke ich keine Herberge, bleibe aber erst am Ortsausgang, wo die Stimmung etwas entspannter ist, stehen, um nach Unterkunft zu fragen. Sofort umringen mich 30 Menschen, die unangenehm dicht aufrücken. Einer von ihnen spricht glücklicherweise Englisch. Schnell reiche ich ihm die Hand und begrüße ihn umschweifend. Auch wenn es ihm vielleicht nicht bewußt ist: Er ist jetzt mit dafür verantwortlich, diese unberechenbare Menschenmasse im Zaum zu halten.

Ein Hotel? Da müsse ich zurück, sagt er.

Zurück in dieses finstere Dorf zu diesen finsteren Leuten? Das will ich nicht! Zumal ich auf der steinigen Piste nur im Schrittempo vorankomme und niemandem davonfahren könnte.

„Gibt es denn noch eine Unterkunft an der Straße nach Kabul?"

„Ja, ein paar Kilometer von hier ist ein Restaurant. Da kannst du übernachten."

Auch in diesem einsam stehenden Gebäude herrschen „bad vibrations". Einige der Männer machen anzügliche Bemerkungen, die sexistisch zu sein scheinen. Gerade eben erst, auf dem Weg vom Dorf zu diesem Restaurant, hatte ein Mann aus einem vorbeifahrenden Auto heraus an meinen Hintern gefaßt. Ich muß an die Geschichte von dem Japaner denken, der in Kabul vergewaltigt wurde.

Aber ich kann nicht weiterfahren. Es ist fast dunkel, und durch die Nacht zu radeln, wäre noch gefährlicher als hierzubleiben. Ich bluffe, so gut es geht, behaupte unter anderem beiläufig, daß es die Polizei in Sarowbi war, die mich hierhergeschickt hat. Daß ich alles andere als schwul bin, nehmen sie mir hoffentlich ab, als ich von meiner Frau und meiner großen Familie berichte.

Wochen später wird David, der für „Ärzte ohne Grenzen" im Norden Afghanistans arbeitet, nach meinen Erfahrungen in diesem Land fragen. Von vollkommen unterschiedlichen Stimmungen werde ich ihm erzählen.

„Wo gab es denn diese ‚bad vibes'?" wird er dann wissen wollen. – „Zum Beispiel in Sarowbi zwischen Jalalabad und Kabul, auch in den Außenbezirken der Hauptstadt selbst und außerdem nördlich des Salang-Passes."

Und David wird von der jüngsten politisch motivierten Gewalttat berichten, bei der fünf afghanische Mitarbeiter einer Hilfsorganisation aus dem Auto gezerrt und erschossen wurden. Das war ganz in der Nähe von Sarowbi.

Die Nacht in dem einsamen Restaurant vergeht ohne unangenehme Vorfälle. Ich schlafe auf einem Teppich im Untergeschoß zehn Stunden lang und starte gleich mit dem Sonnenaufgang. In jedem Fall will ich noch heute Kabul erreichen. Der Tag beginnt zunächst wieder gut. Ständig winken mich Arbeiter der Minenräumkommandos auf einen Tee zu sich herbei, und ich kann bei weitem nicht alle Einladungen annehmen, weil die Reise nach Kabul sonst eine Woche dauern würde.

Die Arbeit dieser Leute, die mit ihren Detektoren Zentimeter um Zentimeter den minenverseuchten Boden absuchen, erfordert extreme Geduld. Mut sowieso. Ungeduld, Leichtsinn oder Übermüdung können sofort mit dem Verlust der Beine oder des Lebens bestraft werden. Von den 100 bis 300 Minenunfällen jeden Monat sind natürlich auch viele dieser „Deminer" betroffen. Etwa 10 Millionen nicht explodierte Minen vermutet man noch in der Erde Afghanistans.

Während wir in einem Camp Tee schlürfen, fragen die Leute auch nach meiner Route durch das Land. Nach allen Informationen, die ich bisher einholen konnte, kommt nur der Bogen durch den Norden in Frage.

Es gibt nur drei Routen durch Afghanistan, sie trennen sich im Osten in Kabul und führen bei Herat im Westen wieder zusammen: der Süd-, der Nordbogen und der Weg mitten durch das Land hindurch. Letzterer ist aber nur von Juni bis September befahrbar, weil der Schnee auf den weit über 3000 Meter hohen Pässen nicht geräumt wird. Jetzt, im Februar, hätte ich überhaupt keine Chance, da durchzukommen. Die Südroute ist problematisch, weil sie durch die Hochburgen der Taliban führt, die sich in die Gegend um Kandahar zurückgezogen haben. Entlang dieser Strecke gibt es immer wieder politisch motivierte Gewalttaten. Der Chef des Demining-Camps erzählt, daß gerade erst gestern vier Kollegen von ihm zwischen Kandahar und Herat erschossen worden sind. Auch sie waren Afghanen. Der Haß der konservativen Kräfte in Afghanistan richtet sich nicht nur gegen Ausländer, sondern gegen alle, die beim Wiederaufbau des Landes mitwirken. Die Nordroute scheint wirklich der einzig mögliche Weg für mich zu sein.

Bis zum Nachmittag bin ich durch eine enge Schlucht, durch die sich auch der Kabulfluß windet, hinaufgeklettert zu der 1800 Meter hoch gelegenen Ebene, in der sich die Hauptstadt Afghanistans ausbreitet. Die umliegenden Berge sind bis tief hinunter mit Schnee bedeckt, vor einer Woche hat es auch in Kabul noch geschneit.

In einem Außenbezirk der Stadt, etwa 15 Kilometer vor dem Zentrum, spüre ich sie ganz plötzlich wieder: diese *bad vibrations*. Schneller als erwünscht wird das ungute Gefühl auch bestätigt. Plötzlich rechts hinter mir Laufschritte, und bevor ich mich umschauen kann, überholt mich ein riesiger Stein – eher schon ein kleiner Fels –, den mir ein Mann hinterhergeschleudert hat. Der Brocken rollt von rechts nach links schräg hinter dem Rad vorbei. Außer mir vor Wut mache ich kehrt, um den Mann zu verfolgen.

Genau in diesem Moment kommt eine italienische Panzerpatrouille vorbei. Entweder sehen die Soldaten uns wirklich nicht oder sie wollen sich nicht wegen einer Lappalie einmischen. Zwei umstehende Afghanen signalisieren mir, daß der Steinwerfer nicht ganz normal sei. Ich ziehe mich wieder zurück; was sollte ich mit dem Idioten schon machen?

In Kabuls Stadtmitte herrscht wesentlich bessere Stimmung. Das Zentrum gilt als einigermaßen sicher, tagsüber jedenfalls. Panzer der ISAF-Truppen patrouillieren in den Straßen, außerdem ist sehr viel afghanische Polizei präsent mit ihren grünweißen Pickups, die Deutschland gestiftet hat. Zum Outfit dieser Wagen gehört auch das deutsche Martinshorn. Klingt hier ein wenig sonderbar.

Weit über die Hauptstadt hinaus reicht die Macht des Präsidenten Karzai jedoch nicht, weswegen er ja oft genug schon als „Bürgermeister von Kabul" bezeichnet wurde. Draußen, im wirklichen Afghanistan, liegt die Macht weiterhin bei den alten Warlords. Die versucht man nun in die Regierung mit einzubeziehen, um eines Tages doch einmal ein Staatsgefüge Afghanistan auf die Beine stellen zu können. So bekam zum Beispiel der berüchtigte General Dostum, der den Nordwesten des Landes kontrolliert, den Job des Vize-Verteidigungsministers. Dennoch hält er sich die meiste Zeit außerhalb der Hauptstadt auf, weil er im Norden seine Macht sichern muß. Kabul ist so etwas wie eine sichere Insel. In den nächsten Tagen werde ich versuchen, weitere Informationen über die Sicherheitslage in den Provinzen zu bekommen; außerdem ist immer noch das leidige Thema „Iran-Visum" offen. In Delhi und in Islamabad hatten mich ja die Iran-Botschaften auflaufen lassen, in Islamabad hatte die Botschaft auch nach sieben Tagen nicht einmal die Antragsformulare herausgerückt.

Hier in Kabul bekomme ich nun aber das Visum innerhalb von 24 Stunden. Zwei kritische Fragen stellt der Botschaftsbeamte allerdings: Warum ich einen ganzen Monat im Iran verbringen wolle und ob ich Journalist sei. Den einen Monat begründe ich mit meinem Interesse an der persischen Kultur, die Antwort auf die zweite Frage lautet: „No, I am Computer Engineer." Am folgenden Nachmittag ist das Visum im Paß.

Da auf der rauhen Piste zwischen Jalalabad und Kabul der rechte Low Rider gebrochen ist, mache ich mich im Stadtzentrum auf die Suche nach Metallteilen, mit denen man den Träger schienen oder klammern kann. Nach einer Weile stoße ich bei einem der vielen Fahrradhändler auf ein buntes Sortiment von Schrauben, Muttern und Metallplättchen. Als ich mir eine kleine Auswahl zusammengestellt habe, frage ich den Mann in Dari, einer der beiden Hauptsprachen in Afghanistan, wieviel das alles kostet. Er zögert ein wenig – es sieht so aus, als wolle er mir die Kleinteile kostenlos überlassen. Aber dann flüstert ihm sein kleiner Sohn etwas zu. Und Vater spricht es sogleich laut aus: „ten dollar."

Das ist echt süß. Mit ziemlicher Sicherheit weiß er überhaupt nicht, wieviel „ten dollar" sind. Aber die Afghanen haben schnell mitbekommen, daß die unzähligen Ausländer, die inzwischen hier leben – über 100 Hilfsorganisationen tummeln sich in Kabul –, praktisch nur in der US-Währung rechnen. Innerhalb kürzester Zeit haben die Fremden mit den großen Gehältern und gigantischen Risikozulagen hier auch das Preisgefüge kaputtgemacht, haben bei den Einheimischen den Eindruck hinterlassen, daß für einen aus dem Westen Geld überhaupt keine Rolle spielt.

Blick über die afghanische Hauptstadt

Ein Mitarbeiter einer kleinen Hilfsorganisation erzählte mir, daß die Vereinten Nationen in Kabul Gebäude zu Londoner Preisen anmieteten. Natürlich wäre in dieser Weltgegend nur ein geringer Bruchteil angemessen. Insbesondere mit dem UN-Personal treffen einige äußerst weltfremde Menschen hier ein. In seinem von hohen Mauern umgebenen Wohngebäude sitzend, muß der eine oder andere bestimmt bisweilen angestrengt nachdenken, in welchem Land er sich eigentlich gerade befindet. Im Norden Afghanistans sollte mir später ein UN-Mitarbeiter begegnen, der mit meiner 500-Afghani-Geldnote wirklich überhaupt nichts anfangen konnte. 500 Afghani sind der Gegenwert für zehn US-Dollar. Aber ganz offensichtlich wußte dieser Abgesandte der Vereinten Nationen gar nicht, daß Afghanistan eine eigene Währung hat.

Ten dollar. Ich erkläre dem Fahrradhändler, daß wir doch hier in Afghanistan sind und nicht in Amerika: „Ich habe nur Afghani." In seiner Währung sind die Kleinteile nun schon wesentlich billiger. Am Ende einigen wir uns auf 20 Afghani, 40 US-Cents.

Das Leben in Kabul hat sich noch längst nicht normalisiert. Am auffälligsten ist die mangelnde Versorgung mit Wasser und Elektrizität. Von einem öffentlichen Stromnetz ist nicht viel zu sehen. Wer in seinem Geschäft, Büro oder Hotel Strom braucht, hat einen eigenen Generator. Ganze Marktviertel leben vom Verkauf solcher Generatoren. Das „Park-Hotel", in dem ich logiere, startet seine Maschine mit Sonnenuntergang und läßt sie dann etwa vier Stunden lang laufen. Toiletten gibt es, zwei Stück, aber es bedarf schon eines gewissen Abhärtungsgrades, um sie benutzen zu können. Eine Dusche gibt es nicht. Für die Ganzkörperreinigung begibt man sich ins Hamam, das glücklicherweise nur hundert Meter entfernt liegt. Hamams sind meist Badehäuser, hier ist es aber nur eine Ansammlung von Zellen, in denen man Warmwasser in Eimer laufen läßt, das man dann mit einer Schöpfschale über sich schüttet.

Auch an Arbeitsplätzen herrscht in der afghanischen Hauptstadt akuter Mangel. Viele Menschen machen mit dem Verkauf irgendwelcher Kleinigkeiten auf den Bürgersteigen Pfenniggeschäfte. Alte Afghanen haben eine Decke vor sich ausgebreitet, auf der ein paar Feuerzeuge liegen, die sie an den Mann bringen wollen.

Andere verkaufen ausschließlich Nagelscheren, wiederum andere haben fünf Schachteln Zigaretten im Angebot. Kinder investieren in eine Rolle Klopapier und wickeln davon kleine Portionen ab. Mit diesen Minirollen, ausgebreitet auf einem Papptablett, ziehen sie durch die Teestuben und verkaufen das Stück für drei Eurocent.

HINDUKUSCH

Urplötzlich ist es still geworden auf der Hauptstraße von Kabul. Zwar sind nach wie vor Fußgänger unterwegs, aber niemand redet mehr ein Wort. Als ich vor fünf Minuten in diese Straße einbog, fuhr gerade ein kanadisches Panzerfahrzeug auf, um deren Südostende abzusperren.

Oben in der Luke saß ein Mann mit schwarzer Jacke und Sonnenbrille, der links und rechts die Finger an den Abzug automatischer Gewehre gelegt hatte. Der Drehkranz, in dem er saß, war so leichtgängig, daß ein kleiner Stoß zu reichen schien, daß er sich minutenlang gedreht hätte. Mr. Cool wirkte so gelassen, während er sich und seine beiden Gewehre hin- und herschwenkte, daß man den Eindruck haben konnte, in eine Open-air-Spielhölle geraten zu sein.

Zunächst hielt ich das Ganze noch für ein Routinemanöver. Doch als dann diese bedrückende Stille einsetzt, ist klar, daß Ausnahmezustand herrscht. Vor einem ausgedehnten Grundstück, in dem zurückgesetzt ein großzügig dimensioniertes Gebäude steht, sind weitere Panzer aufgefahren. Um dieses Gebäude dreht sich offenbar alles. Hat sich darin jemand verschanzt? Oder findet dort ein Treffen hoher Politiker statt?

Zwei Soldaten, deren Nationalität ich nicht ausmachen kann, halten ihre Gewehre im Anschlag und zielen die Straße aufwärts in die Richtung, aus der ich komme. Als ich die Fahrzeuge passiere, verfolgen mich die Augen des linken Soldaten, ohne daß er aber den Kopf von seinem Gewehr wegdreht. Er ist sehr jung, und seine Augen rufen es unmißverständlich herüber: Er hat Angst.

Ein Ausländer in Zivil kommt mir auf dem Bürgersteig entgegen und spricht gerade in sein Handy hinein: „Wissen Sie, was hier vor sich geht?" Er scheint jedoch keine Antwort darauf zu bekommen.

Das Nordwestende der Straße sperren zwei deutsche Panzerfahrzeuge ab. Ich frage einen afghanischen Uniformierten, ob ich fotografieren darf. Er willigt ein. Nachdem ich einige Male ausgelöst habe, rennt ein kanadischer Soldat herbei und befiehlt aufgeregt: „Löschen Sie sofort die Fotos!" Ein deutscher Soldat kommt hinzu. Er weiß offenbar besser, daß die Weisungsbefugnis der alliierten Truppen beschränkt ist: „Es ist besser, wenn Sie alle Fotos löschen, die Sie hier gemacht haben", rät er mit ruhiger Stimme. „Die sind hier alle ziemlich nervös."

Die mysteriöse Operation, an der auch deutsche Soldaten beteiligt waren

Während ich an den Knöpfen des Fotoapparates herumdrücke, frage ich meinen Landsmann, was denn hier los ist. Natürlich verrät er nichts. Zum Abschied wünscht er nur äußerst locker: „Tschüß – viel Spaß noch!"

Schon um die nächste Ecke herrscht normaler Alltagsbetrieb. Im Immigration-Office kann ich die Verlängerung meines Afghanistan-Visums beantragen. So viele Leute ich an diesem Tag auch noch befrage – von besonderen Vorfällen in Kabul weiß niemand etwas.

Auf der Nordroute durch Afghanistan zu fahren, bedeutet, das Hindukusch-Gebirge zu überqueren. Die Landkarte markiert einen „Salangpaß und -tunnel" auf dem Weg nach Mazar-e-Sharif. Es sieht auf der Karte so aus, als läge der Tunneleingang bei 2600 Metern Höhe – das ist auch genau das, was eine französische UN-Mitarbeiterin mir bestätigt. Und zehn Kilometer lang sei der Tunnel.

Die Höhe wird also nicht das Problem sein, viel Schnee wird Ende Februar da oben nicht mehr liegen. Aber die Länge des

Tunnels bereitet mir Sorge. Kriegt man in der Röhre genügend Luft? Ich werde ein Stückchen hineinradeln, aber gegebenenfalls wieder umkehren und mich von einem Laster durch den Tunnel fahren lassen müssen.

Bis zum Abend des Tages, an dem ich in Kabul aufgebrochen bin, habe ich in 2500 Metern Höhe ein Restaurant erreicht. Neben einem riesigen Ofen, der nicht nur als Raumheizung dient, sondern in einer oberen Kammer auch heißes Wasser für den Tee bereitet, kann ich übernachten. Nun sind es morgen also nur noch hundert Höhenmeter bis zum Tunneleingang. Glaube ich. Aber leider waren die bisherigen Informationen ziemlich daneben.

Die Straße, die inzwischen zu einer groben Piste zerfallen ist, windet sich am folgenden Morgen höher und höher. Bei 2800 Metern beginnt es zu schneien. Immer wieder führt die Piste durch kurze Galerietunnel, und besonders in diesen Tunnels haben sich vereiste Spurrinnen gebildet. Selbst beim Schieben kann ich mich kaum aufrecht halten.

Die Piste überschreitet die 3000-Meter-Marke. Lastwagen und Pkw haben längst Schneeketten aufgezogen. Bei 3300 Höhenmetern tauche ich ein in einen kilometerlangen Galerietunnel. Der geht schließlich direkt in den eigentlichen Salang-Tunnel über. Aus dem Tunneleingang quillt eine blaue Abgaswolke wie aus einem überdimensionalen Auspuff. „Keine Chance", geht es mir sofort durch den Kopf, „das hält man keine fünf Minuten aus."

Versuchen will ich es trotzdem. Als ich gerade ein paar Meter in den Tunnel eingefahren bin, kommt plötzlich ein Mann mit einer Pocketkamera von hinten herbeigelaufen. Er muß einem der Sammeltaxis entsprungen sein. Möchte gern ein Foto von mir machen. Das hat gerade noch gefehlt. Ja, los, mach schnell! Jede Sekunde zählt hier! Er drückt zweimal ab und verabschiedet sich freudestrahlend. Aber der Fotoprinter in Kabul wird ihm demnächst die Abzüge eines ziemlich angeätzt dreinschauenden Radlers ausspucken.

Gleich hinter dem Tunneleingang hängen zwei große Ventilatoren, doch sie stehen still. Funzelige Lampen an der Decke lassen immerhin die Unebenheiten der Fahrbahn erkennen, die hier aus recht gut erhaltenen Betonplatten besteht. Ich komme gut voran.

Am Salang-Paß, kurz vor dem Eingang in den Tunnel

Und kann viel besser atmen als erwartet. Nach einem knappen Kilometer ist die Lichterreihe an der Decke zu Ende. Jetzt kommt diese häßliche Tunnelstimmung auf, dieses Gefühl, eingesperrt zu sein in einem tiefen Verlies. Dazu gesellt sich die unangenehme Akustik: Jeder Kleinwagen hört sich an wie ein Panzer, scheint schon direkt an deinem Hinterrad zu kleben, selbst wenn er noch 200 Meter entfernt ist. Aber ich kann atmen. Das ist das Wichtigste, atmen.

Bald schon beginnt wieder eine Lichterreihe. Ein turbinenartiges Geräusch wird immer lauter. Wird der Tunnel wohl doch belüftet? Dann völlig unerwartet ein erster Schimmer von Tageslicht. Der Ausgang! Der Tunnel ist nicht einmal drei Kilometer lang. Kurz vor dem Ausgang arbeitet ein Mann an einer großen Maschine. Sie steuert ein neues Belüftungssystem, das die alten Ventilatoren ersetzt. Wie ich später erfahre, haben Italiener den Tunnel vor kurzem renoviert.

Die Abfahrt wird der unangenehmste Teil der Hindukusch-Überquerung. Die vereisten Spurrinnen sind hier noch ausgeprägter, und ich muß fürchten, daß eines der von hinten kommenden Autos in mich hineinschlittert. Außerdem wird es jetzt, da die Anstrengung des Kletterns wegfällt, unangenehm kalt.

Dort, wo sich nach langer Abfahrt die Landschaft zu einem Tal weitet, beginnt wieder Siedlungsraum. In einem der ersten Dörfer spielen Jugendliche nahe der Straße Fußball. Als sie mich sehen, stürmt die ganze Gruppe wie angestachelt auf mich zu. Die haben nichts Gutes im Sinn. Zum Glück bin ich an ihnen vorbei, bevor sie die Straße erreicht haben.

Doch die Spannung liegt weiterhin förmlich in der Luft. Das ist schon wieder so ein rechtsfreier Flecken. Hier schützen dich weder Polizei noch ein intaktes soziales Gefüge. Wenn ein einzelner in schlechter Absicht kommt, wird er normalerweise von Umstehenden zurückgehalten, sobald sie die Situation erkennen. Aber wo alle außer Rand und Band sind, kann alles passieren.

Ein paar Kilometer weiter steht eine große Männergruppe am rechten Straßenrand. Es sieht aus, als warteten sie auf etwas, auf die Öffnung der Bäckerei oder auf einen Laster für die Weiterfahrt. Verdammt, sie stehen sehr dicht an der Straße. So gelassen wie möglich schaue ich drein, als ich die Gruppe passiere. Sie blicken finster zurück, aber sie bleiben stehen. Gott sei Dank.

Etwas weiter zwei Volleyballteams von erwachsenen Männern, die mitten im Spiel sind. Ich grüße zu ihnen hinüber, einer der Zuschauer grüßt zurück. Aber dann plötzlich unterbrechen die Volleyballer ihr Match, rennen hinter mir her und beginnen, mich mit Steinen zu bombardieren. Als ich genügend Vorsprung herausgeradelt habe, drehe ich mich um und frage mit der hier üblichen Gestik, was das denn soll. Sie signalisieren mir eindeutig, daß ich verschwinden soll.

Der Angriff der Volleyball-Truppe hat mir wieder einen Schock versetzt. Soll ich morgen früh vielleicht doch wieder umkehren? Wieder zurück über Kabul nach Pakistan, und dort durch den Süden des Landes direkt in den Iran reisen? Noch bin ich auf Asphalt unterwegs und kann den Attacken der Afghanen entfliehen. Aber bald hinter Mazar-e-Sharif endet der Asphalt. Für die letzten 350 Kilometer vor Herat brauchen selbst Geländewagen zwei Tage. Wenn mich die Menschen auf solch einer Piste angreifen, können sie mich auch zu Fuß leicht einholen.

DAS SCHLUPFLOCH

Nur zehn Kilometer weiter treffe ich im Städtchen Dowshi wieder auf sehr freundliche Menschen. Es ist erstaunlich, wie nah Haß und Gastfreundschaft in Afghanistan beieinanderliegen. Das macht auch alles so unberechenbar. Grundsätzlich kann man sich darauf einstellen, daß größere Orte einigermaßen sicher sind, weil die Menschen ein gewisses Maß an Bildung haben. Aber auf dem Lande, wo viele Bewohner ignorant sind und zudem konservativer, kann es sehr gefährlich werden. Mangels Polizei befindet man sich dort außerdem oft in rechtsfreiem Gebiet.

Im Hof hinter dem Restaurant von Dowshi überläßt man mir ein einfaches, typisch afghanisches Zimmer: einen Raum ohne Möbel, jedoch mit Teppichen und vielen Matratzen und Kissen ausgestattet, die man sich so zurechtrückt, wie es gefällt. „Wenn ich jeden Abend so eine Unterkunft finde, bin ich wenigstens nachts sicher", schreibe ich nach dem Abendessen in mein Notizheftchen.

Es ist das erste Mal auf dieser Reise, daß es in einem Land gefährlicher zugeht, als ich erwartet habe. Stets hatte ich bisher das Risiko zu hoch eingeschätzt. Man hatte mich vor Albanien gewarnt, vor dem Jemen, vor Zimbabwe. Auch über Südafrika gibt es ja beliebige Horrorstorys. Die wildesten Geschichten kennen meist diejenigen, die noch nie dort waren.

Wir Otto-Normal-Dödel sind schwer manipuliert durch die Berichte in den Medien der Mächtigen. Eigentlich wissen wir das ja auch – aber verinnerlichen wir es wirklich? Glauben wir nicht am Ende doch wieder den Bildern der Kameras? Dieser Kameras, die mit ihrem engen Blickwinkel den Schein erwecken können, ein ganzes Land brenne, während die Objektive in Wahrheit nur auf einen kleinen Punkt fokussieren? Pakistan bilden sie zum Beispiel falsch ab. Und die Bevölkerung des Iran bringen diese Kameras in Mißkredit, indem sie hineinzoomen in eine Menge sich geißelnder Schiiten, daß es einem angst und bange werden kann ob eines scheinbar grenzenlosen Fanatismus. Die Nachricht von drei entführten Radlern in Belutschistan macht es dann komplett: Iran – nur etwas für Lebensmüde.

Irgendwo in den afghanischen Bergen saßen diese beiden Männer, der rechte mit einer Beinprothese; sie baten darum, fotografiert zu werden.

Umgekehrt habe ich den Eindruck, daß die Situation in Afghanistan durch einen allzu engen Blickwinkel beschönigt wird. Für die deutschen Medien scheint das Land nur aus Kabul und Kunduz zu bestehen. Was das Fernsehen daheim zeigt, weiß ich nicht, aber in der „Deutschen Welle" reist Heide Simonis nach Kabul, Joschka Fischer nach Kabul und Kunduz, Heide Wieczorek-Zeul bleibt in Kunduz hängen, weil sie wegen Schlechtwetter über dem Hindukusch nicht nach Kabul fliegen kann. Einige tausend deutsche Soldaten patrouillieren auf ein paar Quadratkilometern Afghanistan, und die Erfolgsmeldungen lauten, daß es dort jetzt ziemlich sicher sei.

Relativ sicher fühle ich mich auf den 250 Kilometern zwischen Dowshi und Mazar-e-Sharif ganz im Norden des Landes. Einzig ein deutscher Polizei-VW-Bus wird mir gleich am Morgen hinter Dowshi gefährlich. Er kommt mir entgegen und ignoriert mich, als er ein Fuhrwerk überholt, und ich kann mich wirklich nur durch einen Sprung mit dem Rad von der Straße retten. Am Steuer des von Deutschland gestifteten Fahrzeuges sitzt freilich ein einheimischer Polizist.

Das Gefühl relativer Sicherheit verleitet mich auch auf diesem Streckenabschnitt nicht, die Wahrheit zu sagen, wenn die Menschen nach meiner Route fragen. Vor dem Hindukusch habe ich behauptet, nach Bamiyan zu fahren, wo früher die riesigen Buddha-Statuen standen, die die Taliban im Frühjahr 2001 in die Luft gesprengt haben. Jenseits der Abzweigung gab ich das nordöstliche Kunduz als Ziel an. Jetzt muß ich fast 200 Kilometer lang „Usbekistan" behaupten, weil es auf diesem langen Abschnitt keine weitere Weggabelung gibt. So oft lüge ich inbrünstig, ich würde nach

Usbekistan radeln, daß eine gute Idee lange Zeit blockiert ist und mir erst ziemlich spät kommt: Ich könnte doch tatsächlich nach Usbekistan radeln! Und von dort über Turkmenistan weiter in den Iran.

Bei der Abzweigung, an der der rechte Weg zur Grenzstadt Termez führt, gibt es ein einfaches Restaurant, in dem man die übliche Auswahl hat: entweder Reis mit ein paar gekochten Fleischstückchen oder Kebab, Fleischspieße mit Brot. Während ich den Reis löffele, schaue ich immer wieder aus dem glaslosen Fenster hinaus in die Landschaft, die hier vollkommen wüst ist. Nur 60 Kilometer trennen mich von friedlichem Territorium.

In dem Restaurant am Abzweig nach Usbekistan – als ich gehe, zeigt mir der Bärtige mit dem weißen Turban noch etwas, was mich nicht mehr überraschen kann: seine Beinprothese

Was für Freiheiten man da drüben hat! Ich könnte abends einfach die Straße verlassen, um hinter einem Hügel oder in einem verlassenen Gebäude das Zelt aufzubauen. Hier ist das undenkbar. Je besser ein Versteck, desto größer die Wahrscheinlichkeit, daß du da in die Luft fliegst. Mitunter sind die Minenfelder mit farbig markierten Steinen gekennzeichnet, südlich des Salang-Passes über den Hindukusch signalisieren Markierungen sogar, daß man keinen Zentimeter neben die Straße treten sollte. 10 Millionen nichtexplodierte Minen in Afghanistan – das zu wissen, reicht aus, daß man sich strikt daran hält.

Fehlende Markierungen garantieren natürlich keineswegs die Abwesenheit von Minen. Möglich, daß die Räumkommandos noch nicht so weit gekommen sind; außerdem legen talibannahe Gruppen auf bereits geräumten Minenfeldern schon wieder neue Sprengkörper aus.

In Mazar-e-Sharif gibt es ein usbekisches Konsulat, das hatte ich zufällig schon auf der afghanischen Botschaft in Neu-Delhi mitbekommen. Auf dem Konsulat werde ich mich um ein Visum bemühen. In Usbekistan muß ich dann allerdings auch eine Durchreisegenehmigung für Turkmenistan erhalten, sonst sitze ich plötzlich in der Falle.

Als ich mich gerade erst wieder aufs Rad geschwungen habe, um die letzten 30 Kilometer nach Mazar in Angriff zu nehmen, stoppt vor mir ein Geländewagen. Ein Mann mit europäischen Gesichtszügen steigt aus, Viktor aus Deutschland. Er lebt mit seiner Familie schon seit neun Jahren im Nordwesten Afghanistans, ist Orthopäde, hat vor allem mit der Herstellung von Beinprothesen zu tun. Viktor wohnt zwar in Maimana – eine Tagesreise mit dem Auto von hier –, lädt mich aber zu seinem Freund in Mazar ein.

„Kann ich da einfach so aufkreuzen?"

„Das ist kein Problem, der ist unkompliziert. Er ist Holländer."

Viktor will sogleich Fahrrad und Gepäck in seinen Wagen verladen, aber ich erkläre ihm lächelnd, daß das doch nicht erlaubt ist: „Was immer ich radeln kann, will ich auch wirklich radeln."

So treffen wir uns also zwei Stunden später im Zentrum von Mazar wieder und fahren von dort gemeinsam zum Haus von Hans van de Weerd. Bei dem Holländer wohnt derzeit auch der Brite Dan, der gerade eine privat finanzierte Hilfsorganisation zur Ausbildung afghanischer Frauen und Mädchen aus der Taufe hebt. Dan ist ernsthaft überrascht, daß ich die Reise von Kabul nach Mazar mit dem Fahrrad heil überstanden habe. „Vielleicht ist die Lage in Afghanistan besser, als wir hier alle glauben", bemerkt er zu Viktor.

Hans, der für eine Flüchtlingshilfsorganisation arbeitet, redet mir an diesem Abend kräftig ins Gewissen. Wenn mir etwas zustieße, betreffe das nicht nur mich selbst. Das sei dann auch eine politische Angelegenheit, die dazu führen könne, daß sich Hilfsorganisationen aus dem Gebiet zurückziehen müssen. Die letzten 350 Kilometer vor Herat seien wirklich extrem gefährlich, insbesondere wegen der vielen Banditen. Das deckt sich mit Berichten, die ich in den letzten Tagen aufgeschnappt hatte. Einige Regionen nördlich von Herat, sagt Hans, habe inzwischen sogar „Ärzte ohne Grenzen" schon aufgegeben.

Das ist für mich die schrillste Alarmglocke an diesem Abend – „Ärzte ohne Grenzen" ist nämlich üblicherweise die letzte Organisation, die ein Krisengebiet verläßt.

Zwei wichtige Informationen, die mein Ausweichen durch die Ex-Sowjetstaaten betreffen, bekomme ich auch gleich an diesem ersten Abend in Mazar: Gut 200 Kilometer westlich gibt es einen direkten Grenzübergang nach Turkmenistan. Der ist zwar auf keiner Landkarte verzeichnet, die ich bisher gesehen habe, scheint aber wirklich zu existieren. Die Hilfsorganisationen bekämen auf diesem Wege ihren Nachschub, heißt es. Die zweite gute Nachricht: Es gibt auch ein turkmenisches Konsulat in Mazar. Der Umweg über Usbekistan wäre somit also nicht notwendig.

Am nächsten Morgen besuche ich die Turkmenen. Der Konsul erklärt radebrechend, aber mit dem offensichtlichen Willen, mir zu helfen, auf Englisch etwas von sieben und von zehn Tagen. Entweder dauert es sieben Tage, bis aus der turkmenischen Hauptstadt Ashgabat die Genehmigung für eine zehntägige Transitreise da ist, oder zehn Tage, bis sieben Tage Transit genehmigt worden sind. Der Konsul bittet mich, am nächsten Tag nachmittags wiederzukommen, dann sei jemand da, der sogar Deutsch spreche.

Töyly ist der stellvertretende Konsul, und er spricht sehr gut Deutsch. Er hat die Sprache in Turkmenistan studiert, war jedoch nie in Deutschland. Er freut sich sehr, mit mir einen Gesprächspartner zu haben, und lädt mich in ein Hinterzimmer des Konsulatsgeländes ein. Töyly erzählt von einem Deutschen, der für Siemens hier gearbeitet habe, aber der sei jetzt leider nicht mehr da. Nach einem Glas Wasser und einer Tasse Tee läßt mein Gastgeber von einem Angestellten Wurst, Käse und Brot auffahren. Und Wodka. Alkohol ist im islamisch geprägten Afghanistan nicht unbedingt selbstverständlich. Wir stoßen mit vollgeschenkten Wassergläsern an: auf die deutsche Sprache! Als Töyly sieht, wie ich an dem Glas nippe, lächelt er milde: „So trinkt man den Wodka nicht in Turkmenistan." Er hat sein Glas in einem Zug geleert.

Töyly erklärt, daß es etwa zehn Tage dauern wird, bis das Außenministerium in Asghabat ein Sieben-Tage-Transit-Visum genehmigt oder ablehnt. Da er meine Geschichte kennt, will er sich aber für mich einsetzen und auch versuchen, das Genehmigungsverfahren zu beschleunigen. Wir unterhalten uns noch eine ganze Weile über Allah und die Welt, über Turkmenistan, über Deutschland. Nach fünf großen Gläsern Wodka ertappe ich Töyly dabei, daß *er* zögerlich trinkt. Er entschuldigt es damit, daß er bereits mittags Gäste hatte.

Die Wartetage in Mazar-e-Sharif nutze ich, um mich über die Projekte von „Ärzte ohne Grenzen" in dieser Region zu informieren. Zusammen mit einem belgisch-afghanisch-deutschen Team besuche ich das Dorf Char Kent in den Bergen drei Autostunden nördlich von Mazar, wo die Organisation eine Krankenstation führt.

Die sanitären Bedingungen sind schon in den afghanischen Städten miserabel, abseits der Zentren sind sie mittelalterlich. 25 Prozent der Kinder in diesem Land erleben ihren fünften Geburtstag nicht. Viele Kinder, die die archaischen Umstände bei der Geburt überleben, sterben später an Krankheiten, denen leicht durch eine Impfung hätte vorgebeugt werden können. Neben der allgemeinen Unterstützung von Krankenstationen in diesen abgelegenen Gebieten führt „Ärzte ohne Grenzen" daher auch Schwangerenbetreuung und Impfaktionen (z.B. gegen Masern) durch. Warnsysteme zur Epidemie-Vorsorge wurden eingeführt, damit etwa Fälle von Meningitis behandelt werden, bevor sie sich ausbreiten können.

„Ärzte ohne Grenzen" wird zu 74 Prozent durch private Spenden finanziert und kann damit unabhängig vom Gängelband politischer oder religiöser Vereinigungen planen und handeln. Die letzte Spendenaktion auf meiner Homepage www.lemlem.de wird den Afghanistan-Projekten dieser Hilfsorganisation zugute kommen. Die verbleibenden Tage und Nächte bin ich in Mazar-e-Sharif ganz damit beschäftigt, die technischen Voraussetzungen für online-Spenden zu schaffen*).

Nach gut einer Woche meldet sich das turkmenische Außenministerium aus Ashgabat: Der Konsul in Mazar erhält die Vollmacht, mir ein Transit-Visum auszustellen. Die siebentägige Gültigkeit wird datumsexakt festgelegt. Zwei Tage bevor der turkmenische Startschuß fällt, starte ich in Mazar.

Westlich der Stadt wird die Besiedlung wieder dünner, die Landschaft wieder öde. Nur zwei größere Orte gibt es noch auf den 240 Kilometern bis zur Grenze: Sheberghan und Andkhvoy. In Sheberghan übernachte ich, im staubigen Andkhvoy verlasse ich am Mittag des folgenden Tages die Hauptpiste und biege nach Norden ab. Dieser Nebenweg scheint geradewegs ins Nichts zu führen, ist mal rauh, mal sandig – mehr als sieben Kilometer in der Stunde sind nicht drin. Erst am Abend taucht am Horizont der Grenzposten auf; gottverlassen liegt er in der Halbwüste, die sich Afghanistan und Turkmenistan teilen. Außer mir warten zwei iranische Lastwagenfahrer hier auf den nächsten Morgen, der Übergang ist freitags geschlossen.

Gleich mit dem Sonnenaufgang stehe ich auf, denn nun rieselt die Sieben-Tage-Sanduhr. Doch die Schranken öffnen sich erst in drei Stunden. Wie ärgerlich.

Der afghanische Grenzbeamte hat dann arge Schwierigkeiten mit meinem Afghanistan-Visum, weil er mit den beiden unterschiedlichen Fristen nichts anfangen kann. Da ist zum einen die Gültigkeit, die festlegt, daß zwischen der Ausstellung des Visums und der Einreise nicht mehr als drei Monate vergehen dürfen, und

---

* Drei Monate später ereignet sich im Nordwesten Afghanistans ein tragischer Vorfall: Fünf Mitarbeiter von „Ärzte ohne Grenzen" werden in der Provinz Badghis auf dem Weg von Khairkhana nach Qala-I-Naw aus dem Hinterhalt angegriffen und erschossen. Ein Sprecher der Taliban übernimmt die Verantwortung für diesen Mordanschlag. – Nach reiflichen Abwägungen zieht sich die Hilfsorganisation einige Wochen später aus Afghanistan zurück. Das Geld, das die Leser von www.lemlem.de in der Zwischenzeit gespendet haben (ca. 2000 Euro), kommt noch der afghanischen Bevölkerung zugute.

Die einsame Piste nach Turkmenistan

zum anderen die genehmigte Aufenthaltsdauer von 30 Tagen. Der Mann rechnet lange herum und kommt zum Glück auch mit seiner Fehlinterpretation zu dem Schluß, daß ich die Fristen eingehalten habe.

An sich aber ist der Mann korrekt und in keiner Weise auf Bestechungsgeld oder Geschenke aus. Ganz anders geht es ein paar hundert Meter weiter zu, wo die turkmenischen Grenzer sofort ihrem weitverbreiteten Ruf gerecht werden: korrupt bis zum Stehkragen. Sie versuchen dich weichzukochen, Geld aus dir rauszuleiern, indem sie auf Zeit spielen. Zunächst einmal tut der Soldat, der meine Paßdaten in seine Formulare übertragen soll, eine Viertelstunde lang gar nichts. Dann zeigt er im Paß auf meinen Nachnamen und fragt, ob das der Familienname sei. – „Ja", antworte ich. – Danach geschieht wieder eine Zeitlang nichts. Nach zehn Minuten zeigt er auf meinen Vornamen im Paß: „Ist das der Vorname?" – „Ja, das ist der Vorname."

So geht das weiter mit Geburtstag, Geburtsort, Ausstellungsdatum des Passes, Ablaufdatum, ausstellender Behörde. Allen Ernstes richte ich mich auf eine Übernachtung an dieser einsamen Grenzstation ein. Dann allerdings wäre die Bilanz am ersten von sieben Tagen Turkmenistan: 0 Kilometer von 900. Und ich habe noch keine Ahnung, was für Straßen mich erwarten, wie schnell man in diesem Land vorankommt.

Die beiden iranischen Lastwagenfahrer haben bereits Manat-Scheine im Wert von zwei Dollar pro Mann über die Theke geschoben. Schien für sie selbstverständlich zu sein. Als sie zu diesem Schalter zurückkommen, reden sie mit dem Soldaten über mich; möglicherweise bitten sie ihn, mich nicht zu schikanieren. Danach geht es tatsächlich schneller. Nach knapp zwei Stunden bin ich durch. Die anschließende Zollkontrolle läßt sich mit demonstrativem Humor auf ein paar Minuten reduzieren. Der Zöllner ist wesentlich zugänglicher als der introvertierte Langweiler von der Immigration.

Wieder zurück auf der Wüstenpiste, schaffe ich gerade einmal fünf Kilometer in der Stunde. Der Weg ist hier noch sandiger als auf der afghanischen Seite. Doch nach fünf Stunden Frust geht die Piste urplötzlich in eine gute Asphaltstraße über. So läßt sich die Bilanz an diesem ersten Tag wenigstens noch auf 75 Kilometer steigern.

Die Kleinstadt Kerki ist der erste Ort in Turkmenistan, den ich erreiche. Erst hier, eine Tagesetappe nach der Einreise, macht sich der Unterschied zwischen den beiden Ländern richtig bemerkbar – Welten liegen dazwischen. Die Häuser stehen direkt an der Straße, sind nicht burgenartig aufgebaut und nicht von Mauern umgeben. Die Menschen ziehen sich zum Essen nicht in einen finsteren Raum zurück, sondern genießen im Freien die Frühlingssonne. Es gibt auch wieder Frauen mitten in dieser Welt. Sie müssen sich nicht an den Rand drücken oder sich in abgelegene Zimmer zurückziehen. Hier laufen sie ohne Schleier durch die Straßen und oft auch allein. Ohne Begleitung des Vaters, Bruders oder Ehemannes. Bei der Eßbude, die in einem gemütlichen Garten gefüllte Teigtaschen serviert, fängt die Bedienung sogar ein klein wenig an zu flirten.

Vor der Weiterfahrt aus Kerki hole ich mir in der Hauptstraße noch ein Softeis. Eigentlich mag ich Softeis gar nicht so recht, das letzte habe ich möglicherweise vor 30 Jahren gegessen. Aber irgend etwas in mir dirigiert mich zu der Eisbude. Da ich mangels Sprachkenntnissen den Preis nicht erfragen kann, lege ich einen 5000-Manat-Schein hin, etwa 20 Eurocent. So viel – oder so wenig – hatten zuvor die fünf gefüllten Teigtaschen gekostet, das Softeis sollte also nicht teurer sein. Die Dame gibt fünf Münzen zurück: 4500 Manat. Unglaublich, das Eis kostet gerade mal zwei Cent.

Während ich am Straßenrand sitze und das Eis esse, kommt niemand herbei, um mich anzuschauen. Es versammelt sich keine Gruppe um mich herum, niemand rückt bedrohlich nah an das Fahrrad und die Packtaschen heran. Nur ein paar Passanten schauen im Vorübergehen ganz kurz zu mir herüber. Ich bleibe nahezu unbeachtet. So etwas gab es seit Laos nicht mehr. Ich investiere noch einmal zwei Cent und hole das zweite Softeis seit 30 Jahren. Setze mich wieder für jeden sichtbar auf den Plastikstuhl an der Hauptstraße. Aber alle gehen vorüber. Was für ein Land!

ZEITFAHREN

In Gerards „Kafe" ist es wohlig warm. Draußen, in der turkmenischen Steppe, ist noch einmal ein sterbender Winter eingezogen: Knapp über null Grad und Regen, fast Schnee – denkbar schlecht zum Radeln. Schnee wäre besser, weil er sich abschütteln ließe. Über die undichten Handschuhe habe ich Plastiktüten gezogen, aber trotzdem sind die Finger so klamm, daß ich einen Plattfuß nicht reparieren könnte, wenn er sich ausgerechnet jetzt einstellen würde.

Gerard, der Turkmene mit dem französischen Namen, führt die Verpflegungsstation bei Ücadzy, einem kleinen Ort 130 Kilometer südwestlich von Turkmenabat. Zwischen der großen Stadt und diesem Dorf gab es nichts als Steppe. Turkmenistan ist dünn besiedelt – vier Millionen Einwohner verteilen sich auf einer Fläche so groß wie Spanien.

In den für das Land typischen Kafes bekommt man einfache Mahlzeiten, und man kann hier auch übernachten – dafür sind Teppiche oder Felle direkt auf dem Boden ausgebreitet. Die Wärme in Gerards kahlem Raum produziert eine Stahlplatte, unter die der 19jährige viele Drahtwindungen gewickelt hat; die beiden Drahtenden hängen direkt in der Steckdose. Umweltfeindliche Wärme, aber billige Wärme. Billig ist sie, weil Strom in Turkmenistan nichts kostet. Nichts! Strom kriegt man hier wirklich umsonst. Über Umwelt denkt da natürlich keiner mehr nach.

Die heiße Stahlplatte ist nicht nur die Raumheizung, sondern zugleich auch der Herd, auf dem Gerard die Gerichte und den Tee zubereitet. Sie liegt 40 Zentimeter über dem Boden auf Backsteinen, man muß achtgeben, daß man sich nicht die Wade an ihr verbrennt.

Daß Energie in den verschiedensten Formen kostenlos oder nahezu kostenlos ist, liegt an den überaus reichlichen Ölvorkommen Turkmenistans. Das Land ist so etwas wie das Saudi-Arabien Zentralasiens. Und seit sich der Staat von der Sowjetunion losmachen konnte, bleibt das Öl daheim. Treibstoff ist kaum teurer als Strom: Für einen US-Dollar fließen 60 Liter Diesel in den Tank.

Super-Turkmenbashi macht's möglich. Eigentlich heißt der Präsident des Landes Saparmurad Nijazov, er nennt sich aber „Führer der Turkmenen": Turkmenbashi. Das mag er sich bei Mustafa Kemal Pascha abgeschaut haben, den man in Kleinasien immer noch als Atatürk – als „Vater der Türken" – verehrt. Atatürk modernisierte die Türkei und richtete sie westlich aus.

Der Personenkult, den der turkmenische Präsident um sich inszenieren läßt, ist gigantisch. An jedem öffentlichen Gebäude hängen großformatige Turkmenbashi-Portraits, ebenso an den Tankstellen. Auf öffentlichen Plätzen steht Turkmenbashi als Statue, sein Konterfei ziert die Geldscheine. In der freien Landschaft stellt er sich plakatwandgroß vor: Turkmenbashi lächelt dem Betrachter zu, hinter ihm sieht man Ölförderanlagen und Raffinerien. Oder: Turkmenbashi hat die Ärmel hochgekrempelt und hält dem Vorbeikommenden einen Laib Brot hin, als hätte er ihn gerade selbst gebacken.

Turkmenbashi, wohin man schaut. Der Weltmeister aller Egomanen. Er glaubt wahrscheinlich, das Land geht unter, wenn er eines Tages die irdische Szene verläßt.

Trotz dieses Theaters scheint der Präsident bei vielen Turkmenen aber nicht unbeliebt zu sein. Zwar sind die Löhne niedrig – ein Lehrer verdient etwa 80 Dollar im Monat –, aber dafür ist eben die Lebenshaltung günstig. Grundnahrungsmittel sind fast geschenkt, und die wichtigste Medizin, der Wodka, geht in der Halbliterflasche für 40 Cent über den Ladentisch. Jammern hört man die Menschen eher über die Korruption im Lande.

Schikanen wie bei der Einreise nach Turkmenistan erlebe ich im Lande an den Checkpoints noch einige Male. Immer die gleichen Verzögerungsspielchen. Extrem treibt es ein Beamter am zweiten Tag meines Zeitfahrens. Nachdem auch er demonstrativ langsam mei-

Der letzte Checkpoint in Turkmenistan

ne Daten in seine Kladde übertragen hat, nimmt er meinen Paß und sein Funkgerät und marschiert 200 Meter davon, als bräuchte er für ein Funkgespräch nach irgendwohin freie Sichtverbindung. Würde er das bei jedem machen, der hier vorbeikommt, wäre er täglich viele Kilometer zu Fuß unterwegs.

Ich fahre ihm und meinem Paß ein Stückchen entgegen, aber auf dem Rückweg zu seinem Schreibtisch läßt er mich einfach stehen. Dann nimmt er ein loses Blatt, um meine Daten ein zweites Mal aus dem Paß abzuschreiben. So ein Unfug. Wenn das denn tatsächlich nötig wäre, könnte er die Informationen ja auch aus seiner Kladde übernehmen. Als er den Paß weglegt, schnappe ich ihn mir. „Moment, Moment!" ruft der Beamte, „Fünf Minuten noch."

„Nix fünf Minuten!" antworte ich erbost. „Ich radele Transit hier durchs Land, die Zeit ist knapp. Ich kann es nicht schaffen, wenn das an jedem Checkpoint so lange dauert!"

Außer „Transit" wird er von diesem Wutausbruch nicht viel verstanden haben, aber er scheint beeindruckt zu sein: „Spassiva", sagt er verabschiedend auf Russisch – „Danke".

Ein häufiger Rat ist ja, daß man in solchen Situationen Ruhe bewahren soll. Das kann ich mir bei der knappen Zeit hier aber nicht leisten. Manchmal hilft es eben auch, lautstark deutlich zu machen, daß man sich nicht für dumm verkaufen läßt.

Turkmenistan weckt Erinnerungen an das Osteuropa vergangener Zeiten in mir. Klapprige Autos aus kommunistischer Produktion bewegen sich über die Straßen, hin und wieder auch Pferdegespanne. Das Bild der Ortschaften ist eintönig: Plattenbauten und andere graue, funktionale Gebäude und Plätze dominieren; archaisch aussehende dreirädrige Traktoren arbeiten sich über die Felder, die Gesichtszüge der Menschen sind osteuropäisch – das könnte auch Ungarn in den 80er Jahren sein.

Und trotzdem habe ich das Gefühl, in die moderne Welt zurückgekehrt zu sein. Nach der Reise durch das in vielerlei Hinsicht noch mittelalterliche Afghanistan erscheint mir das turkmenische Leben wie der Gipfel des Fortschritts. Mit diesem Gefühl, schon fast zu Hause zu sein, kommt plötzlich auch so etwas wie Heimweh auf. Ich stelle mir den Moment vor, in dem sich in Erlangen der Kreis dieser Erdumradlung schließt, überlege, wie es danach wohl weitergehen könnte. Diese Gedanken sind einerseits gefährlich – es muß mir bewußt bleiben, daß noch etwa 10.000 Kilometer vor mir liegen –, andererseits ist dieser Anflug von Heimweh eine glückliche Fügung: Bis vor kurzem noch hatte ich regelrecht Angst vor der Heimkehr. Nun wird Deutschland hingegen langsam magnetisch.

Steppe und Strommasten bestimmen das Landschaftsbild. Die Straße führt geradewegs zum Horizont. Sie ist ein Abschnitt der klassischen Seidenstraße. Heute wie damals werden auf ihr die Waren von Ost nach West und von West nach Ost transportiert, heute natürlich nicht mehr auf Tragtieren, sondern in modernen Großraumlastwagen. Die meisten Trucks kommen aus dem Iran und der Türkei, einige aus Usbekistan und Kasachstan.

Bei der Ausreise aus Turkmenistan wieder das übliche Zeitspiel der Beamten. Alles dauert unnötig lange, immer wenn ich glaube, daß ich endlich durch bin, wird wieder etwas anderes kontrolliert. Als einer der Uniformierten eine Kladde aufschlägt, um erneut meine Personalien aufzuschreiben, fällt eine Geldnote aus den Seiten. Der Mann greift den Schein beiläufig und schiebt ihn kommentarlos in die Jackentasche.

Der Beamte, dessen Trumpf der Ausreisestempel ist, fragt, wie lange ich in Turkmenistan gewesen sei. Eigentlich könnte er es am Einreisestempel ablesen. „Sieben Tage“, antworte ich.

„Haben Sie sich nach fünf Tagen gemeldet?“

„Nein. Wo denn?“

Er nennt eine Behörde, von der ich noch nie etwas gehört habe.

„Wenn Sie sich da nicht gemeldet haben, müssen Sie Strafe bezahlen."

„Von Meldepflicht hat mir niemand etwas gesagt! Nicht auf dem Konsulat in Afghanistan und auch nicht an der Grenze bei der Einreise."

„Das ist dann nicht richtig gelaufen", tut er verständnisvoll. „Aber wenn Sie sich nicht gemeldet haben, müssen Sie Strafe zahlen."

„Von Meldepflicht hat mir niemand etwas gesagt", wiederhole ich monoton. „Nicht auf dem Konsulat und nicht an der Grenze."

Es dauert eine Viertelstunde, bis auch er aufgibt.

Der erste Eindruck vom Iran ist nicht gut. Der Grenzposten liegt noch keinen Kilometer hinter mir, ich fahre in die Stadt Serakhs ein, als ein jugendliches Mopedduo im Vorbeifahren die große Colaflasche von meinem Gepäckträger klaut. 200 Meter weiter verschwinden die beiden um die nächste Ecke. Zu meiner großen Überraschung kehren sie jedoch nach wenigen Minuten zurück, um die Beute wieder herzugeben. Eigenartig.

„Die haben wohl gehofft, Alkohol in der Flasche zu finden, weil ich gerade aus Turkmenistan komme", ist meine einzige Erklärung. Auch in Afghanistan wollten ab und zu Dahergelaufene meine Trinkflaschen inspizieren, weil sich herumgesprochen hat, daß die Europäer gern Alkohol bei sich haben. Im Iran ist Alkohol streng verboten, bei Besitz oder Genuß drohen schwere Strafen. Iraner, denen ich später von dem Mopedduo erzählte, meinten aber, daß es sich eher um eine Wette gehandelt hat: Mal sehen, ob wir es schaffen, ihm die Flasche zu stibitzen.

Auch in den folgenden Tagen und Wochen sind es immer wieder die Halbwüchsigen, die die an sich traditionell-gute iranische Gastfreundschaft neutralisieren. Sie machen viel dummes Zeug, versuchen zum Beispiel auch, dir die Mütze vom Kopf zu klauen, oder tun so, als würden sie dich mit ihrem Moped über den Haufen fahren, und weichen erst im allerletzten Moment aus. Sie haben ganz einfach Langeweile und schlagen die Zeit mit Umherfahren tot.

Je größer eine entgegenkommende Gruppe Jugendlicher ist, desto sicherer darf man sein, daß Profilierungssucht sie zu irgendwelchem Unsinn zwingt. Sobald sie aber als Männer verheiratet sind und eine Familie haben, verwandeln sie sich in zahme, überaus gastfreundliche Menschen. Und weil sie wissen, daß weder die eigenen Medien die Wahrheit sagen noch die ausländischen, sind sie sehr neugierig zu erfahren, wie denn das Leben im Westen nun wirklich ist und was die Menschen dort von den Iranern halten.

Wäre jeder Mann im Iran ein Familienvater, wäre auch für den exponierten Reiseradler die Tour durch dieses Land ein traumhaft schönes Erlebnis. Ihr vielen jungen Iraner: Heiratet – noch jünger!

VERSCHLEIERT

Navida*) würde gern Fahrrad fahren. Lange Touren unternehmen und auch an Radrennen teilnehmen. Aber sie darf nicht. Das Radfahren ist den iranischen Frauen zwar nicht gesetzlich verboten, aber es gehört sich nicht. Es ist tabu.

Vor einigen Jahren hat sie einmal heimlich an einem nächtlichen Radrennen teilgenommen; dafür mußte sie sich als Mann verkleiden. Tatsächlich wurde sie in ihrem Aufzug und mit einem aufgemalten Schnurrbart im Dunkeln nicht als Frau erkannt. Sie gewann bei dem Rennen sogar einen Preis, und auch bei der Siegerehrung flog der Schwindel nicht auf.

Navida und ihr Mann haben mich auf der Hauptstraße der Oase Ferdows abgefangen, einfach mitten auf der Straße angehalten, um von meiner Reise zu erfahren. Wir setzen uns in die nächste Imbißstube, wo wir uns einander erst einmal vorstellen.

Für iranische Verhältnisse sind die beiden ein progressives Paar. Reza ist Navidas zweiter Mann. Aus der ersten Ehe hat sie einen Sohn mitgebracht, der jetzt 15 Jahre alt ist. Den ersten Ehemann hatten die Eltern für Navida ausgesucht, geliebt hat sie ihn nicht. Mit 20 Jahren wurde sie Mutter. Ihren zweiten Mann lernte sie vor einigen Jahren an der Uni in Teheran kennen. Problematisch wurde danach nicht nur die Scheidung, sondern auch die zweite Heirat

*Einige Personen- und Ortsnamen sind in diesem Kapitel geändert.

– Rezas Mutter wollte die Hochzeit nicht, weil Navida ja nicht mehr Jungfrau war.

Während ich ihre vielen Fragen beantworte und von meinen Erlebnissen auf dieser Tour erzähle, bekomme ich schnell das Gefühl, daß Sehnsucht in ihnen aufsteigt. Die weite Welt, von der sie nur Diffuses und oft auch Verfälschtes hören, würden sie gern selbst erleben. Doch während ich mit zwei Reisepässen um den Globus radele, ist es für sie schwierig, überhaupt die Erlaubnis zu bekommen, ihr Land zu verlassen.

Das unterschiedliche Maß an Freiheit wird hier so offenkundig wie selten zuvor. In den meisten anderen Teilen der Welt kam eher Unverständnis als Sehnsucht auf, wenn die Menschen von meiner Weltumradlung erfuhren. Der Bauer in Äthiopien zum Beispiel sehnt sich nicht unbedingt danach, mit dem Fahrrad auf große Tour zu gehen. Sein Alltag ist so hart, daß er die körperliche Herausforderung nun wirklich nicht braucht. Und Fernweh ist ihm auch fremd.

Doch selbst für Reza und Navida ist das Fernweh nur ein zweitrangiges Problem. Vor allem wünschen sie sich mehr Freiheit für die Frauen im Iran.

„Es wird sich ändern", versuche ich beim Abschied die trübselige Stimmung aufzuhellen.

„Ja", antwortet Navida, „aber für uns kommt das zu spät."

Es wird sich ändern – das sagt sich so leicht. Ich schwinge mich aufs Rad und tauche hinter der Oase wieder in die Wüste ein. Genieße eine Freiheit, die weniger Menschen auf der Welt haben, als man vielleicht glauben mag. Die meisten sind zu arm. Andere dürfen ihr Land nicht verlassen. Viele sind aber auch zu reich – haben so viel zu verlieren, daß Angst sie fesselt. Andere sind familiär gebunden, wieder andere behaupten, daß sie es sich beruflich nicht leisten können.

Die Ortschaften in der Lut- und in der Kavirwüste liegen oft weiter als 100 Kilometer auseinander. Die Landschaft ist hügelig bis bergig, zweimal windet sich die Wüstenstraße zu 2000-Meter-Pässen hinauf. In einigen Ebenen breiten sich Salzpfannen aus, ansonsten dominiert Geröllwüste. Daß es hier überhaupt Siedlungen gibt, ist den Bergen zu verdanken, die die seltenen Niederschläge auffangen. Die Wüstenbewohner haben lange unterirdische Kanäle angelegt, *qanate,* wie sie im Persischen heißen, die das Wasser aus Staubecken in die Ebene leiten. Häufig sind diese Kanäle 20 Kilometer lang, mitunter auch länger als 50 Kilometer. So lassen sich mitten in der Wüste Felder bewässern.

Hier und da steht einsam in der öden Geröllandschaft ein kleines Bauwerk, das auf den ersten Blick wie eine Hütte aussieht. Kommt man näher, erkennt man, daß es der Eingang zu einem Schacht ist, der hinunter zu solch einem *qanat* führt. Unten ist es kühl wie in einem Keller, und auch das Wasser, das man dort abzapfen kann, ist frisch.

Zeltlager im Wind- und Sichtschatten eines verunglückten Busses

Nach sechstägiger Wüstenfahrt komme ich in Yazd an. Das Leben in dieser Stadt wirkt sehr gelassen, mittags herrscht vier Stunden lang Siesta, obwohl im Frühling die Temperaturen noch sehr angenehm sind. Im Hochsommer allerdings muß Yazd ein Backofen sein. Viele Lehmhäuser in der Altstadt sind mit Hilfe von *badgirs* auf sehr natürliche Weise klimatisiert. Badgirs sind turmartige Schlote, deren Öffnungen seitlich liegen, so daß sie jeden Windzug einfangen und in das Innere der Wohnung leiten können.

Über Isfahan und Ghom fahre ich nach Teheran. Die Nebenstraße in Richtung Hauptstadt ist schmal und vielbefahren, die parallel verlaufende Autobahn wieder einmal der ungefährlichere Weg. Allerdings muß man sich als Radler hier an einer Mautstation vorbeimogeln, was mir im Sichtschatten eines Busses auch gelingt. Auf dem sicheren Seitenstreifen radelnd, fürchte ich danach nur noch die Polizeipatrouillen. Doch sie fahren vorüber, ohne auch nur zu hupen.

Lange bleibe ich unbehelligt, bis mich am Nachmittag schließlich doch noch ein Streifenwagen stoppt. Die Türen gehen auf, zwei Polizisten steigen aus. Was können sie von mir fordern? Die Autobahn verlassen kann man hier nicht, weil es rechts und links nur Wüste gibt. Zurückradeln wäre Quatsch. Sie können mich eigentlich nur verwarnen. Der Fahrer schreitet auf mich zu, der Beifahrer kramt zwischen den Vordersitzen herum. Der Fahrer begrüßt mich freundlich. Und dann bedienen mich die beiden direkt am Straßenrand mit Tee und Gebäck.

Bald nach dieser Einladung taucht aus dem Dunst das Elbrus-Gebirge auf, hoch und schneebedeckt. Unwirklich türmt es sich vor mir auf wie eine unüberwindbare Wand. Plötzlich erscheint dieses Hindernis sehr nah, aber zwischen mir und der Wand liegt noch die Zwölfmillionenstadt Teheran. In den Straßen der Hauptstadt herrscht ein unglaubliches Chaos. Angeblich fährt die Hälfte aller iranischen Autos hier herum. Gefährlicher als die Autos sind aber die Mopeds, sogar auf den Bürgersteigen ist man vor ihnen nicht sicher. Auf der Suche nach freier Fahrt, vorbei an den zähgleitenden Autoschlangen, haben die Mopedfahrer nicht die geringste Scheu, die Gehwege zu benutzen. Das ist so selbstverständlich, daß die Fußgänger sich schon freiwillig gegen die Hauswände pressen.

Allgemein üblich auch hier wieder das Geisterfahren, in Teheran wie überall sonst im Iran: gegen die Einbahnrichtung, links auf der Straße, im Uhrzeigersinn durch den Kreisverkehr. Bei dieser Verkehrsdichte ist das wirklich äußerst gefährlich. So oft habe ich mich gefragt, warum die Polizei nicht gegen die Linksfahrer vorgeht. Der Iran ist doch ein zivilisiertes Land und die Staatsgewalt bei so vielen anderen Verfehlungen schnell zur Stelle – wenn irgendwo Alkohol gerochen wird, oder wenn eine Frau den vorgeschriebenen langen schwarzen Mantel nicht trägt. Wochenlang rätsele ich, warum die Polizei nichts gegen die vielen Geisterfahrer tut. Bis mir in einem Kreisverkehr in Teheran ein dickes BMW-Motorrad entgegenkommt – darauf sitzt ein Polizist.

Teheran ist modern und in gewisser Weise westlich ausgerichtet. Ganz im Osten des Landes, in Mashad, hatte der deutschsprechende Omid bereits vom Aufmucken der jungen Mädchen und Frauen im Iran erzählt. „In Teheran tragen viele schon fast kein Kopftuch mehr", hatte er gesagt. „Fast kein Kopftuch" sollte heißen, daß die Damen es so weit nach hinten gezogen haben, daß viel Haar zu sehen ist. Eigentlich müßten sämtliche Haare bedeckt sein, dürfte nicht einmal eine Locke herausschauen. „Irgendwo im Koran steht, daß Frauenhaare die Männer verrückt machen", erklärte Omid den Kopftuchzwang und ergänzte: „So ein Unsinn in heutiger Zeit!"

Tatsächlich tragen in Teheran viele Frauen das Kopftuch sehr weit hinten. Als kleinen Trick, das zu kaschieren, stecken manche Mädchen oben noch eine Sonnenbrille ins Haar. Die ganz Kecken haben das Tuch so weit zurückgeschoben, daß es nur noch als Alibifetzen hinten herunterhängt. Die Religionswächter haben sich offenbar geschlagen gegeben.

Mehrmals ertappe ich mich dabei, wie ich mich umdrehe und diesen halbnackten Mädchen nachschaue. Oh ja, die Ayatollahs haben recht – Frauen sind wirklich unglaublich anziehend, geradezu sexy, wenn sie „fast kein Kopftuch" tragen.

Zumindest solange die anderen eines tragen.

Auf dem Khomeini-Platz in Isfahan

RUMGEKOMMEN

Als ich aus dem Iran in die Türkei einreise, gratulieren mir Freunde und Verwandte per eMail dazu, daß ich nun endlich sicheres Gebiet erreicht habe. Dabei bin ich doch schon seit sieben Wochen auf sicherem Boden – seit ich Afghanistan verließ! Und kaum ein Land auf meiner Route um die Erde war so sicher wie der Iran.

Warum nur hat der Iran ein so schlechtes Image? Reiseberichte können nicht schuld sein daran, denn fast jeder, der das Land besucht hat, kommt mit sehr guten Erinnerungen zurück, hat gesehen, daß die gewöhnlichen Iraner keinesfalls fanatisch sind oder abweisend gegenüber Nicht-Moslems. Ganz im Gegenteil. Die Iraner sind geradezu begierig danach, mit den Fremden in Kontakt zu treten.

Direkt hinter der Grenze liegt im Osten der Türkei der Berg Ararat. Der höhere der beiden Gipfel ragt über 5000 Meter auf, ist tief verschneit und auch Anfang Mai noch die meiste Zeit in Wolken gehüllt. Der biblischen Erzählung nach landete hier Noah mit seiner Arche.

Während im Iran die Temperaturen gerade recht zum Radeln waren, ist es im ostanatolischen Hochland im Frühling noch äußerst ungemütlich. Man bewegt sich in 2000 Metern Höhe, die Paßstraßen führen auf 2500 Meter hinauf. Wenn es knapp über dem Gefrierpunkt regnet, muß ich mir wieder Plastiktüten über die undichten Handschuhe ziehen. Erst in der Landesmitte erreiche ich mit Kappadokien tiefere Lagen mit freundlichem Wetter.

Jahre sind vergangen, seit ich zu Beginn meiner Weltumradlung durch dieses Land gekommen bin. In Afyon im westlichen Anatolien feierte ich damals den 77sten Geburtstag der Türkei mit, inzwischen liegt auch der 80ste Jahrestag der Republikgründung ein halbes Jahr zurück. Damals bekam man für eine Mark 300.000 Türkische Lira, jetzt wäre es eine Million, wenn es die Mark noch gäbe. Ein Euro bringt knapp zwei Millionen.

Nach 2000 Kilometern Türkei steuere ich auf Istanbul zu, den Moloch am Bosporus, den ich auf dem „Hinweg“ schon besucht hatte. Ende Oktober 2000 goß es eine Woche lang in Strömen, diesmal wärmt eine milde Frühlingssonne. Beste Bedingungen eigentlich, sich noch einmal die Blaue Moschee, die Hagia Sophia und den Topkapi-Palast anzuschauen und durch die Basare Istanbuls zu schlendern. Doch da ist ein kleines Problem:

„Eine Weltumrundung ist vollendet, wenn man nach der Überquerung aller 360 Längengrade seine eigene Route wieder trifft und vorher mindestens zweimal den Äquator kreuzte." So hat es Josef erklärt, der Schweizer Skipper, mit dem ich über den Atlantik von Afrika nach Amerika segelte. Die Sache klingt logisch, der Zusatz „zweimal über den Äquator" schließt aus, daß einer, der mal eben im Kreis um den Nordpol marschiert, als Weltumrunder durchgeht.

Die eigene Route nicht kreuzen – das steht jetzt im Vordergrund! Ich muß mich am Bosporus nördlich an Istanbul vorbeizwängen, wenn nicht bereits hier die Weltumradlung zu Ende gehen soll. Und das soll sie doch erst in Deutschland. Lange suche ich mit Sicherheitsabstand zum Stadtzentrum nach einer Fähre, bis ich schließlich – in Sichtweite zu der Brücke, über die ich kam – von Asien nach Europa übersetzen kann.

Der Boden auf dem Westufer des Bosporus fühlt sich nicht anders an als der in Asien. Trotzdem ist es für mich ein besonderer Moment, als ich den Fuß wieder auf europäische Erde setze. Zurück! Zurück in Europa! Würde es nicht solche Augenblicke geben, mit denen plötzlich alte Abschnitte enden und neue beginnen, gäbe es auch nie das Gefühl vorwärtszukommen, dann wäre alles nur immer schleichend und seicht. Aber jetzt – in diesem Moment – bin ich zurückgekehrt auf den Kontinent, der aus der Ferne betrachtet immer meine Heimat war. Für ein paar Tage noch wird das Gefühl andauern, daheim zu sein, bis der Begriff „Heimat" wieder enger definiert sein wird und ein neues Ziel wieder neu motiviert.

Bulgarien und Rumänien bieten noch einmal ein kräftiges Kontrastprogramm: Da sind einerseits die modernen, westlich orientierten Städte, in die längst Starbucks, McDonalds und all die anderen Welthäuser eingezogen sind, die das Bild der Metropolen rund um den Globus allmählich vereinheitlichen. Andererseits gibt es in beiden Ländern überall noch die traditionellen Dörfer, in denen Pferdekarren zum normalen Alltag gehören, Siedlungen, in denen die Zeit ungleich langsamer dahinfließt als in den Städten.

In Constanza, am Schwarzen Meer in Rumänien, nimmt mich Max in Empfang. Mein Bruder. Der erste aus meiner Familie, den ich nach Jahren wieder in die Arme schließen kann. Im Sommer 2001 radelten wir gemeinsam die Etappe von Kenia nach Zambia, seit dem Abschied auf dem Flughafen von Lusaka haben wir uns nicht mehr gesehen. Nun begleitet mich Max mit dem Fahrrad durch Rumänien nach Ungarn. Unterwegs entwerfen wir einen Plan, wie ich unsere Mutter in Hildesheim überraschen kann. Sie geht davon aus, daß ich Erlangen auf dem direkten Weg von Österreich kommend ansteuere. Max wird sie in diesem Glauben lassen und ihr berichten, ich wolle noch eine Weile am ungarischen Plattensee verbringen, um dann entspannt die letzten 750 Kilometer nach Erlangen zu radeln und die Weltumrundung abzuschließen. Tatsächlich aber werde ich einen Umweg über Norddeutschland machen, werde von Österreich durch Tschechien nach Berlin hecheln und dann Hildesheim ansteuern. Während Mutter mich noch am Plattensee wähnt, werde ich plötzlich vor ihrer Haustür stehen.

Westlich von Budapest steigt Max am Velence-See in den Zug nach Frankfurt. Übermorgen muß er bereits wieder im Büro an seinem Schreibtisch sitzen. Mit nach Hause nimmt er die Falschmeldung an unsere Mutter.

Unterdessen reise ich weiter nach Österreich und ziehe auf der Hauptstraße in Nickelsdorf meine ersten Euro-Scheine aus dem Geldautomaten. Eine Währung, die mir weniger geläufig ist als der Guarani aus Paraguay oder der Kip aus Laos. Als der Euro eingeführt wurde, lag ich an einem weißen Sandstrand in Brasilien.

Kurz vor dem tschechischen Grenzposten zählt der Fahrrad-Computer den 70.000sten Kilometer.

Jenseits der Grenze leben die Menschen offenbar zu einem guten Stück von Sexpendlern aus Österreich. „Neue Mädchen" steht auf plakatgroßen Hinweisschildern, die für dieses und jenes „Hotel" werben. Am Straßenrand stehen lockend Mädchen und

Frauen aller Gewichtsklassen und Geschmacksrichtungen – wie in die Landschaft gestellt und noch nicht abgeholt.

In Pilsen bin ich Erlangen 200 Kilometer nah. Ein strammer Radeltag, und ich wäre daheim. Nun entferne ich mich zunächst wieder von meinem Zielpunkt. In Grenznähe zu Deutschland gibt es wieder viele „Neue Mädchen". Hier sitzen sie in erkerartigen, gläsernen Schaustuben; eine dunkelhäutige Schönheit läuft – telefonierend oder zum Schein telefonierend – im weißen Bikini in ihrem Glaskasten auf und ab.

Dann der letzte Ausreisestempel, die letzte Grenze, der letzte Einreisestempel – den deutschen Stempel gibt es für einen Deutschen natürlich nur auf besonderen Wunsch. Seit der rumänisch-ungarischen Grenze drücken mir die Beamten diese Andenken nur noch auf Nachfrage in den Paß. Bis nach Rumänien war es selbstverständlich und sogar vorgeschrieben, daß das Datum der Einreise dokumentiert ist.

Nach vier Jahren wieder zurück in Deutschland

Deutschland! – Hat es sich verändert in den letzten vier Jahren? Zunächst freilich fällt mir nur Oberflächliches auf. Geiz scheint inzwischen etwas Gutes zu sein. So liest es sich jedenfalls auf den Werbewänden. Und das Wort „billig"? Das war doch früher ebenfalls negativ – jetzt geben Lebensmittel-Discounter damit an, billig zu sein. Sieht aus, als hätte die Werbung den einen oder anderen Begriff wieder salonfähig gemacht. Der Media-Markt fordert unterdessen die offenbar übersatten Konsumenten mit riesigen Plakaten zum Weiterkonsumieren auf: „Kaufen! Marsch, marsch!" Das wirtschaftliche Wachstum hat sich in den vergangenen Jahren noch weiter seinen Grenzen genähert. Mir will bloß noch nicht in den Kopf, warum es ein Problem ist, wenn alle satt sind.

Zwei Tage Pause bei meinem Cousin Peter und seiner Frau Patti, die in der Nähe von Chemnitz wohnen. Neben Max sind sie die einzigen in der Familie, die wissen, daß ich in Deutschland bin und mich Hildesheim nähere.

Weiter, weiter. Nach Berlin, zu einem Kurzbesuch bei Freunden, die ich im Iran kennengelernt habe. Vor dem Abschied aus Berlin noch schnell durchs Brandenburger Tor und am nächsten Morgen bei Helmstedt über die kaum mehr sichtbare Grenzlinie, die Deutschland einst teilte.

In Hildesheim öffnet Anne die Haustür. Mutters Enkelin, meine Nichte. Auch sie weiß nichts von diesem Überraschungsbesuch. Max hat sich für den heutigen Tag angemeldet, um sicherzustellen, daß Mutter auch wirklich zu Hause ist. Anne reagiert schnell, als ich ihr souffliere: „Der Max ist da."

„Oma, der Max ist da!" ruft sie in den Flur hinein. Ich ziehe die Schirmmütze tiefer ins Gesicht und gehe auf Mutter zu.

Sie stutzt – der Max ist das nicht. Aber wer dann?

Einige Momente später fallen wir uns in die Arme.

Von Hildesheim aus telefoniere ich in der Republik umher, um mich bei Verwandten und Freunden zurückzumelden. Hans, Roswitha und zwei frühere Arbeitskollegen planen, mich nächste Woche in Bamberg abzufangen, damit wir die letzten 40 Kilometer gemeinsam nach Erlangen radeln, wo sich vor dem Haus Nummer

30 in der Löhestraße mein Kreis um den Erdball schließen wird. Und zu meiner großen Überraschung werden dort mitten an einem Werktag noch viele, viele weitere Freunde warten, um mich unmittelbar bei der Ankunft in Empfang zu nehmen.

Hildesheim – Erlangen. Nur noch 400 Kilometer, dann ist diese lange Reise zu Ende. Die Angst vor Deutschland ist endgültig geschwunden. Ich konnte mich an die unterschiedlichsten Sitten gewöhnen, habe mich in so viele Sprachen eingehört, habe in den Imbißbuden der Welt auch die chinesischen Hornissen nicht ausgeschlagen – warum also sollte ich mich in Deutschland nicht mehr zurechtfinden? Nur die Angst vor dem Nicht-mehr-weiterfahrenkönnen bleibt. Natürlich saß ich nicht jeden Tag im Sattel, aber prinzipiell konnte ich überall jederzeit aufbrechen. Konnte gleich weiterfahren, wenn mir ein Ort nicht gefiel, konnte verweilen, wo es schön war.

„Wo hat es dir denn am besten gefallen?" – das ist eine der besonders häufig gestellten Fragen. Doch einen schönsten Ort, das beste Land gibt es nicht. Es waren so viele Länder, und sie waren alle sehr verschieden. Aber wenn ich noch einmal aufbrechen sollte, dann würde ich zunächst den Jemen wieder anpeilen, außerdem Zimbabwe und Namibia, Bolivien und Peru, Australien, Laos und Myanmar.

Ein Katzensprung ist es von Hildesheim zu den Rohloff-Werken in Kassel. Der Hersteller meiner 14-Gang-Nabenschaltung möchte wissen, wie das Getriebe die 71.000 Kilometer überstanden hat. Alles bestens, das Ding läuft wie eine Nähmaschine. Mein Dank geht an Euch und an die anderen Sponsoren, die Fahrrad, Computer-Notebook und Fotoausrüstung gestiftet haben. Mein besonderer Dank geht außerdem an die vielen Freunde, die mich während der letzten vier Jahre in verschiedenster Weise unterstützt haben. Euch gehört das letzte Kapitel dieses Buches.

Sechs Uhr morgens in Kassel. Mit dem Sonnenaufgang schleiche ich mich aus dem Hinterhaus, das mir die Rohloffs für die Nacht überlassen haben. Bis morgen früh um elf Uhr muß ich die 280 Kilometer bis zum Bahnhof in Bamberg geschafft haben, wo Hans und die anderen mich erwarten. Pausenloses Radeln an diesem Tag, auf und ab durch die Rhön, 220 Kilometer bis nach Bad Königshofen. Dort schlage ich neben einem Wohnmobil-Rastplatz mein Zelt zum letzten Mal auf.

Zum letzten Mal. Die 1433ste Nacht auf dieser Reise. Nach 71.000 Kilometern über fünf Kontinente durch 55 Länder geht ein Lebensabschnitt zu Ende.

Und dann kommst du an. Langsam und doch plötzlich. Du bist am Ziel.

Am Ziel?

Du bist gar nicht angekommen. Du bleibst nur kurz stehen.

DANKSAGUNG

Mein ganz herzlicher Dank geht an die vielen Helfer, die mich während und nach dieser Reise in so vielfältiger Form unterstützt haben:

Max, mein Bruder, hat nicht nur den Posten als Pressekontaktmann ausgefüllt, sondern auch äußerst viel Verwaltungskram für mich erledigt.

Roswitha und **Hans Stöhr** haben die allgemeine Logistik übernommen, mich weltweit mit Nachschubpaketen versorgt und diese Pakete dreimal sogar persönlich vorbeigebracht (nach Kenia, Peru und Indonesien)! Hans' Kollegen **Herbert Bernecker** danke ich in diesem Zusammenhang für die Kurierdienste zwischen der Firma Ortlieb und Hans.

Horst Weißenfels hat ebenfalls in der Logistik-Abteilung mitgearbeitet (Fachgebiet „Fahrrad-Ersatzteile") und außerdem Postangelegenheiten geregelt.

Meine Mutter, **Eva Maria Smolka,** hat das Manuskript für dieses Buch gegengelesen und dabei so manche Unklarheit und so manchen Schreibfehler ausgeräumt.

Alexis Dorn hat meine Homepage www.lemlem.de entworfen.

Guido Junker und **Martin Meier** haben meine aus aller Welt eintreffenden Diafilme entwickeln lassen und archiviert. In diesem Zusammenhang danke ich auch all den Reisenden, die unterwegs meine belichteten Filme entgegengenommen und mit zurück nach Deutschland gebracht haben, um sie dann direkt an Guido oder Martin zu senden.

Erika und **Christian D.** haben mir wertvolles Feedback zu Bildern und Texten geliefert, die schon während der Reise veröffentlicht wurden.

Gernot Chmelirsch hat vor dem Start eine umfangreiche Reiseapotheke zusammengestellt, **Agnes Jäger** hat während der Reise via Internet Ferndiagnosen gestellt.

Peter Rieger war der „Siemens-Officer" und hat meine „Altlasten" bei der Siemens AG geregelt.

Andrea Reppich-Schmidt hat mich mit den einfachen, Inlet-losen Adidas-Trainingshosen versorgt, die ich (nicht nur in den islamischen Ländern) speziellen Fahrradhosen vorziehe.

Frau **Birgit Rubens** sowie den Herren **Andreas Dörr** und **Raymond Hartl** danke ich für die Unterstützung bei der Suche nach meinem Paket aus Indien, das die Deutsche Post kurz vor dem Ziel in Erlangen fehlleitete, nicht mehr zuordnen konnte und schließlich zurück nach Indien schickte. In diesem Paket sind unter anderem zehn belichtete Diafilme aus Myanmar, Bangladesch und Indien. Noch immer ist es nicht wieder aufgetaucht, aber zur Zeit der Drucklegung unternehmen **Manfred Schmidt** und **Manish Agarwal** einen neuen Versuch. Vielen Dank!

Christin, Erich, Felix, Zita und Ina Gackstatter danke ich ganz herzlich dafür, daß sie mir in ihrem Haus in Neunkirchen Unterkunft für die Zeit der Resozialisierung gewähren.

Den vielen Menschen, die mir in den bereisten Ländern weiterhalfen, mich einluden, mir eine Bleibe für die Nacht anboten, bin ich überaus dankbar. Manchmal war es die blanke Not, aus der sie mich retteten – beispielsweise in der Unwirtlichkeit des winterlichen Andenhochlandes. Je herber die Natur eines Landes, desto sensibler sind die Bewohner bezüglich der Bedürfnisse eines Fremden. An vielen Orten der Welt war es aber auch einfach nur angenehm, die Gesellschaft der Menschen genießen zu dürfen.

Mein Dank geht an die vielen Spender, die die Hilfsprojekte von „Menschen für Menschen" in Äthiopien und von „Ärzte ohne Grenzen" in Peru und Afghanistan unterstützt haben.

Der Redaktion der **„Nürnberger Zeitung"** danke ich dafür, daß sie ein Forum bereitgestellt hat, auf dem ich laufend von dieser Reise berichten durfte.

Dankbar bin ich außerdem den Sponsoren, die mich während meiner Weltumradlung mit Dienstleistungen und Material unterstützt haben. Das waren (in alphabetischer Reihenfolge):

Fujitsu Siemens Computers – Herr Franz Schraut übergab mir vor dem Aufbruch ein Mini-Notebook, auf dem ich die Zeitungs- und Homepage-Berichte schreiben und die digitalen Fotos verarbeiten konnte. Nach der Reise spendierte Herr Harald Weiler ein ausgewachsenes up-to-date-Notebook, auf dem das vorliegende Buch entstanden ist.

http.net, Berlin, stellte den Server-Platz für meine Homepage www.lemlem.de zur Verfügung.

Iomega, Petit, Schweiz, lieferte die Miniaturdisketten, auf denen ich meine Aufzeichnungen und die digitalen Bilder nach Deutschland verschicken konnte.

Die **Ortlieb GmbH**, Heilsbronn, stellte die äußerst robusten, wasserdichten Fahrradpacktaschen zur Verfügung, die sich schon auf meinen früheren Reisen bewährt hatten.

Die **Pentax GmbH**, Hamburg, vervollständigte meine Fotoausrüstung mit einem hochwertigen 20-35mm-Weitwinkelzoom.

Die **Rohloff GmbH**, Kassel, stellte die 14-Gang-Nabenschaltung „Speedhub 500/14", die mir viele technische Probleme während der Tour ersparte.

Der **Rose-Versand**, Bocholt, komplettierte das Fahrrad um die Rohloff-Nabe herum mit einem CroMo-Rahmen vom Typ „Timbuk" und mit Shimano-XT-Komponenten.

Habt alle herzlichen Dank!

HELIOS
Privatkliniken GmbH

Wir heißen Sie herzlich willkommen und wünschen Ihnen einen angenehmen Aufenthalt.

Ihr Team der
HELIOS Privatklinik Wuppertal

AHe 0157 82955542
Stf. 0172 275 91 81
Essen-Steele Hellweg 100

Bestseller
4. Auflage

Claude Marthaler

Sieben Jahre im Sattel:

Durchgedreht

Weltanschauung auf Rädern

Claude Marthaler verließ seine Heimatstadt Genf am 12. März 1994, Kurs Ostasien. Er radelte durch die südlichen Länder der ehemaligen Sowjetunion, durch Indien, Tibet, China und Südkorea. Über Japan erreichte er Alaska, von dort ging es durch Nord-, Mittel- und Südamerika, und beim Kilometerstand 87.750 wurde Ushuaia auf Feuerland erreicht. Von Buenos Aires gelang ihm der Sprung nach Südafrika, und danach rollte der »Yak«, wie Claude sein Fahrrad in Asien getauft hatte, weitere zehntausende Kilometer über die staubigen Pisten Ost- und Westafrikas zurück nach Europa ... der Kreis einer beispiellosen Bike-Odysee hatte sich geschlossen – nach 7 Jahren, 60 Ländern und 122.000 Kilometern ...

Reise Know-How Verlag

ISBN 3-89662-305-2 · Hardcover mit Schutzumschlag, 320 S., 16 Seiten Farbfototeil mit über 50 Fotos · € 17,50

Christian Krug

Auf heiligen Spuren

1700 Kilometer zu Fuß durch Indien

Fünf Monate wandert Christian Krug zu Fuß durch Indien. Das Meer – der Fluss – die Berge: Auf drei Etappen erlebt er alle Gegensätze, die dieses Land zu bieten hat. Von Karnataka bis Mumbai wandert er 800 Kilometer an der paradiesischen Konkanküste. Er sieht die Touristenstrände Goas und kommt zu menschenleeren Buchten in Maharashtra. Am Fluss Narmada im Herzen Indiens taucht er in das ländliche Leben ohne Strom und ohne Straßen ein, wandert bei 40 Grad mit heiligen Männern und trifft Menschen, die seit Jahrhunderten Pilger versorgen. Im Land der Götter, dem „Dev Bhoomi" im Himalaya, sind die Hauptquellflüsse der Ganga seine Weggefährten. Bei Eis, Schnee und Steinschlag erreicht er Gaumukh, das »Kuhmaul« auf 4000 Meter Höhe - Quelle von Indiens heiligstem Fluss.

Indien in *dem* Tempo erleben, das dem Menschen am meisten entspricht – zu Fuß: Erst da erschließt sich dieses unbegreifbare Land, das wie kein anderes die Gegensätze des 21. Jahrhunderts in sich vereint. Mit viel Hintergrundwissen und genauem Blick für das Verborgene erzählt Christian Krug von einem spannenden Weg mit faszinierenden Begegnungen und täglichen Überraschungen.

Hardcover mit Schutzumschlag, 360 Seiten, über 100 Farb- und s/w-Fotos, 7 Karten

ISBN 3-89662-387-7 · € 17,50